International Financial Management

국제재무관리

김성우

도서출판 청람

| 머리말 |

전 세계가 반복되는 외환위기와 재정위기를 겪으면서 지구촌이 한 덩어리가 되어 얼마나 서로 얽혀있는지 확인하게 되었고, 위기를 극복하기 위해 좀 더 얽힘 없는 한 덩어리가 되기 위해 노력해 왔다. IMF를 비롯한 국제기구들, 각국 중앙은행 및 정부들은 상품, 서비스, 자금이 원활히 흐르도록 노력하였고 문제가 발생할 경우 조기에 문제를 해결하기 위한 공조체제를 유지하여 왔다. 그러나 최근에 발생한 미국과 중국의 무역분쟁, 영국의 EU 탈퇴, 미국을 비롯한 강대국의 자국우선주의 등으로 이번에는 반대로 엉킨 실타래를 풀어 서로 떨어지려고 하고 있으나 이 또한 쉽지 않고 고통스러운 일이라는 것을 우리 모두가 체험하고 있다.

이처럼 점점 복잡해지는 국제관계 및 국제경제의 상황변화로 인해 세계가 하나가 되어야 하는지 아니면 떨어져야 하는지, 하나가 되어야 한다면 그 이유는 무엇이고 얻게 되는 이점과 잃게 되는 단점은 무엇인지 등에 대한 이해가 절실해졌다. 즉 국제적 관계를 갖지 않고는 이미 생존할 수 없는 단계에 있는 전 세계의 정부, 기업, 기관 및 개인들에게 이러한 질문에 체계적인 답변을 제공하는 국제재무이론과 실제에 대한 이해가 더욱 중요해지고 있다. 이러한 현실적인 필요를 오랜 강의 경험을 바탕으로 이 책에 담고자 하였다.

이 책은 국제경제이론 중심이 아닌 국제경영에 필요한 이론들과 실무에 필요한 지식들을 나름의 줄거리로 엮은 것이다. 즉 국제적으로 발생하는 현상을 단순히 이해하고 설명하는 차원이 아니라 기업과 기관들이 경영활동을 효과적으로 관리하기 위해 필요한 지식과 주어진 환경에서 보다 나은 결과를 얻기 위한 투자에 관한 지식 등을 체계적으로 설명하고자 하였다.

우리의 삶이 보다 국제적으로 변화되었기 때문에 개인들도 국제재무 분야에 관심이 많다. 해외 금융시장에서 주식, 채권 등 금융상품에 투자하려는 투자자들, 자신

만의 특화된 상품이나 서비스를 외국에 판매하는 사업을 구축하려는 사업가들, 은퇴 후 외국에서 여생을 보내려고 하는 은퇴자들, 해외에서 경제활동을 하는 내국인 직업인들, 외국에서 공부하는 유학생에게 송금하려는 부모들 등 많은 사람들이 좀 더 명확하게 상황을 이해하고 효과적으로 대처할 수 있기를 바라고 있다. 이들의 입문서가 될 수 있도록 본서는 어렵고 깊은 이론들을 소개하기보다는 관련분야 전반의 줄거리를 이해할 수 있도록 노력하였다. 줄거리를 잡고 핵심 내용을 중점적으로 이해하기 위해 이전의 책들이 의례적으로 다루던 내용을 과감하게 제외하여 반드시 알아야 할 내용에 집중할 수 있도록 하였다.

오랫동안 구상하였던 책의 원고를 작성하는데 나름대로 최선을 다하였으나 부족한 점이 많을 것으로 생각된다. 하루가 다르게 변화하는 경영환경 및 제도변화 등으로 인해 혹시 발생할 수 있는 오류를 지속적으로 수정하고 새롭게 등장하는 이슈 등에 관해 보충하여 나갈 것이다.

이 책이 나오기까지 많은 분들의 도움이 있었다. 먼저 원고의 기초가 된 강의노트를 발전시키는데 큰 도움을 준 학생들과 수강생 여러분들께 감사를 드린다. 또 원고 작성에 직·간접적으로 도움을 주신 동료 교수님들과 미국에 계신 선배 교수님들께 감사를 드린다. 책의 구상과 출판을 흔쾌히 받아주신 도서출판 청람의 이수영 대표님께도 깊은 감사를 드린다.

2020년 여름

저자 드림

| 차례 |

Chapter 01 국제통화제도와 우리나라 환율제도

Chapter 02 국제금융시장과 외환시장

Chapter 03 국제수지와 외환시장개입

Chapter 04 국제균형이론

Chapter 05 통화선물

Chapter 06 스왑

Chapter 07 통화옵션

Chapter 08 환위험 측정과 관리

Chapter 09 국제자본예산

Chapter 10 국제간접투자

Chapter 11 국제직접투자

1장 국제통화제도와 우리나라 환율제도

제1절 국제통화제도
제2절 유럽의 통화제도
제3절 우리나라의 환율제도

1장 국제통화제도와 우리나라 환율제도

제1절 국제통화제도

국제통화제도란 국가 간 상품과 자본의 이동에 따르는 국가 간 자금결제를 원활히 하기 위한 금융결제체제를 의미한다. 주로 통화 간의 관계를 설정하는 환율제도와 대외준비자산의 형태가 국제통화제도의 유형을 결정한다. 19세기 후반 국제적으로 금본위제도가 채택된 후 국제통화제도는 계속해서 변화하여 왔다. 금본위제도는 통화의 가치를 금의 가치에 연계시키는 제도이기 때문에 제한된 금 공급이 큰 제약이 되었고 이러한 제약에서 벗어나려는 시도에서 브레튼우즈체제(Bretton Woods)가 도입되기도 하였으며, 그 후 현재의 변동환율제도까지 변화를 거듭하여 왔다.

1.1 금본위제도(1821~1914)

아주 오래전부터 국제 간 교역에 있어서 금이 화폐로 사용되어 왔다. 기록에 따르면 그리스·로마시대에도 금이 화폐로 사용되었다. 그러나 국제적으로 금이 정식 통화가 된 것은 19세기에 이르러서이다. 경제의 규모가 큰 영국이 가장 먼저 금본위제를 채택하고 독일, 프랑스, 미국 등 강국들이 잇따라 금본위제도를 채택하면서 국제통화시스템으로 자리를 잡게 되었다.

금은 그 자체를 운반하기 어려운 점이 있기 때문에 각국은 금 대신 증서, 즉 화폐를 발행하고 정부가 발행한 화폐와 일정량의 금을 연계시키는 방법으로 제도를 유지하였다. 국제교역에 있어서 당시 국가 간 환율에 대한 협정을 맺은 것은 아니었다. 그러나 각국 통화와 금과의 교환비율이 정해져 있었기 때문에 자연스럽게 국제간 교역에 적용되는 환율이 결정되었다. 예를 들어 금 1온스가 영국에서 5 영국 파운드로 교환되고 미국에서는 20달러로 교환된다면 1 영국 파운드화는 4 미국 달러로 환율이 고정되게 된다.

금본위제도하에서 각국 정부는 화폐의 가치에 해당하는 금을 비축하여야만 화폐를 발행하였기 때문에 각국의 통화가치는 고정되고, 그 결과 국제무역거래에 있어서 적용되는 환율도 고정되는 고정환율제도의 성격을 띠게 되었다.

이 제도는 금이 국제유동성 공급의 역할을 하였기 때문에 제도의 안정성은 금의 생산량에 좌우되고 국제수지는 자동으로 조정되는 특성이 있었다. 19세기 경제학자인 흄(David Hume)에 의하면 국제수지의 불균형은 물가와 금의 양, 즉 통화량의 변동을 통해 자동적으로 조정된다. 자국의 국제수지가 흑자를 유지하게 되면 외국으로부터 금의 유입이 발생하게 된다. 금은 곧 화폐이므로 유입된 금이 많아지면 통화량이 증가하게 된다. 통화량이 증가하면 물가가 상승하게 되므로 상품 생산에 소요되는 임금, 부품가격 등의 상승으로 자국 상품가격이 상승하게 된다. 이에 따라 수출이 감소하고 수입이 증가하여 국제수지 흑자가 자동적으로 줄어들고 결국 국제수지가 균형을 유지하게 되는 자동조정메커니즘이 작동하게 된다.

그림 1-1 금본위제도에서의 국제수지 자동조정메커니즘

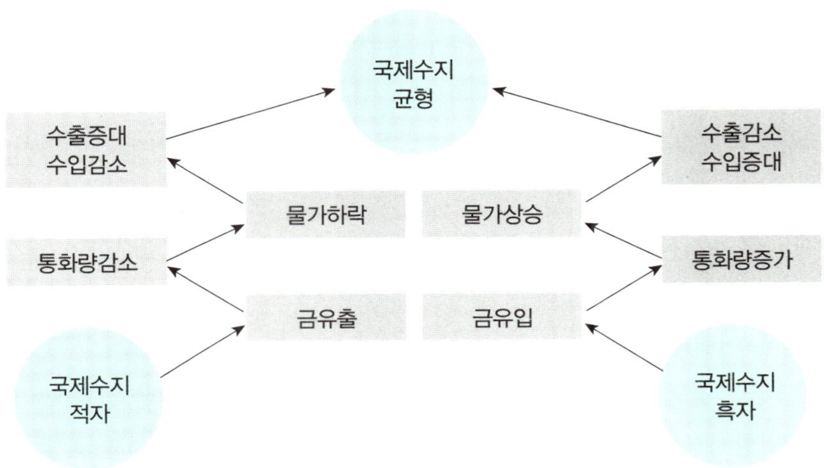

이러한 장점을 바탕으로 금본위제도는 오랫동안 그 역할을 훌륭하게 수행하였다. 그러나 세계적인 전쟁의 발발로 전비를 마련하기 위한 통화의 공급이 절실하였지만 금 생산량의 한계로 인하여 수요를 충족시키지 못하고, 금본위제의 중심적 역할을 하던 영국의 경제력이 약화되자 더 이상 국제통화제도로서 역할을 수행하기 어렵게 되었다.

1.2 국제통화제도의 혼란시대(1914~1944)

전쟁의 발발로 금의 태환이 불가능해지자 금본위제도는 더 이상 유지되지 못하였다. 따라서 각국은 1920년대 중반까지 금에 대한 각국 통화가치가 유동적으로 변동하는 변동환율제도를 채택하였다. 금에 대한 각국의 통화가치가 변동한다는 것은 타국 통화가치에 대한 자국의 통화가치가 변동한다는 것을 의미하는 것이다. 그 결과 전비 마련과 전후 복구를 위한 통화의 공급을 상대적으로 원활히 할 수는 있었으나 통화량 증가로 극심한 인플레이션이 발생하고 고정되어 있던 환율의 변동성이 크게 증가하여 국제무역이 급격히 둔화하는 결과를 낳아 세계경제는 침체에 빠지게 되었다.

이러한 문제가 발생하자 금본위제로 복귀하려는 시도가 있었다. 1919년 미국이 가장 먼저 금본위제로 복귀하였고 1925년에는 영국이, 그 후 프랑스 등이 속속 금본위제도로 복귀하였다. 그러나 전쟁 후 각국의 경제사정의 변화로 각국 통화와 금과의 균형가치를 산정하기 어려운 상황에서 각국이 자국에 유리한 균형가치를 주장함으로써 금본위제도의 유지를 어렵게 하였다. 특히 1929년 미국과 영국을 중심으로 발발한 세계 대공황 기간 중 은행들의 연쇄적인 도산으로 금본위제도는 다시 붕괴되었다. 이러한 와중에도 미국은 각국의 중앙은행에만 금태환권을 부여하는 변형된 금본위제도를 유지하였다. 1930년대에 각국은 국가 이기주의에 입각하여 경기활성화와 국제수지를 개선하고자 하는 목적으로 경쟁적으로 평가절하를 단행하여 국제교역을 매우 어렵게 하였다.

1936년 미국, 영국, 프랑스는 각국이 일방적인 환율정책을 추진한 결과 야기된 환율불안과 외환시장의 불안정을 해소하고자 3국의 정책협조를 통한 환율 및 외환시장의 안정을 목표로 한 3국 통화협정(tripartite monetary agreement)을 채결하였다. 그러나 이 협정은 환율 변동폭의 허용범위, 통화평가 설정기준 등에 대한 합의 실패로 목표를 달성하지 못하였으나 제2차 세계대전 후 브레튼우즈체제 탄생의 밑거름이 되었다.

1.3 브레튼우즈체제(1944~1971)

1939년 말 제2차 세계대전의 발발로 외환거래와 국제자본이동이 엄격한 통제에 놓이게 되었다. 그 결과 각국들은 무역이 극도로 제한되고 높은 인플레이션을 경험하게 되었고 유럽의 통화는 국제유동성이 부족하여 국제통화질서가 위기에 처하게 되었다.

이에 따라 비록 전쟁기간 중이긴 하지만 1940년부터 혼란에 빠진 국제통화질서를 회복하기 위해 미국, 영국 등은 새로운 통화제도를 구축하기 위한 노력을 하게 되었다. 그 결과 미국과 영국은 환율안정과 외환거래의 제한 철패, 새로운 통화질서를 구축하기 위한 노력으로 1941년 대서양헌장(Atlantic Charter)과 1942년 상호원정협정(Mutual Aid Agreement)을 체결하였다. 그러나 환율의 신축성, 자본이동 규제 등 핵심 사안에 대한 의견이 일치하지 않아 수차례 절충과정을 거쳐 비로소 1944년 4월에 30개국의 전문가회의에서 국제통화기금 설립에 관한 전문가의 공동성명이 채택되었으며 이 성명을 바탕으로 44개 연합국 대표들이 참가한 가운데 1944년 7월 미국 뉴햄프셔주 브레튼우즈(Bretton Woods)에서 국제금융, 통화협력, 국제경제질서 구축 등에 합의한 의정서가 조인되었으며 이로써 브레튼우즈체제가 공식적으로 출범하게 되었다.

브레튼우즈체제의 출범에 따라 환율안정 및 외환거래의 자유화 등을 도모하기 위해 회원국의 경제정책을 감시하고 단기자금의 유통을 담당할 국제통화기금(IMF: International Monetary Fund)이 탄생하게 되었으며 전후 복구자금과 개발도상국에 대한 경제개발을 지원할 목적으로 국제부흥개발은행(IBRD: International Bank for Reconstruction and Development)이 설립되었다.

브레튼우즈체제는 미국 달러를 기축통화로 하는 고정환율제도를 채택하였다. 즉 미국은 국제금융거래를 할 때 금 1온스당 35달러에 거래하기로 하고 외국의 통화당국이 요청하는 경우 온스당 35달러의 가격으로 금을 무제한 공급하도록 하였다.[1)] 다른 회원국들은 자국통화의 미국 달러화에 대한 평가를 설정하고, 자국통화의 시장평가가치를 상하 1퍼센트 이내에서 유지하기로 하였다. 이러한 브레튼우즈체제를 금환본위제도(gold exchange standard)라고 한다.

이 체제는 각국의 중앙은행들이 자국통화의 실제 환율이 하한선에 도달하는 경우 외환을 매입하고, 상한선에 도달하는 경우에는 외환을 매도하여 외환시장에 개입하여야 한다는 것을 의미한다. 또한 미국은 금의 시장가격이 온스당 35달러를 이탈할 때마다 시장에 개입하여야 한다는 것을 의미한다.

한편 각국의 통화들은 미국 달러로 표시된 평가만을 갖고 있기 때문에 기타 통화들 간의 환율은 미국 달러와의 평가비율에 따라 자동적으로 결정된다. 각국 통화평가의 변경은 해당 국가의 국제수지가 심각한 불균형에 있을 경우 해당 국가의 요청에 의해 IMF가 검토하여 허가 여부가 결정되도록 하였다.

브레튼우즈체제는 초창기 비교적 순항하였으나 1950년대 말, 특히 1960년대에 들어서면서 미국의 무역수지가 심각한 적자를 보이기 시작하면서 문제를 노출하기 시작하였다. 브레튼우즈체제가 시행되면서 국제유동성의 공급은 미국 달러의 공급에 의해 결정되었기 때문에 미국 달러의 가치가 절대적으로 안정되어야 하며, 이러한 안정성을 전제로 하여 달러의 공급이 원활하게 이루어질 필요가 있었다. 그런데 달러의 공급은 미국의 국제수지 적자를 통해 이루어질 수밖에 없었다. 금의 새로운 채광을 통한 미국 달러의 공급이 사실상 어려웠기 때문이다.

미국 국제수지의 지속적인 적자를 통해 미국 달러가 공급되는 상황에서 미국의 금보유량에 비해 누적된 국제수지 적자폭이 커지면 미국 달러 가치의 안정성이 위협을 받게 된다. 반대로 미국의 국제수지가 흑자가 되면 미국 달러 가치는 안정되지만 국제시장의 유동성이 부족하게 된다. 이러한 유동성딜레마(liquidity dilemma) 상황에서 미국의 무역적자가 심각한 상황을 맞으면서 브레튼우즈체제가 위협을 받게 되었다.

그 당시 미국이 물가안정보다 고용을 우선하는 정책을 펴고, 베트남전 비용을 충

1) 제2차 세계대전이 끝난 1946년에 전 세계 금의 총보유량이 330억 달러였는데 그 중 260억 달러의 금을 미국이 보유하고 있었다.

당하기 위한 재정적자정책, 사회보장확대 등의 통화정책으로 인하여 인플레이션이 심화되었다. 금은 단기간에 채광을 통해 공급을 크게 늘릴 수 있는 것이 아니므로 인플레이션 심화는 곧 미 달러화와 금가치의 관계가 불안정해졌다는 것을 의미하는 것이다. 그 결과 금 가격이 상승하고 일반인까지 금 투기에 동참하는 등 금 투기 열풍이 불고 미국에 대한 금태환 요구가 급등하여 미국의 금보유량이 급감하게 되었다. 1965년에는 타국 중앙은행이나 정부당국에 대한 단기 달러부채가 미국의 금보유량을 초과하게 되었다.

1968년에 이르러 금에 대한 태환요구를 도저히 감당할 수 없게 된 미국은 중앙은행 간 금거래만 온스당 35달러에 고정시키고 금 실물시장에서의 가격은 시장의 수요와 공급에 맡기는 이중가격제(two-tier price system)를 실시하였다. 그러나 금태환을 전제로 한 금본위제도를 유지하고자 하는 이러한 노력은 오래가지 못하였다.

마침내 1971년 8월 미국의 닉슨 대통령은 달러의 금태환을 중지시켰다. 즉 미국이 금을 온스당 35달러에 매매한다는 의무를 종식시켜 IMF협정을 철폐할 것을 선언한 것이다. 이 선언으로 인해 브레튼우즈체제는 더 지속할 수 없게 되었다.

각국들은 새로운 체제를 출범시키기 위해 고정환율제도와 변동환율제도에 대한 논의를 활발하게 진행하였다. 그러나 브레튼우즈체제를 재조정하여 체제를 개선하는 것이 당분간 유리하다는 인식이 지배적이었다.

1.4 스미소니언체제(1971~1973)

닉슨 대통령이 금태환 정지를 선언하자 유럽 주요국들은 외환시장을 잠정적으로 폐쇄하는 등 국제통화질서가 혼란에 빠지게 되었다. 각국은 공동으로 대책을 마련하려고 노력하였으나 결론에 이르지 못하고 독자적으로 외환시장을 재개하였다. 그러나 환율변동폭이 커지고 외환시장이 정상적으로 기능하지 못하는 등 혼란이 계속되자 선진 10개국이 1971년 미국 워싱턴의 스미소니언(Smithsonian)박물관에 모여 스미소니언협정에 합의하였다.

이 협정은 근본적으로 브레튼우즈체제가 작동할 수 있도록 체제에 일련의 수정을 가한 것이다. 이를 위해 미국 달러화를 금 1온스당 38달러로 대폭 평가절하하고 각국 환율변동폭을 상하 1퍼센트에서 2.25퍼센트로 확대하였다. 또 각 회원국들의 평가를 재조정하여 일본 엔화는 17%, 독일 마르크화는 14%, 영국 파운드와 프랑스 프랑은 각각 9%씩 미국 달러에 대해 평가절상을 하였다. 그러나 스미소니언체제가 브레튼우즈체제와 기본적으로 다른 점은 미국이 금의 태환을 약속하지 않았다는 것이다. 즉 이 체제는 태환성이 없는 미국 달러를 기준으로 각국 통화의 미국 달러에 대한 환율을 고정시킨, 금과는 관련이 없는 일종의 달러본위제라고 할 수 있다.

스미소니언체제는 오래 가지 못했다. 이 체제가 도입된 후 각국 중요 통화에 대한 국제자본의 투기적 공격에 영국, 프랑스 등이 시장개입을 통한 환율 안정에 실패하고 차례로 변동환율제를 채택하게 되었다. 미국도 역시 달러의 투매사태로 인해 달러의 평가절하를 단행하고, 유로달러의 미국 유입을 유도하기 위해 미국으로의 금융투자 유입에 대한 규제를 철폐하는 등 안간힘을 기울였으나 1973년의 1차 석유파동으로 회원국들의 경상수지가 악화되고 국가 간 경제력 불균형의 심화 등으로 이탈하는 회원국이 많아짐에 따라 사실상 변동환율제로 이행하게 되었다. 그 결과 스미소니언체제는 완전히 붕괴되게 되었다.

1.5 변동환율제도(1973~현재)

스미소니언체제 붕괴 이후 변동환율제도가 널리 사용되었지만 그 체계가 확립된 것은 1976년 자메이카의 킹스턴에서 킹스턴체제(Kingston system)가 발효되면서부터이다. 자메이카협정에서 IMF 회원국들은 금의 공정가격을 폐지하고 금의 폐화조치를 단행하였으며 회원국들이 각자의 경제여건에 맞는 환율체제를 채택할 수 있도록 하였다. 즉 각국은 변동환율제를 선택할 수 있는 권리를 부여받게 된 것이다.

자메이카협정으로 각국은 더 이상 자국통화에 대해 특정한 수준의 평가를 유지할 필요가 없게 되었다. 그 대신에 환율과 외환시장의 안정은 궁극적으로 경제의 안정에서 비롯되기 때문에 외환시장과 환율의 안정을 달성할 수 있는 경제정책을 이행할 의무를 지게 되었다. 즉 부당한 경쟁력을 확보하기 위해 인위적이고 경쟁적인 자국통화의 평가절하는 자메이카협정의 근간에 위배되는 것이며 그렇기 때문에 IMF는 회원국들이 환율조작을 하지 못하도록 감시하고 권고안을 제공하였다.

자메이카협정 이후 선진국들을 비롯한 많은 국가들이 변동환율제도를 채택하였다.[2] 변동환율제도를 채택하는 통화들의 경우에도 어느 정도는 환율변동을 관리하는 것이 일반적이다. 즉 외환시장을 감시하다가 환율변동이 너무 급격히 한쪽으로 일어나면 외환시장의 안정화를 위해 금융당국이 시장에 개입하여 일정범위 내에서 환율이 유지되도록 한다. 이처럼 금융당국이 시장에 개입하는 변동환율제도를 관리변동(managed)이라고 하고 그렇지 않은 것을 순수변동(clean float)이라고 한다.

일반적으로 금융당국의 시장개입은 통화의 매매를 통해 이루어진다. 자국통화가 타국통화에 대해 가치가 지나치게 하락하면 금융당국은 타국통화를 매도(자국통화 매입)하여 자국통화의 가치를 상승시키고, 반대로 자국통화의 가치가 지나치게 상승하면 타국통화를 매입(자국통화 매도)하여 자국통화의 가치를 하락시킨다.

이러한 시장개입은 자국통화의 통화량에 변동을 가져와 경제에 악영향을 미칠 수도 있다. 즉 자국통화의 가치가 지나치게 하락하여 타국통화를 매도(자국통화 매입)하면 자국통화의 통화량이 줄어들게 되어 이자율 상승 등 다른 경제지표에 영향을 미치게 된다. 불태화(sterilization) 개입정책은 이와 같은 원하지 않는 통화량 변화를 피하기 위한 정책이다. 즉 금융당국이 타국통화를 매입하여 그만큼 통화량이 증가하면 정부채권을 같은 금액만큼 매도함으로써 통화를 흡수하여 통화량을 일정하게 유지하는 것이다. 이 정책은 통화량은 일정수준으로 관리할 수 있지만 정부의 입장에서는 국채에 대한 이자를 지불하여야 하는 등 부담이 전혀 없는 것은 아니다.

금융당국이 시장에 개입하려면 외환보유고[3]가 필요하다. 투기성 자금의 규모가 작았던 예전에는 개입이 상대적으로 용의하였으나 투기성 자금이 크게 증가하면서 개입을 성공시키기 위해 필요한 외환보유고도 크게 증가하여, 외환보유고를 적정수준으로 유지하는 것이 또 다른 중요한 임무가 되고 있다.

한편 통화가치를 안정시키기 위해서 반드시 외환시장의 개입이 필요한 것은 아니다. 이자율을 변경해 간접적으로 조작할 수도 있다. 자국통화 가치를 하락시키려고

2) 그러나 일부 국가들은 자국통화를 타국통화에 고정시키는 고정환율제도를 채택하였다. 고정시키는 대상 통화로는 미국 달러, SDR, 루블, 복수통화나 통화들로 구성된 바스켓 등이 있다.

3) 국가의 지급불능 사태에 대비하고 외환시장 교란시 환율안정을 위해 중앙은행이 보유하고 있는 외화의 규모를 나타낸다. 정부(외국환평형기금) 및 한국은행이 갖고 있는 보유외환(외국통화, 해외예치금, 외화증권)과 해외 및 국내 보유 금 등으로 구성된다.

할 경우 금리를 인하하여 외환의 매입을 유도하고 반대로 통화가치를 상승시키려고 할 경우에는 금리를 인상하여 외환의 매도를 통해 자국통화 가치의 상승을 유도할 수 있다. 이 정책은 금리등락에 자본의 흐름이 얼마나 민감하게 반응하는가에 따라 그 효과가 결정된다.

SDR(Special Drawing Rights)

1968년 4월 이사회가 SDR제도 채용을 중심으로 하는 국제통화기금협정 개정안을 채택하고 할당액의 85% 이상에 해당하는 가맹국의 찬성을 얻어 1970년부터 발동시킨 일종의 국제준비통화로, 금이나 달러의 뒤를 잇는 제3의 통화로 간주되고 있다.

이에 따라 가맹국은 국제수지가 악화되었을 때 국제통화기금으로부터 무담보로 외화를 인출할 수 있는 권리, 즉 국제유동성을 인출할 수 있는 권리를 보유하게 되었다. 당초의 IMF는 기금방식에 의거, 가맹국이 갹출한 기금에 의하여 국제수지 적자국에 단기자금을 공여해 왔는데, SDR은 국제유동성 부족에 대처하기 위하여 IMF에 의해 창출된 국제준비통화라는 점에서 획기적인 의미를 갖는 것이라 하겠다.

SDR은 IMF 가맹국에게 그 출자액의 비율에 따라 무상으로 배분되어 일국이 국제수지의 적자상태에 빠졌을 경우 등에 그것을 외국의 통화당국이나 중앙은행에 인도함으로써 필요한 외화를 입수, 그 외화를 국제결제 및 기타에 이용하는 형식의 대체통화로서, 유형의 통화는 아니다. 국제수지 흑자국에게는 어느 일정한도까지는 이 SDR의 인수가 의무화되어 있다. 따라서 SDR은 일국의 외화준비를 구성하는 요소가 되는데, 그 자체는 실제의 국제결제에 사용되는 결제통화가 아니며, 또 각국의 통화당국이 외국환시장에 개입할 때 사용하는 개입통화도 아니다.

SDR의 가치는 당초 금에 의해 표시되어 1달러와 같은 0.888671g의 순금과 등가로 정해졌으나 달러의 평가절하로 1973년 2월 1SDR=1.2635달러가 되었다. 그러나 그 후 주요 선진국 통화의 변동환율제로의 이행으로 1974년 7월 이후 잠정적 조치로서 그 가치기준을 표준 바스켓 방식(standard basket system), 즉 세계무역에서 비중이 큰 16개국의 통화시세를 가중평균하는 방법에 의해 매일 계산 · 표시하게 되었고, 1980년 9월 IMF총회에서는 표준 바스켓의 통화를 16개국에서 5개국(미국 · 영국 · 프랑스 · 독일 · 일본) 통화로 축소하여 SDR 표시의 간소화가 이루어졌다. 유로화 출범 이후 미국 달러, 유로, 엔, 파운드가 바스켓 통화가 되었다.

이와 같이 SDR은 그 가치가 안정된 국제기준통화로서의 요건을 갖추게 되었으므로 국제거래를 SDR 표시로 하자는 움직임도 있으나, 실제 외국환시장에서 기준통화는 아직까지는 미국 달러화이다. 또 SDR의 창출 · 배분은 1969년 IMF 워싱턴회의에서 결정을 보아 1970년 1월 약 34억 SDR이 창출되었고, 그 후 1972년까지 약 93억 SDR이 창출되었다. 1973년 이후 한동안 창출이 없다가 1979년부터 3년간에 걸쳐 약 120억 SDR의 재배분이 있었고, 복원(인출하였던 것을 변제하는 일)의 규정도 1981년 5월 이후 철폐되었다.

SDR의 사용은 IMF 내에 설치된 SDR계정(SDR department)을 통하여 이루어지는데, 이

계정에 참가할 수 있는 자격은 IMF 가맹국, IMF의 일반계정(general department) 및 기타 SDR 보유자로 제한되어 있다. 한국은 SDR 창출의 제1차 기본기간 중 2,223만 SDR을 배정받고, 제3차 기본기간 중 5,068만 SDR을 배정받았다.

자료: 두산백과

1.6 고정환율제도와 변동환율제도의 장 · 단점

1.6.1 고정환율제도의 장 · 단점

고정환율제도의 가장 큰 장점은 환율변동으로 인해 발생하는 비용과 미래의 불확실성을 최대한 줄일 수 있다는 점이다. 특히 금융시장이 발전하지 못하여 환위험을 헤지할 수 있는 수단이 마땅하지 않고 기업의 환위험 관리 능력도 부족한 신흥국에 적합하다고 할 수 있다.

그러나 국제적 자본이동이 크게 증가되고 무역의 양이 과거와는 비교할 수 없는 수준으로 증가된 현재 상황에서는 고정환율제도가 부적합하다고 할 수도 있다. 지속적으로 국제수지 적자나 흑자가 발생하게 되면 대외불균형이 지속되어 경제 기초여건의 악화를 초래할 수 있으며 실제로 아시아 신흥국시장에서 이러한 일이 발생하기도 하였다. 또 경제의 기초여건이 악화되었으나 환율이 이를 반영하지 못하고 고정되어 있으면 외환투기세력의 공격대상이 될 수도 있다.

고정환율제도의 가장 큰 문제는 환율을 유지하기 위해 외환당국이 막대한 외환을 보유하고 있어야 하고 고정환율에서 이탈할 경우 시장에 개입하여 외환을 사고파는 비용이 너무 크다는 것이다. 특히 고정된 환율이 경제여건을 잘 반영하고 있지 못할 경우 이러한 비용은 매우 클 수밖에 없다.

1.6.2 변동환율제도의 장 · 단점

변동환율제도의 가장 큰 장점은 자동조절기능이 있다는 것이다. 국제수지 적자가 발생할 경우 외환수요가 그만큼 증가될 것이므로 외환가치의 상승, 즉 자국통화의 가치가 하락하여 수출상품의 가격경쟁력이 생기고 그 결과 수출이 증대되어 국제수지는 균형에 이르게 된다. 또한 환율이 변화하는 경제여건을 잘 반영하고 있을 경우 경제여건과 환율의 괴리를 기초로 하는 환투기를 원천적으로 방지할 수 있다.

변동환율제도의 또 다른 큰 장점은 독립적인 통화정책을 자유롭게 쓸 수 있다는 것이다. 고정환율제도에서는 경기를 활성화하기 위해서 통화의 공급을 늘리면 통화량 증가로 인해 환율이 상승하게 된다. 이때 환율을 고정시켜야 하므로 외환을 매도하면 늘어난 통화량이 다시 감소하여 정책의 효과를 기대하기 어렵다. 그러나 변동환율제도에서는 환율을 고정시킬 필요가 없기 때문에 국내경제의 균형을 위한 정책을 자유롭게 이행할 수 있다.

변동환율제도에서는 금융당국이 환율을 고정시키기 위해 그때그때마다 시장에 개입하지 않아도 되기 때문에 환율고정을 위해 외환보유고를 높게 유지하지 않아도 된다. 즉 비용이 절감된다.4)

그림 1-2 변동환율제도의 자동조절기능

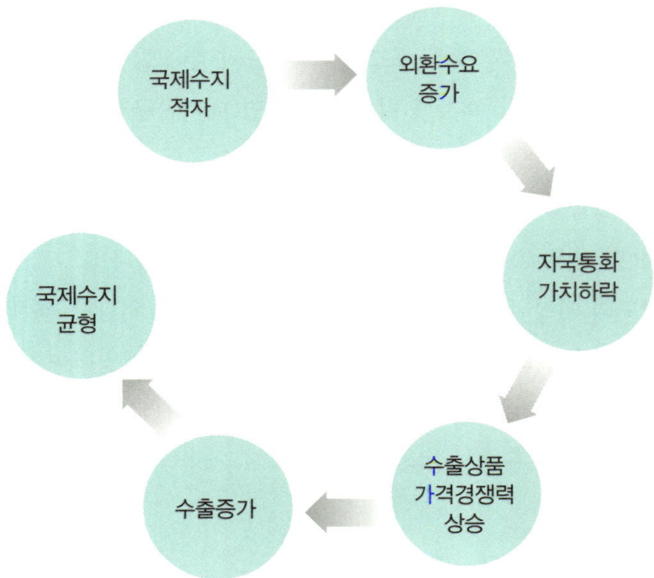

4) IMF에 의하면 2018년 현재 변동환율제도를 채택하고 있는 국가 가운데 완전한 변동환율제도를 채택하고 있는 나라는 미국, 캐나다, 일본 등 12개국이며 나머지는 일정범위 내에서 환율을 관리하는 일종의 관리변동환율제도를 채택하고 있다. 이 제도하에서는 고정환율제도에서와 같이 빈번하게 시장에 개입하지는 않지만 범위를 벗어나면 제한적으로 시장에 개입하게 된다.

변동환율제도의 가장 큰 단점은 환율의 변동성이 증가하여 자본과 상품의 국제적 이동을 위축시킬 수 있다는 것이다. 또한 불확실한 미래의 환율변동에 대비하기 위한 환위험 헤지비용이 많이 발생하고 철저한 환율관리가 필요하다는 것도 부담이다. 또한 환율변동 상황에 따라 급격한 자본의 유출과 유입이 발생하여 외환시장은 물론이고 현물시장의 혼란이 야기될 수도 있으며 국제수지에도 변화를 초래할 수 있다.

제2절 유럽의 통화제도

2.1 유럽통화제도

브레튼우즈체제가 무너지고 외환시장이 혼란에 빠지자 유럽공동체(EC: European Community)는 외부의 영향을 차단하고 역내 통화가치의 안정을 위해 화폐의 통합을 달성하기 위한 노력을 하기 시작하였다. 1970년 회원국들은 역내 통화 사이의 환율변동폭을 최소화하기 위해 회원국들의 통화정책을 서로 조정하기로 하고 궁극적으로 단일통화를 도입하기로 합의하였다.

이러한 노력의 일환으로 1979년 8개국(독일, 프랑스, 이탈리아, 네덜란드, 벨기에, 룩셈부르크, 덴마크, 아일랜드)이 유럽통화제도(EMS: European Monetary System)를 결성하였다. 이 제도는 경제력 비중에 따라 가중치를 둔 유럽통화의 바스켓, 즉 유럽통화단위(ECU: European Currency Unit)를 만들고 각 회원국들은 유럽통화단위에 대한 자국통화의 환율(이를 중심환율(central exchange rate)이라 부름)을 고정시켜 회원국들 간의 고정환율제도를 만드는 것이다. 만약 시장환율이 중심환율에서 크게 벗어나면 외환시장의 개입이 필요하며 회원국들의 경제력, 즉 유럽통화단위의 가중치가 달라지면 공식적인 환율조정이 필요하였다.

유럽통화제도가 목표로 하는 통화안정을 위해서는 회원국들의 경제정책의 설정과 시행에 있어서 서로의 협조가 필수적이다. 그러나 국가 간 협조는 여러 가지 요인, 특히 정치적인 요인 때문에 쉽지만은 않았다. 예를 들어 독일은 인플레이션에 매우 민감하여 물가안정에 정책적 비중을 크게 두고 외환시장의 개입이 필요할 때에도 개입으로 인해 물가상승이 우려되면 개입을 꺼려왔다. 이에 반해 프랑스는 높은 실업률 때문에 성장을 추구하는 경제정책을 시행해 왔고 한편으로 강한 프랑스 프랑 정책을 선호하여 이에 반하는 외환시장 개입을 꺼려왔다.

2.2 마스트리히트조약

이와 같은 문제들을 해결하는 방법은 유럽공동체의 전 회원국이 단일 중앙은행을 설립하고 단일통화제도를 도입하는 것이다. 유럽공동체의 집행위원장인 들로르(Delors)가 1989년 경제통화동맹(EMU: European Economic and Monetary Union)에 보고서를 발표하고 이것을 기초로 1991년 네덜란드의 마스트리히트(Maastricht)에서 통화통합과 정치동맹을 주요 내용으로 하는 유럽동맹조약이 체결되었다. 마스트리히트조약에 의해 통화통합은 3단계로 나누어 추진되었다. 제1단계는 환율조정메커니즘(ERM: Exchange Rate Mechanism)의 효율적인 운용을 통해 역내통화 간 환율의 안정을 도모하고, 제2단계는 단일통화 도입을 위한 각국의 경제수렴조건(macroeconomic convergence criteria)[5]을 달성하고 장차 유럽중앙은행으로 발전할 유럽통화기구(EMI: European Monetary Institute)를 설립하는 것이었다. 마지막 3단계는 유럽중앙은행을 설립하고 회원국의 통화주권을 이양받아 유럽통화통합을 완성하는 것이었다.

제1단계의 완료시한은 1993년 말로 정하고 2단계는 1994년 1월부터 독일 프랑크푸르트에 유럽통화기구를 설립하여 유럽중앙은행과 단일통화제도를 준비하도록 하였다. 제3단계로 1998년 6월 독일 프랑크푸르트에 유럽중앙은행(ECB: European Central Bank)이 설립되었다.

5) 금융과 경제에 있어서 회원국들 간의 격차를 해소하기 위한 조건으로 회원국들은 다음과 같은 조건을 충족하여야 한다. 첫째, 물가를 과거 1년 이상 소비자물가상승률이 가장 낮은 3개 회원국의 평균 +1.5% 이내에 유지한다. 둘째, 환율을 유럽통화제도의 환율조정메커니즘이 설정한 환율변동 허용폭(±2.25%) 이내로 유지한다. 셋째, 장기 국채 기준 장기명목금리를 소비자물가상승률이 가장 낮은 3개 회원국 평균 +2% 이내로 유지한다. 넷째, 재정적자를 GDP의 3% 이내, 정부부채를 GDP의 60% 이내로 유지한다.

2.3 유로화

1999년 단일통화를 도입하기 위한 마지막 단계로 유럽환율조정장치 II(ERM II)를 채택하였다. 유럽환율조정장치는 단일 경제권으로 이행하기 위해 1979년 3월 설립한 유럽통화제도(EMS)의 핵심적인 제도로써 각 회원국 상호 간 환율이 일정범위 내에서 변동되도록 조정하는 제도이다.

그 당시 유럽환율조정장치는 회원국의 통화에 대해 기준환율을 정하고 상하 2.25%까지의 변동만을 허용하였다. 단 영국과 이탈리아 등의 특수한 사정을 감안하여 6%의 변동을 허용하였다. 환율이 허용범위를 넘기면 각국의 중앙은행은 즉각적으로 시장에 개입하여 통화의 매입 또는 매도 등을 통해 환율을 안정시켜야 하며 그러한 조치에도 환율을 범위 내에서 유지할 수 없을 때에는 중심환율을 전면 조정하도록 하였다. 이 제도는 1992년 영국 파운드화와 이탈리아 리라화 등에 대한 환투기 공격으로 인해 붕괴되었다.

ERM Ⅱ는 ERM Ⅰ의 경험을 반영한 단일통화에 대한 환율조정 메커니즘이다. 즉 유로존과 비유로존 통화 간 환율의 안정을 도모하기 위해 유로화에 대한 비유로존 통화의 환율변동폭을 일정수준 이내로 제한하는 제도이다. 1999년 유럽중앙은행은 유로화에 대한 비유로존 통화의 기준환율이 상하 15%의 범위 내에서 변동할 수 있도록 하였다.

유럽중앙은행이 설립되고 ERM Ⅱ가 채택됨에 따라 1999년 1월 단일통화인 유로(Euro)가 발행되어 12개국(독일, 프랑스, 이탈리아, 네덜란드, 벨기에, 룩셈부르크, 오스트리아, 핀란드, 그리스, 아일랜드, 포르투갈, 스페인)이 자국통화와 유로화를 병행하여 사용하게 되었다. 2003년 3월부터는 유로화만 통용되고 있다. 그 후 슬로베니아, 몰타, 키프로스, 슬로바키아, 에스토니아 등이 추가로 참여하여 유로화를 사용하고 있다.

유로화를 도입함으로써 마스트리히트조약에 따라 1999년 1월 1일부터 회원국 각자의 통화정책 기능은 폐지되었다. 이후로는 유럽중앙은행과 EU회원국의 중앙은행으로 구성된 유럽중앙은행제도(ESCB: European System of Central Banks)가 단일통화정책을 수립하고 있다. 유로화발행권은 유럽중앙은행이 갖고 있다.

유로화의 사용으로 유로존(Euro zone) 내에서는 환율 없이 공동으로 공동통화를 사용하여 통화비용절감의 이점을 향유할 수 있게 되었다. 그 결과 역내교역이 증가하게 되었으며 가격비교가 용이하게 되어 기업 간 경쟁이 치열해져 전반적으로 가격격차가 축소되고 있다. 또한 유로존 내에서는 환위험이 없고 환거래 비용도 없기 때문에 이자율 수준의 격차 역시 축소되는 결과를 가져왔다.

단일통화는 많은 이점을 가져다 줄 수 있으나 회원국들 간의 경쟁력과 경제력의 차이가 심각하게 벌어질 경우 위기를 맞을 수도 있다. 2010년 이후 유로존 국가 중 재정적자폭이 큰 PIIGS(포르투갈, 이탈리아, 아일랜드, 그리스, 스페인)이 파산상태에 이른 것이 그 예이다. 또한 이러한 위기가 발생하였을 때 독자적으로 정책을 결정할 수 있는 강력한 중앙은행이 필요한데, 유럽중앙은행은 독자적으로 의사결정을 하지 못하고 회원국 중앙은행들의 합의에 의해 정책이 결정된다는 문제가 아직 있다.

2.4 미래의 국제통화제도

미국은 그동안 만성적인 재정적자와 무역적자, 그리고 글로벌 금융위기로 경제가 심각한 타격을 받아 달러가치에 대한 우려가 커지게 되었다. 이에 따라 달러가 주축이 되고 있는 현재의 기축통화 체제를 개편하여야 한다는 목소리가 점점 커지고 있다.

사실 미국 달러와 같은 어떤 특정 국가의 통화를 기축통화로 사용하는 것은 다음과 같은 근본적인 문제가 있다.

첫째, 미국의 통화당국은 국제유동성이 아닌 미국의 유동성에 집중하여 정책을 집행한다는 것이다. 따라서 무역수지 적자국은 국제금융시장에서 차입이 어려워져 심각한 외환부족을 겪을 수 있고 반대로 흑자국은 달러 가치가 하락하면 보유외환의 가치가 하락하여 손실을 입게 되는 문제가 발생한다.

둘째, 기축통화국가가 다른 국가에 비해 상당한 이득을 본다는 데 문제가 있다. 예를 들어 기축통화를 보유할 수밖에 없는 타국의 외환보유고로 인해 미국 달러 통화량을 막대하게 늘릴 수 있기 때문에 다른 국가에 비해 상대적으로 낮은 이자로 국채를 발행할 수 있게 된다. 이는 외국의 달러 보유 국가들이 미국의 자금조달 비용을 낮추어주고 있다는 것을 의미한다.

셋째, 외환보유고가 적거나 금융시장이 잘 발달되어 있지 않은 신흥국가들은 필요 이상으로 달러를 보유하여야 한다는 문제가 있다. 적기에 충분한 외환을 국제금융시장에서 조달하기 어려울 수 있고 단기자본이 급속하게 유출될 가능성이 있기 때문이다.

최근 경제가 급격하게 성장하고 있고 경제규모 면에서 세계 2위까지 성장한 중국의 위안화를 기축통화로 사용하자는 주장이 있기는 하지만 위안화 역시 특정 국가의 통화이므로 미국 달러와 같은 문제를 근본적으로 갖고 있다. 이와 같은 상황에서 대안이 될 수 있는 것이 SDR이다.

SDR은 미국 달러, 유로, 일본 엔, 영국 파운드에 일정한 가중치를 주어 산정된 통화 바스켓이므로 한 통화의 영향력을 줄일 수 있다. 그러나 SDR 역시 문제가 있다.

첫째, SDR은 그 자체가 별개의 통화가 아니며, 4개의 통화를 가중치만큼 보유하는 포트폴리오의 구성을 통해 쉽게 만들 수 있다. 둘째, SDR은 현재 각국 재무장관들로 구성된 IMF 이사회에서 유동성 공급을 결정하고 있지만 이러한 체제로는 기축통화의 발권력을 인정받고 세계은행의 역할을 하기에는 매우 미흡하다. 셋째, 각국 정부가 통화주권을 포기하는 국제적인 합의를 이루기는 사실상 불가능하다.

이처럼 좋은 대안을 찾기 어렵기 때문에 미국 달러를 기축통화로 하는 현재의 체제가 당분간은 유지될 것으로 전망된다. 중국의 채권시장과 자본시장이 더욱 성장하고 외국인에게 충분히 개방되는 등 금융시장의 선진화와 국제자본 이동에 대한 규제가 철폐될 때까지는 미국의 달러가 압도적인 지위를 누릴 것이며 그 후로는 유로화와 위안화가 미국 달러를 보완하는 체제가 될 것으로 예상된다.

제3절 우리나라의 환율제도

우리나라의 환율제도는 1945년 정부가 수립된 직후 미군정에 의해 고정환율제도가 최초로 시행되었고 그 후로 여러 차례 변천과정을 거쳐 현재의 자유변동환율제도로 정착되었다.

3.1 고정환율제도(1945.8~1964.5)

1945년 정부가 수립된 시기에는 세계적으로 고정환율제도가 시행되고 있었다. 따라서 미국 군정은 공정환율을 설정하고 고정환율제도를 시행하였다. 그 시기에는 우리나라의 국제무역 및 자본거래가 거의 없는 상태였으며 국내 외환시장도 사실상 존재하지 않았으므로 미국 군정에 의해 설정된 환율이 경제여건을 감안한 공정한 환율이었는지는 의문의 여지가 있었다.

경제여건의 변화에 따라 몇 차례 고정환율의 변경이 있었다. 즉 높은 인플레이션으로 인해 원화의 가치가 지속적으로 하락하자 원화를 평가절하하는, 즉 원/달러 환율을 올리는 조치가 있었다. 그러나 원화가치가 조정되는 횟수가 10여 회 이상으로 늘어나고, 실제로 적용되는 환율이 경제여건을 감안한 공정한 환율과 차이가 생기는 현상이 자주 발생하게 되자 1964년 단일변동환율제도를 채택하게 되었다.

3.2 단일변동환율제도(1964.5~1980.2)

환율을 고정시키는 고정환율제도를 시행한 결과 공정환율이 시장상황을 반영하지 못하는 상황이 빈번해지자 이러한 단점을 보완하기 위해 1964년 5월 환율변동을 일부 허용하는 단일변동환율제도를 채택하였다.

즉 외환을 대용하는 증서를 도입하여 이 증서의 수요와 공급에 의해 결정되는 시장환율을 반영하는 제도를 채택하였다. 그러나 이 제도를 도입하기 위해 필요한 여러 가지 여건[6]이 마련될 때까지 고정환율제도가 계속 운용되고 그 후로도 한국은행의 외환시장의 개입으로 인해 1980년 2월까지 사실상 달러에 연동된 고정환율제도가 운용되었다고 할 수 있다. 그 결과 과거와 마찬가지로 인플레이션으로 인해 고정된 환율이 경제상황을 반영하지 못하는 상황이 발생할 때마다 원화의 평가를 하락시키는 조치를 취하지 않을 수 없었다. 물론 그때마다 경제에 커다란 충격을 주었다.

이 시기의 환율제도는 단일통화 페그(peg)제도이다. 단일통화 페그제도란 특정한

6) 외환증서시장의 형성, 수입쿼터의 철폐, 환시장조작기금 확보 등

단일 외국통화와의 환율을 고정시키고 기타통화(고정된 통화를 제외한 통화)는 고정된 통화와 기타통화와의 환율을 반영하여 계산된 교차환율(cross rate)을 사용하는 방법이다. 교차환율이란 A, B 두 통화 간의 환율과 B, C 두 통화 간의 환율을 통해 간접적으로 산출된 A통화와 C통화 간의 환율을 말한다.

예를 들어 원/달러 환율을 1,000원/달러로 고정시켰다고 하자. 또 뉴욕시장에서 엔화와 달러가 100엔/달러에 거래되고 있다고 하자. 그러면 원/엔 환율은 10원/엔이 된다. 며칠 후 엔/달러 환율이 100엔에서 90엔/달러로 내려갔다면 원/엔 환율도 11원/엔으로 변하여 원화가 약세를 나타내게 된다.

$$\text{교차환율} = \frac{1{,}000\,\text{원/달러}}{90\,\text{엔/달러}} = 11\,\text{원/엔} \quad \cdots\cdots \text{(식 1.1)}$$

이처럼 단일페그제도하에서는 특정 통화에 대해 고정된 환율은 그대로 유지되지만 기타통화와의 환율은 고정된 통화가 기타통화에 대해 약세가 되면 원화도 기타통화에 대해 약세가 되고, 반대로 고정된 통화가 기타통화에 대해 강세가 되면 원화도 기타통화에 대해 강세가 된다. 따라서 원/달러 환율이 고정되어도 기타통화 환율의 변동에 따라 자국통화와 모든 교역대상국 통화의 가격경쟁력 지표인 실효환율(effective exchange rate)이 변하게 된다. 실효환율은 통상 각국의 통화를 자국무역에서 차지하는 상대국의 점유율로 가중한 평균환율로, 특정 시점을 기준으로 한 지수 또는 그 지수의 변동률로 표시한다.

다음의 표를 살펴보자. 기준시점과 비교시점의 환율이 [표 1-1]과 같다고 하자. 그러면 기준시점의 실효환율을 100이라고 할 때 비교시점의 실효환율을 계산해 보면 (식 1.2)에 알 수 있는 바와 같이 107.5가 된다.

| 표 1-1 | 실효환율의 변화

시점		달러	엔	위안	실효환율
기준시점	명목환율	1,000	10	150	100
	가중치	25%	50%	25%	
비교시점	명목환율	1,000	11	165	107.5
	가중치	25%	50%	25%	

$$실효환율(비교) = \left(\frac{1,000}{1,000} \times 0.25 + \frac{11}{10} \times 0.5 + \frac{165}{150} \times 0.25\right) \times 100$$
$$= 107.5 \quad \cdots\cdots (식\ 1.2)$$

이와 같이 원화의 가치가 하락하여 실효환율이 상승하면 일반적으로 수출이 증가하고 수입이 감소하여 무역수지에 영향을 미치게 된다. 이처럼 단일페그제도는 중요 통화 간의 환율변동이 실효환율에 영향을 미치기 때문에 무역수지를 불안하게 만들 수 있다. 실제로 단일변동환율제도를 시행하던 시기에 일본과의 교역이 큰 비중을 차지하였기 때문에 원/엔 환율변동으로 인한 실효환율의 변동이 매우 심각한 문제가 되었다.

3.3 복수통화바스켓제도(1980.2~1990.2)

1980년 2월 정부는 지속적이고 급격한 환율조정을 피하고 환율의 국제수지 조정 기능을 회복시키기 위해 복수통화바스켓제도를 채택하였다.

복수통화바스켓제도란 일국 통화의 환율을 여러 외국통화로 구성된 통화의 바스켓(currency basket)에 고정시키는 제도를 말한다. 우리나라는 원/달러 환율을 바스켓에 고정시켰는데 이를 위해 2개의 바스켓을 사용하였다. 하나는 주요국 통화로 구성된 바스켓인 SDR이고 다른 하나는 우리나라 주요 교역 상대국들의 통화로 구성한 독자통화바스켓이다.

$$원/달러 = \beta \times SDR바스켓 + (1-\beta) \times 독자바스켓 + \gamma \quad \cdots\cdots (식\ 1.3)$$

여기서, γ: 정책조정변수

이 제도에서는 SDR바스켓과 독자바스켓에 의해 원/달러 환율을 각각 산정하여 이를 가중평균하고 여기에 한국은행 총재가 정책조정변수(실세반영장치), 즉 국내외 금리차이, 국내외 물가상승률 차이, 외환시장전망 등을 감안하여 조정하여 환율을 결정하는데 이를 집중기준율이라고 한다. 집중기준율을 중심으로 한국은행은 외국환은행 간의 외국환거래에 적용되는 집중매입률과 집중매도율을 고시하였다. 집중기준율이 고시되면 외국환은행은 집중기준율의 일정범위 내에서 대고객 환율을 결정하여 고시하였다. 한편 미국 달러 이외의 통화에 대한 환율은 원/달러 환율과 전일 뉴욕 외환시장의 폐장 환율 간의 교차환율로 산정하였다.

복수통화바스켓제도는 기본적으로 여러 개의 통화에 페그하는 방식이기 때문에 환율의 안정적인 변동을 기대할 수 있을 뿐만 아니라 주요 교역 대상국과의 경쟁력을 반영할 수 있다는 장점이 있다.

한편 이처럼 환율이 결정되는 과정에서 독자바스켓의 통화구성과 각 구성통화의 가중치는 우리나라 교역량을 기준으로 재무부 장관과 한국은행 총재가 협의하여 구성하였기 때문에 일반인에게 공개되지 않았으며 일정기간마다 재조정되었기 때문에 외환시장에서 외환수급의 사정을 정확히 반영하지 못하였다. 또한 SDR바스켓과 독자바스켓의 가중치, 즉 β, 그리고 정책조정변수 γ도 일반에게 공개되지 않았기 때문에 시장에서 미래의 환율을 예측하기 어려웠다.

복수통화바스켓제도는 크게 몇 가지 문제점을 가지고 있는데, 첫째로 정책조정변수에 의한 당국의 환율조정이 가능했기 때문에 미국 등으로부터 우리나라 정부가 환율을 조작하고 있다는 비난의 빌미가 되기도 하였다. 둘째, 달러와 엔화가 SDR바스켓과 독자바스켓 모두에 포함되어 있고 또한 양쪽에서 모두 높은 가중치를 가지고 있었기 때문에 달러와 엔화의 영향력이 지나치게 컸다. 셋째, 원화의 기타통화에 대한 환율이 달러의 기타통화에 대한 환율에 의해 영향을 받는 단일통화바스켓제도의 문제점이 개선되지 못하였다.

이와 같은 문제점을 시정하고 경제의 국제화가 점차로 진전되는 상황에 부응하여 정부는 시장평균환율제도를 도입하게 되었다.

3.4 시장평균환율제도(1990.3~1997.12)

1990년 3월 정부는 경제의 국제화 진전에 따라 시장평균환율제도를 도입하였다. 구체적인 배경은, 첫째, 원화의 국제화에 따른 자유시장변동환율제로 가기 위한 준비단계가 필요하였다. 둘째, 우리나라 경제규모의 확대에 따라 환율 결정에 가격기능을 도입하여야 할 필요가 있었다. 셋째, 통상협상 시 외국으로부터 환율조작국이라는 비난에서 벗어날 필요가 있었다.

시장평균환율제도란 전일의 모든 외국환은행이 거래한 현물환율을 거래량으로 가중평균하여 산출한 환율을 당일 외환거래의 매매기준율로 사용하는 제도이다. 예를 들어 특정일에 외국환은행 간 달러 거래가 다음과 같이 4건 있었다고 하자.

표 1-2 | 매매기준율

거래	거래환율	거래량	거래금액 (환율x거래량)
1	1,000.10원/달러	10,000달러	10,001,000원
2	1,001.15원/달러	20,000달러	20,023,000원
3	999.80원/달러	20,000달러	19,996,000원
4	999.70원/달러	30,000달러	29,991,000원
합계		80,000달러	80,011,000원

그러면 매매기준율은 다음과 같다.

$$\text{매매기준율} = \frac{\text{거래환율} \times \text{거래량}}{\text{총거래량}} = \frac{80,011,000}{80,000}$$
$$= 1,000.138\text{원/달러} \quad \text{(식 1.4)}$$

복수통화바스켓제도에서는 환율이 기본적으로 국제금융시장에서 주요국의 환율변동에 의해 결정되었으나 이 제도하에서는 제한적이나마 국내외환시장의 수요와 공급에 의해 결정되었으며 외국환은행의 자율성이 어느 정도 허용되었다. 또한 복수통화바스켓제도에서처럼 정책조정변수를 통해 한국은행이 환율에 직접적으로 영향을 미칠 수 없기 때문에 환율조작국이라는 비난에서 벗어날 수 있었다.

그러나 이 제도가 자유변동환율제도와 다른 점은 환율이 매매기준율을 중심으로 일정범위 내에서만 변동하도록 일일변동폭이 설정되어 있다는 것이다. 따라서 이 제도는 시장기능을 강화하고 외환시장을 활성화하여 환율이 시장에서 자유롭게 결정되도록 하는 자유변동환율제도로 이행하기 위한 과도기적 성격을 띠고 있다고 할 수 있다.

일일변동폭을 크게 설정하면 환율이 변동제한폭 때문에 더 이상 변동하지 못하는 일이 적어지기 때문에 환율이 시장상황을 충분히 반영할 수 있지만 갑자기 변동제한폭을 크게 설정하면 과거 안정적인 환율의 움직임 속에서 영업활동을 하던 기업, 특히 위기관리능력이 떨어지는 중소기업이 큰 어려움을 겪을 수 있다. 따라서 기업들이 새로운 환율제도에 적응하여 위기관리능력이 생길 때까지 어느 정도의 시간을 주기 위해 이 제도의 도입 초기에는 일일변동폭을 당일 시장평균환율의 상하 0.4%로 설정하였다.

표 1-3 시장평균환율제도하에서의 일일변동폭 변화 (단위: %)

1990.3	1991.9	1992.7	1993.10	1994.11	1995.12	1997.11	1997.12
±0.4	±0.6	±0.8	±1.0	±1.5	±2.25	±10.0	폐지

그러나 그 후 일일변동폭은 점차 확대되었으며 1997년 말 IMF 사태로 우리나라 경제가 위기를 맞으면서 10%까지 확대되었으나 환율폭등으로 외환시장의 거래가 중단되는 등 외환거래가 마비되는 사태가 연출되었다. 급기야 정부는 1997년 12월에 외환시장의 안정을 도모하고 외국자본의 유입을 촉진하기 위해 일일변동폭 설정을 폐지하고 변동폭을 시장기능에 맡겨 자율화하게 되었다.

한편 시장평균환율제도에서는 원/달러 환율은 시장평균환율로 산출된 환율을 매매기준율로 사용하였으나, 원화와 기타통화의 환율은 국제외환시장에서 형성된 기타통화와 미국 달러 환율의 매매중간율을 이용하여 산출된 교차환율로 결정되었다. 따라서 앞의 여러 제도하에서 있었던 문제, 즉 기타통화와 미국 달러 간의 환율변동으로 인한 원화와 기타통화 간의 환율변동으로 실효환율이 변동하여 국제수지에 바람직하지 않은 영향을 미치는 문제가 여전히 남아 있었다.

3.5 자유변동환율제도(1997.12~현재)

환율의 변동을 제한하는 제도를 폐기함에 따라 우리나라의 환율제도는 자유변동환율제도로 이행되었다. 즉 당일의 원/달러 기준환율은 전일 거래환율의 가중평균인 시장평균환율로 고시하고 원화와 기타통화와의 환율은 국제외환시장에서 결정된 기타 외국통화와 달러 환율을 이용하여 산출된 교차환율을 사용하는 제도를 유지하면서, 일일변동폭을 완전히 폐지함으로써 환율이 시장기능에 따라 움직이는 자유변동환율제로 이행하게 된 것이다.

이 제도를 채택하게 된 원인을 정리해보면 다음과 같다. 첫째, 금융위기를 겪으면서 외환보유고가 급격히 하락하여 환율을 일정범위 내에서 관리할 수 있는 능력을 상실하였다. 둘째, 환율방어능력을 상실하면서 환율이 가격제한폭까지 상승하는 일이 빈번하고 투기적 수요까지 가세하여 외환시장이 실질적으로 마비되는 현상이 발생되었다. 셋째, IMF 구제금융을 받는 과정에서 가격제한폭을 폐지하는 것이 오히려 환율 안정에 도움이 된다는 IMF의 권고를 받아들였다.

이 제도의 장점은, 첫째 자본이동이 자유롭게 이루어지기 때문에 국제유동성을 확보하기가 용이하다. 둘째, 국제수지의 균형을 유도할 수 있다. 즉 국제수지 적자가 발생하면 외환의 수요가 증가되어 원화의 가치가 평가절하되고, 그 결과 경쟁력이 회복되어 수출이 증가되고 수입이 감소하여 국제수지가 균형을 이루는 순환구조를 기대할 수 있다. 셋째, 자유로운 환율변동은 미래의 환율예측을 어렵게 하여 환투기의 가능성을 낮출 수 있다.

그러나 우리나라와 같이 외환시장의 규모가 작고 외부충격의 흡수력이 부족한 나라에서는 환율의 변동성을 크게 만들어 경제를 교란시킬 수 있는 요인으로 작용한다는 단점도 있다. 이 제도가 도입되면서 우려했던 바와 같이 초기에는 환율의 변동성이 크게 증가하였으나 다행히도 점차로 안정을 되찾는 모습을 보여왔다. 그러나 2007년과 2008년의 국제금융위기가 발생하자 환율이 비정상적으로 상승하는 등 우려가 완전히 없어진 것이 아니어서 일부에서는 환율의 변동성을 제한시킬 수 있는 제도로의 이행을 주장하고 있기도 하다.

3.6 원화의 국제화

국제통화란 국제적인 상업거래와 금융거래의 표시통화가 되어 계산의 단위가 되며, 투자의 대상이 되는 자산이 되고 거래의 결제를 위한 지불의 수단으로 사용되는 통화를 의미한다. 이는 비거주자 간의 원화거래가 가능하고 원화표시 금융자산을 해외에서 발행하거나 우리나라가 수출과 수입하는 상품 및 서비스 결제시 원화사용의 비중이 확대되는 것을 의미한다.

국제통화가 되면 여러 가지 이점이 있다. 첫째, 무역거래에 있어서 원화를 사용할 수 있기 때문에 외환거래에 따르는 환위험을 부담하지 않아도 된다. 둘째, 원화시장과 관련된 금융업무를 새로이 개발하는 등 국제금융업무를 더욱 활발히 수행할 수 있다. 셋째, 통화발행 이익이 발생하여 자본거래에 있어서 국제유동성 부족이나 경상수지 적자에 대한 부담도 그만큼 줄어들 수 있다.

그러나 국제통화가 되면 해외시장에서 거래되는 통화에 대해서 표시통화국 정부가 통제하기 어렵기 때문에 금융정책을 효과적으로 수행하는 데 제약이 있을 수 있다. 또한 단기 자본이동이 크게 늘어 투기의 대상이 되는 자산의 가격이 크게 변동할 가능성도 있다.

그럼에도 불구하고 우리나라의 경제가 커짐에 따라 원화가 국제통화로 사용될 수 있도록 하자는 주장이 증대되어 왔다. 원화의 국제화는 대외경제의 충격이 국내에 미치는 영향을 줄이고 통화가치의 안정성을 가져올 수 있다는 논리이다. 그러나 아직 원화의 국제화는 요원하기만 하다. 2019년 5월 기준으로 국제결제통화 비중을 살펴보면 미국 달러가 40%의 비중을 차지하고 있으며 유로화가 34.42%, 영국 파운드가 6.66%, 일본 엔화가 3.18%, 중국 위안화가 1.95%를 차지하고 있다. 이에 반해 우리나라의 원화는 결제비율이 0.70%에 불과하다.[7] 전 세계 외환시장에서 원화의 거래비중도 미미하며 이마저도 대부분 국내거래에 국한되고 있는 실정이다.

원화의 국제화는 우리가 결정하고 허용한다고 되는 일이 아니다. 원화가 국제화되기 위해서는 먼저 원화를 안정적인 가격으로 어느 때든 자유로이 다른 통화로 교환할 수 있어야 한다. 이를 위해서는 안정적으로 환율을 유지하고 있다는 국제적인 신뢰를 쌓는 것이 매우 중요하다.

둘째, 생산량과 교역량이 증가하여 국내경제가 세계경제에서 차지하는 비중이 커야 한다. [표 1-4]과 [표 1-5]에서 볼 수 있듯이 우리나라의 경제규모와 무역규모는 기존의 국제통화국과 큰 차이가 있음을 알 수 있다.

---

7) SWIFT, 보도자료, 2019.5.

표 1-4 2019년 각국의 명목 GDP 규모

국가	명목 GDP(10억 USD)	비중(%)
미국	21,439.16	24.8
중국	14,140.16	16.3
일본	5,154.48	5.95
독일	3,863.34	4.46
인도	2,935.57	3.39
영국	2,743.59	3.17
프랑스	2,707.07	3.13
이탈리아	1,988.64	2.30
브라질	1,847.02	2.13
캐나다	1,730.91	2.00
러시아	1,637.89	1.89
한국	1,629.53	1.88

자료: IMF, 2019

표 1-5 2018 세계 각국의 무역규모

국가	수출	수입	무역액
중국	2,486.70	2,135.75	4,622.45
미국	1,665.99	2,612.38	4,278.38
독일	1,560.65	1,285.72	2,846.37
일본	738.14	748.49	1,486.63
네덜란드	723.75	644.67	1,368.42
프랑스	581.87	672.55	1,254.42
홍콩	568.45	626.62	1,195.07
영국	486.85	673.97	1,160.82
한국	604.86	535.20	1,140.06

자료: UNCTAD Statistics, 2019

셋째, 원화를 안정적으로 운용할 수 있는 시장이 있어야 한다. 즉 외환시장과 채권시장의 규모가 기존 국제통화국의 시장에 육박할 수 있을 정도로 성장하여야 한다. 또한 국내금융시장과 국제금융시장이 유기적으로 긴밀하게 연결되어 있어야 한다. 이러한 전제 조건을 충족하고 국제화로 발생할 수 있는 부작용과 문제점에 대한 충분한 대비가 있을 때 비로소 원화의 국제화가 가능할 것이다.

부록 | IMF의 환율제도 분류

IMF는 1950년부터 매년 연차보고서를 통해 세계 각국이 시행하고 있는 환율제도를 환율의 신축성 및 환율변동에 대한 해당 국가의 대응방법을 기준으로 다음과 같이 분류하고 있다.

IMF의 환율제도 분류

분류	분류 내용	의미
No separate legal tender	법정통화가 없는 경우	타국의 통화를 자국통화로 사용하는 제도로써 자국의 독립적인 통화정책이 불가능한 상태
Currency board	통화위원회제도	자국통화의 환율을 특정 외국통화에 고정하고 이 환율에 제한 없이 교환을 허용하는 제도
Conventional peg	전통적 페그제도	자국통화의 환율을 단일 외국통화나 통화바스켓에 연동시키는 제도로서 외환당국의 시장개입을 통해 기준환율의 일정범위 내에서 환율을 관리하는 제도
Stabilized arrangement	안정적 환율제도	외환당국이 시장개입을 통해 최대/최소 환율 차이가 최소 6개월 이상 2% 내에서 유지되도록 관리하는 제도
Crawling peg	크롤링페그제도	주요 교역대상국의 물가상승률 차이 등 경제여건을 고려하여 고정된 환율을 조정하여 관리하는 제도
Crawl-like arrangement	유사크롤링제도	6개월 이상 기간 중 환율이 2% 이내에서 변동하며 최소 변동범위는 안정적 환율제도보다 큰 제도
Pegged exchange rate within horizontal bands	수평밴드페그제도	시장환율이 기준환율에서 최소 ±1% 이내 또는 최대/최소 환율 차이가 2%를 초과하지 않는 범위에서 변동하는 제도
Other Managed arrangement	기타 관리제도	기타의 방법에 의한 관리
Floating	변동환율제도	원칙적으로 환율의 변동을 허용하되 환율변동이 과도할 경우 외환시장에 개입하여 변동성을 완화하는 제도
Free floating	자유변동환율제도	변동환율제도 국가 중 외환당국의 시장개입이 과거 6개월간 3회(매회 3영업일 이내) 이내로 이루어지고 개입 관련 정보를 제공하는 제도

자료: 한국은행, 2016.

세계 각국의 환율제도

	환율목표	통화량목표	인플레이션목표	기타
No separate legal tender (13)	에콰도르, 파라우, 엘살바도르, 파나마 등			
Currency Board (11)	홍콩, 불가리아, 도미니카 등			
Conventional Peg (43)	바레인, 이라크, 요르단, 덴마크, 모로코, 카메룬, 리비아 등			솔로몬제도, 사모아
Stabilized arrangement (27)	레바논, 싱가포르, 베트남 등	앙골라, 볼리비아, 에티오피아, 탄자니아 등	과테말라, 인도네시아	이집트, 케냐, 파키스탄 등
Crawling peg (3)	온두라스, 나카라과 등			
Crawl－like arrangement (15)	이란	중국, 아프가니스탄, 방글라데시 등	코스타리카, 세르비아 등	아이티, 스리랑카 등
Pegged exchange rate within horizontal bands (1)				통가
Other Managed arrangement (13)	캄보디아, 이베리아 등	알제리, 벨라루스 등		수단, 베네수엘라 등
Floating (35)		아르헨티나 등	대한민국, 알바니아, 브라질, 헝가리, 아이슬란드, 인도, 이스라엘, 페루, 뉴질랜드, 남아프리카공화국, 태국, 터키 등	말레이시아, 몽고, 스위스 등

Free floating (31)			호주, 캐나다, 칠레, 일본, 멕시코, 노르웨이, 폴란드, 러시아, 스웨덴, 영국	소말리아, 미국, EMU(오스트리아, 벨기에, 사이프러스, 에스토니아, 핀란드, 프랑스, 독일, 그리스, 아이슬란드, 이탈리아, 라트비아, 리투아니아)

자료: IMF, Annual report on exchange arrangement and exchange restriction, 2018.

요약

- 국제통화제도란 국가 간 상품과 자본의 이동에 따르는 국가 간 자금결제를 원활히 하기 위한 금융결제체제를 의미한다. 19세기 후반 국제적으로 금본위제도가 채택된 후 현재의 변동환율제도까지 변화를 거듭하여 왔다.
- 고정환율제도의 가장 큰 장점은 환율변동으로 인해 발생하는 비용과 미래의 불확실성을 최대한 줄일 수 있다는 점이다. 그러나 환율을 유지하기 위해 외환당국이 막대한 외환을 보유하고 있어야 하고 고정환율에서 이탈할 경우 시장에 개입하여 외환을 사고파는 비용이 너무 크다.
- 변동환율제도의 가장 큰 장점은 자동조절 기능이 있다는 것이다. 국제수지 적자가 발생할 경우 외환수요가 그만큼 증가될 것이므로 외환가치의 상승, 즉 자국통화의 가치가 하락하여 수출상품의 가격경쟁력이 생기고 그 결과 수출이 증대되어 국제수지는 균형에 이르게 된다. 그러나 환율의 변동성이 증가하여 자본과 상품의 국제적 이동을 위축시킬 수 있다.
- 단일통화를 사용하면 해당 지역 내에서는 환율 없이 공동으로 공동통화를 사용하여 통화비용절감의 이점을 향유할 수 있다. 그러나 회원국들 간의 경쟁력과 경제력의 차이가 심각하게 벌어질 경우 위기를 맞을 수도 있다.

생각해보기

1. 금본위제도가 오랫동안 유지될 수 있었던 이유는 무엇인가? 또 더 이상 이 제도를 유지할 수 없었던 이유는 무엇인가?

2. 전 세계가 하나의 단일 통화를 사용하면 환위험을 없애고 외환시장의 교란으로 인한 경제의 혼란을 막을 수 있다는 주장이 있다. 단일통화를 사용할 때 어떤 문제가 있을 수 있는가?

3. 변동환율제도는 자동조절 기능이 있어서 궁극적으로 국제수지가 균형상태에 있어야 하는데 현실에서는 지속적인 적자와 흑자가 발생하는 이유는 무엇인가?

4. 고정환율제도와 변동환율제도 모두에서 환투기가 발생할 수 있다. 그 차이점은 무엇인가?

5. 1997년 한국의 외환위기에 환율제도가 어떠한 영향을 미쳤는가?

2 장 국제금융시장과 외환시장

제1절 국제금융시장
제2절 유로시장
제3절 외환시장

2장 국제금융시장과 외환시장

제1절 국제금융시장

국제금융시장이란 국가 간 자금이동이 이루어지는 장소 또는 메커니즘을 말한다. 즉 국제적으로 자금의 수요와 공급을 지속적으로 연결해주는 각국의 금융시장 및 외환시장이 상호 연계되어 역할을 수행하는 메커니즘을 의미한다. 과거에는 국제금융시장이라 함은 런던, 뉴욕 등 특정 지역의 금융시장을 의미하였으나 최근 들어 정보통신기술의 발전으로 장소적 개념보다는 메커니즘으로서의 이해가 보편적이다.

국제금융시장은 전통적으로 세계 각국의 실물경제의 성장을 뒷받침하고 기업의 생산활동을 뒷받침하는 역할이 강조되어 왔으나 근래에 와서는 금융자산의 국제적 운용을 통한 이익창출의 수단으로 그 역할이 강조되고 있다.

국제금융에서 투자자는 세계 각국의 연금기금, 상호기금 등 각종 기금, 보험회사, 헤지펀드(hedge fund)[1] 등을 들 수 있다. 이들 기관투자자들은 국제금융여건에 맞는 포트폴리오를 구성하여 자산을 운용한다. 차입자, 즉 자금의 수요자들은 각국 정부, 기업 및 세계은행(IBRD), 아시아개발은행(ADB), 유럽부흥은행(EBRD) 등 국제금융기구들을 들 수 있다. 한편 이들 투자자와 수요자를 연결하는 역할을 하는 것이 국제투자은행, 국제상업은행 등이며 유통시장에 딜러(dealer), 브로커(broker) 등이 있다.

1) 헤지펀드는 주식, 채권, 외환시장 등에서 단기적으로 공격적인 투자를 하여 고수익을 창출하는 사모펀드 형식의 투자신탁이다. 파생금융상품을 이용하여 자산규모를 훨씬 상회하는 공격적인 투자를 하기도 한다. 우리나라에도 잘 알려진 퀀텀펀드(Quantum fund), 타이거펀드(Tiger management) 등이 그 예이다.

그림 2-1 금융시장의 메커니즘

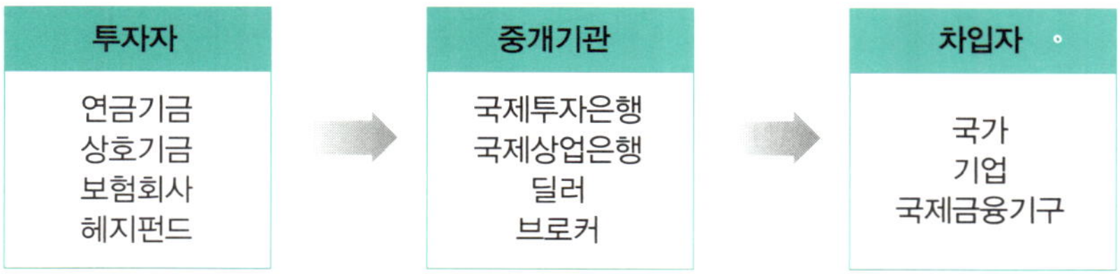

국제금융시장은 기능적으로 단기금융시장(money market), 자본시장(capital market), 외환시장(foreign exchange market)으로 분류할 수 있다. 단기금융시장과 자본시장은 신용공여에 관한 시장이며 외환시장은 지급수단에 관한 시장이다. 또 국제금융시장은 지역적으로 국제금융센터와 역외금융센터로 구분해볼 수 있다.

그림 2-2 국제금융시장의 구성

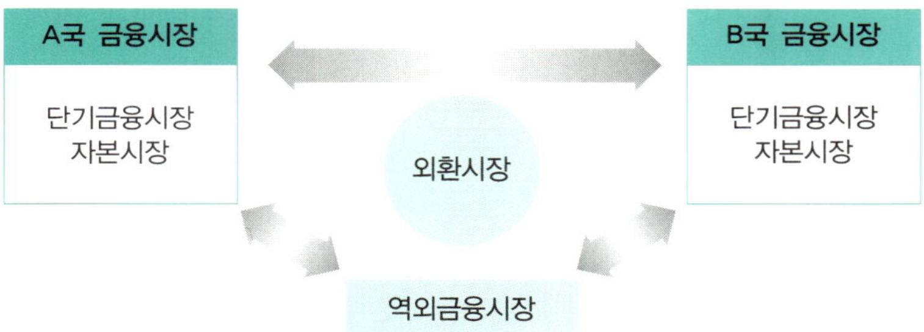

1.1 국제금융시장의 기능별 구분

국제금융시장은 기능별로 구분하여 국제단기금융시장, 국제자본시장, 외환시장 등으로 구분할 수 있다.

1.1.1 국제단기금융시장

국제단기금융시장은 만기 1년 이하의 단기금융상품이 거래되는 시장으로 유로시장, 미국시장, 일본시장 등의 단기금융시장으로 구성된다. 유로단기금융시장에서는 유로정기예금, 유로 CD, 유로 CP 등이 거래되며 미국 등 각국의 시장에서는 해당국의 CP, CD, 은행인수어음(BA), 환매조건부채권(RP), 단기재무성증권(T-Bill) 등이 거래된다.

국제단기금융시장은 국제무역금융, 금리차를 이용한 차익거래, 현물환율 및 선물환율[2] 변동에 따른 환투기나 헤지 등을 위한 금융거래의 장이 되고 있다. 뿐만 아니라 국제단기금융시장은 국가, 기업, 금융기관 등 경제주체들의 단기적인 자금유입과 유출의 불균형을 해소하는 데 중요한 역할을 하고 있으며 금융정책 수단으로서의 환율관리, 정부의 재정적자 보존 등의 수단을 제공하는 매우 중요한 역할을 담당하고 있다.

1.1.2 국제자본시장

국제자본시장은 국제상업은행들을 통해 예금과 대출이 이루어지는 국제대출시장, 채권의 발행과 매매가 이루어지는 국제채권시장, 주식의 발행과 매매가 이루어지는 국제주식시장으로 나누어 볼 수 있다.

(1) 국제대출시장

국제대출시장의 대표적인 상품으로는 신디케이트 대출(syndicated loan)과 NIF (note issuance facility)를 들 수 있다. 신디케이트 대출이란 여러 금융기관이 차관단(Syndication)을 구성해 공통의 조건으로 일정 금액을 기업이나 국가 등에 융자하는 일종의 집단 대출을 의미한다. 융자기간이 5~10년 등으로 비교적 길다. 차입자의 입장에서는 여러 금융기관과 차입조건과 융자절차, 대출한도 등에 대해 일괄적으로 협의할 수 있어 효율적이라고 할 수 있다. 1970년대와 1980년대 초까지 국제금융시장의 대표적인 상품이었으나 금융시장의 변동성이 증대되고 증권화가 급격히 이루어지면서 비중이 낮아지고 있다.

NIF는 중장기 차입수단의 하나로 1980년대에 들어 세계 각국의 외환위기 등으로 신디케이트 대출이 위축됨에 따라 이에 대응하기 위해 개발된 것이다. NIF는 차입

2) 이 장의 뒤에서 자세한 내용을 설명한다.

자가 금융기관과 신용공여 한도를 설정하고 특정 기간 동안, 보통 3~7년의 기간 동안 3~6개월 만기의 유로노트, CP, CD 등의 단기증서를 투자자들에게 발행하여 매각함으로써 자금을 조달하되 매각되지 않은 증서를 금융기관으로 구성된 인수단이 약정비율에 따라 인수하거나 그 상당액을 대출함으로써 차입자의 자금조달을 보장해주는 것을 말한다.

(2) 국제채권시장

국제채권(international bond)은 한 나라의 자본시장에서 외국의 차입자가 자금조달을 하기 위해 발행하는 채권으로 국내채권(domestic bond)과 대응되는 개념이다. 국제채권은 채권액면 표시통화가 통화를 발행한 국가의 통화와 일치하느냐에 따라 외국채(foreign bond)와 유로채(euro bond)로 구분된다.

먼저 외국채는 채권의 액면표시 통화와 발행국가의 통화가 같은 채권을 말한다. 예를 들어 한국의 차입자가 미국의 채권시장에서 미국 달러표시 채권을 발행하면 외국채에 해당된다. 외국채는 발행지역에 따라 재미있는 이름으로 불리고 있다. 미국에서 발행되는 외국채는 양키본드(Yankee bond), 일본에서 발행되는 외국채를 사무라이본드(Samurai bond), 영국에서 발행되는 외국채는 불독본드(Bulldog bond), 한국에서 발행되는 외국채를 아리랑본드(Arirang bond)라고 한다.

유로채는 발행국가 통화 표시 채권이 발행국 이외의 지역에서 발행된 채권을 말한다. 예를 들어 미국의 차입자가 한국에서 미국 달러표시 채권을 발행하면 유로채에 해당된다.

정리하기 1

중국의 차입자가 영국채권시장에서 위안화표시 채권을 발행하면 유로채인가 외국채인가?

(3) 국제주식시장

1980년대 이후 자본시장이 개방되고 각국 정부의 금융규제 완화정책 등으로 국제주식투자가 양적으로나 질적으로 크게 성장하였다. 특히 최근에는 세계적인 대기업들이 자국뿐만 아니라 외국의 주요 증권거래소에 복수로 상장하게 됨에 따라 국제주식의 발행 및 투자가 더욱 활성화되고 있다. 복수상장은 국내자본시장뿐만 아니라 규모가 큰 해외주식시장에서 자본을 조달할 수 있는 기회를 마련할 수 있으며 해당 기업에 대한 홍보의 효과도 있기 때문에 다국적기업들에게 매력적인 자금조달 수단으로 여겨지고 있다.

국제주식에 투자하는 방법은 크게 직접투자, 주식예탁증서를 통한 투자, 펀드투자가 있다. 직접투자는 말 그대로 해외의 주식시장에서 해당국의 주식을 매매하는 투자를 말한다. 직접투자는 거래소 회원인 현지 증권회사를 통해 이루어진다.

주식예탁증서(DR: Depository Receipt)란 해당 기업이 자국이 아닌 외국의 증권거래소에 상장을 하는 경우 언어, 습관 등으로 발생할 수 있는 문제점을 해결하기 위해서 자국 내의 예탁기관에 발행주식(원주식)을 보관하고 투자자들에게는 원주식에 대한 소유권을 인정하는 증서를 교부하는데 이 증서가 주식예탁증서이다. 미국에서 발행되는 주식예탁증서를 ADR(American Depository Receipt), 유럽에서 발행되는 주식예탁증서를 EDR(European Depository Receipt), 뉴욕, 런던, 동경시장 등 전 세계 주요 금융시장에서 동시에 발행되는 주식예탁증서를 GDR(Global Depository Receipt)이라고 한다. 우리나라에서는 삼성전자, 현대자동차 등 우리나라를 대표하는 기업들이 주식예탁증서를 발행하고 있다.

국제펀드투자는 주로 폐쇄형 국가펀드(closed－end country fund)를 통해 이루어진다. 폐쇄형 국가펀드는 세계 주요 증권시장에 상장된 주식으로 구성된 폐쇄형 투자신탁으로 특정 국가의 주식으로 구성된 펀드를 말한다. 폐쇄형 펀드란 투자자가 환매청구를 할 수 없고, 펀드의 존속기한이 정해져 있는 펀드를 말한다. 이때 투자자가 환매를 통해 투자자금을 회수하기 어려우므로 거래소시장에 상장하도록 하여 투자자가 상장된 펀드지분을 거래소시장에서 매매거래를 통하여 회수할 수 있도록 하는 구조를 갖는다. 반면에 개방형 국가펀드(open－end country fund)는 투자자가 펀드에 투자한 후에 환매청구를 할 수 있는 펀드를 말한다. 일반적으로 환매를 할 때 투자자산의 가치를 객관적으로 평가할 수 있어야 하므로 개방형 국가펀드는 공정한 평가가 매일 가능한 자산에 투자를 하게 된다.

정리하기 2

해외주식시장에 주식을 직접 상장하는 방법과 주식예탁증서를 통해 간접 상장하는 방법의 장·단점은 무엇인가?

1.2 국제금융시장의 지역별 구분

국제금융시장을 지역별로 분류하면 국제금융활동이 활발하게 일어나는 장소를 지칭하는 국제금융센터와 특정 국가의 규제나 통제를 받지 않는 역외금융센터로 구분할 수 있다.

1.2.1 국제금융센터

국제금융센터(international financial center)란 실제로 국제금융활동이 활발히 일어나는 장소를 의미하는 것으로 세계적인 규모의 금융기관들이 상설 영업망을 형성하고 국제금융거래를 지속적으로 하는 국제금융활동의 중심지이다. 국제금융센터는 탁월한 경제력, 통화의 국제적 유통성, 잘 발달된 자국의 금융시장 등의 조건을 충족하여 형성되었으며 런던, 뉴욕, 동경 등이 여기에 속한다.

국제금융센터가 되기 위해서는, 첫째 자국의 금융시장이 잘 발달되어 있어서 국내 투자자와 차입자의 자금 공급과 수요를 잘 연결시켜 줄 수 있어야 한다. 둘째, 국제금융센터는 외국인 투자자와 자국 내 차입자를 연결시키거나 국내 투자자를 외국의 차입자와 연결시킬 수 있어야 한다. 셋째 국제금융센터는 외국 투자자 및 차입자를 외국의 차입자 및 투자자와 연결하는 역외금융시장으로서의 역할을 하여야 한다.

모든 국제금융센터가 위의 세 가지 기능을 하는 것은 아니며 런던, 뉴욕, 동경센터 등이 세 가지 역할을 하는 세계적 국제금융센터라고 할 수 있다. 독일, 싱가포르 등은 위의 세 가지 중 일부의 기능만을 하는 지역별 국제금융센터라고 할 수 있다.

그림 2-3 국제금융시장의 기능

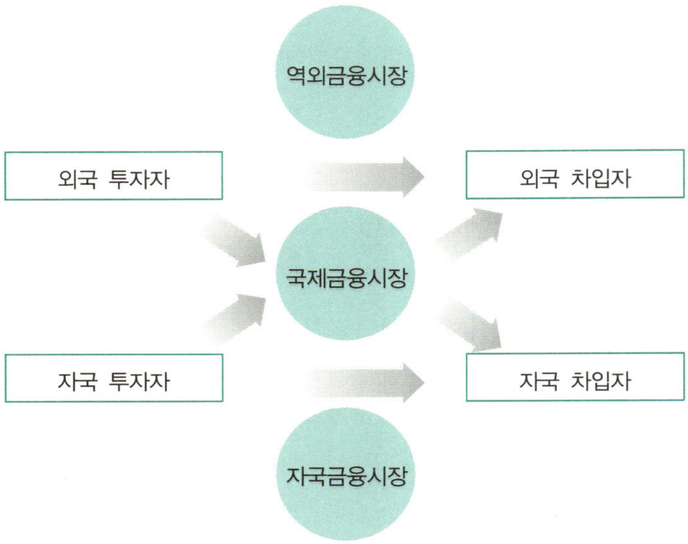

(1) 런던 국제금융시장

런던 국제금융시장은 역사와 전통을 자랑한다. 18세기부터 세계무역의 중심지로서, 세계 최대의 경제대국으로서 그 위치를 확보하였다. 20세기 후반에 들어 경제력이 쇠퇴하면서 새로이 부상한 뉴욕금융센터에 밀리는듯 하지만 유로시장이 부상함에 따라 아직도 영향력을 유지하고 있는, 세계에서 가장 큰 금융센터 중의 하나이다.

런던금융센터는 런던 중심부 반경 1제곱마일의 면적을 뜻하는 시티(city)에 은행, 증권회사, 보험회사 등 다양한 금융기관이 밀집하여 긴밀한 정보교환과 접촉이 이루어지고 자율규제의 전통이 살아 있는 금융시장이다.

런던금융센터가 최근까지 국제금융의 중심역할을 할 수 있는 이유는 무엇보다도 유로시장의 성장에서 찾을 수 있다. 즉 금융규제를 피하기 위해 미국을 비롯해 세계 각국의 자금, 특히 미국 달러 자금이 런던으로 대거 유입되면서 촉발된 유로시장의 급속한 성장이 런던금융센터를 통해 이루어졌다. 또 영국 자체의 금융개혁(big bang)으로 인해 금융시장의 효율성이 크게 향상되었다는 점에서도 그 이유를 찾을 수 있다. 그리고 오전에는 동경과, 오후에는 뉴욕과 시간대가 겹침으로 인해 세계 주요 시장과 당일 거래를 연계할 수 있다는 지리적인 이점도 있다는 것이 또 다른 이유이다.

(2) 뉴욕 국제금융센터

제2차 세계대전 이후 미국이 영국을 앞질러 세계 최강의 경제대국이 되면서 미국 달러가 기축통화로서 확고한 자리를 잡음에 따라 뉴욕금융센터는 세계에서 가장 중요한 금융시장이 되었다. 뉴욕금융센터는 특히 최근 들어 발전한 금융공학의 핵심지로 상품의 다양성, 가격결정의 효율성, 지급결제제도의 안정성 등을 바탕으로 거래규모가 꾸준히 증가하고 있는 시장이다. 특히 새로운 금융상품을 개발하고 시장에 안정적으로 안착시키는 데 독보적인 역할을 하고 있다.

뉴욕금융센터는 뒤에서 설명할 역외금융시장인 IBF(international banking facilities)를 1981년에 설립하여 국내외 금융시장을 분리하여 미국 달러의 환류를 도모하고 있다.

(3) 동경 국제금융센터

동경 국제금융센터는 1990년대 초까지 규모면에서 뉴욕금융센터의 약 3%에 불과하였으나 최고의 호황을 맞은 1990년대를 거치면서 일본의 경제력이 급격히 상승하였고 그 후 금리자유화, 금융시장의 대대적인 정비, 국제금융거래의 자유화, 국제금융업무의 자유화 등의 일련의 조치를 취하면서 세계 3대 금융센터로 성장하게 되었다.

1.2.2 역외금융센터

역외금융(offshore banking)이란 금융기관이 비거주자인 자금공여자로부터 자금을 차입하여 비거주자인 자금차입자에게 대출을 하는 일련의 금융을 말한다. 비거주자와 비거주자 간의 자금중개만을 의미하는 것으로 비거주자와 거주자 간 또는 거주자와 거주자 간의 자금중개는 이에 속하지 않는다.

역외금융센터(offshore financial center)란 이와 같은 역외금융이 집중적으로 이루어지는 시장을 말하는 것으로 그 목적은 비거주자 간의 거래를 매개함으로써 자국의 금융산업을 육성하고 이를 통해 고용증가 및 수수료, 세금과 같은 부수적인 소득증대를 도모하기 위한 것이다. 이러한 센터에서는 역외금융에 대하여 조세나 외환제도상 각종 특전을 제공하여 역외금융을 장려하고 있다.

(1) 역외금융센터의 조건

역외금융시장이 성장하려면 다음과 같은 조건을 갖추어야 한다. 첫째 해당국의 정치 및 경제가 안정적이어야 한다. 둘째, 자본이동의 자유가 확실히 보장되어야 한다. 역외금융센터는 그 센터가 있는 국가의 통화 대신에 외국 또는 역외통화로 거래가 이루어지기 때문에 자본이동의 자유가 매우 중요하다. 셋째, 역외금융센터에서는 외환거래에 있어서 국내거래에 적용되는 규제를 받지 않아야 하며 낮은 법인세 적용 등과 같은 여러 가지 특혜도 주어져야 한다. 넷째, 국제적으로 이중과세방지를 위한 국제적 협정이 있어야 한다.

(2) 역외금융센터의 유형

역외금융시장은 다음의 세 가지 유형으로 나눌 수 있다. 첫째, 내외 일체형 시장을 들 수 있다. 국내시장과 역외시장이 구분되지 않고 양 시장 간에 자금이 자유롭게 이동되는 유형의 시장이다. 런던시장과 홍콩시장이 여기에 속한다.

둘째, 내외 분리형 시장이다. 역외거래전문계정을 설치하여 국내시장과 역외시장을 분리시키는 유형의 시장이다. 뉴욕의 IBF, 싱가포르의 ACU계정, 바레인, 동경 등이 여기에 속한다.

셋째, 세금 회피형 시장이다. 조세피난지(tax haven)를 제공하고 그곳에 진출한 금융기관으로부터 금융기관 등록료 및 면허세 등을 수입으로 하는 시장이다. 이 시장에서는 금융기관이 실체가 없는 페이퍼 컴퍼니(paper company)를 설립하여 기장목적만으로 이용한다. 지역적으로는 카리브해의 케이먼군도(Cayman islands)가 대표적인데 뉴욕과 시차가 없으며 영어를 공용어로 하기 때문에 여러모로 유리한 점이 있다.

(3) 주요 역외금융센터

① 뉴욕 IBF

뉴욕의 역외금융센터 IBF(International Banking Facilities)는 1981년에 발족하였다. IBF는 은행과 분리된 별도의 기관이 아니라 은행의 일반계정과 분리된 별도의 자산 · 부채계정을 말한다. 그러므로 IBF는 법적인 실체(legal entity)를 말하는 것이 아니고 회계적인 실체(accounting entity)를 말한다.

미국이 IBF를 발족시킨 배경은 다음과 같다. 1960년대 이후 런던시장을 중심으로 한 유로통화시장의 성장으로 미국의 자본이 유럽으로 대량 유출됨으로써 미국의 국제금융시장으로서의 지위가 하락하게 되었다. 이에 미국은 유로통화시장에 대한 규제를 강력히 요구하였으나 뜻을 이루지 못하자 이에 대항하여 유로통화시장과 같은 역할을 하는 IBF를 창설한 것이다.

IBF가 성장할 수 있었던 요인은, 첫째 미국이 정치 · 경제적으로 안정되어 있었기 때문에 안정성을 추구하는 외국자본을 끌어들일 수 있었기 때문이다. 둘째, 미국기업의 유로달러 자금을 런던이나 다른 유럽의 유로시장으로부터 IBF로 유입할 수 있었던 것도 그 이유이다. 셋째, 미국 달러에 쉽게 접근할 수 있고 자국 내에서 금지된 영업을 하려는 외국은행으로서도 IBF는 많은 이점이 있었기 때문이다.

② 동경 특별국제금융거래계정

동경 역외금융센터는 1986년에 미국 IBF와 같이 내외 분리형 시장으로 창설되었다. 일본정부는 역외금융시장을 발전시키기 위하여 금리규제, 지급준비율, 예금보험을 적용하지 않고 이자소득세 원천징수도 면제하였다. 동경 역외금융시장은 역외계정 개설이 동경뿐만 아니라 일본의 다른 지역에서도 가능하지만 현실적으로 거래는 동경에 집중되어 있다.

외국환은행이 역외계정을 개설하기 위해서는 일본 금융당국으로부터 특별국제금융거래계정 개설을 인가받아야 한다.

③ 싱가포르 ACU계정

싱가포르 역외금융센터는 1969년에 미국은행(Bank of America) 싱가포르 지점이 비거주자예금을 아시아지역의 기업체에 융자함으로써 생성되었다. 이후 싱가포르 정부가 금융산업의 육성을 통해 고용 및 세금수입을 증대시키기 위하여 시장을 적극적으로 육성하였다. 싱가포르 역외금융시장에서는 국내통화계정과는 완전히 다른 ACU(Asian Currency Unit)를 설치하고 이를 통하여 역외금융을 취급하고 있다. ACU계정은 싱가포르 금융당국으로부터 허가를 받아야만 설치가 가능하며 이러한 인가를 받은 은행을 인가은행(approved bank)이라고 한다.

싱가포르는 유럽시장 및 동경시장과 영업시간이 중첩되어 이들 시장을 연계할 수 있는 지리적 이점이 있다. 또 정치가 안정되어 있고 통신설비 등 사회간접자본이 정비되어 역외금융시장으로서 급속하게 발전하고 있다.

④ 바하마 역외금융시장

바하마 역외금융시장은 대부분 미국은행의 지점으로 본점과 여러 지점 간에 이루어진 역외금융활동에 대한 회계센터(booking center)로서의 역할을 하고 있다. 바하마에서는 개인과 회사가 법인세, 자산소득세, 원천소득세, 상속세와 부가가치세를 내지 않는다. 또한 외환에 대한 규제가 없으며 은행계정과 신탁계정의 비밀이 완전히 보장된다. 이로 인해 많은 은행이 지점을 설립하여 유로거래의 일부 또는 전부를 바하마 지점에 기장한다. 이 지점 및 자회사는 등기상으로만 존재하는 것으로 실제 유로거래는 뉴욕이나 런던에서 하고 기장은 여기서 한다. 이와 같이 등기상으로만 있는 지점에 기장을 하는 이유는 유로거래를 위해 런던 등의 지역에 지점을 설립하는 것과 비교해 유지비용에 큰 이점이 있으며 규제가 없고 세제상 이득을 얻을 수 있기 때문이다.

그림 2-4 역외금융센터

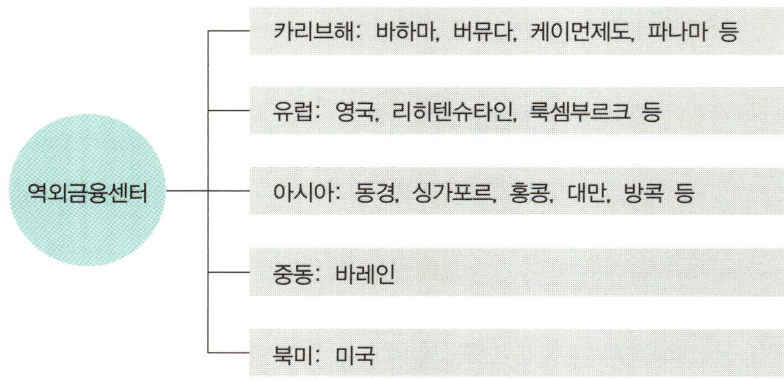

1.3 헤지펀드, 사모펀드 및 국부펀드

최근 들어 국제금융시장에서 헤지펀드(hedge funds), 사모펀드(private equity funds), 국부펀드(sovereign wealth funds) 등이 주요 참가자로서 역할을 하고 있다.

1.3.1 헤지펀드

헤지펀드는 고수익을 추구하기 위해 증권, 파생금융상품 및 차입금 등을 활용하는 모든 사적 투자계약 또는 투자조합을 말한다. 주로 부유층 개인고객을 대상으로 소수의 투자로부터 펀드를 조성하고 이 자금을 운용하여 투자실적에 따라 배당한다.

1990년대 미국의 초저금리정책으로 시중자금이 은행예금에서 뮤추얼펀드(mutual fund) 등으로 이동함에 따라 비약적으로 발전하였다. 초기에는 개인들이 설립한 회사들이 주요 헤지펀드의 운영회사였는데 근래에 와서는 대형 은행들도 헤지펀드를 운용하고 있다. 헤지펀드를 운용하는 대표적인 회사로는 JP Morgan, Goldman Sachs 등이 있다.

1.3.2 사모펀드

사모펀드는 소수의 고액 투자자로부터 장기로 자금을 조달하여 기업주식이나 경영권 등에 투자하고 경영성과의 개선 및 재매각을 통해 고수익을 추구하는 펀드이다. 헤지펀드와 다른 점은 헤지펀드가 일반적으로 기업경영에는 관여하지 않고 단기간에 매매차익을 얻는 것을 목적으로 하는 데 비해, 사모펀드는 기업의 경영권을 인수하거나 영향을 미쳐 기업의 가치를 높인 후 매각하여 이익을 얻는 것을 목적으로 한다는 데 그 차이가 있다.

1.3.3 국부펀드

국부펀드는 국가가 보유한 공적 기금을 다양한 종류의 자산에 투자해 운용하는 펀드를 말한다. 국부펀드는 운용목적이나 투자자산의 선택 등에서 헤지펀드, 사모펀드 등과 유사하지만 투자자가 일반인이 아니라 국가라는 점에서 근본적인 차이가 있다. 국부펀드 자금은 해당국의 국내자산을 통해 조달될 수도 있지만 대부분은 외환보유액 등 외화자산에 기초하고 있다.

1.4 국제금융시장의 환경변화

국제금융시장은 최근 급격한 환경변화로 인해 과거와는 크게 다른 상황에 놓여 있다. 금융공학의 발전, IT기술의 발전, 세계화 등의 영향으로 국제금융시장은 더욱 복잡하고 빠르게 움직이고 있다.

1.4.1 금융혁신과 신상품의 개발

1970년대부터 시작된 금융혁신(financial innovation)이 최근 들어 급격히 강화되면서 이를 이용한 신상품이 쏟아져 나오고 있다. 이렇듯 신상품이 쏟아지는 이유로는 먼저 환위험 및 금리위험의 증대로 인한 헤지 수요의 증가를 들 수 있다. 고정환율제도에서 변동환율제도로 변경된 이후 꾸준히 환율의 변동폭이 커져 왔는데 최근 들어 세계경제의 변화속도가 빨라지고 주요국들이 환율을 경제정책의 수단으로 관리함에 따라 변동폭이 더욱 커지고 있다.

금리변동폭도 확대되고 있다. 기본적으로 과거와는 달리 세계 주요국들이 금리수준을 직접 관리하는 방식에서 통화량을 조절하는 방식으로 통화정책을 변경함에 따라 금리변동폭은 확대될 수밖에 없다. 뿐만 아니라 미국, 일본을 비롯한 많은 국가들이 경제부양 등을 위해 통화량을 극단적으로 조절하는 양적완화 등의 정책을 이행하면서 금리위험이 증가하고 있다. 이러한 위험증가를 활용해 고수익을 올리려는 목적의 투자도 있으나 그것보다는 자산의 가치를 효율적으로 관리하기 위해 투자위험 회피에 필요한 변동금리 기반의 금융상품과 파생상품 등의 신상품에 대한 투자가 증가하고 있다.

신상품이 줄을 잇는 또 다른 이유로 IT기술의 발전을 들 수 있다. IT기술의 발전으로 정보를 실시간으로 이용할 수 있게 되고 지급결제능력이 크게 향상됨에 따라 금융거래에 수반되는 비용이 크게 낮아지고 거래의 속도도 매우 신속해져서 이전에는 생각하기 어려웠던 파생금융상품 등의 신상품이 개발되었다.

1.4.2 증권화

과거에는 자금수요자의 전통적인 자금조달 수단은 금융기관을 매개로 하는 간접금융방식이었다. 그러나 간접금융방식은 자금의 수요자나 공급자 모두 금융기관이라는 중간 매개체를 거치면서 비용이 발생하기 때문에 다소의 위험을 감수하더라도 비용을 크게 낮추기 위해 투자자와 차입자가 직접 증권발행을 통해 자금을 조달하는 직접금융이 증가하게 되었다. 그 결과로 증권화가 촉진되었다. 최근 들어 규모가 큰 기업들이 신용을 바탕으로 앞을 다투어 회사채를 직접 발행하고, 각종 위험회피와 수익성을 제고하기 위해 다양한 형태의 파생상품이 개발되면서 금융의 증권화가 더욱 촉진되었다.

1.4.3 금융시장의 세계화

금융시장의 세계화란 국가 간의 자본이동이 자유로워지면서 세계 각국의 금융시장이 서로 연계성과 상호의존성이 증대되고 통합되어가는 현상을 말한다. 금융시장의 세계화 현상으로 기업들이나 투자자들은 더 이상 해당국의 금융시장에 머물지 않고 수익률이 높은 시장이나 자금의 조달비용이 낮은 시장을 찾아다닐 수 있게 되었다.

세계화로 이런 장점을 누릴 수 있게 되었으나 통합화로 인해 금융시장의 동조화 현상이 발생하여 한 국가에서 금융위기가 발생할 경우 그 영향이 급격히 파급되는 전염효과도 일어나는 등 부작용도 있다. 금융의 세계화는 1980년대에 선진국들에서 금융자율화가 급속히 진전되며 진행되었고 그 후 정보통신기술의 발전으로 인해 거래가 간편해지고 결제가 신속해지면서 급격이 가속화되었다.

1.4.4 금융기관 간 경쟁심화

주요 선진국들의 금융자유화가 크게 진전되면서 금융기관 간 업무영역의 확대로 은행, 증권, 보험 등 금융기관들이 비슷한 업무를 취급하게 되면서 경쟁이 심화되었다. 이와 더불어 금융기관, 특히 은행을 통한 간접금융이 급격히 줄어들게 됨에 따라 경쟁이 더욱더 심화되었다.

금융기관들은 경쟁이 심화되자 생존전략의 일환으로 금융기관 간 M&A를 통한 대형화가 촉발되었다. 또한 국내 시장에 머물지 않고 국제적으로 시장지배력을 확대하거나 비용을 절감하기 위해, 또 업무영역의 확대를 위해 국제 M&A도 증가되었다.

경쟁심화로 나타난 또 다른 현상으로 다각화와 겸업화를 들 수 있다. 생존을 위해 범위의 경제(economies of scope) 효과를 기대하기 위해 다각화하거나 다른 금융기관의 업무영역으로 진출함으로써 겸업으로 인한 시너지를 기대하기 위한 움직임으로 이해할 수 있다.

제2절 유로시장

유로시장이란 유로통화(euro currency)가 표시통화국 이외의 장・단기 금융시장에서 표시통화국의 규제에서 벗어나 거래되는 전 세계적인 역외금융시장을 말한다. 유로통화는 표시통화국 이외의 지역에 있는 금융기관에 정기예금의 형태로 거래되는 통화를 말한다. 예를 들어 미국 달러가 미국 이외의 지역인 런던에 정기예금의 형태로 예치되었다면 유로달러가 되고 미국의 은행에 예치된 일본 엔은 유로엔이 된다. 한편 표시통화국 내에 설치된 내외 분리형 역외금융시장에 유치된 표시통화국 통화도 유로통화로 분류된다. 예를 들어 미국의 IBF는 국내시장과 완전히 분리된 내외 분리형 역외시장이기 때문에 여기에 예치된 미국 달러는 유로달러로 취급된다.

유로통화라고 할 때 유로라는 말은 1950년대에 미국의 달러가 대규모로 런던에서 거래되기 시작하면서 생긴 이름이며 지금은 유럽이라는 지역적 제한에서 벗어나 표시통화국 이외의 전 세계적인 역외시장으로 그 의미가 확대되었다. 유로통화는 유럽과 미국에서 주로 거래되고 있으며 그 밖에도 싱가포르 등에서도 거래되고 있다. 앞서 살펴본 바와 같이 싱가포르는 런던과 동경을 연결할 수 있는 시간대에 위치하고 있다는 장점이 있고 싱가포르 정부의 적극적인 유치정책에 의해 성장하였다. 한편 싱가포르에서 거래되는 미국 달러를 아시아달러라고 부르기도 한다.

유로시장에서 유로통화의 예금 및 대출업무를 담당하는 은행들을 유로은행이라고 하는데 대형 국제상업은행, 투자은행들이 이 기능을 담당하고 있다. 이들 국제은행들 이외에 각국의 중앙은행, 정부기관, 국제기구, 다국적기업을 비롯한 대형 기업 등이 유로시장에 참여하고 있다.

유로시장은 유로통화가 거래되는 유로통화시장과 유로채의 발행 및 매매가 이루어지는 유로채시장으로 나누어 볼 수 있다.

2.1 유로통화시장

유로통화시장(eurocurrency market)은 1년 미만의 정기예금이 거래되는 유로단기통화시장(euromoney market)과 만기 1년 이상의 대출상품이 거래되는 유로대출시장(eurocredit market)으로 나누어 볼 수 있다.

유로단기통화시장은 다국적기업, 수출입기업 등의 대고객거래와 유로은행 간의 도매금융시장이며 유로예금을 매개로 하여 형성되기 때문에 유로예금시장(eurodeposit market)이라고도 한다. 유로예금시장은 은행 간의 단기예금이 상당부분을 차지하는데, 은행들은 여유자금을 유로예금시장에 운용함으로써 수익을 창출할 수 있으며 유동성과 안정성을 동시에 추구할 수 있다는 이점이 있다. 자금을 운용하는 형태로는 정기예금, 양도성예금증서, 콜(call) 등을 들 수 있다.

정기예금은 사전에 정해진 만기를 갖는 예금으로 유로시장에서 정기예금의 만기는 1일짜리부터 5년까지 다양하나 최근에는 초단기 예금이 늘어나고 있는 추세이다.

양도성예금증서(유로 CD)는 은행에 의해 발행되고 유통시장에서 거래된다. 유로 CD는 투자자의 입장에서 보면 자금을 회수하기 위해 만기까지 기다릴 필요가 없으며 뛰어난 유동성과 안정성 때문에 매력적인 상품으로 여겨진다.

콜은 은행들이 여유자금을 초단기로 운용하는 것으로 초단기 기간 동안 자금을 필요로 하는 은행과 반대의 입장에 있는 은행 간에 신용과 장기적인 거래관계에 입각한 예치의 형태이다.

유로대출시장은 만기 1년 이상의 중장기 시장으로 유로은행이 정부, 국제기구, 기업 등에 중장기로 대출하는 시장을 말한다. 유로대출시장은 다수의 은행들로 구성된 차관단이 거액의 공동대출을 제공하는 신디케이트 대출과 기업이나 개인에 대한 대출로 구분할 수 있다.

한편 국제금융시장의 중심지인 영국 런던에서 우량 은행끼리 단기자금을 거래할 때 적용하는 금리를 런던은행간 금리, 리보(LIBOR: London inter－bank offered rates)라고 한다. 국제금융시장의 기준금리로 사용되고 있으며 금융기관이 외화자금을 차입할 때 기준으로 삼는 금리이다. 외화를 차입할 때 신용도에 따라 기준금리에 추가되는 가산금리(spread)가 달라진다. 가산금리가 높게 적용된다는 것은 국제금융시장에서 차입기관의 대외신인도가 그만큼 낮다는 의미이다.

한편 LIBOR에 대항하고 유로 국가들의 공동경제권을 강화하기 위해 1999년부터 사용하기 시작한 EURIBOR(Euro Inter－bank Offered Rates)가 있다. 유로화를 단일 통화로 하는 유럽연합(EU) 12개 회원국이 국제금융거래 시 기준으로 하는 금리로, 벨기에 브뤼셀에 본부를 두고 있는 유럽중앙은행회가 57개 유럽은행 간 거래금리를 평균해 산출한 금리이다. 2000년대 들어서면서 유로 단일 통화국들 사이에서는 LIBOR보다 더 많이 사용되는 유로표시 기준금리이다.

2.2 유로채시장

유로채시장은 중장기 유로채권의 발행, 인수, 매매가 이루어지는 장기자본시장이다. 유로채(euro bond)는 일국의 차입자가 표시통화국 이외의 지역에서 자국표시통화로 발행한 채권을 말한다. 예를 들어 미국의 차입자가 일본시장에서 미국 달러표시 채권을 발행하면 유로채가 된다. 한편 일국의 차입자가 표시통화국 이외의 지역에서 해당국 통화표시로 발행한 채권은 외국채(foreign bond)라고 한다. 예를 들어 일본의 차입자가 미국에서 달러표시 채권을 발행하면 외국채가 된다.

유로채는 어느 특정 국가의 규제를 받지 않고 국제적 채권인수단을 통해 유로시장에서 발행되는 채권으로 미국 달러, 유로, 일본 엔 등의 표시로 발행된다. 미국 달러 표시채권은 유로달러채, 일본 엔 표시채권은 유로엔채 등으로 불린다.

유로채권시장은 특정 국가의 규제를 받지 않기 때문에 다양한 채권상품이 개발되어 유통되고 있다. 만기에 따라 유로채는 유로단기채(euro note)와 유로장기채(euro bond)로 나누어 볼 수 있다. 단기채는 말 그대로 만기가 짧은 채권으로 일정한 발행 한도를 정해 놓고 한도 내에서 다양한 만기로 발행된다. 이에 비해 장기채는 일정한 만기로 정형화된 방법을 통해 발행되는 것이 보통이다.

또 유로채는 변동금리채(FRN)와 고정금리채권(fixed rate bond)으로 구분할 수 있다. 변동금리채는 만기가 장기이긴 하지만 금리가 단기로 결정되는 채권이다. 즉 만기까지의 기간 동안 고정된 금리가 적용되는 것이 아니고 일정기간마다 시장의 금리를 반영하여 금리를 결정하는 채권이다. 따라서 단기채, 즉 만기가 짧은 채권을 연결해 놓은 것으로 이해할 수 있다. 고정금리채권은 만기까지의 기간 동안 적용되는 금리가 고정되어 있는 채권을 말하는데 변동성을 부여한 응용채권으로 전환사채(CB: convertible bond)와 신주인수권부사채(bond with warrants)도 있다.

전환사채는 일정한 조건에 따라 채권을 발행한 회사의 주식으로 전환할 수 있는 권리가 부여된 채권이다. 전환 전에는 채권의 표면이자(coupon)를 받을 수 있고 전환 후에는 주식으로서의 배당과 시세차익을 얻을 수 있기 때문에 채권과 주식의 중간 형태로 이해할 수 있다. 채권을 주식으로 전환할 때 채권과 주식을 어떤 비율로 교환할 것인가를 의미하는 전환비율을 미리 정해두게 된다.

그림 2-5 국제채권시장

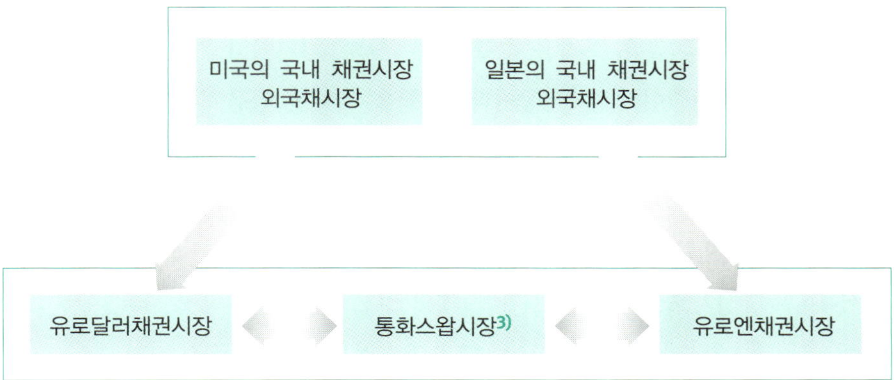

3) 통화스왑은 뒤에서 설명하기로 한다.

신주인수권부사채는 채권 발행 후 일정기간 내에 미리 약정된 가격으로 발행회사에 일정한 수 또는 금액에 해당하는 신주를 청구할 수 있는 권리가 부여된 채권을 말한다. 신주인수권을 분리하여 유통할 수 있는지 여부에 따라 분리형과 일체형으로 나누어진다. 전환사채와 다른 점은 전환사채의 경우 전환권을 행사하면 채권은 소멸되나 신주인수권부사채의 경우 신주인수권을 행사하여도 채권은 소멸되지 않는다.

제3절 외환시장

3.1 외환시장의 개념

외환시장은 한 국가의 화폐와 다른 국가의 화폐가 서로 교환되는 시장을 말한다. 외환시장은 보통 물리적인 특정 장소에 개설된 시장이 아니라 세계 각국의 은행이나 외환브로커들 간의 네트워크로 연결된 시장이다. 물리적인 특정 장소, 즉 거래소에 표준화된 상품을 상장하여 거래하는 시장을 장내시장이라고 하며 거래소 밖에서 거래당사자들 간에 조건을 맞춰서 거래하는 시장을 장외시장이라고 한다. 외환거래의 대부분, 즉 현물환, 선물환, 통화스왑, 통화옵션, F/X마진 등은 장외시장에서 거래되며 옵션시장의 일부 및 통화선물시장은 특정한 거래소에서 거래되는 장내거래시장이다.[4)]

외환시장은 다음과 같은 특징을 갖고 있다. 첫째, 개인이나 기업 등 실수요자보다 금융기관 간 거래비중이 높은 시장이다. 은행을 비롯한 금융기관의 비중이 약 90%를 차지하며 개인 및 기업의 비중은 8~10% 정도이다.

둘째, 외환시장은 2019년 4월 현재 일일거래량이 약 6조 6,000억 달러에 이르는 거대한 시장이다.[5)] [표 2-1]에서 보면 런던시장에서 43.1%가 거래되었으며, 미국시장에서 16.5%, 싱가포르에서 7.6%가 거래되었다. 한편 일본시장은 4.5%가 거래되어 상위 5위에 해당되며 한국시장은 약 0.7% 정도가 거래되고 있다.

4) 외환거래의 종류에 대해서는 뒤에서 설명하기로 한다.
5) 세계 외환시장 거래규모는 3년마다 한 번씩 국제결제은행(BIS)에서 발표한다.

표 2-1 전 세계 외환상품시장의 국가별 거래규모 및 비중 추이 (2019년 4월 중 일평균 기준)

(단위: 십억 달러, %)

순위[1]	국가	2007	2010	2013	2016	2019
1	영국	1,483 (34.6)	1,854 (36.7)	2,726 (40.8)	2,406 (36.9)	3,576 (43.1)
2	미국	745 (17.4)	904 (17.9)	1,263 (18.9)	1,272 (19.5)	1,370 (16.5)
3	싱가포르	242 (5.6)	266 (5.3)	383 (5.7)	517 (7.9)	633 (7.6)
4	홍콩	181 (4.2)	238 (4.7)	275 (4.1)	437 (6.7)	632 (7.6)
5	일본	250 (5.8)	312 (6.2)	374 (5.6)	399 (6.1)	376 (4.5)
6	스위스	254 (5.9)	249 (4.9)	216 (3.2)	156 (2.4)	276 (3.3)
7	프랑스	127 (3.0)	152 (3.0)	190 (2.8)	181 (2.8)	167 (2.0)
8	중국	9 (0.2)	20 (0.4)	44 (0.7)	73 (1.1)	136 (1.6)
9	독일	101 (2.4)	109 (2.2)	111 (1.7)	116 (1.8)	124 (1.5)
10	호주	176 (4.1)	192 (3.8)	182 (2.7)	121 (1.9)	119 (1.4)
11	캐나다	64 (1.5)	62 (1.2)	65 (1.0)	86 (1.3)	109 (1.3)
12	네덜란드	25 (0.6)	18 (0.4)	112 (1.7)	85 (1.3)	64 (0.8)
13	덴마크	88 (2.1)	120 (2.4)	117 (1.8)	101 (1.5)	63 (0.8)
14	룩셈부르크	44 (1.0)	33 (0.7)	51 (0.8)	37 (0.6)	58 (0.7)
15	**한국**	**35 (0.8)**	**44 (0.9)**	**48 (0.7)**	**48 (0.7)**	**55 (0.7)**
	기타	456 (10.7)	472 (9.4)	529 (7.9)	479 (7.3)	535 (6.4)
합계[2]		4,281 (100)	5,045 (100)	6,686 (100)	6,514 (100)	8,294 (100)

주: 1) 2019년 거래비중 기준
2) 합산 과정, 자릿수 조정 등으로 전체 외환파생상품시장 합계와 차이 발생
• 국내 조사대상 금융기관 간 중복거래(double-counting) 제외
• ( )안은 전체거래 대비 비중(%)
자료: 한국은행, 2019년도 BIS 주관 전 세계 외환 및 장외파생상품시장 조사 결과, 2019.9.27

셋째, 외환시장은 도매시장이다. 보통 거래단위가 수백만 달러, 최소거래단위가 백만 달러에 이르는 은행 또는 브로커 간 도매시장이다.

넷째, 외환시장은 24시간 거래가 이루어지는 시장이다. 시차로 인해 한국의 근무시간이 끝난 시간에도 세계 어딘가에선 근무시간이 되고 정보통신기술의 발전으로 인해 전 세계의 외환시장이 마치 하나가 된 것처럼 하나의 거래가격을 보고 거래하는 시장이다. 외환이 24시간 거래된다는 것은 환율이 24시간 계속해서 움직이고 변

표 2-2 전 세계 외환상품의 주요 통화조합별 거래규모 및 비중 추이 (2019년 4월 중 일평균 기준)

(단위: 십억 달러, %)

	2007	2010	2013	2016	2019
전체통화조합	3,324 (100)	3,973 (100)	5,357 (100)	5,066 (100)	6,590 (100)
USD / EUR	892 (26.8)	1,099 (27.7)	1,292 (24.1)	1,172 (22.1)	1,584 (24.0)
USD / JPY	438 (13.2)	567 (14.3)	980 (18.3)	901 (17.8)	871 (13.2)
USD / GBP	384 (11.6)	360 (9.1)	473 (8.8)	470 (9.3)	630 (9.6)
USD / AUD	185 (5.6)	248 (6.3)	364 (6.8)	262 (5.2)	358 (5.4)
USD / CAD	126 (3.8)	182 (4.6)	200 (3.7)	218 (4.3)	287 (4.4)
USD / CNY	… (…)	31 (0.8)	113 (2.1)	192 (3.8)	269 (4.1)
USD / DHF	151 (4.5)	166 (4.2)	184 (3.4)	180 (3.6)	228 (3.5)
USD / HKD	… (…)	85 (2.1)	69 (1.3)	77 (1.5)	219 (3.3)
USD / KRW	… (…)	**58** (1.5)	**60** (1.1)	**78** (1.5)	**125** (1.9)
USD / INR	… (…)	36 (0.9)	50 (0.9)	56 (1.1)	110 (1.7)
USD / SGD	… (…)	… (…)	65 (1.2)	81 (1.6)	110 (1.7)
USD / NZD	… (…)	… (…)	82 (1.5)	78 (1.5)	107 (1.6)
USD / MXN	… (…)	… (…)	128 (2.4)	90 (1.8)	105 (1.6)
USD / SEK	57 (1.7)	45 (1.1)	55 (1.0)	66 (1.3)	86 (1.3)
USD / NOK	… (…)	… (…)	49 (0.9)	48 (0.9)	73 (1.1)
USD / BRL	… (…)	25 (0.6)	48 (0.9)	45 (0.9)	66 (1.0)
USD / RUB	… (…)	… (…)	79 (1.5)	53 (1.1)	63 (1.0)
USD / ZAR	… (…)	24 (0.6)	51 (1.0)	40 (0.8)	62 (0.9)
USD / TRY	… (…)	… (…)	63 (1.2)	64 (1.3)	62 (0.9)
USD / TWD	… (…)	… (…)	22 (0.4)	31 (0.6)	59 (0.9)
USD / PLN	… (…)	… (…)	22 (0.4)	19 (0.4)	25 (0.4)
USD / 기타통화	612 (18.4)	446 (11.2)	214 (4.0)	215 (4.2)	320 (4.9)
EUR / GBP	69 (2.1)	109 (2.7)	102 (1.9)	100 (2.0)	131 (2.0)
EUR / JPY	86 (2.6)	111 (2.8)	148 (2.8)	79 (1.6)	114 (1.7)
EUR / CHF	62 (1.9)	71 (1.8)	71 (1.3)	44 (0.9)	73 (1.1)
EUR / SEK	24 (0.7)	35 (0.9)	28 (0.5)	36 (0.7)	36 (0.5)
EUR / NOK	… (…)	… (…)	20 (0.4)	28 (0.6)	33 (0.5)
EUR / 기타통화	98 (3.0)	127 (3.2)	129 (2.4)	132 (2.6)	159 (2.4)
JPY / AUD	… (…)	24 (0.6)	46 (0.9)	31 (0.6)	35 (0.5)
JPY / CAD	… (…)	… (…)	6 (1.0)	7 (0.1)	7 (0.1)
JPY / 기타통화	49 (1.5)	53 (1.3)	55 (1.0)	78 (1.5)	81 (1.2)
기타통화조합[1]	90 (2.7)	72 (1.8)	90 (1.7)	95 (1.9)	102 (1.6)

주: 1) USD, EUR, JPY 미기재 거래

• 국내 조사대상 금융기관 간 중복거래(double-counting) 제외

• ( )안은 전체거래 대비 비중(%)

자료: 한국은행, 2019년도 BIS 주관 전 세계 외환 및 장외파생상품시장 조사 결과, 2019.9.27

동한다는 것을 의미한다. 따라서 외환을 거래하는 금융회사는 물론이고 외환을 관리하여야 하는 기업, 개인 및 금융기관 등은 그만큼 외환위험에 노출되는 시간이 길어졌다는 것을 의미한다.

다섯째, 미국 달러의 거래비중이 압도적으로 높은 시장이다. 2019년 기준으로 미국 달러의 거래비중이 88.3%(200% 기준)에 이르며 그 다음으로 비중이 높은 유로화는 32.3%에 그치고 있다. 한편 원화의 거래비중은 2%로 12위에 해당한다. 통화조합으로 보면 미국 달러와 유로화(USD/EUR)의 비중이 24%에 달하고 있다.

3.2 외환시장의 참여자

외환시장의 참여자로는 외국환은행(foreign exchange bank), 중앙은행(central bank), 외국환 중개회사(broker), 고객(customer) 등을 들 수 있다. 외국환은행은 고객의 실수요거래에 따른 수요를 충족시켜 주거나 고객과의 거래에서 발생하는 외환 포지션을 조절하기 위하여 외환시장에 참여한다. 자국 내의 고객과 국내외 외환시장 간 자금결제 중개기능을 수행하고 있으며, 우리나라의 시중은행, 지방은행, 외국은행 국내지점 등이 여기에 해당된다.

그림 2-6 외환시장 참여자

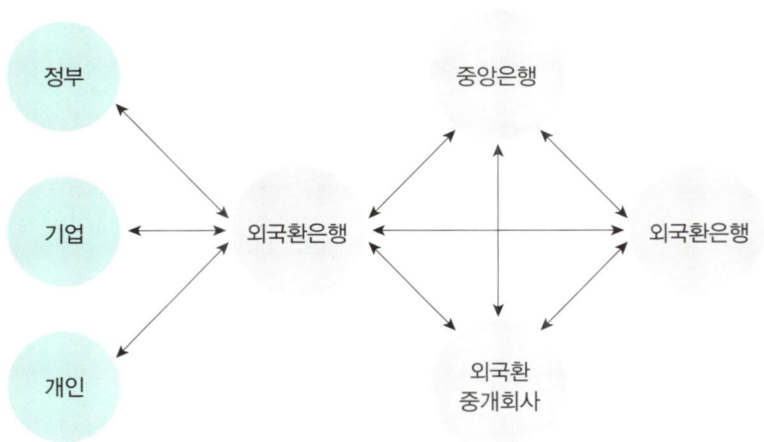

중앙은행은 외환시장이 불안정하여 환율이 크게 변동할 경우 시장을 안정시키기 위해 외환시장에 개입하게 된다. 외국환 중개회사는 자기포지션을 보유하지 않고 외국환은행 간의 외환거래를 중개하는 것으로 우리나라의 경우에는 금융결제원이 여기에 해당된다.

최종 수요자인 고객은 외환거래의 실수요자로서 정부, 기업, 개인 등이 여기에 해당된다.

3.3 기축통화

기축통화(key currency)란 국제 간의 결제나 금융거래의 기본이 되는 통화를 의미한다. 이 용어를 처음 쓴 사람은 예일대학의 로버트 트리핀(Robert Triffin) 교수로 1940~1950년에 금 이외에 달러가 국제 외환시장에서 주로 거래되는 것을 보고 처음 사용하였다.

트리핀 교수에 의하면 기축통화의 지위를 얻기 위해선 다음과 같은 네 가지 조건을 충족해야 한다. 첫째, 자유로운 교환이 보장되어야 한다. 둘째, 국제적 신뢰와 통화가치의 안정성이 보장되어야 한다. 셋째, 금융시장이 크게 발달하여 국제금융시장으로서의 역할을 수행할 수 있어야 한다. 넷째, 풍부한 통화공급량과 통화수요가 있어야 한다.

역사적으로 영국의 파운드화와 미국의 달러를 기축통화로 간주할 수 있다. 영국의 파운드화는 19세기 중반 이후 국제금융의 중심지로서 영국이 가진 강력한 정치적・경제적 입지를 바탕으로 기축통화의 역할을 담당하였다. 그러나 제1차 세계대전으로 유럽 각국의 경제가 피폐해졌고 미국은 전쟁 특수로 경제가 급성장하였다. 이후 미국의 경제력, 정치력, 군사력 등을 바탕으로 미국 달러가 명실공히 기축통화로 자리매김을 하였다.

최근 들어 미국 달러화에 대한 신인도가 예전과 같지 않는 등 기축통화로서의 위치가 흔들리는 기미가 있다. 그 틈을 타고 달러화를 대신하여 유로화, 중국 위안화 등이 기축통화 후보로 거론되지만 기축통화로서의 조건인 신뢰도나 사용도 면에서 보면 아직도 미 달러화와 비교할 수 없다. 더욱이 중국은 환율을 통제하는 등 자유로운 교환성이라는 첫 번째 기축통화의 조건을 충족시키지 못하고 있다.

3.4 외환시장의 거래구조

외환거래는 특정 물리적인 장소에서 일정한 형대로 이루어지는 것이 아니라 외환거래은행들의 딜러들이 업무를 진행하는 딜링 룸(dealing room)이나 영업장에서 일어나는 거래들의 집합이라고 할 수 있다. 즉, 주식시장에서와 같이 거래소에서 매도자와 매입자가 연결되어 거래가 성립되는 것이 아니라 컴퓨터 전산망을 통해 거래당사자가 직접 거래하는 장외거래의 성격을 갖는다.

외환은행들은 대부분의 거래에서 직접 포지션을 취하여 딜러의 역할을 함으로써 시장조성자로서의 역할을 한다. 즉 외환은행들은 외환매도를 원하는 고객으로부터 외환을 매입하고 매입을 원하는 고객에게 해당 외환을 매도한다. 외환은행들은 이러한 역할의 시장조정자로서 적정한 수준의 외환을 유지하기 위해 도매시장인 외환시장에 참여한다.

3.4.1 매입/매도가격과 스프레드

딜러들은 전산망에 매입하고자 하는 가격(bid rate)과 매도하고자 하는 가격(asked/offered rate)을 제시하는데 매도가격과 매입가격의 차이를 스프레드(spread)라고 한다. 스프레드는 최종 소비자를 대신하여 외환시장에 참여하여 포지션을 취함으로써 부담하는 위험에 대한 대가로 딜러의 수입이 된다. 스프레드는 도매거래일수록, 주요 고객일수록, 주요 통화일수록 낮아진다. 도매거래일수록 단위 거래비용이 낮아지고, 주요 고객일수록 종합적으로 딜러에게 큰 이익을 가져다주기 때문이다. 또한 미국 달러와 같은 주요 통화의 경우에는 상대적으로 유동성 위험이 낮기 때문에 스프레드가 낮은 것이 일반적이다.

한편 우리가 흔히 환율이라고 부르는 것은 외환시장에서의 매입가격이나 매도가격이 아니라 그 사이에 위치한 매매기준율을 의미한다. 매매기준율(흔히 고시환율이라고도 한다)은 은행 간 시장에서 거래된 환율을 거래량으로 가중평균한 것으로

은행의 해당 통화 매입원가 정도로 이해하면 쉽다. 매매기준율은 기준환율(basic exchange rate)이라고도 한다.

3.4.2 외환거래의 지급결제

수출입업자, 유학생 등 일반거래자의 외환거래는 국내은행, 외국의 협력은행(correspondent bank), 국제결제시스템 SWIFT(Society for Worldwide Inter-bank Financial Telecommunication)을 통해 이루어진다. 이 국제결제시스템은 전 세계 금융기관들이 국가 간 금융거래 메시지를 교환하는 데 사용하는 통신 네트워크이다. 원래는 유럽지역 은행들이 상호거래 메시지를 교환하기 위해 1973년에 설립했으나 이후 표준화된 메시지 형식을 기반으로 한 안정적인 서비스를 인정받으면서 글로벌 금융통신 네트워크의 표준으로 정착되었다.

국가 간 지급결제를 처리하기 위해서는 자국통화를 외국에 있는 사람에게 그 나라 통화인 외국통화로 전달하는 과정이 필요하다. 외국통화는 금융기관을 통해 매입하거나 외환시장에서 매입하여 조달할 수 있다. 그러나 외국통화를 상대방에게 어떻게 전달할 것인가 하는 문제가 남는데 이를 위해 국제결제시스템이 필요하

그림 2-7 국가 간 지급결제

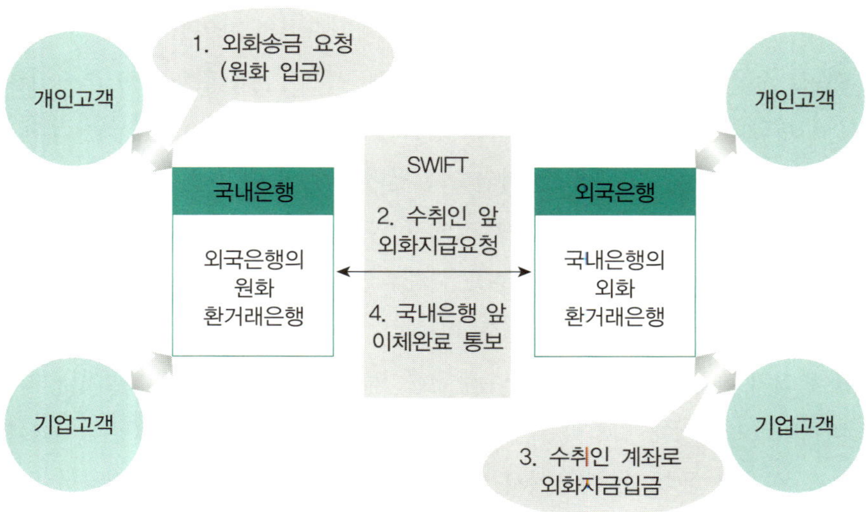

며 주요국 중앙은행을 중심으로 다양한 국가 간 지급결제시스템이 구축돼 운영되고 있다.

외국에 있는 상대방에게 해당 통화를 전달하는 외화송금은 전통적으로 환거래은행을 통해 이루어져 왔다. 국내 은행들은 외국에 위치한 은행에 계좌를 개설하고 이 계좌를 이용해 송금업무 등을 한다. 이런 외국은행을 환거래은행이라고 한다. 예를 들어 한국의 개인고객이 미국의 기업에게 송금을 요청하였다고 하자. 그러면 요청을 받은 국내은행은 전 세계 금융기관이 사용하는 국제금융통신망(SWIFT)을 통해 미국에 있는 환거래은행에 미국 달러를 수취인에게 보내줄 것을 요청한다. 의뢰를 받은 환거래은행은 수취인에게 달러를 보내고 국내은행에 이체완료를 통보하게 된다.

이 방식을 이용하여 해외송금을 하려면 수취인이 해당국의 은행에 계좌가 있어야 하며 전송 및 거래확인 절차가 외국과의 시차로 인해 최장 3일이 걸릴 수 있다. 이런 문제점을 보완하기 위해 해외송금을 주요 업무로 하는 웨스턴유니언, 머니그램 등 송금 전문업체가 생겨났다. 이런 서비스는 좀 더 빠른 시간 안에, 해당국에 은행계좌가 없어도 이용할 수 있다. 그러나 이 경우에도 서비스 제공업체의 본점과 해외점포망 간 자금정산은 환거래은행을 통해 이루어진다.

위와 같은 일반적인 송금과는 달리 외환매매에 따른 자금결제는 매입통화와 매도통화의 교환이 동시에 이루어져야 하므로 훨씬 복잡하다. 동시에 교환이 이루어지지 않으면 어느 한쪽이 큰 손실을 입을 수 있기 때문이다. 이런 외환결제리스크를 예방하기 위해 선진국 중앙은행들과 주요 상업은행들은 국제결제은행(BIS)과 협력해 매입통화와 매도통화의 동시교환을 담보할 수 있는 외환동시결제시스템(CLS: Continuous Linked Settlement)을 구축하였다. 뉴욕에 있는 외환동시결제 전문은행인 CLS은행이 대표적인 예이다. CLS에는 우리나라 금융기관을 포함한 전 세계 주요 금융기관들이 참여하고 있으며 원화를 포함한 17개 주요 통화를 대상으로 전 세계 공통결제시간대(10월 마지막 일요일부터 3월 마지막 일요일까지는 오후 3~6시, 나머지 기간 중에는 오후 2~5시)에 매입통화와 매도통화를 동시에 주고받는 방식으로 여러 통화를 결제한다.

3.5 환율의 종류와 표시방법

3.5.1 직접표시환율과 간접표시환율

통화도 상품이기 때문에 환율은 상품과 상품이 교환되는 물물거래에 적용되는 교환비율이라고 할 수 있다. 그러므로 어떤 상품, 즉 통화를 기준으로 교환되는 단위수를 표시하느냐에 따라 2가지 표시방법이 있을 수 있다. 일반적으로 외국통화 한 단위를 기준으로 자국통화를 표시하는 방법을 직접표시환율(direct quotation)이라고 한다. 이와는 반대로 자국통화 한 단위를 기준으로 외국통화를 표시하는 방법을 간접표시환율(indirect quotation)이라고 한다. 예를 들어 한국에서 환율을 ₩1,195/$로 표시하면 직접표시환율이고 $0.00084/₩은 간접표시환율이 된다. 그러나 미국에서 환율을 ₩1,195/$로 표시하면 자국통화를 기준으로 표시한 것이므로 간접표시환율이 된다.

한편 전통적으로 유럽에서는 EUR/$의 표시를 사용하기 때문에 이를 유럽식 표시환율이라고 한다. 유럽식 표시환율은 유럽의 입장에서 보면 직접표시환율이기도 하다. 반면에 미국은 $/EUR을 주로 쓰기 때문에 이를 미국식 표시환율이라고 하며 역시 미국의 입장에서 보면 직접표시환율이다.

은행 간 환율은 말 그대로 은행들이 서로 거래할 때 적용되는 환율이다. 은행 간 거래는 서로 빈번하게 이루어지고 거래금액도 크기 때문에 스프레드는 대고객 거래의 스프레드보다는 작다.

정리하기 3

미국, 유럽, 한국 등에서 외국통화 한 단위를 기준으로 하는 직접표시환율을 주로 쓰는 이유는 무엇인가?

[표 2-3]은 은행을 방문하면 볼 수 있는 환율고시표이다. 이 표에서 현금환율은 말 그대로 현금, 예를 들러 미국 달러 지폐를 매입하고 매도할 때 적용되는 환율이다. 이와는 달리 송금받을 때 또는 송금할 때 적용되는 환율이 전신환환율이다. 전

표 2-3 대고객 환율고시표

국가명	통화	전신환		현금		매매 기준율	대미 환산율	달러당 환산율
		송금 할 때	송금 받을 때	현금 살 때	현금 팔 때			
미국	달러	1,208.30	1,181.90	1,217.54	1,175.66	1,196.60	1.0000	1.0000
일본	엔	1,130.54	1,108.60	1,139.16	1,099.98	1,119.57	0.9356	1.0688
유로통화	유로	1,326.70	1,300.44	1,339.71	1,287.43	1,313.57	1.0978	0.9110
중국	위안	169.58	166.24	176.30	159.52	167.91	0.1403	7.1264

*일본 엔은 100단위
자료: KEB하나은행, 2019.10.7

신환환율은 단순히 통장에 찍히는 환율이며 실제로 지폐의 교환이 필요 없기 때문에 스프레드가 현금거래에 비해 작다. 위 표에서 미국 달러의 경우 전신환환율의 스프레드는 26.4원(1,208.30－1,181.90)인 데 비해 현금환율의 스프레드는 41.88원(1,217.54－1,175.66)인 것을 알 수 있다.

3.5.2 교차환율

미국 달러화가 기축통화의 역할을 하기 때문에 대부분의 외환거래가 달러화를 중심으로 일어나고 각 통화의 환율도 달러화를 중심으로 표시된다. 달러화가 아닌 통화 간의 환율은 각 통화의 대달러환율을 이용하여 계산할 수 있는데 이를 교차환율(cross rate)이라고 한다. 예를 들어 한국 원화와 노르웨이 크로네(NOK) 간의 ₩/NOK 교차환율을 계산해보자. 각 통화의 주어진 환율이 다음과 같다고 하자.

₩1,208.30－1,181.90/$
NOK9.4173－8.9275/$

먼저 크로네의 매입환율을 계산해보면 고객의 입장에서 원화를 팔아 달러를 사고 달러를 팔아 크로네를 매입하여야 하므로 ₩135.35/NOK(＝1,208.30/8.9275)이 된다. 한편 크로네의 매도환율은 ₩125.50/NOK(＝1,181.90/9.4173)이 된다. 이 교차환율의 스프레드는 2개의 통화를 매입/매도하는 거래비용을 포함하기 때문에 ₩/$와 같이 한 번의 거래를 통해 교환할 때에 비해 크다.

정리하기 4

서로 다른 통화를 사용하는 영국과 프랑스, 2개국을 여행하려고 한다. 한국에서 파운드화와 유로화를 매입하는 것이 유리한가 아니면 유로화로 또는 파운드화로 모두 교환한 후 현지에서 다른 통화로 교환하는 것이 유리한가?

3.6 외환거래의 종류

외환시장에서의 일반적인 거래는 두 통화의 교환이 계약과 동시에 이루어지는 형태이다. 이처럼 계약과 동시에 통화의 교환이 이루어지는 형태의 거래를 현물환거래(spot transaction)라고 한다. 우리가 은행에 가서 여행경비를 환전하는 거래가 여기에 속한다. 이와는 달리 현재의 시점에서 약정된 환율로 미래의 일정시점에 교환하는 거래, 즉 계약은 현재시점에서, 교환은 미래시점에 이루어지는 거래를 선물환거래(forward transaction)라고 한다. 이때 현재의 시점에서 약정한 환율을 선물환율이라고 한다.

선물환거래를 하지 않고 미래의 시점에서 외환을 그때의 환율로 교환하게 되면 환율변동위험에 노출되게 된다. 그러나 현재의 시점에서 환율을 고정시키면 환율변동위험을 피할 수 있기 때문에 선물환거래는 환위험을 헤지하기 위한 기본적인 수단이 된다.

수출업자의 경우 수출계약을 하면 미래의 시점에 예상되는 외화표시 현금흐름을 알 수 있게 된다. 그런데 이 외화표시 현금을 그때의 환율로 환전하게 되면 이익을 예상한 계약이 뜻밖에 손실을 입는 계약이 될 수도 있다. 이처럼 미래의 확정된 외화표시 현금흐름을 갖게 된 경우 환율변동의 위험에 직면하게 되는데 이러한 위험을 헤지할 수 있는 가장 기본적인 수단이 바로 선물환거래이다.

선물환은 헤지의 수단일 뿐만 아니라 투기의 수단이 될 수도 있다. 만약 선물환율이 ₩1,195/$인데 교환이 이루어지는 시점의 환율을 ₩1,210/$로 예상한다면 현재시점에서 선물계약을 매입하여 싼 가격에 달러를 매입할 수 있게 된다. 물론 예상이 빗나가 환율이 선물환율보다 떨어진다면 손실을 입을 수도 있다.

외환거래에 있어서 결재가 일어나는 시점을 결제일(value date)이라고 한다. 개념적으로 현물거래는 계약과 동시에 통화의 교환이 이루어져야 하므로 결제일은 당연히 계약 당일이어야 한다. 그러나 국제관행상 계약 후 제2영업일까지 결제가 이루어지면 현물환으로 간주하고 있다. 두 국가의 거래자가 현물계약을 한 경우 한 국가는 영업일이고 다른 국가는 비영업일인 경우를 고려하여 제2영업일까지를 현물환으로 간주하게 되었다.

선물환율은 미래의 환율변동에 대한 시장의 기대를 반영하고 있다. 만약 앞으로 환율이 상승할 것으로 기대된다면 선물환율이 현물환율보다 높을 것이고 반대의 경우에는 오히려 선물환율이 현물환율보다 낮을 수도 있다.[6)]

외환거래는 현물거래, 선물환거래뿐만 아니라 통화선물, 통화옵션, 외환스왑 등을 통해서도 이루어지는데 자세한 내용은 뒤에서 설명하기로 한다.

6) 선물환율과 현물환율과의 관계는 뒤에서 설명하기로 한다.

부록 | 금융시장 50년내 최대변화… 리보금리가 사라진다

한국경제신문 2019.10.27

2008년 세계 금융위기 이후 각국 중앙은행의 통화정책은 기준금리를 올릴 것인가 내릴 것인가, 즉 금리 변경에만 초점을 맞춰왔다. 투자자를 비롯한 경제주체도 각국 중앙은행의 금리 변경, 특히 미국 중앙은행(Fed)의 금리 변경에 관심이 높았고 금융시장 등에 미치는 영향도 컸다.

하지만 2020년 이후에는 '금리 변경'보다 '금리 교체' 여부가 더 주목받을 것으로 예상된다. 1960년대 중반 이후 국제적으로 자금을 조달할 때 기준금리로 활용해온 '리보(Libor)'가 새로운 금리로 대체되고 있기 때문이다. 국제금융시장에서 50년 만의 최대 변화로 평가된다.

금리 교체란 종전의 기준금리를 새로운 기준금리로 대체하는 것을 말한다. 1960년대 후반 이후 국제금융시장에서 대표금리였던 리보금리가 교체되는 것은 각종 조작 사건에 휘말리면서 생명줄이라고 할 수 있는 신뢰가 땅에 떨어졌기 때문이다. 다른 기준금리도 금융시장 여건이 변화하면서 유용성이 크게 하락했다.

신뢰 추락은 금융위기 이후에 심했다. 2008년 미국 상품선물위원회(CFTC) 조사를 시작으로 2009년에는 영국 금융감독원(FSS)과의 수사 공조가 이루어졌다. 2012년 바클레이즈은행에 첫 벌금이 부과됐고 2015년에는 도이체방크에 25억 달러의 대규모 벌금이 매겨졌다. 끊이지 않는 금리 조작 사태에 당사국인 영국은 2021년까지 리보금리 퇴출을 결정했다.

Fed와 잉글랜드은행을 중심으로 리보금리를 대체할 새로운 기준금리 도입이 진행됐다. 가장 먼저 제시된 것이 '담보부 조달금리(SOFR)'다. 산출 방식이 시장참가자의 실제 거래금액을 감안한 중간 금리라는 점은 리보금리와 비슷하다. 하지만 무담보인 리보금리와 달리 SOFR은 담보부 금리인 데다 익일물 확정금리라는 점에서 차이가 있다. 하루 평균 거래액도 최소 8,000억 달러가 넘어 5억 달러에 불과한 리보금리와는 비교할 수 없을 정도로 많다. 조작은 사실상 불가능해진다.

앞으로 SOFR을 기준금리로 사용할 경우 국제금융시장은 커다란 변화가 일어날 것으로 예상된다. 조달 기준금리를 어느 국가의 것으로 사용하느냐에 따라 국제금융 중심지가 이동하기 때문이다. 1990년대 후반 아시아 통화위기가 발생하기 전까지만 하더라도 국제금융시장에서 자금을 조달할 때 리보금리를 기준금리로 삼아왔다. 국제금융 중심지가 '런던'이라는 의미다.

그 이후 리보금리가 각종 조작 사건에 휘말림에 따라 미국의 3개월짜리 재무부채권금리로 대체되면서 '뉴욕'이 부상하기 시작했다. 금융위기로 잠시 주춤거린 적이 있지만 모든 면에 걸쳐 국제금융 중심지는 뉴욕으로 완전히 넘어갔다. 2021년 리보금리 퇴출 이후 SOFR로 대체될 경우 뉴욕의 위상은 더 다져질 것으로 예상된다.

위기를 느낀 영국도 2021년 폐지 방침을 밝힌 리보금리 대신 '소니아(SONIA)'를 새로운 기준금리로 검토해 왔다. 하지만 결정 방식이나 무담보 금리라는 점에서 리보금리와 별다른 차이가 없다는 비판을 받았다. 환매 금리, 즉 리포(Repo)도 검토했으나 다른 금리와의 연계성 등 금리체계에 한계를 갖고 있다.

리보금리를 SOFR로 대체하는 문제와 별도로 Fed는 기준금리로 사용해온 연방기금금리(FFR)를 '익일환매금리(ON RRP)'로 대체하는 방안을 검토한 뒤 2015년 2분기부터 보조지표로 삼아왔다. 통화정책의 기준금리로 갖춰야 할 기능이 FFR보다 뛰어나 2020년대 들어서는 Fed 통화정책의 새로운 기준금리로 대체될 가능성이 높다.

SOFR, ON RRP 등이 새로운 기준금리로 도입되기 위해서는 최소한 두 가지가 전제되어야 한다. 하나는 국제금융시장을 상징할 수 있을 정도의 대표성을 띠어야 하고, 다른 하나는 인식 차원에서 누구나 공감할 수 있을 정도의 보편성을 지녀야 한다. 국제금융시장에서 존재하는 각종 금리 간 체계(interest system)에서도 기준이 돼야 한다. 그래야 국제금융시장 상황을 잘 반영할 수 있기 때문이다.

앞으로 새로운 기준금리가 도입되기 위해서는 거래규모부터 늘어날 수 있도록 정책적인 지원이 필요하다. 금융 인프라 측면에서도 중층적인 발전을 도모할 필요가 있다. 새로운 기준금리 도입 초기에는 부작용이 예상되지만 국제금융시장이 한 단계 도약하기 위해서는 반드시 추진해야 할 과제다.

한국은행도 새로운 기준금리가 도입될 것에 대비해 제반 과제를 지금부터 착실히 준비해 나가야 한다.

요약

- 국제금융시장은 기능적으로 단기금융시장(money market), 자본시장(capital market), 외환시장(foreign exchange market)으로 분류할 수 있다. 단기금융시장과 자본시장은 신용공여에 관한 시장이며 외환시장은 지급수단에 관한 시장이다. 또 국제금융시장은 지역적으로 국제금융센터와 역외금융센터로 구분해 볼 수 있다
- 국제금융시장은 최근 급격한 환경변화로 인해 과거와는 크게 다른 상황에 놓여 있다. 금융공학의 발전, IT기술의 발전, 세계화 등의 영향으로 국제금융시장은 더욱 복잡하고 빠르게 움직이고 있다. 금융혁신과 신상품의 개발, 증권화, 금융시장의 세계화, 금융기관 간 경쟁심화 등이 특징적 변화이다.
- 유로시장은 유로통화가 거래되는 유로통화시장과 유로채의 발행 및 매매가 이루어지는 유로채시장으로 나누어 볼 수 있다.
- 외환시장은 한 국가의 화폐와 다른 국가의 화폐가 서로 교환되는 시장을 말한다. 외환시장은 보통 물리적인 특정 장소에 개설된 시장이 아니라 세계 각국의 은행이나 외환브로커들 간의 네트워크로 연결된 시장이다.
- 외국통화 한 단위를 기준으로 자국통화를 표시하는 방법을 직접표시환율(direct quotation)이라고 한다. 이와는 반대로 자국통화 한 단위를 기준으로 외국 통화를 표시하는 방법을 간접표시환율(indirect quotation)이라고 한다.
- 달러화가 아닌 통화 간의 환율은 각 통화의 대달러환율을 이용하여 계산할 수 있는데 이를 교차환율(cross rate)이라고 한다.

생각해보기

1. 국제금융센터와 역외금융센터의 차이점은 무엇인가?

2. 각국 정부의 규제완화정책, 금융시장의 통합화, 세계경제의 성장 등으로 인해 과거와는 다른 금융시장의 환경이 형성되고 있다. 최근 변화의 특징은 무엇인가?

3. 기축통화인 미국 달러는 세계 여러 국가의 경제상황에 맞는 통화정책이 아닌 미국의 경제상황에 맞는 통화정책에 의해 통화량이 조절된다. 그런 의미에서 유로화는 여러 국가들이 사용하고 이들 국가의 경제상황에 맞는 통화정책에 의해 조절되므로 기축통화로서의 역할을 더 잘 수행할 수 있다는 논리에 대한 생각은?

4. 미국 달러의 스프레드가 일본 엔화의 스프레드보다 작은 이유는 무엇인가?

5. 국제기준금리와 국제금융센터는 서로 어떤 영향을 미치는가?

3 장 국제수지와 외환시장개입

3장 국제수지와 외환시장개입

제1절 국제수지

국제수지(balance of international payment)란 일정기간 동안 일국의 거주자와 비거주자 사이에서 발생한 모든 경제적 거래를 체계적으로 분류한 것을 말하고, 이를 표로 나타낸 것을 국제수지표라고 한다.

여기에서 일정기간 동안이라는 말은 국제수지가 스톡(stock) 개념이 아니라 플로(flow) 개념이라는 것을 의미하며 통상적으로 1년을 지칭하는 것이나 분기별, 월별 집계와 같이 1년 미만 또는 1년 이상으로 설정하는 경우도 있다.

국제수지에서는 경제활동의 본거지가 어디에 있는가 하는 점이 분류의 중요한 기준이 된다. 따라서 내국인과 외국인으로 구분하지 않고 거주자와 비거주자로 구분한다. 거주자란 한 국가의 경제권에 영주하는 개인, 기업, 정부 등을 말하며 외교관, 유학생 등의 일시적 거주자는 포함되지 않는다. 즉, 외국인이라고 하여도 1년 이상 한 국가에 영주하며 생산활동에 종사할 경우 거주자에 해당되며 해당 국가에서 영업활동을 하는 외국인 투자기업 역시 거주자에 포함된다. 다만 대사관 같은 정부기관은 해외에 있더라도 본국의 거주자로 보기 때문에 외국에 있는 우리나라의 대사관은 우리나라의 거주자이며 우리나라에 주재하는 외국 대사관은 우리나라의 비거주자가 된다.

또한 모든 경제적 거래라는 의미는 모든 형태의 거래를 포함한다는 뜻으로 재화 및 용역의 거래, 국가 간의 이전거래, 자본거래 등 일체의 거래를 모두 포함한다.

1.1 국제수지표의 구성[1)]

우리나라의 국제수지표는 한국은행에서 국제통화기금(IMF)의 국제수지매뉴얼(BPM6)에 의거하여 매월 작성하여 공표하고 있으며 통계작성과 관련된 조사대상, 조사방법 등은 한국은행 통계전용 홈페이지인 경제통계시스템에 수록하고 있다.

국제수지표는 크게 경상수지, 자본수지, 금융계정, 오차 및 누락 등 4개의 계정으로 구성되어 있다.

1.1.1 경상수지

경상수지는 상품수지, 서비스수지, 본원소득수지, 이전소득수지로 구성된다. 상품수지는 상품의 수출액과 수입액의 차이를 말한다. 경상수지에서 가장 큰 비중을 차지하고 있는 항목이다. 서비스수지는 외국과의 서비스거래로 받은 돈과 지급한 돈의 차이이다. 운수, 관광, 통신, 교육 등이 포함된다.

본원소득수지는, 첫째 거주자가 외국에 단기간 머물면서 일한 대가로 받은 대금과 국내에 단기로 고용된 비거주자에게 지급한 대금의 차이를 의미하는 급료 및 임금수지와, 둘째 거주자가 외국에 투자하여 수취한 배당금 및 이자와 비거주자의 국내투자 대가로 지급한 배당금 및 이자의 차이인 투자소득수지를 포함한 것이다.

이전소득수지는 거주자와 비거주자 사이에 대가 없이 이루어진 무상원조, 기부금, 구호물자, 증여성 송금 등 이전거래 내역을 의미한다.

1.1.2 자본수지

자본수지는 자산 소유권의 무상이전과 채권자에 의한 채무면제 등을 기록하는 자본이전과 브랜드네임, 상표 등 마케팅자산과 기타 양도 가능한 무형자산의 취득과 처분을 기록하는 비생산 · 비금융자산으로 구분된다.

1) 한국은행, 우리나라 국제수지통계의 이해, 2016 인용

1.1.3 금융계정

금융계정은 거주자가 외국기업에 대해 혹은 비거주자가 국내기업에 대해 경영참여 등을 목적으로 하는 직접투자, 주식과 채권 거래를 나타내는 증권투자, 파생금융상품 거래를 계상하는 파생금융상품투자, 기타투자 및 준비자산으로 구분된다. 기타투자에는 직접투자, 증권투자, 파생금융상품투자 및 준비자산에 해당되지 않는 거주자와 비거주 간의 모든 금융거래를 기록하는데 여기에는 대출 및 차입, 수출입과 관련하여 발생하는 채권 · 채무를 기록하는 무역신용, 현금 및 예금 등의 금융거래를 포함한다.

준비자산은 통화당국이 보유하고 있는 외환보유액의 변동분 중 거래적 요인에 의한 변동만을 계상한다.

1.1.4 오차 및 누락

오차 및 누락은 국제수지표를 작성하는 데 이용하는 기초통계 간의 계상시점 및 평가방법상의 차이, 기초통계 자체의 오류, 통계작성 과정상의 보고 잘못이나 누락 등으로 인해 경상수지 및 자본수지의 합계와 금융계정 금액이 같지 않을 경우 이를 조정하기 위한 항목이다.

그림 3-1 국제수지표의 구성

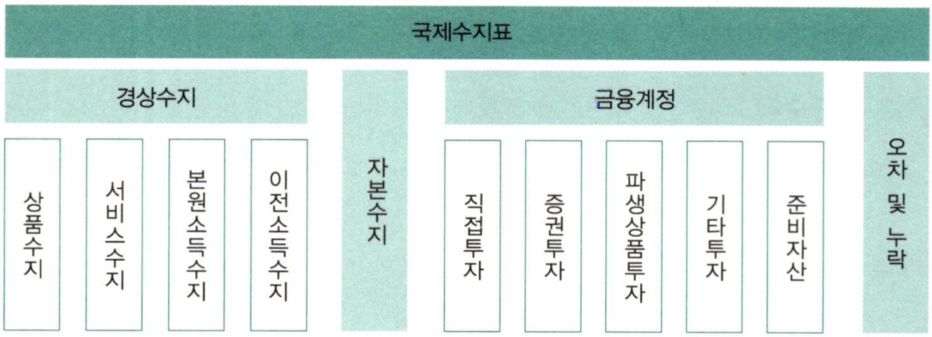

1.2 국제수지와 통화량

중앙은행의 대차대조표를 보면 본원통화(reserve base)는 순외화자산과 국내여신의 합과 같다. 따라서 다음과 같은 식이 성립한다.

$$B = NFA + DC \quad \text{(식 3.1)}$$

$$\Delta B = \Delta NFA + \Delta DC$$

여기서, B: 본원통화
NFA: 순외화자산
DC: 국내여신

표 3-1 중앙은행 대차대조표

자산	부채
국내여신(DC) = 대내자산 순외화자산(NFA) = 대외자산	본원통화(B) = 시중의 현금 + 지불준비금

그런데 상품 및 서비스의 수출(X)과 수입(IM)의 차이에 순본원소득수지와 순이전소득수지(TR)를 더하면 경상수지흑자가 되며, 경상수지가 흑자라면 외화를 취득하였다는 것을 의미하기 때문에 순외화자산이 그만큼 증가할 것이므로 다음과 같은 식이 성립한다.

$$X + TR - IM = \Delta NFA \quad \text{(식 3.2)}$$

여기서, X: 수출
IM: 수입
TR: 순본원소득수지 + 순이전소득수지

경상수지 흑자로 인해 순외화자산이 증가하면 자발적 자본거래가 없는 경우, 즉 자본수지가 0(영)인 경우 (식 3.1)에 의해 본원통화가 증가하게 된다. 원화로의 교환으로 외환이 중앙은행으로 들어오면 본원통화가 증가하고 통화량은 본원통화에 통화승수를 곱한 것만큼 증가하게 된다.

$$\Delta M = m\Delta B \quad \text{(식 3.3)}$$

여기서, M: 통화량
m: 통화승수

경상수지 흑자로 인해 통화량이 늘게 되면 인플레이션이 발생하게 되고 인플레이션은 이자율, 환율, 외환보유고 등 경제 전반에 영향을 주게 된다. 따라서 경상수지 흑자가 지속되어 다른 경제지표에 부정적인 영향을 미칠 것으로 판단되면 중앙은행은 늘어난 통화량을 감소시키려 할 수 있다. 통화량 축소는 국채를 매각하는 방법으로 할 수 있다. 이처럼 국제수지가 불균형일 때 국내여신의 조정을 통해 통화량을 유지하는 정책을 불태화정책(sterilization policy)이라고 한다. 반면에 통화량을 조절하지 않고 국제수지 불균형으로 인한 통화량 증가를 방치하는 정책을 태화정책(non−sterilization policy)이라고 한다.

경상수지 흑자뿐만 아니라 자본수지 흑자도 통화량에 영향을 미친다. 자본유입이 유출을 초과하면 그만큼 순외화자산이 늘어나게 되고 다른 변화가 없는 한 통화량이 늘어난 본원통화에 통화승수를 곱한 것만큼 늘어나게 된다.

1.3 국제수지와 환율

가장 일반적인 이론은 국제수지의 불균형은 외환시장에서 환율을 변동시키기 때문에 국제수지가 다시 균형을 찾는다는 것이다. 예를 들어 경상수지 적자가 발생하여 미국 달러가 한국에서 미국으로 유출되면 달러에 대한 수요 증가로 달러의 가치가 상승하게 된다. 달러의 가치가 상승하면 상대적으로 비싸진 미국 상품에 대한 수요가 감소하고 상대적으로 싸진 한국 상품의 수요가 증가하므로 경상수지가 증가하게 된다. 따라서 원래의 경상수지 적자가 자연스럽게 해소되어 국제수지가 다시 균형을 이루게 된다. 즉 국제수지의 변화가 외환시장에서 환율을 변동시키고 이로 인해 국제수지가 다시 균형을 이루는 메커니즘이다.

이러한 이론에 따르면 외환의 흐름에 따라, 즉 국제수지의 전망을 바탕으로 통화의 수요와 공급이 균형에서 벗어나면 균형으로 돌아가는 과정이 존재한다는 사실을 이용해 일정기간 동안의 환율변동과 균형시점의 환율을 예측할 수 있다.

그러나 요즘의 현실에서는 국제수지의 전망에 따라 환율이 움직이지 않는 경우가 많아 이러한 예측이 유의미한지 의문이 제기된다. 국제수지의 변동이 은행 간 시장인 외환시장에 영향을 주지 않아 이러한 메커니즘이 작동하지 않을 수 있기 때문이다. 국제자본시장의 발전과 자본의 국제적 이동이 용이하게 되면서 상품 및 서비스의 거래로 얻게 된 외화를 외환시장에 바로 내놓지 않고 외국에 자본으로 유지하는 경우가 있다. 그러면 외화가 은행 간 시장인 외환시장으로 흘러가지 않기 때문에 환율에 아무런 영향을 미치지 못하게 된다.

또 정부나 중앙은행이 보유하고 있는 외환보유고가 이자, 배당 등의 수익을 창출하면 본원소득수지가 증가하게 된다. 그러나 이렇게 얻어진 외화는 외환시장을 거치지 않고 바로 중앙은행으로 흘러 들어가게 된다. 즉 국제수지는 변화하였으나 외환시장에 유입되지 않아 환율변동에 아무런 영향을 미치지 않고, 그 결과 균형이 자동적으로 이루어지는 메커니즘이 작동하지 않는다.

이와 같은 현상과는 다르게 국제수지에 변화가 없는데도 환율이 변동하는 상황도 발생한다. 경상수지가 지속적으로 적자를 보고 있는데 이를 외국에서의 채무로 메우고 있다면 국제수지는 경상수지와 자본수지가 상쇄되어 변화가 없다. 그러나 외채의 지속적인 증가는 대외신인도를 하락시켜 외환시장에서 해당 국 통화의 가치가 하락하는 방향, 즉 환율상승이 발생할 수 있다. 물론 반대로 경상수지 흑자가 지속적으로 발생하고 그만큼 해외투자가 증가하면 역시 경상수지와 자본수지가 상쇄되어 국제수지에는 변화가 없으나 대외신인도의 상승으로 인해 해당국 통화의 가치가 상승하는 방향, 즉 환율하락이 발생할 수 있다.

제2절 외환보유고

2.1 외환보유고의 구성

외환위기 때 급격히 증가된 단기외채에 대응하기 위해 필요한 외환보유고의 부족으로 어려움을 겪으면서 적정 외환보유고를 보유하는 일이 얼마나 중요한 일인지 실감하였다. 외환보유고는 중앙은행이나 정부가 국제수지 불균형을 보전하거나 외환시장의 안정을 위해 언제든지 사용할 수 있도록 보유하고 있는 대외 지급준비자산을 말한다. 외환보유고는 위급한 경제상황에 대처하기 위한 경제의 방어막이며 환율을 안정시키고 국가신인도를 높이는 데 반드시 필요한 자산이다. 외환보유고가 많다는 것은 그만큼 국가의 지급능력이 충실하다는 것을 의미하므로 국가신인도를 높여 국가 및 기업과 금융기관의 해외 자본조달비용을 낮추고 외국인투자를 촉진하게 된다.

조금 더 구체적으로 외환보유고란 국가의 지급불능 사태에 대비하고 외환시장 교란 시 환율을 안정시키기 위해 정부와 중앙은행이 보유하고 있는 외화유가증권, 외화예치금, SDR, IMF 포지션, 금을 말한다. 유가증권은 국채, 회사채, 자산유동화증권(MBS, 커버드본드) 등 유동성이 높은 금융상품을 의미하고 예치금은 예금의 형태로 보유하고 있는 현금성 자산을 말한다. SDR(Special Drawing Rights)은 IMF가 발행한 특별인출권으로 바스켓통화이며 달러를 대체할 수 있는 국제준비자산이다. IMF 포지션은 IMF 회원국이 출자금 납입 등으로 보유하게 되는 IMF에 대한 교환성 통화 인출권리를 말한다.

한편 가용외환보유고는 총 외환보유고에서 국내금융기관의 해외점포에 예치된 외화자산을 뺀 것으로 한 나라가 단기적 대외채무를 갚을 수 있는 능력을 나타낸다. 국내금융기관의 해외점포에 예치된 외환자산이 가용외환보유고에 포함되지 않는 이유는 예치금을 해당점포에서 대출 등으로 운용하기 때문에 긴급히 회수하기 어렵기 때문이다. 일반적으로 외환보유액은 가용외환보유고를 의미한다.

▌표 3-2 ▌우리나라 외환보유액 구성

외환보유액	유가증권	92.6%
	예치금	4.8%
	SDR	0.8%
	IMF 포지션	0.6%
	금	1.2%

* 2019년 4월 현재

2.2 지급준비자산의 보유 목적

유동성이 높은 외환보유액을 보유하는 목적은 다음과 같다. 첫째, 민간부문에서 외화자금의 수요가 공급을 초과할 때 정부 및 중앙은행이 대외지급 불균형을 해소할 수 있게 하기 위해서이다. 즉 정부와 중앙은행이 부족한 외환을 공급함으로써 자칫 발생할 수 있는 급격한 자본유출, 환율상승, 만기가 도래하는 해외차입금에 대한 차환 거부 등의 사태를 막을 수 있다.

둘째, 경제상황을 고려할 때 환율이 비정상적인 수준에서 움직이거나 국제자본의 투기적 공격의 대상이 될 때 정부는 외환시장에 개입하여 환율을 적정 수준에서 안정시킬 필요가 있는데 이때 필요한 것이 지급준비자산이다. 환율의 급격한 상승을 완화시키려면 보유하고 있는 외환을 매도하여야 하는데 이때 외환이 필요하다. 물론 반대의 경우에는 외환을 매입하여 외환보유액이 증가하게 된다.

한편 민간의 외화수요가 크게 증가할 때 정부가 시장에 개입하여 외환을 매도하여 외환을 공급하게 되면 앞에서 설명한 대외지급 불균형을 해소하면서 환율 하락의 효과를 얻을 수 있기 때문에 첫 번째와 두 번째 목적은 서로 연관되어 있다고 할 수 있다.

2.3 적정 외환보유액

외환보유액은 단기 유동성에 초점이 맞추어져 있으므로 아무런 제약이 없는 상황에서의 자산운용과는 수익성에서 차이가 나게 된다. 따라서 외환보유액을 너무 많이 보유하게 되면 수익성이 떨어져 큰 기회비용이 발생하고 너무 적게 보유하면 유사시 자본수급 불균형이나 환율불안정의 위험이 발생하게 된다. 이에 따라 어느 정도의 외환보유액을 유지하는 것이 최선인가 하는 질문을 하게 된다.

적정 외환보유액은 각 국가의 환율제도, 자본자유화 및 경제발전 정도, 외채구조, 경상수지 사정, 국내금융기관의 대외차입능력 등 다양한 요소에 따라 달라질 수 있으므로 모든 국가에 일률적으로 적용할 수 있는 보편적인 산정 기준은 없다. IMF 등 국제기구나 학계에서도 일반적인 산정 기준을 제시하지 못하고 있으며 각국의 특수사정을 고려해야 한다고 강조하고 있다. 최근에는 자본의 급격한 유출가능성에 대한 외환보유액의 위기예방 역할을 강조하면서 민간부문의 단기 외화채무 규모, 위기발생 확률에 근거한 자본 순유출 규모 및 정책당국의 위험회피 정도 등을 바탕으로 외환보유액이 충분한지 판단하고 있다.

일반적으로 선진국들은 국가신인도가 높고 자국통화가 국제적으로 널리 사용되기 때문에 상대적으로 외환보유액을 많이 축적할 필요가 없다. 그러나 이런 수준에 이르지 못한 국가들은 유사시 국제금융시장에서 외화를 차입하기 어렵기 때문에 외환보유액을 가급적 넉넉히 보유하려는 경향이 있다.

정리하기 1

외환보유고가 많으면 IMF사태와 같은 외환위기가 발행하지 않는가?

정리하기 2

과거 외환위기를 겪은 국가들의 공통점은 무엇인가?

2.4 외환보유고의 변화

일반적으로 경상수지와 자본수지가 증가하면 외환보유고가 증가한다고 할 수 있다. 그러나 항상 그런 것은 아니다. 다음과 같은 경우를 생각해보자. 한국의 기업이 미국에 자동차를 수출하고 미국 달러를 받으면 경상수지는 증가한다. 외환보유고는 어떠한가? 한국 기업은 한국에서 경영활동을 하기 위해서 수출로 얻은 미국 달러를 한국의 원화로 교환하여야 한다. 이때 누구와 교환하느냐에 따라 외환보유고가 달라진다.

먼저 원화를 보유하고 있는 미국인과 교환을 한다고 하자. 그럼 이 미국인은 어떻게 한국에서 원화를 보유하게 되었을까? 만약 미국인이 한국에 상품을 수출하고 그 대가로 원화를 얻게 되었다면, 한국의 입장에서는 수출과 수입이 상쇄되어 경상수지는 불변하게 되고 따라서 외환보유고도 불변하게 된다. 당연한 얘기지만 수출을 하여 외환을 획득하더라도 그 외환을 다시 무언가 소비하기 위해 수입하는데 쓰지 않아야 외환보유고가 증가하게 된다.

두 번째 상황을 생각해보자. 수출로 미국 달러를 받은 한국기업이 한국에 투자를 하기 위해 달러를 유입하였던 미국인과 교환한다고 하자. 그러면 미국인은 투자자금을 미국으로 회수하기 위해 보유하고 있는 원화를 달러와 교환한 것이므로 한국의 입장에서 보면 수출로 인한 경상수지 증가가 투자자금 회수로 인한 자본수지의 감소와 서로 상쇄되는 결과를 얻게 된다. 그 결과 외환보유고는 불변하게 된다.

세 번째로 수출로 달러를 얻은 한국기업이 미국에 투자를 하기 위해 달러가 필요한 또 다른 한국기업과 교환한 상황을 생각해보자. 그러면 수출로 인해 경상수지가 증가하였으나 해외투자로 인해 자본수지가 감소하여 서로 상쇄되는 결과가 된다. 이 경우 역시 외환보유고는 불변하다. 위의 상황으로부터 수출로 외환을 획득하더라도 그 자금을 해외투자에 사용하거나 외국으로 자본이 유출되면 외환보유고가 증가하지 않는다는 것을 알 수 있다.

마지막으로 수출로 달러를 얻은 한국기업이 한국의 은행에서 환전을 한다면 외환보유고는 증가한다. 즉 수출로 얻은 외환을 상품의 수입에 사용하거나, 해외투자를 위해 사용하거나, 자본이 해외로 유출되지 않아야 비로소 외환보유고가 증가한다는 것을 알 수 있다.

2.5 외환보유고와 환율

일반적으로 환율(₩/$)이 상승하면, 즉 원화의 가치가 하락하면 수출가격은 싸지고 수입가격은 비싸지기 때문에 외환보유고에는 긍정적인 영향을 미친다. 중국, 일본 등의 국가가 자국통화의 가치를 상승시키지 않으려고 하는 이유이며 미국이 이들 국가가 외환시장에 개입하여 통화의 가치를 인위적으로 하락시키는 것이 아닌지 주시하는 이유이다.

그러면 원화의 가치, 즉 환율에 영향을 미치는 요인은 무엇인가? 여러 가지 요인이 영향을 미치지만 가장 중요한 요인은 역시 이자율과 인플레이션(inflation)이다. 그런데 이자율과 인플레이션은 서로 연관성이 있다.

이자율에는 명목이자율과 실질이자율이 있다. 명목이자율(nominal interest rate)은 자금을 빌려주고 빌려준 자금에 추가적으로 더 받는 자금의 비율을 의미한다. 100만원을 빌려주고 1년 후에 102만원을 받았다면 연간 명목이자율은 2%가 된다.

이에 반해 실질이자율(real interest rate)은 자금을 빌려주고 그 대가로 받은 원금 및 이자로 재화를 예전에 비해 더 구매할 수 있는 비율을 말한다. 가령 현재시점에서 10만원을 은행에 예금하고 1년 후에 103,000원을 받기로 하였다고 하자. 현재 프로야구 입장권이 1만원이며 앞으로 1년 동안 2%의 인플레이션이 예상된다고 하자. 그러면 1년 후에 프로야구 입장권은 인플레이션을 반영한다면 10,200원이 될 것이므로 은행에서 103,000원을 찾아 10.098(=103,000/10,200)장의 프로야구 입장권을 살 수 있게 된다. 따라서 이 경우 실질이자율은 0.98%가 된다.

$$(1+r) = \frac{(1+i)}{(1+f)} \qquad \text{(식 3.4)}$$

여기서, r: 실질이자율
i: 명목이자율
f: 인플레이션

다른 조건이 일정할 때 국내 이자율이 외국의 이자율보다 상대적으로 높으면 외화를 원화로 바꾸어 투자하려는 자금이 늘어나게 되어 외환보유고에 긍정적인 영향을 미치게 된다. 그럼 이자율은 어떻게 결정되는가? 이자율은 화폐의 수요와 공급에 의해 결정된다. 화폐의 공급은 중앙은행에 의해 결정되므로 기타 시장참여자의 입장에서 보면 공급은 고정되어 있다. 반면에 화폐의 수요는 다음과 같다.

$$D = P \times L(R, Y) \quad \text{(식 3.5)}$$

여기서, D: 화폐의 수요
$L(*)$: 실질화폐수요함수
R: 명목이자율
Y: 총생산
P: 가격수준

화폐의 공급이 주어져 있다면 다음 식을 만족시키는 수준에서 이자율이 결정된다.

$$M = P \times L(R, Y) \quad \text{(식 3.6)}$$

여기서, M: 화폐의 공급

그런데 화폐수량설(the quantity theory of money)에 의하면 실질화폐의 수요함수는 다음과 같다.

$$L = \frac{Y}{V(R)} \quad \text{(식 3.7)}$$

여기서, $V(*)$: 화폐의 회전속도

(식 3.6)에 위의 식을 대입하여 정리하면 다음과 같다.

$$P \times Y = M \times V(R) \quad \text{(식 3.8)}$$

위의 식을 근사식으로 정리하면 다음과 같다.

$$\%\Delta P = \%\Delta M + \%\Delta V(R) - \%\Delta Y \qquad \text{(식 3.9)}$$

위의 식으로부터 고성장($\%\Delta Y$)은 인플레이션($\%\Delta P$) 압력을 감소시킨다는 것을 알 수 있다. 또 화폐의 회전속도($\%\Delta V(R)$)는 단기간에 크게 변하는 것이 아니므로 통화공급($\%\Delta M$)이 성장을 유발하지 못하면 인플레이션이 발생한다는 것을 알 수 있다. 상대적으로 높은 인플레이션은 해당국 화폐의 수요를 감소시켜 해당국 통화의 가치가 하락하는 결과를 초래하고 외환보유고에도 영향을 미치게 된다.

제3절 외환시장개입

3.1 외환시장개입의 목적

대부분의 국가가 채택하고 있는 변동환율제도하에서는 기본적으로 환율은 외환시장에서 수요와 공급에 의해 결정되기 때문에 수요와 공급 상황이 변동하면 환율도 변동하게 된다. 그런데 환율 수준이 정책적으로 판단할 때 바람직한 수준이 아니라고 생각될 때 당국은 외환시장에 개입하여 환율을 안정시키고자 할 수 있다.

중앙은행이 외환시장에 개입하는 이유는 다음과 같다. 첫째, 경제의 안정을 위해서라고 할 수 있다. 개방경제하에서는 환율은 모든 경제지표에 영향을 미친다. 국제수지를 변화시키고, 자본시장의 수급에 영향을 미치며, 인플레이션, 금리와도 연관되어 있다. 따라서 급격한 환율변동은 경제의 안정성을 해치게 되므로 이러한 가능성을 차단하기 위해서이다.

둘째, 공공재가격과 같이 환율도 정책적 수단이 될 수 있기 때문이다. 예를 들어 환율이 하락하는 상황을 생각해보자. 환율이 하락하면, 즉 자국통화가치가 상승하면 일반적으로 수출에는 불리하고 수입에는 유리한 상황이 되어 경상수지에 부정적 영향을 미치게 된다. 이를 막기 위한 정책적 판단에 의해 중앙은행이 외환시장에 개입할 수 있다. 이러한 외환시장의 개입이 효과적으로 이루어져 환율이 하락하지 않고 목적하는 수준에서 유지된다면 환율 하락으로 인해 이익을 볼 수 있었던 수입업자가 기회를 상실하고 반대로 불리해질 수 있었던 수출업자가 오히려 이득을 얻을 수 있는 기회를 얻게 된다. 이것은 곧 정부가 수입업자의 이득을 재원으로 하여 수출업자에게 보조금을 주는 것과 같은 효과이다.

셋째, 시장에 시그널(signal)을 주기 위해서이다. 외환시장의 참여자가 앞으로의 경제상황을 예측하기 어려워 환율의 방향성을 확신할 수 없을 때 중앙은행이 외환시장에 개입하여 원하는 변화의 방향을 시장참여자들이 예측할 수 있도록 신호를 보낼 수 있는데 이를 신호효과(signalling effect)라고 한다.

3.2 환율을 고정시키기 위한 정책

환율을 고정시키는 정책수단으로, 첫째 정해진 가격 이외의 가격에 의한 거래를 불법화하는 것과, 둘째 자본의 유·출입을 통제하거나, 셋째 일정한 가격에 외환을 매입하고 매각하여 원하는 가격에 통화의 가격이 유지되도록 하는 것이다.

3.2.1 강제적 고정 정책

(1) 환율의 법제화

가장 먼저 생각할 수 있는 방법이 환율을 원하는 수준으로 강제하여 정해진 환율 이외의 환율로 교환하는 것을 법으로 막는 방법이다. 이렇게 강제하면 원하는 환율을 유지할 수 있을까? 먼저 [그림 3-2]에서 볼 수 있듯이 환율은 기본적으로 외화의 수요와 공급에 의해 e에서 결정된다.

그림 3-2 **외화의 수요와 공급**

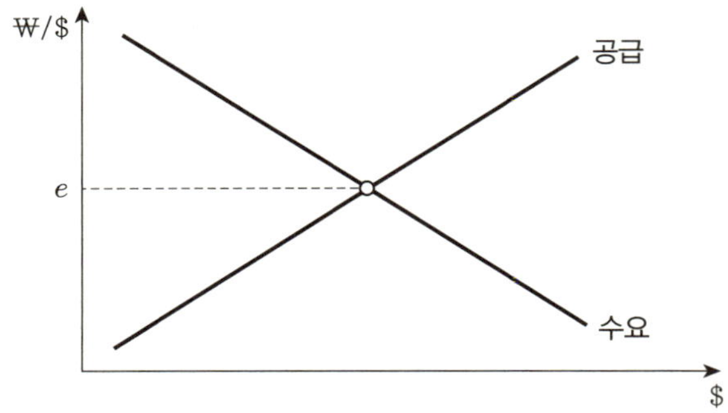

만약 어떤 이유로 외환의 수요가 감소하면 [그림 3-3]에서와 같이 수요곡선이 아래쪽으로 이동하여 환율은 e_1에서 결정된다. 그런데 환율을 법적인 방법을 통해 강제로 e에 고정시키면 $\overline{ab}$만큼의 초과 공급이 발생하게 된다.

그림 3-3 **외환수요의 감소**

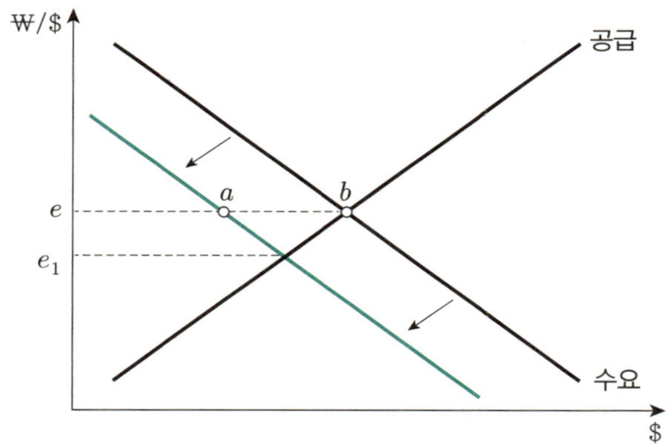

이런 상황이 지속되면 초과공급을 해소하기 위해 암시장(black market)이 생겨 고정된 환율보다 낮은 수준, 예를 들어 [그림 3-4]의 e_2에서 유통 환율이 결정될 수밖에 없다. 이러한 현상은 과거 우리나라에서도 볼 수 있었던 상황으로 명동에 외환 암시장이 성행하였던 이유이기도 하다.

그림 3-4 암시장의 형성

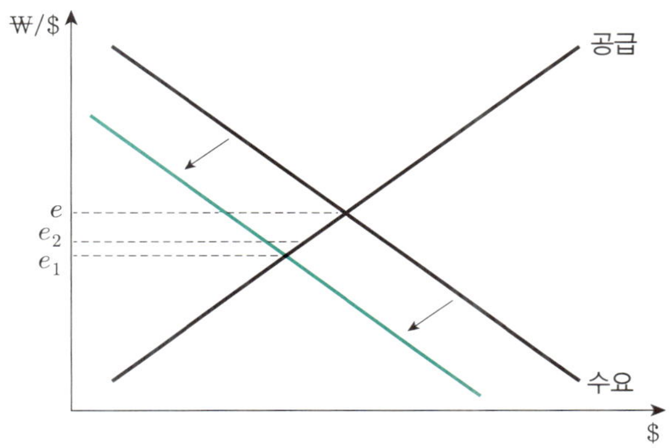

한편 암시장이 형성되어 장기간 유지되고 환율이 이러한 괴리에도 불구하고 계속해서 고정되어 있다면 환율이 [그림 3-4]의 e_1보다 더 낮은 수준에서 실제 유통환율이 결정될 가능성도 있다. 즉 환율의 강제적 고정이 시장에 맡기는 것보다도 더 못한 결과를 초래할 수도 있다. 환율이 강제로 시장과 괴리된 수준에 장기간 고정될 것으로 예상이 되면 단순히 암시장을 통한 거래를 넘어 국내자산의 해외도피 현상이 나타날 수도 있기 때문이다. 가령 장기적으로 원화의 가치가 평가절하, 즉 환율이 상승할 것으로 예상되면 원화를 외환으로 교환하여 외국에 투자하려는 수요가 증가하게 된다. 이러한 수요증가는 민간자본의 유출을 유발하고, 유출이 이곳저곳에서 발생하게 되면 공포심까지 더해져 외환자산의 급격한 감소와 심하면 외환위기를 초래할 수 있는데 이러한 현상을 자산도피(capital flight) 현상이라고 한다.

(2) 자본 유·출입의 강제적 관리

어떠한 이유에서 외환의 수요가 증가하였다고 하자. 그러면 [그림 3-5]와 같이 수요곡선이 위쪽으로 이동하게 되고 환율은 오르게 된다.

그림 3-5 외환수요의 증가

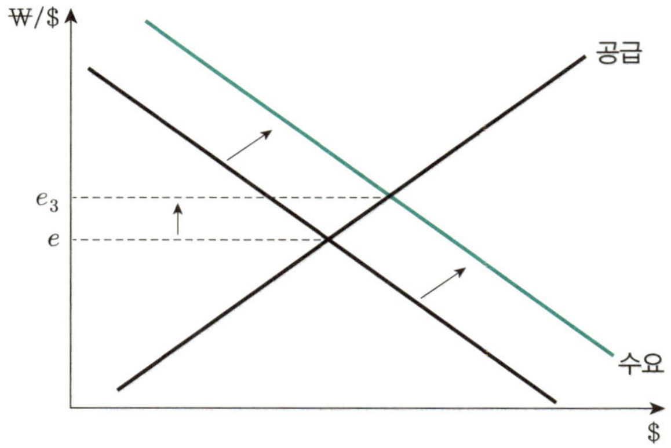

이러한 상황에서 환율을 e에 고정시키는 또 다른 방법은 자본의 유출을 강제로 줄이는 것이다. 즉 자본유출을 강제로 줄여 수요곡선을 원래의 수준으로 하향 이동시키면 환율은 원래의 수준으로 유지된다. 그러나 우리나라와 같이 자본이동의 자유가 보장된 국가에서는 가능하지 않은 방법이며 자본유출의 수요를 강제로 줄이면 암시장이 생겨서 유통 환율이 오히려 e_3보다 더 상승할 수도 있다.

그림 3-6 자본유출 금지

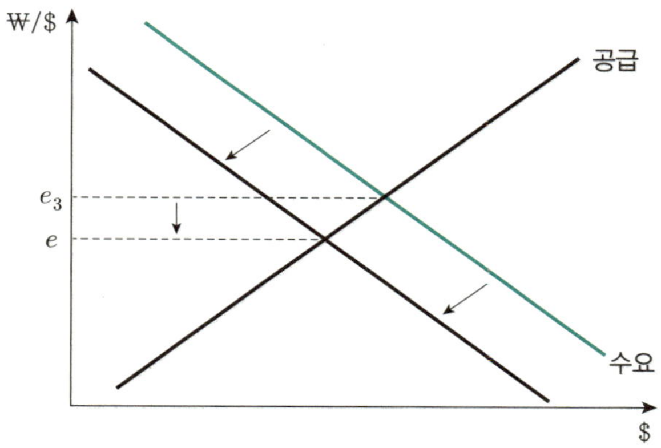

3.2.2 외환의 매입과 매도를 통한 관리

(1) 태화외환시장개입

[그림 3-7]에서와 같이 외환의 수요가 증대하여 외환의 수요곡선이 위쪽으로 움직이면 환율은 상승하게 된다. 이때 중앙은행이 시장에 개입하여 달러를 매도하는 방법으로 외환을 공급하면 환율은 e_3에서 하락하게 된다. 중앙은행이 환율이 e 수준에 다다를 때까지 달러화를 충분히 매도하여 공급을 늘리면 환율은 원래의 수준으로 유지될 수 있다.

그런데 중앙은행이 달러를 매도하면 중앙은행의 순외환자산이 감소한다. (식 3.1)에서 알 수 있는 바와 같이 순외환자산과 국내여신의 합이 본원통화이기 때문에 순외환자산이 감소할 때 국내여신이 같은 크기만큼 증가하지 않으면 본원통화가 감소한다. 본원통화가 감소하면 본원통화 감소량에 통화승수를 곱한 것만큼 통화량이 감소하게 된다. 이처럼 통화량의 변화를 수반하는 중앙은행의 외환시장개입 정책을 태화외환시장개입(non-sterilization foreign exchange intervention) 정책이라고 한다.

그림 3-7 외환의 공급을 통한 시장개입

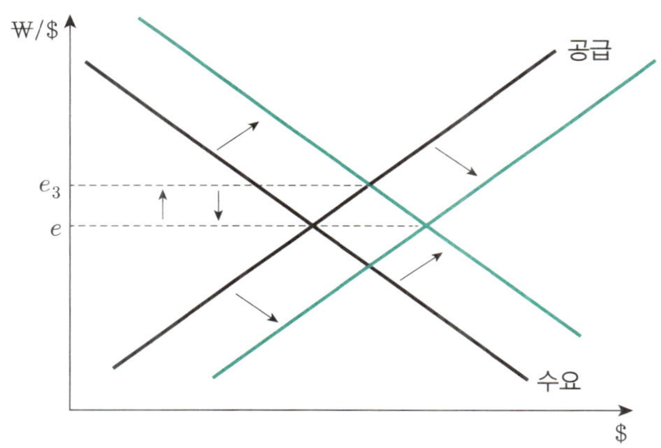

(2) 불태화외환시장개입

태화외환시장개입으로 통화량이 변동하게 되면 이자율, 인플레이션 등 경제 전반에 영향을 미치게 된다. 이러한 결과를 초래하지 않기 위해서는 외환시장에 개입하여 외환을 매도·매입함과 동시에 국내여신을 같은 크기만큼 변화시키면 된다. 즉 환율이 상승할 때 달러를 매도함과 동시에 통화량이 줄지 않도록 국채를 매입하여 원화를 시장에 공급하면 통화량을 유지할 수 있다. 이처럼 중앙은행이 외환시장에 개입하여 순외환자산이 변동할 때 국내여신의 증감을 통해 본원통화, 즉 통화량에 영향을 미치지 않도록 하는 정책을 불태화외환시장개입(sterilization foreign exchange intervention) 정책이라고 한다. 한국은행이 외환시장에 개입하여 불태화정책을 수행할 때에는 통화안정증권을 매도·매입하고 있다.

정리하기 3

환율이 상승할 때 외환시장에 개입하여 불태화정책을 계속해서 지속적으로 수행하여 환율을 고정시킬 수 있을까?

3.2.3 정책효과

(1) 자산의 불완전 대체성으로 인한 환율변동

이자율평가이론에 따르면 통화량이 변동하면 이자율이 변동하게 되고 변동된 이자율은 환율에 영향을 미치게 된다. 구체적으로 (식 3.10)과 같이 이자율이 변동할 때 두 국가 금융자산의 기대수익률이 같아지는 수준으로 환율이 변동하여 균형을 이루게 된다.

$$R = R_s + \frac{E^e - E}{E} \quad \text{(식 3.10)}$$

여기서, R: 원화표시채권의 수익률
R_s: 외화표시채권의 수익률
E^e: 예상환율
E: 현재환율

그런데 불태화개입으로 환율을 원하는 수준으로 유지하기 위해서는 국제 금융자산 간 완전 자산대체성(perfect asset substitutability)이 있어야 한다. 완전 자산대체성이란 외국 금융자산과 국내 금융자산의 기대수익률이 동일하고, 포트폴리오를 구성할 때 어떤 자산을 포함하여도 동일한 효과를 얻을 수 있는 것을 말한다. 즉 외국자산과 국내자산의 상대적 위험이 달라져도 자산의 가격변동에 영향을 미치지 못한다.

불태화개입으로 외환을 매입하고 국채를 매각하게 되면 국내자산이 증가하여 가치가 하락할 위험이 있으며 국내자산을 더 많이 보유하게 된 포트폴리오는 환율변동에 따른 가치변동의 위험이 커지게 된다. 이러한 상황이 되면 시장참여자들은 국내자산에 대해 위험프리미엄을 요구하게 된다. 위험프리미엄은 두 국가 간 금융자산의 기대수익률을 달라지게 하여 국가 간 자산들은 불완전 대체제가 된다. 또한 시장참여자들은 높은 수익률을 추구하기 위해 상대적으로 공급이 적은 외국자산에 대한 투자를 증가시키게 되고, 그렇게 되면 환율이 상승하게 된다. 따라서 불태화개입으로 인해 환율을 원하는 수준에 고정하여도 위험프리미엄에 영향을 미쳐 환율이 다시 상승하게 되어 정책의 목적을 달성하기 어려울 가능성이 있다.

(2) 경제정책 간 상충

환율을 관리하기 위한 불태화개입으로 국채를 매도·매입하여야 하는 상황에서 정반대 방향으로의 통화정책이 필요하다면 두 정책을 동시에 수행하기 어렵게 된다. 예를 들어 외국 자본이 국내에 꾸준하게 유입되어 원화가치가 상승, 즉 환율이 하락하고 있다고 하자. 환율하락을 막기 위해 외환을 매입하게 되면 국채를 매각하여야 한다. 그런데 국내이자율이 외국이자율보다 높아 자본이 유입되고 있다면 국내이자율을 낮추기 위해 오히려 채권을 매입하여야 하는 상황이 된다. 이처럼 환율관리를 위한 불태화정책과 통화정책이 상충될 가능성이 있다.

(3) 외국 중앙은행과 시장의 반응

외국의 반응에 따라 정책의 효과가 다르게 나타날 수도 있다. 예를 들어 우리나라가 경상수지를 개선하기 위해 외환시장에 개입하여 외환을 매입할 때 상대국 중앙은행이 자국통화 가치의 상승을 막기 위해 반대의 방향으로 외환시장에 개입한다면 외환시장개입의 효과가 줄어들 수밖에 없다. 또 시장참여자들이 확실하게 반응할 만큼 장기적으로, 지속적으로 개입하는 것이 현실적으로 어려울 수도 있다.

(4) 신호효과로 인한 환율변동

학자들의 많은 실증분석결과를 보면 불태화외환시장 개입이 환율에 직접적으로 중요한 영향을 미친다는 증거는 찾아보기 어렵다. 그러나 중앙은행의 외환시장 개입으로 미래 환율변동 방향에 대한 시장의 예상에 시그널을 줄 수는 있는 것으로 알려져 있다. 즉 외환시장 개입의 신호효과로 미래의 예상환율에 영향을 미쳐 환율을 변화시킬 여지가 있다.

부록 1 | 환율조작국

환율조작국이란 미국과 교역하는 국가가 자국의 수출을 늘리기 위해 인위적으로 외환시장에 개입해 자국에 유리하게 환율을 조작하는 국가를 말한다. 환율조작국으로 지정되면 2015년에 제정된 교역촉진법에 의해 해당국에 무역불균형과 환율에 따른 부정적 영향을 경고하고 경상수지 및 무역수지 흑자정책에 대한 수정을 요구하게 된다.

1년이 지나도 시정이 이루어지지 않을 경우 실질적인 제제조치를 취하게 된다. 해당 국가에 투자하는 미국 기업에 금융지원 금지, 해당 국가 기업의 미국 금융시장에서 자금조달 금지, 해당국 기업의 미국 연방정부 조달계약 체결 제한, 국제통화기금(IMF)에 추가적인 감시 요청, FTA 등 무역협정을 통해 상대국 압박 등의 조치를 하게 된다.

환율조작국으로 지정되는 요건은 1988년 종합무역법의 지정요건을 2015년 교역촉진법에서 강화하여 ① 대미 무역흑자가 200억 달러 이상, ② GDP 대비 경상수지 흑자가 3% 이상, ③ GDP 대비 2% 이상 달러 매수 또는 12개월 중 8개월 이상 달러 순매수 등 3개의 요건을 충족할 경우 환율조작국으로 지정한다. 이 중 두 가지 요건에 해당할 경우는 관찰대상국으로 분류된다.

우리나라는 종합무역법에 따라 1988년 환율조작국으로 지정됐다가 2년 만에 풀려난 적이 있으며 중국과 대만도 1990년을 전후해 환율조작국으로 지정된 적이 있다. 2019년 4월 환율보고서에서는 한국, 중국, 일본, 독일, 아일랜드, 이탈리아, 말레이시아, 싱가포르, 베트남 등 총 9개국을 환율관찰대상국으로 지정하였다.

미국은 지난 1998년 이후 공식적으로 환율조작국을 지정하지 않고 있다가 2019년 8월에 무역마찰 해결을 위한 수단으로 중국을 환율조작국으로 지정하였다.

부록 2 | 세계 각국의 외환보유액

한국은행이 IMF와 각국 중앙은행 홈페이지를 기초로 파악한 각국의 외환보유액을 살펴보면 중국이 3조 924억 달러로 1위를 차지하였고, 일본이 그 뒤를 이어 1조 3,226억 달러의 외환을 보유하고 있다. 우리나라는 4,033억 달러로 세계 9위 수준을 유지하고 있다. IMF 외환위기 때인 1997년에 89억 달러 수준이었던 외환보유액은 2001년 1,028억 달러로 천억 달러를 넘어섰고 그 이후로 매년 증가하여 2005년 2,104억 달러, 2011년 3,064억 달러, 2018년 4,037억 달러로 4천억 달러를 넘어섰다.

주요국의 외환보유액(2019년 9월말 현재) (단위: 억 달러)

순위	국가	외환보유액	순위	국가	외환보유액
1	중국	30,924	6	대만	4,695
2	일본	13,226	7	홍콩	4,387
3	스위스	8,352	8	인도	4,337
4	러시아	5,309	9	한국	4,033
5	사우디아라비아	5,006	10	브라질	3,764

자료: 한국은행, 보도자료, 2019.11.5

요약

- 우리나라의 국제수지표는 한국은행에서 국제통화기금(IMF)의 국제수지매뉴얼(BPM6)에 의거하여 매월 작성하여 공표하고 있다. 국제수지표는 크게 경상수지, 자본수지, 금융계정, 오차 및 누락 등 4개의 계정으로 구성되어 있다.
- 외환보유고란 국가의 지급불능 사태에 대비하고 외환시장 교란 시 환율안정을 위해 정부와 중앙은행이 보유하고 있는 외화유가증권, 외화예치금, SDR, IMF 포지션, 금을 말한다. 외환보유고가 증가하기 위해서는 수출로 얻은 외환을 상품의 수입에 사용하거나, 해외투자를 위해 사용하거나, 국내자본이 해외로 유출되지 않아야 한다.
- 환율이 정책적으로 판단할 때 바람직한 수준이 아니라고 생각될 때 당국은 외환시장에 개입하여 환율을 안정시키고자 할 수 있다.
- 중앙은행이 외환시장에 개입을 하면 중앙은행의 순외환자산이 감소・증가하게 된다. 순외환자산이 감소・증가할 때 국내여신이 같은 크기만큼 변동하지 않으면 본원통화가 감소・증가하게 된다. 본원통화가 감소・증가하면 본원통화 감소・증가량에 통화승수를 곱한 것만큼 통화량이 감소・증가하게 된다. 이처럼 통화량의 변화를 수반하는 중앙은행의 외환시장개입 정책을 태화외환시장개입 정책이라고 한다.
- 환율이 상승할 때 달러를 매도함과 동시에 통화량이 줄지 않도록 국채를 매입하여 원화를 시장에 공급하면 통화량을 유지할 수 있다. 이처럼 중앙은행이 외환시장에 개입하여 순외환자산이 변동할 때 국내여신의 증감을 통해 본원통화, 즉 통화량에 영향을 미치지 않도록 하는 정책을 불태화외환시장개입 정책이라고 한다.

생각해보기

1. 시중의 현금과 지불준비금의 합인 본원통화와 통화량의 관계를 설명해보자. 본원통화가 증가하면 통화량은 증가하는가?

2. 외환보유고는 외화유가증권, 외화예치금, SDR, IMF 포지션, 금 등으로 구성되어 있다. 즉 이것들로 구성된 포트폴리오가 외환보유고이다. 우리나라가 보유하고 있는 이 포트폴리오의 구성 비율은 적정한가? 그 이유는 무엇인가?

3. 외환보유액과 환율의 상호관계에 대해 설명해보자.

4. 우리나라는 2019년 현재 약 4천억 달러의 외환을 보유하고 있다. 이 규모는 적정한 것인가?

4 장 국제균형이론

4장 국제균형이론

국제금융시장과 외환시장은 분리될 수 없는 하나의 동일체이다. 외환시장은 단순히 화폐의 교환이 이루어지는 지급수단에 관한 시장이지만 환율을 통해 국제금융시장에 지대한 영향을 미친다. 이 장에서는 환율에 중요한 영향을 미치는 요인인 명목이자율과 물가가 서로 어떤 연관이 있으며 이들이 현물환율과 선물환율에 어떠한 영향을 미치는지 살펴보고자 한다. 또 현물환율과 선물환율은 어떤 관계가 있는지도 살펴보고자 한다. [그림 4-1]은 기대물가상승률 차이, 명목이자율 차이, 현물환율, 선물환율 등의 관계를 설명하고 있는 이론들을 표시한 것이다.

그림 4-1 국제금융시장과 외환시장 균형이론

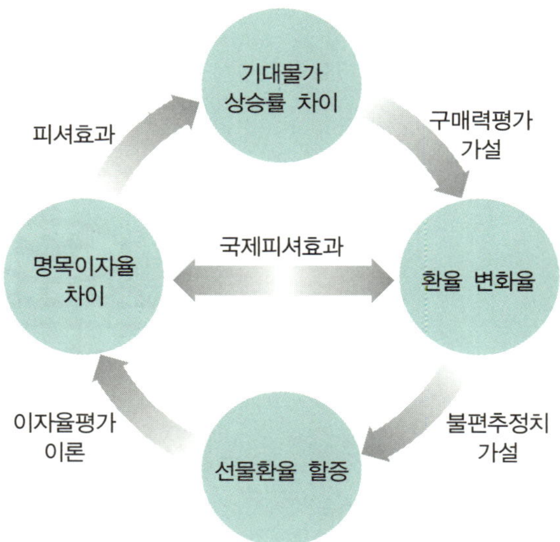

제1절 구매력평가가설

화폐가 가치가 있는 이유는 화폐로 물건을 구매할 수 있기 때문이다. 얼마나 가치가 있느냐 하는 것은 화폐로 어느 정도의 물건을 살 수 있느냐에 달려 있다. 즉 화폐의 구매력은 물가에 달려 있다. 환율은 두 나라의 화폐를 교환하는 비율을 말한다. 한 나라의 화폐를 다른 나라 화폐로 교환하여 동일한 물건을 더 많이 살 수 있다면 많은 사람들이 환전을 하려고 할 것이므로 환율이 변동할 것이다. 환전하여 싼 곳에서 더 많은 물건을 구매하여 비싼 곳에 팔면 위험을 부담하지 않고 이득을 얻을 수 있기 때문이다. 이와 같은 차익거래(arbitrage)가 존재하지 않으려면 환율이 양국의 물가수준을 잘 반영하고 있어야 한다.

구매력평가가설(PPP: purchasing power parity)은 일물일가의 법칙을 기초로 하여 환율과 물가수준의 균형관계를 설명하고 있는 절대적 구매력평가가설과 환율변동률과 물가변동률의 균형관계를 설명하고 있는 상대적 구매력평가가설로 나누어진다.

1.1 일물일가의 법칙

일물일가의 법칙(law of one price)이란 수송비용이나 기타 거래비용이 존재하지 않을 때 동일한 상품은 동일한 가격이어야 한다는 것이다. 즉 동일 통화로 표시한 상품의 가격은 모든 국가에서 동일하여야 한다. 그렇지 않으면 상대적으로 싼 지역에서 상품을 매입하고 비싼 지역에 매도하여 이익을 얻는 차익거래가 발생할 수 있기 때문이다. 일물일가의 법칙은 다음 식으로 나타낼 수 있다.

$$P_t = S \times P_t^* \quad \text{(식 4.1)}$$

여기서, P_t: 국내에서 상품 t의 가격

P_t^*: 외국에서 상품 t의 가격

S: 환율(자국통화/타국통화)

예를 들어 맥도날드 빅맥 햄버거가 한국에서 4,800원, 미국에서 4달러라면 일물일가의 법칙이 성립하기 위해서는 환율이 ₩1,200/$이어야 한다.

1.2 절대적 구매력평가가설

절대적 구매력평가가설(absolute PPP)은 한 상품에 적용되는 일물일가의 법칙을 국가차원으로 확장한 것으로, 한 상품의 가격이 아니라 국가 전체의 물가수준과 환율의 관계를 설명한 가설이다.

$$S = \frac{P}{P^*} \quad \text{(식 4.2)}$$

여기서, P: 국내물가수준
P^*: 외국물가수준

절대적 구매력평가가설에 의하면 환율은 두 나라의 물가수준의 비율에 의해 결정된다. 여기에서 물가수준이란 것은 물가를 계산하기 위해 포함된 상품바스켓의 가격을 의미한다. 즉 우리나라에서 바스켓에 포함된 상품의 가격이 2배 오른 반면에 외국의 상품가격이 일정하다면 환율이 2배 상승하여야 한다는 것을 의미한다. 따라서 구매력평가가설을 만족시키는 환율수준은 두 나라의 평균적 상품가격을 동일하게 하는 수준이어야 하며 두 국가의 국제수지를 균형으로 유지시킬 수 있는 수준의 환율을 의미한다.

1.3 상대적 구매력평가가설

절대적 구매력평가가설이 성립하기 위해서는 일물일가의 법칙이 성립하여야 하며 물가수준이 서로 비교 가능하여야 한다. 그러나 현실적으로 거래비용 등으로 인해 일물일가의 법칙이 성립하지 않을 수 있으며 물가수준도 비교하기가 어렵다. 상품바스켓에 포함된 상품의 종류, 수, 가중치 등이 국가 간 같아야 하는데 이러한 지표를 만들기 어렵기 때문이다. 이러한 문제를 해결하기 위한 것이 상대적 구매력평가가설(relative PPP)이다.

상대적 구매력평가가설은 환율변동률은 물가변동률의 차이와 같다는 것이다. 절대적 구매력평가가설의 환율과 물가의 관계를 환율변동률과 물가변동률의 관계로 바꾼 것이다.

$$\Delta S = \frac{\pi - \pi^*}{1 + \pi^*} \quad \text{(식 4.3)}$$

여기서, ΔS: 환율변동률
π: 국내물가변동률
π^*: 외국물가변동률

위의 식을 대략적으로 단순화하면 아래와 같은 식이 되는데 보통 이 식을 구매력평가가설이라고 한다.

$$\Delta S = \pi - \pi^* \quad \text{(식 4.4)}$$

즉 환율변동률은 물가변동률(인플레이션) 차이와 같다. 예를 들어 우리나라 인플레이션이 2%이고 미국의 인플레이션이 1%라면 환율이 1% 상승하여야 한다.

1.4 구매력평가가설의 한계

구매력평가가설은 간단한 식으로 환율의 장기적 변화를 예측할 수 있는 이론적 근거가 된다는 점에서 의미가 있다. 즉 환율은 단기적으로 통화량, 이자율 등의 지표들을 반영하여 외환시장에서 결정되지만 장기적으로는 국내외 물가수준을 반영하여 국제수지가 균형을 이루는 수준에서 결정된다는 것을 의미하고 있다.

이러한 유용성에도 불구하고 구매력평가가설은 여러 가지 한계를 갖고 있다. 첫째, 현실에서는 수송비, 관세, 비관세 무역장벽 등이 존재하여 일물일가의 법칙이 성립하지 않기 때문에 절대적 구매력평가가설이 성립하지 않는다. 이 가설에서 일물일가의 법칙은 환율을 균형으로 이끄는 중요한 연결고리가 되기 때문에 반드시 성립하여야 한다.

둘째, 구매력평가가설은 교역재를 대상으로 하지만 현실적으로 물가수준을 측정하는 상품의 바스켓에는 비교역재가 상당부분 포함되어 있다. 의료, 교육, 각종 서비스, 주택 등이 비교역재에 해당한다. 비교역재 가격은 말 그대로 국제시장과 상관없이 국내의 수급상황에 의해 가격이 결정된다. 따라서 다른 나라 사정과 상관없이 한 나라에서 바스켓 안에 있는 비교역재의 가격이 변동하면 다른 나라 물가수준보다 높거나 낮아지게 되며, 이렇게 되면 구매력평가가설이 성립하지 않게 된다.

셋째, 구매력평가 가설은 자유무역을 가정하고 있으나 현실적으로는 무역장벽이 있을 수 있다. 교역재의 국제적 이동에 대해 고율의 관세를 부과하거나 수출입 허가를 강화하여 사실상 교역이 불가능할 수도 있으며 이러한 상품이 물가를 측정하기 위한 바스켓에 다수 포함되어 있다면 구매력평가가설은 성립하기 어렵다.

넷째, 환율은 외환시장에서 수요와 공급에 의해 시시각각 변동한다. 그러나 인플레이션은 일정기간 동안 평균적 상품가격의 변화이기 때문에 조정되는 간격이 환율에 비해 매우 길다. 따라서 환율과 물가측정 시점이 달라지면 자연스럽게 구매력평가가설은 성립하기 어렵다.

1.5 실질환율과 실효환율

1.5.1 실질환율

명목환율(nominal exchange rate)은 외환시장에서 결정되는 두 나라 통화의 교환비율이다. 이에 반에 실질환율(real exchange rate)은 두 나라의 물가변동, 즉 구매력변동이 반영되도록 조정된 환율을 말한다.

$$r = S\frac{P^*}{P} \quad \text{(식 4.5)}$$

여기서, r: 실질환율
S: 명목환율

P: 국내물가수준
P^*: 외국물가수준

실질환율이 상승하면 외환에 대해 원화가 실질절하(real depreciation)되었다고 하고 하락하면 실질절상(real appreciation) 되었다고 한다. 원화가 실질절하되면 우리나라 상품이 상대적으로 싸지고 외국의 상품이 비싸져 수출이 늘고 수입이 감소하게 된다.

(식 4.5)를 살펴보자. 만약 절대적 구매력평가가설이 성립하여 (식 4.2)가 성립하면 실질환율은 1이 된다. 즉 상대적 물가수준이 변하지 않을 경우 명목환율이 상승하면 실질환율도 같은 크기만큼 상승한다.

$$r = S\frac{P^*}{P} = \frac{P}{P^*} \times \frac{P^*}{P} = 1$$

(식 4.5)를 변동률로 단순화하여 표현하면 다음과 같은 식이 된다.

$$\Delta r = \Delta S + (\pi^* - \pi) \quad \text{(식 4.6)}$$

만약 상대적 구매력평가가설이 성립하여 (식 4.4)가 성립하면 실질환율의 변동률은 0(영)이 된다. 즉 상대적 물가수준의 변동을 명목환율이 완벽하게 반영하면 실질환율은 명목환율이 변동하여도 변화가 없게 된다.

$$\Delta r = \Delta S + (\pi^* - \pi) = (\pi - \pi^*) + (\pi^* - \pi) = 0$$

현실에서는 실질환율이 1이거나 고정되어 있지 않고 변동하는 것을 볼 수 있다. 이것은 구매력평가가설이 현실을 설명하는데 어려움이 있다는 것을 의미한다.

1.5.2 실효환율

한 나라 통화의 대외가치를 1개 통화에 대한 환율로만 표시하게 되면 그 이외의 통화표시로 거래를 할 경우 가격 왜곡현상이 발생할 수 있다. 따라서 다수의 통화를 바스켓으로 하는 복합적 환율이 고안되었는데 이를 실효환율이라고 한다.

실효환율(effective exchange rate)은 2개국 이상의 외국과 교역을 하는 경우 자국 통화와 복수의 교역상대국 통화 간의 환율을 일정한 가중치[1])로 가중평균한 환율이다. 실효환율은 명목실효환율과 실질실효환율로 구분된다. 명목실효환율(nominal effective exchange rate)은 주요 교역상대국들과의 명목환율을 가중평균한 환율이다. 이를 수식으로 나타내면 다음과 같다.

$$ER_t = \sum_{i=1}^{n} w_i \frac{S_{ti}}{S_{oi}} \times 100 \quad \text{(식 4.7)}$$

여기서, ER_t: 명목실효환율

S_{ti}: t시점의 외화 i 1단위당 원화환율

S_{oi}: 기준시점의 외화 i 1단위당 원화환율

w_i: i국의 가중치

몇 개 국가의 환율을 포함시킬까 하는 문제는 판단하기에 달려 있다. 많이 포함시킬수록 정교할 수 있으나 계산상 어려움이 있을 수 있기 때문이다. BIS는 작게는 27개 환율을 많게는 61개 환율을 포함시키고 있다. 또 한 국가 교역량의 80% 이상을 설명할 수 있는 국가 수만큼을 포함시켜야 한다는 주장도 있다.

한편 실질실효환율(real effective exchange rate)은 교역상대국들과의 상대적 가격변동을 반영한 것으로 아래의 식과 같이 교역상대국의 실질환율들을 가중평균한 것이다.

$$ERR_t = \frac{ER_t}{RP_t} \quad \text{(식 4.8)}$$

여기서, $RP_t = \sum_{i=1}^{n} w_i \frac{P_t}{P_{ti}}$

ERR_t: 실질실효환율

P_t: t시점의 국내물가지수

P_{ti}: t시점의 교역상대국 i의 물가지수

---

1) 보통 무역점유율을 사용함. IMF는 상대국의 무역점유율뿐만 아니라 국별・상품종류별 가격탄력성도 가중치에 포함시켜 보다 정밀한 다자간 환율산출모델(MERM: multilateral exchange rates model)을 사용하기도 한다.

실효환율은 보통 기준년[2]을 100으로 하여 환산한다. 실질실효환율이 상승한다는 것은 전 세계적으로 해당국의 통화가치가 상승하고 있다는 것을 뜻한다. 즉 현재시점의 원화 실질실효환율이 110이라는 것은 기준년에 비해 원화의 가치가 10% 상승하였다는 것을 의미한다. 따라서 동일한 금액으로 기준년에 비해 10% 더 많은 재화와 서비스를 구매할 수 있게 되었다는 것을 의미한다.

실질실효환율을 계산하려면 많은 국가들의 물가수준을 측정하기 위해 동일한 상품바스켓 가격 변화를 측정하여야 하는 등 어려움이 많기 때문에 계산하기 어렵다. 국제결제은행(BIS)은 매년 세계 61개국을 포함하는 실질실효환율을 계산하여 발표하고 있는데 부록 2가 그것이다.

제2절 피셔효과와 국제피셔효과

2.1 피셔효과

피셔효과는 미국의 고전학파 경제학자인 피셔(Irving Fisher)가 도출한 것으로 이자율과 물가의 균형관계를 말한다.

$$(1+i)=(1+r)(1+\pi^e) \quad \text{(식 4.9)}$$

여기서, i: 명목이자율
r: 실질이자율
π^e: 기대물가상승률

예를 들어 은행이자율, 즉 명목이자율이 3%이고 기대물가상승률이 2%라면 실질이자율은 0.98%가 된다.

2) BIS는 현재 2010년을 기준년으로 하고 있다.

$$r = \frac{1.03}{1.02} - 1 = 0.0098$$

위의 식에 따르면 명목금리는 물가상승에 대한 전망을 반영한다. 즉 앞으로 물가가 상승할 것으로 예상되면 명목금리는 상승하고 반대의 경우에는 명목금리가 하락하게 될 것이다. 일반적으로 물가상승이 예상될 경우 명목이자율이 올라가는 것을 관찰할 수 있다. 그러나 기대물가상승률이 얼마인지 정확히 측정할 수 없기 때문에 정확히 피셔방정식이 현실에서 성립하는지 검증하기 어렵다. 또한 이자에 대한 소득세가 존재하거나 금리에 대한 규제가 있을 경우 피셔방정식은 성립하지 않는다.

2.2 국제피셔효과

자본이동의 규제가 없고 비용이 발생하지 않는다면 각국의 실질금리는 같아야 한다. 자본이동이 자유로운 상황에서 국가 간 실질금리에 차이가 있을 경우 실질금리가 낮은 국가에서 높은 나라로 자본의 이동이 일어나게 되고 그 결과 차익거래로 인해 실질금리 수준은 같아지게 될 것이다.

이제 피셔효과를 두 국가 간으로 확대해보자. 국가 간 실질금리의 차이가 없다면 국가 간 명목이자율의 차이는 결국 국가 간 기대물가상승률의 차이로 이해할 수 있다. 국내에서나 외국에서 피셔효과가 성립한다면 다음과 같은 식이 성립한다.

$$(1+i^h) = (1+r^h)(1+\pi^{eh}) \quad \text{(식 4.10)}$$

여기서, i^h: 국내명목이자율
r^h: 국내실질이자율
π^{eh}: 국내기대물가상승률

$$(1+i^f) = (1+r^f)(1+\pi^{ef}) \quad \text{(식 4.11)}$$

여기서, i^f: 외국명목이자율
r^f: 외국실질이자율
π^{ef}: 외국기대물가상승률

그런데 $r^h = r^f$ 이므로 (식 4.10)을 (식 4.11)로 나누면 다음과 같은 식이 된다.

$$\frac{1+i^h}{1+i^f} = \frac{1+\pi^{eh}}{1+\pi^{ef}} \quad \text{(식 4.12)}$$

양변에 1을 빼고 정리하면 다음과 같은 식을 얻을 수 있다.

$$\frac{i^h - i^f}{1+i^f} = \frac{\pi^{eh} - \pi^{ef}}{1+\pi^{ef}} \quad \text{(식 4.13)}$$

(식 4.13)과 상대적 구매력평가가설의 (식 4.3)을 종합하여 정리하면 다음과 같은 식을 얻을 수 있는데 이를 국제피셔효과(International Fisher Effect)라고 한다.

$$\Delta S = \frac{i^h - i^f}{1+i^f} \quad \text{(식 4.14)}$$

이 식을 간략히 하면 다음과 같은 식이 되며 이를 유위험이자율평가이론(uncovered interest rate parity)이라고도 한다.

$$\Delta S = i^h - i^f \quad \text{(식 4.15)}$$

국제피셔효과란 결국 명목이자율이 높은 나라는 물가상승률이 높을 것이며 물가상승률이 높은 나라의 화폐는 가치가 하락할 것이므로 환율이 이를 반영하여야 한다는 의미이다. 예를 들어 미국의 명목이자율이 2%이고 우리나라 명목이자율이 3%라면 한국 원화는 앞으로 미국 달러에 비해 1% 평가절하되어야 한다는 뜻이다.

현실에서 이자율이 상대적으로 높은 통화는 일반적으로 약세인 경우가 많다. 이자율이 상대적으로 높으면 해당국 통화의 구매력이 하락할 것이라는 예상을 할 수 있으며 그러면 통화의 가치가 하락할 것이라고 예상할 수 있기 때문이다. 그러나 명목금리가 높다고 반드시 해당 통화가 약세가 되는 것은 아니다. 예를 들어 물가와 상관없는 요인, 가령 자본유입을 위해 금리를 올리면 명목이자율이 아닌 실질이자율이 변화한 것이므로 오히려 통화의 가치가 상승할 수 있다.

제3절 이자율평가이론

외국통화표시 채권에 투자하였을 때 기대수익은 환율의 변화에 따라 달라진다. 예를 들어 한국의 투자자가 외환시장에서 원화를 달러로 바꾸고 이를 수익률이 3%인 미국 채권에 투자하였다고 하자. 그러면 미국 달러로는 3%의 수익이 확정되지만 원화수익률은 알 수 없다. 만기시점의 환율이 현시점보다 높으면 원화기준 수익률이 3% 이상이 되지만 환율이 낮아지면 수익률이 3% 이하가 되기 때문이다.

현시점에서 미국에 투자하고 만기에 예상환율로 환전하면 한국에 투자하는 것보다 높은 수익을 얻을 수 있다고 판단하였다고 하자. 이러한 투자는 환율예측을 바탕으로 차익을 얻으려는 거래이지만 환율변동에 따라 수익률이 달라지는데 이러한 투자를 위험이자율차익거래(uncovered interest rate arbitrage)라고 한다.

이러한 투자의 환율변동으로 인한 위험, 즉 환위험을 어떤 방법을 통해 없앨 수 있는가? 가장 손쉬운 방법은 선물환계약을 체결하는 것이다. 선물환계약은 앞서 설명한 것처럼 미래의 일정시점에 외환을 교환하지만 교환비율, 즉 선물환율을 현재

그림 4-2 이자율평가이론

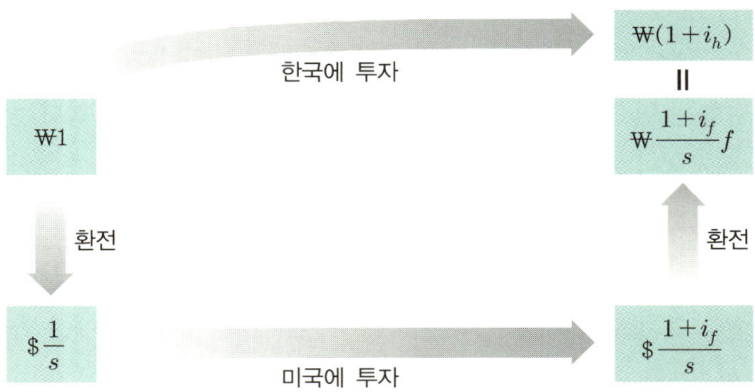

시점에서 정해두는 계약이다. 따라서 선물환계약을 하면 만기시점에 얻을 수 있는 원화가 결정되기 때문에 수익률도 현시점에서 결정된다. [그림 4-2]를 살펴보자.

한국의 투자자가 한국에 투자하는 것과 미국에 투자하는 것을 고려하고 있다고 하자. 이 투자자가 한국에 투자하면 명목이자율만큼의 수익을 얻게 된다. 만약 ₩1을 투자하였다면 만기시점에 ₩$(1+i_h)$의 수익을 얻게 된다. 같은 액수 ₩1을 미국에 투자할 경우 먼저 현물환율을 S라고 할 때 통화교환으로 \$$\frac{1}{S}$를 받게 되고 이것을 투자하면 만기에 \$$\frac{1+i_f}{S}$를 얻게 된다. 이것을 미리 정해 놓은 선물환율 f에 원화로 바꾸면 ₩$\frac{1+i_f}{S}f$을 얻게 된다. 만약 금융시장에 일물일가의 법칙이 성립한다면 다음과 같은 식이 성립한다.

$$1+i_h = \frac{1+i_f}{S}f \quad \text{(식 4.16)}$$

위의 식을 정리하면 다음과 같은 식을 얻을 수 있는데 이것을 이자율평가이론(Interest Rate Parity Theorem)이라고 한다.

$$\frac{f}{S} = \frac{1+i_h}{1+i_f} \quad \text{(식 4.17)}$$

위의 식은 아래의 (식 4.18)과 같이 정리할 수 있는데 이때 좌변이 양수(+)일 때 선물환 할증이라고 하고 음수(−)일 때 선물환 할인이라고 한다. 이 식으로부터 이자율이 높은 국가의 통화는 선물환이 할증되고 이자율이 낮은 국가의 통화는 선물환이 할인된다는 것을 알 수 있다.

$$\frac{f-S}{S} = \frac{i_h - i_f}{1+i_f} \quad \text{(식 4.18)}$$

또 위의 식을 간략화하면 다음과 같다.

$$\frac{f-S}{S}=i_h-i_f \quad \text{(식 4.19)}$$

이 이론에 따르면 선물환율의 할증 또는 할인은 두 나라 간 이자율의 차이와 같다. 위의 (식 4.17)과 (식 4.18)을 유도하는 과정에서 알 수 있듯이 구매력평가가설이 상품시장의 일물일가의 법칙을 기초로 하는 데 반하여, 이자율평가이론은 금융시장에서의 일물일가의 법칙을 기초로 한다. 즉 자본의 이동이 자유롭고 비용이 수반되지 않을 때 위험, 만기, 수익률, 유동성 등이 동일한 금융상품의 가격은 국제적으로 같아야 한다. 만약 일물일가의 법칙이 성립하지 않는다면 차익거래가 발생하여 궁극적으로 균형에 이르게 되며 균형상태는 (식 4.17)과 (식 4.18)과 같다.

예를 들어 원화표시 금융상품이 달러표시 금융상품보다 2% 이자율이 낮은데 선물환은 달러가 원화에 비해 1% 할인되어 있다고 하자. 이것은 원화상품에 투자하는 것보다 달러상품에 투자하면 대략적으로 1%만큼 높은 수익률을 얻을 수 있다는 것을 의미한다. 이 경우 투자자들은 원화상품에 투자하지 않으려고 할 것이므로 한국의 이자율은 상승하게 되고 달러상품의 투자가 늘어나게 되어 미국금리는 하락하게 된다. 외환시장에서도 변화가 생기게 되는데 현물환시장에서는 달러의 수요가 증가하여 달러의 가치가 상승, 즉 환율(₩/$)이 상승하게 된다. 선물환시장에서는 만기에 달러를 원화로 교환하려는 수요가 증가하게 되므로 달러의 가치가 하락하여 선물환율이 하락하게 된다. 결국 금융시장과 외환시장이 유기적으로 움직여 균형을 회복하게 된다.

이자율평가이론이 성립하지 않는다는 것은 위험, 만기 등이 동일한 금융상품의 수익률이 다르다는 것이며 그러면 투자자들은 수익률이 낮은 금융자산으로 차입하고 수익률이 높은 자산에 투자함과 동시에 선물환계약을 통해 외화표시 금융상품의 수익을 자국통화로 확정하여 위험을 부담하지 않고 이익을 얻을 수 있는데 이를 무위험이자율차익거래(covered interest rate arbitrage)라고 한다.

이자율평가이론은 큰 유용성을 갖고 있다. 먼저 선물환거래에 있어서 균형선물환율을 도출하는 데 유용한 수단이 되고 있다. 또한 기업이 자금을 조달하고자 할 때 동일 통화로 예상차입 비용을 비교하여 가장 낮은 비용의 통화로 자금을 조달할 수 있는 기준을 제공하고 있다. 이와 동시에 투자자가 국내외 금융자산에 투자하고자

할 때에도 가장 수익률이 높은 통화의 금융자산에 투자할 수 있는 기준을 제공하고 있다. 이자율평가이론은 또한 무위험이자율차익거래의 기회가 존재하는지 여부를 판단하는 데 유용한 기준을 제시하고 있다.

현실에서는 선물환율이 이자율의 차이와 현물환율에 영향을 받는다는 관점에서 보면 이자율평가이론이 대체로 성립한다고 할 수 있다. 그러나 이러한 유용성에도 불구하고 선물환율이 이자율평가이론의 균형식을 만족시키지는 못하는 것으로 판단된다.

이자율평가이론이 성립하지 못하는 이유 중 가장 큰 것은 거래비용이다. 거래비용은 외환시장과 금융시장 모두에서 발생한다. 외환시장에서는 현물환거래와 선물환거래에 수반되는 비용, 즉 매입・매도 스프레드가 비용으로 발생되며 금융시장에서는 예대금리차이 및 수수료 등의 비용이 발생한다. 이자율평가이론이 성립한다 하더라도 거래비용을 고려할 때 무위험이자율차익거래가 발생하지 않는 범위에 있을 때에는 차익거래가 발생하지 않게 되고 그러면 균형식에서 벗어나더라도 그 수준에서 계속 지속될 것이다. 그러나 범위 밖으로 벗어나게 되면 차익거래가 발생하게 되어 다시 범위 안으로 들어오게 된다.

[그림 4-3]은 이자율평가이론이 성립한다 하더라도 여러 가지 비용으로 인해 차익거래가 발생하지 않는 범위를 나타낸 것이다. 밴드 밖으로 벗어나면 차익거래가 발생하게 된다.

그림 4-3 **차액거래가 발생하지 않는 범위**

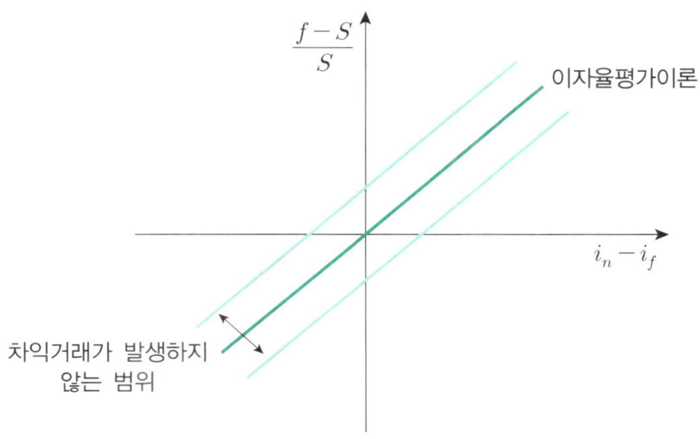

이자율평가이론이 성립하지 못하는 또 다른 이유로는 정치적 위험을 들 수 있다. 즉, 빈번하고 규모가 큰 중앙은행의 외환시장 개입이 있어 왔고 또 그럴 것으로 예상되면 이자율평가이론이 성립하지 않을 수 있다. 외환규제 및 통제, 외국투자자에 대한 불공정한 세금부과 등도 정치적 위험에 포함된다.

외환시장의 효율성 문제도 한 이유가 될 수 있다. 이자율평가이론은 외환시장의 효율성을 전제로 하고 있기 때문에 현물시장뿐만 아니라 선물시장이 비효율적인 경우 성립하지 않을 수 있다.

제4절 불편추정치가설

앞에서 살펴본 바와 같이 선물환율은 현재시점에서 결정된 미래의 시점에 적용될 환율이다. 따라서 선물시장의 수요와 공급은 시장참가자들의 미래 환율변화에 대한 예상이 반영된다고 할 수 있다. 시장참여자들 각자는 자신이 보유한 모든 정보를 분석하여 미래의 환율을 예측할 것이며 이 예측에 입각하여 매입 또는 매도를 결정하게 된다. 이런 관점에서 볼 때 시장에서 수요와 공급에 의해 결정되는 선물환율은 시장참여자들이 보유한 모든 정보가 반영된 예측치라고 할 수 있다.

정말 선물환율이 시장참여자들의 의사결정과정을 통하여 시장의 모든 정보를 반영한 것이라면 효율적인 예측치일 것이며 평균적으로 미래 현물환율의 불편추정치(unbiased estimator)가 되어야 한다.

이를 수식으로 생각해보자. 먼저 국제피셔효과는 다음과 같다.

$$\Delta S = \frac{E(s) - S}{S} = i_h - i_f \quad \text{(식 4.20)}$$

그런데 이자율평가이론 (식 4.19)를 보면 위의 식과 우변이 동일하므로 다음과 같은 관계가 성립한다. 즉 위의 두 이론이 모두 성립하면 선물환율은 미래 현물환율의 불편추정치와 같다. (식 4.21)을 선물환율과 기대현물환율과의 관계를 설명한 불편추정치가설이라고 한다.

$$\frac{f-S}{S}=\frac{E(s)-S}{S} \qquad \text{(식 4.21)}$$
$$\therefore f=E(s)$$

만기시점의 예상 현물환율이 선물환율과 밀접한 관계가 있다 하더라도 현실에서는 위의 관계가 성립하지 않는다. 이러한 관계가 성립하지 않는 이유로 중앙은행의 외환시장 개입이 중요한 요인으로 설득력을 갖는다. 예를 들어 사장참여자들 사이에 기대 현물환율이 현시점의 환율보다 상승하고 이러한 기대가 선물환율에 반영되어 선물환율이 결정되었다고 하자. 이때 중앙은행이 시장의 기대와 같이 환율이 상승하는 것이 바람직하지 않다고 판단하여 시장에 개입하여 환율을 낮추면 시장의 불편추정치와 만기시점의 현물환율은 달라질 수밖에 없기 때문이다.

선물환율이 미래 현물환율의 불편추정치가 되기 위해서는 이처럼 시장개입 등의 불확실성이 없어야 한다. 또한 세금을 포함하는 거래비용이 없어야 하며 시장이 효율적이어야 한다. 시장이 효율적이면 이용 가능한 모든 정보가 환율에 즉시 반영되고, 환율이 이러한 정보를 반영한 합리적 수준에서 벗어나면 즉시 차익거래가 발생하여 환율이 정상수준으로 돌아올 수 있어야 한다.

부록 1 | 빅맥지수

빅맥지수(Bic Mac Index)는 각 나라의 구매력을 평가하여 비교하기 위한 경제지표 가운데 하나로 영국에서 발행되는 국제 정치 · 경제 · 문화 주간지 이코노미스트(The Economist)에서 1986년 처음으로 개발하여 매년 120개국의 지수를 3개월에 한 번씩 분기별로 발표하는 지수이다. 맥도날드에서 가장 인기 있는 햄버거의 판매가격을 달러로 환산하여 비교함으로써 국가 간의 물가를 비교하는 데 유용한 지수라고 할 수 있다.

맥도날드의 대표적 햄버거인 빅맥은 많은 국가에서 살 수 있는데, 빅맥처럼 품질, 크기, 재료 등이 같은 상품이 세계 여러 나라에서 팔릴 때 나라별 가격을 비교한다면 나라별 물가를 비교할 수 있다는 점에 착안한 지수이다.

이 지수는 일물일가의 법칙과 구매력평가가설을 기초로 하고 있다. 일물일가의 법칙에 의해 빅맥가격은 전 세계 어느 나라에서나 같아야 하며 구매력평가가설에 의해 환율은 물가수준을 반영하고 있기 때문에 세계 각국의 가격을 미국 달러로 환산했을 때 같아야 한다.

빅맥지수가 높으면 물가도 높고 화폐가치도 높으며, 빅맥지수가 낮으면 물가도 낮고 화폐가치가 낮다고 해석할 수 있다.

그러나 예상할 수 있는 바와 같이 단일 상품가격으로 화폐의 상대적 가치를 판단하기 어렵기 때문에 절대적인 의미를 부여하기는 어렵고, 쉽게 국가 간 물가를 비교하는 수단이라는 정도로 생각하면 된다. 아래의 그림은 2019년 1월 빅맥지수(단위: USD) 순위이다.

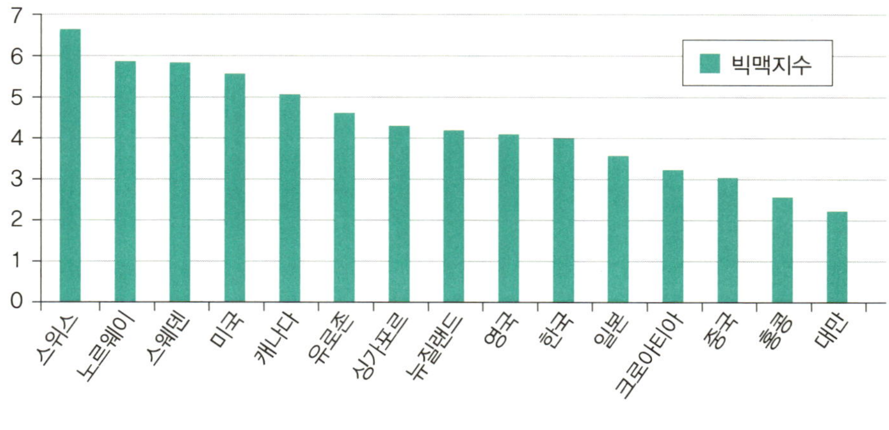

부록 2 | 실질실효환율

아래의 표는 BIS가 산출한 61개국의 실질실효환율표(broad indices)이다. 기준년도는 2010년이다.

국가	연도							
	2014	2015	2016	2017	2018	2019.7	2019.8	2019.9
알제리	102.7	96.8	95.4	97.4	92.7	94	95.7	96
아르헨티나	74.5	86.2	71.2	75.5	61.8	60.2	52.4	51.7
오스트레일리아	98.2	89.2	90.1	93.1	89.1	85.4	83.9	84.6
오스트리아	102	99.1	100.4	101.4	103	101.4	101.6	102.2
벨기에	100.4	96	98.5	99.8	101.9	100.4	100.6	99.6
브라질	89.3	74.6	79.3	86.4	77.2	78.2	75.7	73.9
불가리아	99.7	96.3	96.5	98	101.4	102.1	102.3	101.4
캐나다	91.4	83.1	81.6	82.9	82.4	83.1	82.4	82.3
칠레	92.3	90.4	92.2	95.7	97.1	93.8	92.1	91.6
중국	118.4	129.5	124.6	121	122.6	121.2	119.8	120
대만	99.9	101.4	101.6	107.1	105.8	104.2	104.2	105.4
콜롬비아	97.5	81.1	79.3	83	83.5	80.1	76.7	77.2
크로아티아	95.6	92.7	93.2	93.9	95.4	94.4	94.4	94.6
키프로스	96.7	91.2	90.7	90.3	91.4	88.9	89.4	89.1
체코공화국	90.8	88.5	90.9	94.7	99	100.3	99.7	98.3
덴마크	98.2	94.4	95.7	96.2	97.1	95.9	96.1	95.2
에스토니아	103.8	101.2	102.1	103.7	107.7	107.5	109	108.3
핀란드	100.8	97.1	98	97.5	99.1	97.1	98.1	97.6
프랑스	97.3	92.5	93.3	93.3	95.3	93.8	94.4	93.7
독일	98.5	93.4	94.8	95.6	97.4	96.7	96.8	96.3
그리스	94.6	89.3	89.3	89.7	90.4	87.8	87.5	89
홍콩	107.3	117.4	121.1	120.7	119	124	125.1	125.4
헝가리	92	88	88.6	90.4	89.8	89.1	88.8	86.8
아이슬란드	111.7	114.8	129.7	145.4	140.8	129.3	132.3	131.6
인도	90.7	97.5	98.7	103.1	98.6	103	101.1	101.4
인도네시아	87.1	88.5	92.5	94	88.1	93.2	93	93.6

아일랜드	96.2	88.6	89.7	90	90.7	88.5	89	88.1
이스라엘	103.3	102.7	104.3	109.1	106.7	110	112.3	112.2
이탈리아	99.6	94.8	95.3	95.7	97	94.9	95.5	94.6
일본	75.1	70	79.4	75.6	74.8	77.2	80	79
한국	109.9	110.2	109	112.5	113.4	106.7	105.1	107
라트비아	100.3	99.6	100.5	100.8	103	103.1	103.9	103.5
리투아니아	101	98.9	100.8	102.1	104.8	104.1	104.6	105.1
룩셈부르크	101.2	98.7	98.8	99.4	100.1	98.8	100	99.7
말레이시아	99.3	91.2	87.7	86.2	89..7	88.8	88.5	88.9
몰타	97.9	92.8	94.3	95.2	96.7	95.2	95.6	95.4
멕시코	101.2	90.9	79.3	81.3	81.3	84.6	82.4	83.1
네덜란드	100.3	96	96.9	97.5	99.1	99.5	100.3	99.1
뉴질랜드	113.1	104.2	105.1	106.9	102.5	102.3	100	98.7
노르웨이	93.3	84.6	85.2	86.1	86.2	86.2	83.4	83.5
페루	104.1	104	103.3	106.6	104.7	107.9	107.4	108.2
필리핀	108.5	114.5	110.7	105.6	102.6	108.6	107.5	108.7
폴란드	96.5	91.7	88	91.2	92.6	92.7	91.1	90.6
포르투갈	99.1	97.2	98.3	98.5	98.8	96.7	96.7	97.6
루마니아	101.7	97.8	96.1	94.8	97.3	97.2	97.5	97.3
러시아	96.2	77.2	76.1	88.4	81.1	86.2	83.5	84.8
사우디아라비아	104.8	114.1	117.3	114.2	113.1	113.2	114.5	114.3
싱가포르	112.4	110.2	109.6	108.2	107.6	107.5	107.3	107.6
슬로바키아	101.4	97.8	97.9	97.7	99.3	99.8	100.5	100.3
슬로베니아	99	95.7	96.1	96.2	97.5	97.2	97.8	97.3
남아메리카	77.1	75.2	70	79.5	80.8	80.6	75.7	77.9
스페인	99.4	94.6	95.2	96.4	98	96	96.1	95.7
스웨덴	100.9	93.8	94.5	93.6	89.5	56.6	85.2	85.3
스위스	104.5	110.5	108.3	106.2	103.1	104.8	106.7	105.7
태국	101.9	103.3	100.1	103.4	106.4	113.4	114.5	115.3
터키	85.3	83.4	81.9	73.1	62.3	61.8	63.2	63.5
아랍에미리트	97.1	108.9	111.5	111.4	111.1	110	111.6	111
영국	110.2	115.1	103.2	98.1	99.8	96.9	95.8	97.9
미국	99.8	110.7	115.3	114.9	113.7	116.8	118.7	118.8

요약

- 구매력평가가설(PPP: purchasing power parity)은 일물일가의 법칙을 기초로 하여 환율과 물가수준의 균형관계를 설명하고 있는 절대적 구매력평가가설과 환율변동률과 물가변동률의 균형관계를 설명하고 있는 상대적 구매력평가가설로 나누어진다.
- 구매력평가가설은 간단한 식으로 환율의 장기적 변화를 예측할 수 있는 이론적 근거가 된다는 점에서 의미가 있다. 이러한 유용성에도 불구하고 구매력평가가설은 수송비, 관세, 비관세 무역장벽 등이 존재하고, 여러 국가의 비교 가능한 물가수준을 측정하기 어렵다는 등의 한계를 갖고 있다.
- 실질환율(real exchange rate)은 두 나라의 물가변동, 즉 구매력 변동이 반영되도록 조정된 환율을 말한다. 실효환율(effective exchange rate)은 2개국 이상의 외국과 교역을 하는 경우 자국통화와 복수의 교역상대국 통화 간의 환율을 일정한 가중치로 가중평균한 환율이다.
- 피셔효과는 이자율과 물가의 균형관계를 설명한 것으로 명목이자율이 높은 나라는 물가상승률이 높을 것이며 물가상승률이 높은 나라의 화폐는 가치가 하락할 것이므로 환율이 이를 반영하여야 한다는 것이다.
- 이자율평가이론은 선물환율과 이자율 차이의 관계를 설명한 것으로 이자율이 높은 국가의 통화는 선물환이 할증되고 이자율이 낮은 국가의 통화는 선물환이 할인된다는 이론이다. 또 선물환율의 할증 또는 할인은 두 나라 간 이자율의 차이와 같다.
- 불편추정치가설은 선물환율과 기대현물환율과의 관계를 설명한 것으로 선물환율은 미래 현물환율의 불편추정치와 같다.

생각해보기

1. 구매력평가이론이 현실에서 성립하지 않는 이유는 무엇인가?

2. 유위험이자율평가이론과 무위험이자율평가이론을 비교하여 설명해보자.

3. 불편추정치가설이 현실에서 성립하지 않는 이유는 무엇인가? 만약 성립한다면 미래의 환율은 어떻게 예측할 수 있는가?

4. 환율은 이자율, 물가수준, 통화량, 외환시장의 효율성 등과 밀접한 관계가 있으며, 따라서 미래 환율을 안정적으로 예측하는 것은 매우 중요하다. 현실적으로 환율을 예측할 수 있는 방법은 무엇인가?

5. 원화예금 연간 이자율이 2%, 달러예금 연간 이자율이 2.5%, ₩/$ 현물환율이 ₩1,150/$, 1년 후 예상환율이 ₩1,200/$일 때 달러예금의 기대수익률은?

6. ₩/$ 현물환율이 ₩1,150/$이고 3개월 만기 선물환율이 ₩1,148/$, 한국의 이자율이 4%, 미국의 이자율은 2%이다.

   (1) 이 경우 어떠한 차익거래전략을 취하면 무위험 이익을 얻을 수 있을까?

   (2) 차익거래를 통해 얻을 수 있는 차액이 얼마인가?

   (3) 이러한 차익거래의 결과 ₩/$ 현물환율, 선물환율, 한국 및 미국의 이자율이 어떤 방향으로 변동할까?

7. 앞으로 1년 동안 미국과 한국의 물가상승률이 각각 1%와 2%일 것으로 예상된다. 현물환율이 ₩1,150/$일 때 1년 후 환율은 얼마가 되겠는가?

8. 한국과 미국의 연간이자율이 각각 2%와 1%일 것으로 예상하고 있다. 한국의 연간 예상 물가상승률이 3%일 때 피셔효과가 성립하려면 미국의 물가상승률은 얼마인가?

9. 1년 후 100만 달러의 현금유입이 있을 예정이다. 환위험을 헤지하기 위해 미국에서 100만 달러를 차입하여 1,150₩/$의 현물환율에 원화로 교환한 후 1년 동안 한국에서 예금을 하려고 한다. 미국과 한국의 이자율이 각각 2%와 1%일 때 1년 후 얻을 수 있는 원화액수는 얼마인가?

5장 통화선물

5장 통화선물

제1절 선물거래

1.1 선물거래의 기본개념

앞서 살펴본 선물환거래는 미래의 일정시점에 약속된 환율로 약속한 액수의 외환을 교환하는 계약이다. 즉 미래의 시점에 외환을 매도하려는 사람과 외환을 매입하려는 사람 모두 남아 있는 기간 동안 환율이 변동하면 환위험에 노출되기 때문에 이를 피하고자 반대의 입장에 있는 사람과 미리 환율을 고정시키는 계약이다.

선물환계약처럼 현재의 시점에서 미래의 일정시점에 특정 상품을 교환하기로 약속한 장외거래를 선도거래(forward transaction)라고 한다. 선도거래는 거래상대방과 거래시점, 수량, 상품을 교환할 장소 등을 자유롭게 정할 수 있다는 장점이 있으나 거래상대방을 구하기 어렵고, 약속이 반드시 이행될지 장담하기 어렵다는 등의 단점이 있다. 이러한 단점을 보완하기 위해 선도거래를 좀 더 표준화시킨 장내거래를 선물거래(future transaction)라고 한다.

선도거래는 고대 로마와 그리스까지 기원을 거슬러 올라간다. 그 증거로 로마와 그리스의 곡물거래를 들고 있다. 어떤 학자들은 고대 인도를 그 기원으로 생각하기도 한다. 그러나 근대적 골격을 갖춘 선물거래는 1848년 시카고상품거래소(CBOT: Chicago Board of Trade) 설립 이후라고 할 수 있다.

선물거래는 농산물, 광물, 일반상품 등을 대상상품으로 하는 상품선물(commodity

future)로 시작하였으나 1972년에 시카고상업거래소(CME: Chicago Mercantile Exchange) 산하 IMM(International Monetary Market)에서 외환을 대상으로 한 통화 선물이 상장된 후 주가지수, 개별주식, 채권 등 많은 금융상품을 대상으로 하는 금융선물(financial future)이 거래되고 있다.

1.2 선물거래의 특징

선물거래는 상품의 인도 및 대금의 지급이 거래가 성립함과 동시에 이루어지지 않고 미래의 일정시점에서 이루어진다는 점에서 선도거래와 동일하다. 그러나 선물거래는 좀 더 표준화된 다음과 같은 특징이 있다는 점에서 선도거래와는 차이가 있다.

1.2.1 거래소의 존재

선도거래는 장외거래이기 때문에 거래에 참여할 의사가 있는 사람의 통신교환에 의해 주로 이루어진다. 선물환의 경우 각국의 은행 및 브로커들을 연결한 통신 네트워크를 통해 거래가 이루어진다. 이에 반해 선물거래는 장내거래이기 때문에 거래소에서 거래된다. 거래소가 존재하면 거래를 원하는 사람들을 쉽게 모을 수 있고 거래에 관련된 정보도 쉽게 얻을 수 있다. 또 거래규칙 등을 재정하여 거래가 원활하게 이루어지게 할 수 있다.

미국의 시카고상품거래소, 시카고상업거래소, EUREX, ICE, 동경거래소, 싱가포르거래소 등이 대표적인 거래소이며 세계 각국에 많은 거래소가 있다.

우리나라에서는 한국거래소(KRX: Korea Exchange)에서 선물 등 파생상품들이 주식 등의 현물상품과 함께 거래되고 있다. 원래 파생상품을 거래하기 위해 한국선물거래소가 1999년에 설립되어 국채선물과 양도성예금증서(CD)선물, 금선물, 달러(USD/KRW) 선물을 상장하여 거래하였다. 그 후 증권거래소, 선물거래소, 코스닥위원회, (주)코스닥증권시장 등 4개 기관이 2005년 1월 합병되었다. 현재 한국거래소에서 거래되고 있는 선물상품은 [그림 5-1]과 같다.

표 5-1 세계의 주요 파생상품거래소

	거래소	내용
미국	Chicago Mercantile Exchange(CME)	CBOT와 NYMEX를 합병하여 만들어진 세계 최대 파생상품거래소 〈주요 거래종목〉 S&P500, NASDAQ-100, 유로, 엔, 파운드, 미국 채권, 유로 달러, LIBOR, 원유, 천연가스, 옥수수, 소맥, 금, 은, 구리
	Chicago Board of trade(CBOT)	1848년 설립된 미국에서 가장 오래된 거래소. 2007년 CME와 합병 〈주요 거래종목〉 Dow, Mini Dow, 미국 채권, 유로 달러, 옥수수, 소맥
	New York Merchantile Exchange(NYMEX)	세계 최대의 상품거래소 〈주요 거래종목〉 원유, 천연가스, 금, 은, 구리
유럽	Intercontinental Exchange(ICE)	주요 에너지 거래소로 자리함 〈주요 거래종목〉 WTI 원유, Brent 원유, 천연가스, 탄소배출권, 달러인덱스, 원면, 커피, 코코아, 설탕
	London Metal Exchange(LME)	1877년 설립된 세계 최대 비철금속거래소 〈주요 거래종목〉 구리, 알루미늄, 아연, 납, 주석, 니켈
	EUREX	유럽 최대 파생상품거래소 〈주요 거래종목〉 Euro-Bund, Euro-Bobl, Euro Schatz, DAX, Swiss Market Index, DJ EURO STOXX
	EURONEXT	독일파생상품거래소(DTB)와 스위스선물거래소(SOFFEX)의 합병으로 출범 〈주요 거래종목〉 Euro-Bund, DAX, Swiss Market Index
아시아	Tokyo Stock Exchange(TSE)	세계 3대 거래소의 하나 〈주요 거래종목〉 TOPIX, mini-TOPIX, JGB, mini-10yr JGB
	Singapore Exchange(SGX)	아시아 주요국 주가지수 및 에너지선물 거래 〈주요 거래종목〉 NIKKEI225, FTSE China A50, CNX Nifty Index, MSCI Taiwan, 10yr JGB, 10yr-Mini JGB
	Hong Kong Futures Exchange(HKEX)	1976년 설립 〈주요 거래종목〉 Hang Seng Index, H-Share, HSI Volatility Index

자료: 삼성선물(https://www.ssfutures.com)

그림 5-1 한국거래소 선물상품

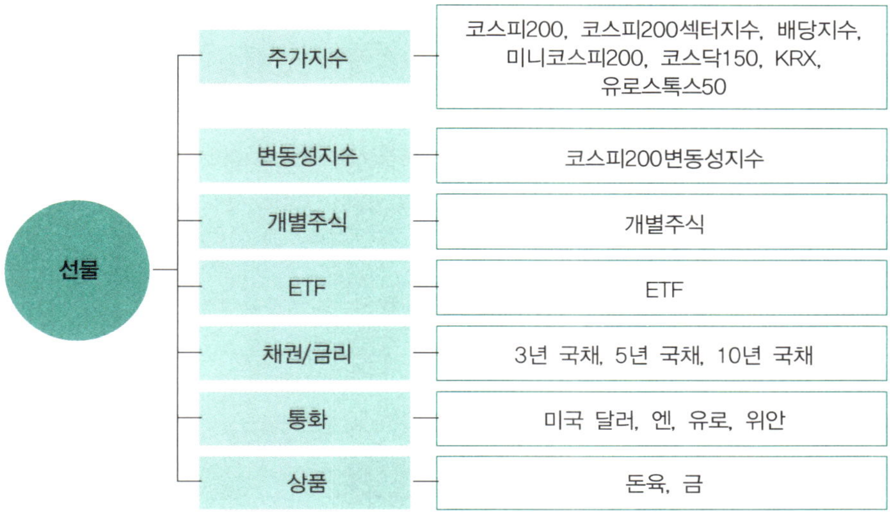

1.2.2 거래의 표준화

거래소에서 거래되는 모든 선물상품은 거래가 용이하게 이루어질 수 있도록 하기 위해 표준화되어 있다. 즉 선도거래는 대상상품의 품질, 대금의 지급시기, 수량 등 거래조건이 거래당사자의 합의에 의해 결정되나 선물거래는 미리 결정된 규칙에 의해 거래된다. 예를 들어 우리나라 미국달러선물의 경우 거래단위가 $10,000이며 결제월은 1년 이내에는 매월, 1년 초과 시에는 분기별로 정해져 있다.

이렇게 상품을 표준화하면 거래를 어렵게 만들 것 같아 보이나 오히려 유동성을 향상시킨다. 모든 선물 상품이 표준화되어 있으므로 거래상대방으로부터 자세한 설명이 없어도 거래의 내용을 쉽게 파악할 수 있기 때문이다.

1.2.3 청산기관의 존재

선물시장에는 선물계약의 이행을 보증해줄 수 있는 청산기관이 존재한다. 선도거래의 경우 상품과 대금을 교환하기로 한 시점의 상품가격에 따라 매도자와 매입자의 손실이 발생하게 된다. 선도가격보다 만기시점의 현물가격이 더 높을 경우 매입자는 이익을 보지만 매도자는 손실을 보게 된다. 반대로 만기시점의 현물가격이 선도가격보다 낮을 경우 매입자는 손실을 보게 되고 매도자는 이익을 얻게 된다. 이처럼 매입자 혹은 매도자 누군가는 손실을 입기 때문에 약속이 반드시 이행된다는 보장이 없다.

이러한 문제를 해결하기 위해 선물시장에서는 청산기관으로 하여금 계약이 반드시 이행되고 발생한 손익이 정확히 결제되도록 하고 있다. 청산이란 매매체결 이후 결제시점까지 안정적인 결제이행을 보증하는 일련의 절차를 말하며, 결제란 파생상품이 현금과 교환되어 법적인 거래의무가 완료되는 절차를 의미한다.

그림 5-2 **청산과 결제**[1]

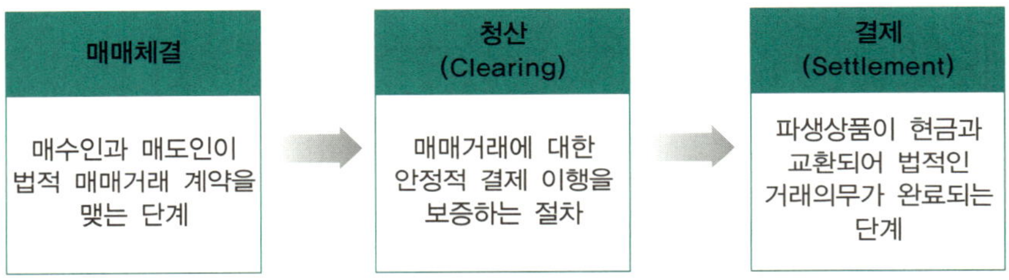

우리나라에서는 한국거래소에 중앙청산소(CCP: Central Counter Party)[2]를 두고 매매거래에 따른 결제이행을 책임지게 하고 있다. 중앙청산소가 결제이행을 담보할 수 있는 중요한 방법은 면책적 채무인수(assumption of liability)를 통해 매매당사자 쌍방의 의무를 인수하는 것이다. 즉 매수자와 매입자가 직접 계약을 하지 않고 청산소가 중간에 서서 매도자와는 매수인으로서 계약을 하고 매수인과는 매도인으로서 계약을 하게 된다. 그러면 거래당사자의 매도 및 매수의 의무를 청산소가 인수한 것과 같은 효과를 얻을 수 있으며, 그 결과 청산소가 의무를 이행하면 계약은 반드시 이행되게 된다.

1) 한국거래소 홈페이지 인용
2) 청산기관은 거래소와 완전히 분리하여 설립할 수도 있으나 우리나라는 거래소에 청산기관을 두는 in-house 방식을 채택하고 있다.

그림 5-3 거래소 CCP의 역할

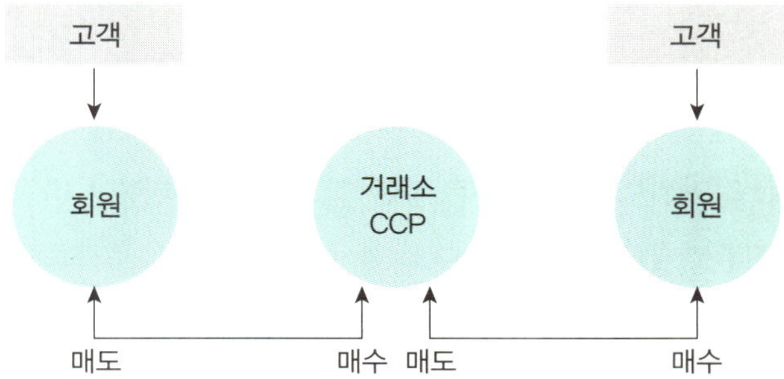

1.2.4 증거금적립제도

청산소가 계약이 불이행되는 것을 막을 수 있게 하는 또 다른 제도적 뒷받침이 증거금적립제도이다. 파생상품시장은 신용도가 다른 다수의 투자자가 거래에 참여하고 있으며 결제가 현재가 아닌 미래의 일정시점에 이루어지기 때문에 선물거래로 손실을 본 거래자가 결제를 이행하지 않을 위험이 존재한다. 증거금은 바로 이런 결제불이행 위험을 막기 위한 것이다.

증거금이란 결제이행을 보증하기 위하여 예탁하여야 하는 일정한 액수의 예치금을 말한다. 예탁하여야 하는 금액은 거래자가 보유하고 있는 포지션이 입을 수 있는 손실을 반영하여 합리적 수준에서 결정된다. 위험에 노출된 액수가 클수록 높은 수준의 증거금이 부과된다. 그러나 증거금을 너무 많이 부과하면 현재의 시점에는 상품대금 전액이 필요 없다는 선물거래의 장점이 사라지기 때문에 거래가 위축될 것이며 증거금이 너무 적으면 결제이행을 담보할 수 없을 가능성이 있기 때문에 합리적 수준의 증거금 결정이 매우 중요하다.

증거금률은 거래소마다, 상품에 따라 다른데 거래소는 시장상황을 항시 모니터링하고 있다가 필요하다고 판단되면 증거금률을 변동시킨다. 2019년 10월 현재 한국거래소의 미국달러선물 증거금률은 계약금액의 3.975%이다.

1.2.5 일일정산제도

일일정산제도(daily resettlement)는 예치된 증거금이 계약이행을 보증하기 위해 충분한 액수인가를 매일 매일 점검하고 부족하다고 판단되면 추가로 납부를 명령하기 위한 제도이다. 이를 위해 청산기관은 가격변동에 따른 매일 매일의 손실을 계산하여 증거금에서 차감한다. 만약 손실이 누적되어서 증거금이 일정수준 이하로 떨어지면 추가 납부를 명령하게 된다. 추가 납부를 정해진 시간까지 하지 못하면 그 포지션은 강제로 정리된다. 이때 미리 정한 최소한 유지하여야 하는 일정수준의 증거금 수준을 유지증거금(maintenance margin)이라고 하고 추가로 납부하여야 하는 증거금을 추가증거금 또는 변동증거금(variation margin)이라고 한다. 한편 거래를 하기 전에 모든 거래자가 납부하여야 하는 증거금을 개시증거금이라고 한다.

그림 5-4 증거금

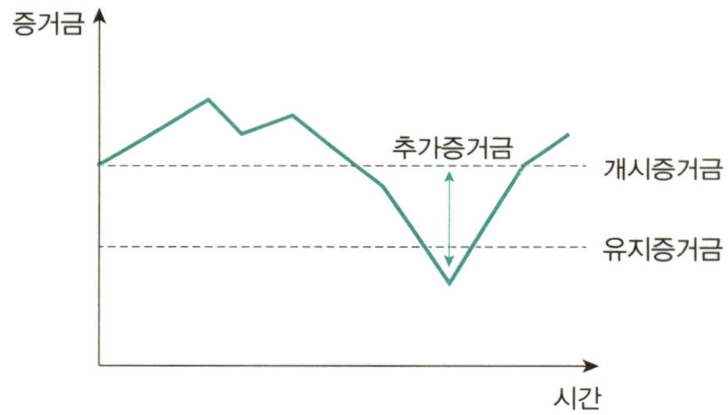

정리하기 1

유지증거금이 개시증거금의 80% 수준이라고 하자. 만약 증거금이 개시증거금의 70%까지 떨어져 추가로 납부하여야 한다고 하자. 그러면 10%를 더 적립하여 80%를 유지하여야 할까? 아니면 30%를 더 적립하여 개시증거금 100% 수준을 유지하여야 할까?

1.3 선물계약의 종료

선물계약은 미리 정해진 시점인 만기에 물품과 대금이 교환되어 종료되는 만기 종료와 만기 전에 반대매매에 의해 종료되는 만기 전 종료로 나누어 볼 수 있다.

1.3.1 만기 종료

만기 종료는 실물인수도결제와 현금결제로 나누어 볼 수 있다. 먼저 실물인수도결제란 계약된 상품을 실제로 인도하고 대금을 지급받는 결제방식을 말한다. 이에 반해 현금결제 방식은 실제로 상품을 인도하는 대신에 계약으로 인해 발생한 손익에 해당하는 금액을 주고받는 방식을 말한다. 손해를 본 거래자가 이익을 본 거래자에게 청산소를 통해 해당 금액을 지급하는 형식이다.

일반적으로 실물인수도결제와 현금결제 방식 중 실물인수도결제가 주로 사용되며 실물이 존재하지 않거나 특별한 이유가 있는 경우에 현금결제 방식을 이용하고 있다. 주가지수선물의 경우 대상상품인 주가지수가 실물이 아니기 때문에 현금 결제 방식을 이용하고 있으며 통화선물의 경우에는 실물이 있기 때문에 실물인수도결제를 택하고 있다.

1.3.2 만기 전 종료

선물계약을 체결하면 계약자는 선물만기까지 일정한 의무를 지게 된다. 매도자는 상품을 인도하고 정산을 할 의무가 있으며 매입자는 상품을 인수하고 대금을 지급할 의무가 있다. 일반적으로 이러한 의무는 선물만기에 의무가 이행되어 결제가 완료되어야만 없어진다. 청산소를 만들고 증거금을 정립하고 일일정산까지 하기 때문에 결제가 반드시 이행되기 때문이다. 그러나 선물만기 전에 이러한 의무를 없애는 방법이 있는데 그것이 반대매매이다.

반대매매란 선물 매도포지션을 보유한 사람이 동일한 선물상품에 대해 정반대 포지션인 매입포지션을 취하거나, 선물 매입포지션을 보유한 사람이 정반대 포지션인 매도포지션을 취하여 자신의 의무를 상쇄시키는 거래를 말한다. 매입자가 매도포지션으로 의무를 상쇄시키는 경우를 전매, 매도자가 매입포지션으로 의무를 상쇄시키는 경우를 환매라고 한다.

그림 5-5 **반대매매**

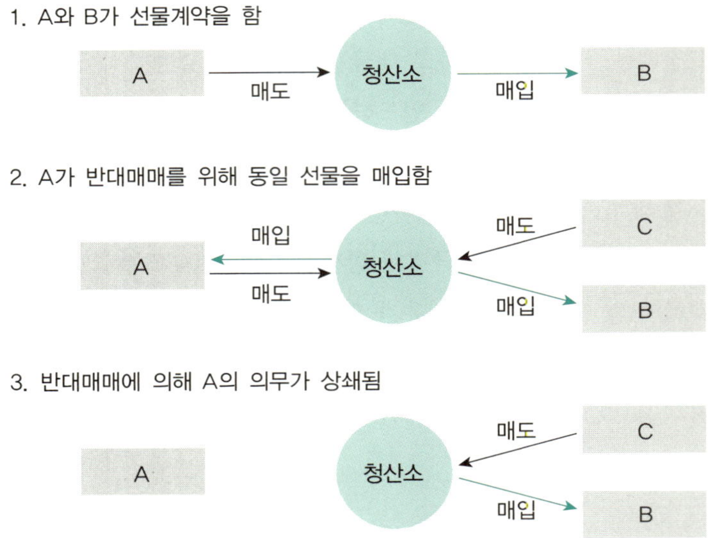

위의 그림에서 볼 수 있듯이 매도포지션을 보유한 사람이 동일 상품에 대해 매입 포지션을 취하면 동일상품을 매도하고 매입할 의무가 동시에 생기게 되므로 청산기관은 반대매매 시점에서 손익을 정산하고 계약을 종료하게 된다.

선물계약이 만기가 되어 실제로 상품과 대금이 교환되는 경우는 아주 소수에 지나지 않는다. 만기까지 선물계약을 보유하지 않고 반대매매를 하는 가장 큰 이유는 실물 인도과정에서 발생하는 비용 때문이다. 즉 반대매매를 하면 상품을 수송하는데 필요한 경비, 시간 등을 절약할 수 있기 때문이다.

그림 5-6 **미결제약정수의 변화**

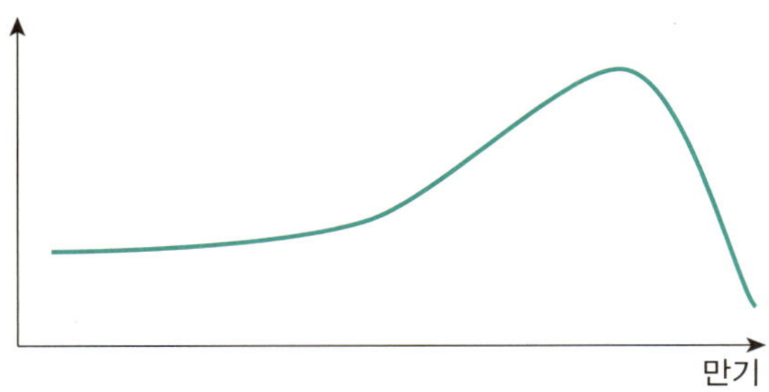

따라서 실제로 상품과 대금이 교환되어야 하는 계약 수인 미결제약정수(open interest)는 거래가 시작되는 시점부터 증가하다가 일정시점 이후 감소하며 만기에 다다르면 거의 0(영)에 가까워진다.

1.4 선물거래로 인한 손익

선물의 매입자는 만기에 기초자산을 선물가격으로 매입할 것을 약속하게 된다. 따라서 만기에 기초자산의 가격이 선물가격보다 상승하면 이익을 얻게 된다. 선물계약을 하지 않았으면 비싸게 주고 사야 할 상품을 선물계약으로 인해 싸게 살 수 있기 때문이다. 반대로 선물의 매도자는 기초자산의 가격이 하락할수록 이익을 얻게 된다. 싸게 팔아야 할 상품을 선물계약으로 비싸게 팔 수 있기 때문이다. [그림 5-7]은 만기시점에서 선물의 매입포지션과 매도포지션의 손익을 표시한 것이다.

그림 5-7 만기시점의 선물 매입 · 매도포지션 손익

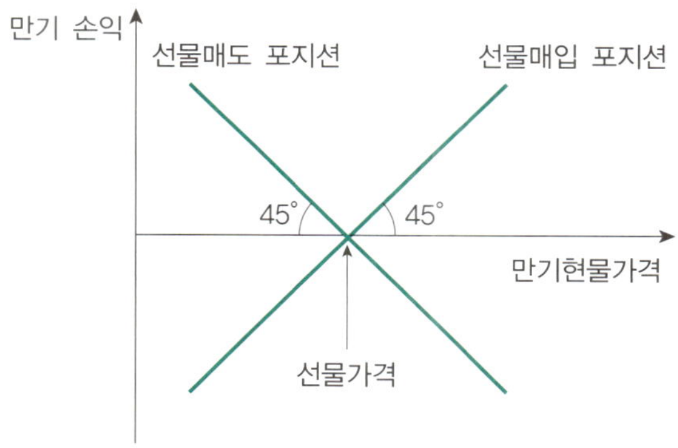

한편 선물 한 당위당 얻게 되는 손익을 수식으로 표시하면 다음과 같다.

$$P_L = S_t - F_0 \quad \text{(식 5.1)}$$

$$P_S = F_0 - S_t$$

여기서, P_L: 매입포지션 손익

P_S: 매도포지션 손익
S_t: t시점에서의 현물가격
F_0: 현시점에서의 선물가격

1.5 현물가격과 선물가격

선물거래는 미래의 일정시점에 정해진 가격에 상품과 대금을 교환하기로 한 거래이다. 따라서 거래 양자가 합의한 미래시점의 가격은 현시점에서의 가격과 어떤 형태로든 관계가 있을 수밖에 없다.

1.5.1 베이시스

베이시스(basis)란 선물가격과 현물가격의 차이를 말한다. 즉 일정시점에서의 선물가격과 동일시점에서의 현물가격의 차이를 말한다. 현물가격이 매일 변하는 것처럼 선물가격도 매일 변화한다. 따라서 변화하는 선물가격과 변화하는 현물가격의 차이인 베이시스도 매일 변화한다.

$$B_t = F_t - S_t \quad \cdots\cdots (식\ 5.2)$$

여기서, B_t: t시점에서의 베이시스

선물 만기 전에 베이시스는 일반적으로 0(영)보다 크다. 즉 만기 전에는 선물가격이 현물가격보다 높은 것이 일반적이다. 이처럼 선물가격이 현물가격보다 높은 상황을 컨탱고(contango)라고 하고 이때의 시장을 정상시장(normal market)이라고 한다. 이와는 달리 현물가격이 선물가격보다 높은 상황을 백워데이션(backwardation)이라고 하고 이때의 시장을 역조시장(inverted market)이라고 한다.

1.5.2 선물 만기 시의 선물가격과 현물가격

선물가격과 현물가격의 차이, 즉 베이시스의 크기는 일정하게 유지되지 않는다. 시간이 지나면서 때로는 현물가격이 선물가격에 비해 더 크게 변동할 수 있으며 반대로 선물가격이 현물가격보다 더 크게 변동할 수 있기 때문에 베이시스는 더 커질 수도 있고 더 작아질 수도 있다.

베이시스가 변동하는 가장 큰 이유는 해당상품의 수요와 공급 사정이다. 현재보다 미래의 수요가 더 커질 것으로 예상되면 선물가격은 현물가격보다 높을 것이며, 또 시간이 갈수록 점점 더 많은 수요가 예상된다면 베이시스는 점점 더 커질 가능성이 많다.

그럼 만기시점에서의 베이시스는 어떨까? 만기에는 선물가격과 현물가격이 같아야 하므로 베이시스는 0(영)이 된다. 예를 들어 만기 7일 전에는 선물가격과 현물가격은 다를 수밖에 없다. 7일 후의 수급상황과 현재의 수급상황이 다르기 때문이다. 이제 시간이 흘러 만기 1일 전을 생각해보자. 이때에도 오늘과 내일의 수급상황이 다를 수 있기 때문에 선물가격과 현물가격은 다르다. 그러나 만기 1분 전, 아니 1초 전을 생각해보자. 만기 1초 전의 선물거래는 개념적으로 현재시점에서 계약하고 1초 후에 상품과 대금이 교환되는 거래이므로 현물거래와 내용적으로 다를 게 없다. 따라서 두 상품의 가격은 같아야 하는 것이다.

[그림 5-8]과 [그림 5-9]는 컨탱고와 백워데이션 상황의 베이시스 변화를 나타낸 것이다. 그림에서 알 수 있는 바와 같이 컨탱고 상황이든 백워데이션 상황이든 만기에는 선물가격과 현물가격이 같아져야 하므로 베이시스는 0(영)이 되어야 한다.

그림 5-8 컨탱고 상황의 베이시스

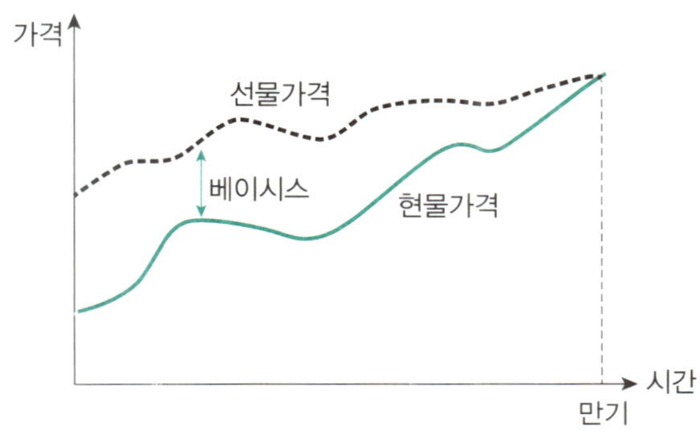

그림 5-9 백워데이션 상황의 베이시스

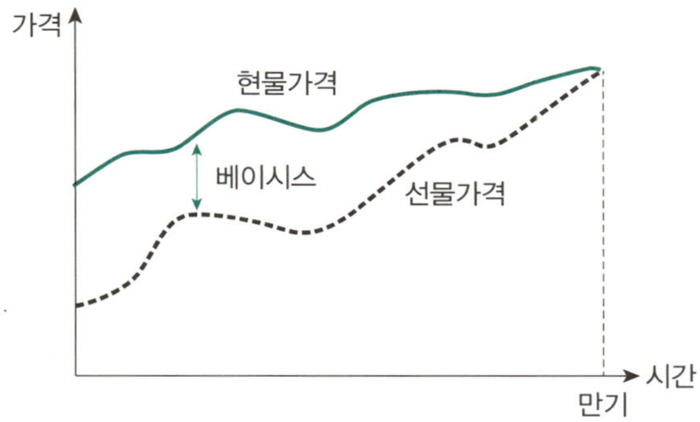

1.6 선물거래 참여자

1.6.1 헤저

선물거래는 미래에 거래할 가격을 고정시키는 거래이기 때문에 가격변동의 위험을 피하고자 하는 사람들이 선물거래에 참여한다. 이처럼 위험을 피하기 위해 선물거래에 참여하는 사람들을 헤저(hedger)라고 한다. 예를 들어 한국의 수출 기업을 생각해보자. 미국의 기업에 상품을 수출하고 100만 달러를 3개월 후에 받기로 하였다고 하자. 그러면 3개월 후의 환율에 의해 원화기준 매출액과 이익이 결정된다. 환율이 예상보다 떨어지면 매출액이 줄어들고 잘못하면 손실을 입을 수도 있다. 만약 이 기업이 수출계약과 동시에 3개월 후에 만기가 되는 선물계약을 하면 원화기준 매출액과 이익을 고정시킬 수 있는데 이때 이 기업을 헤저라고 한다.

1.6.2 투기적 거래자

선물시장에 참여하는 두 번째 부류는 선물가격 또는 현물가격의 변동위험을 부담함으로써 이익을 얻으려는 사람들인데 이들을 투기적 거래자(speculator)라고 한다. 가령 1개월 만기 미국 달러선물 가격이 ₩1,200/$인데 1개월 후 환율이 ₩1,190/$일 것으로 예상한다면 선물을 매도하여 이익을 얻을 수 있다. 그러나 1개월 후 현물환율이 선물가격보다 높으면 손실이 발생할 수 있다. 따라서 이러한 거래는 가격변동

위험을 부담하는 것이며 예상과 일치할 때 이익을 얻을 수 있는 거래이다.

1.6.3 차익거래자

선물시장에는 위험을 전혀 부담하지 않고 일시적으로 잘못 산정된 시장가격을 이용하여 이익을 얻으려는 사람들이 있는데 이들을 차익거래자(arbitrager)라고 한다. 일물일가의 법칙에서 벗어나 일시적으로 서로 다른 시장에서 서로 다른 가격에 거래가 된다든지, 상품의 특성상 특정 상품 간 가격차이가 일정한 수준을 유지하여야 함에도 불구하고 이 수준에서 벗어난다든지 할 때 싼 가격에 상품을 매입하고 비싼 가격에 매도함으로써 위험을 부담하지 않고 이익을 얻을 수 있다. 차익거래자들은 상품의 가격이 균형상태에서 벗어났을 때 차익거래를 통해 빠른 시간 안에 균형을 회복하게 하는 역할을 한다. 즉 시장을 효율적으로 만드는 역할을 한다.

1.6.4 브로커

헤저, 투기적 거래자, 차익거래자 이외에 선물거래에 참여하는 부류로 브로커를 들 수 있다. 이들은 헤저, 투기적 거래자, 차익거래자를 대행하여 거래에 참여하며 스스로의 목적을 위해 거래에 참여하지 않는다.

제2절 통화선물

통화선물은 1972년 시카고국제금융시장의 IMM에 금융선물 중 가장 먼저 도입되었으나 국제은행 간 선물환거래가 워낙 거대하고 역사가 있기 때문에 통화선물시장이 선도시장인 선물환시장을 넘어서지는 못하고 있다는 특징이 있다. 그러나 근래에 오면서 환율의 변동이 심해지면서 환위험 헤지의 한 수단으로 관심을 받고 있다.

통화선물이 거래되고 있는 가장 대표적인 거래소는 미국 CME의 IMM을 들 수 있으며 우리나라는 1997년 외환위기와 그에 따른 외환시장 자유화 조치 등으로 국내 투자자와 기업이 환위험에 크게 노출됨에 따라 1999년 4월 한국선물거래소 설립과 함께 파생상품이 거래되었으며, 현재는 한국거래소에서 현물상품과 통합하여 거래되고 있다.

한국거래소에 상장되어 있는 통화선물상품은 미국달러선물, 엔선물, 유로선물, 위안화선물 등이 있으며 계약명세는 다음과 같다. 이 상품들 가운데 미국달러선물이 단연 독보적이다.

표 5-2 우리나라 통화선물

<table>
<tr><th>거래대상</th><th>미국 달러화(USD)</th><th>일본 엔(JPY)</th><th>유로화(EUR)</th><th>중국 위안화(CNH)</th></tr>
<tr><td>거래단위</td><td>US$10,000</td><td>JP1,000,000</td><td>EU10,000</td><td>CNH100,000</td></tr>
<tr><td>결제월</td><td>분기월 중 12개,
그 밖의 월 중 8개</td><td colspan="3">분기월 중 4개와 그 밖의 월 중 4개</td></tr>
<tr><td>가격의 표시</td><td>US1$당 원화</td><td>JP100당 원화</td><td>EU1당 원화</td><td>CNH1당 원화</td></tr>
<tr><td>최소가격 변동폭</td><td colspan="3">0.10원</td><td>0.01원</td></tr>
<tr><td>최소가격 변동금액</td><td colspan="4">1,000원</td></tr>
<tr><td>거래시간</td><td colspan="4">09:00~15:45(최종거래일 09:00~11:30)</td></tr>
<tr><td>최종거래일</td><td colspan="4">결제월의 세 번째 월요일(공휴일인 경우 순차적으로 앞당김)</td></tr>
<tr><td>최종결제일</td><td colspan="4">최종거래일로부터 기산하여 3일째 거래일</td></tr>
<tr><td>결제방법</td><td colspan="4">실물인수도 결제</td></tr>
<tr><td>가격제한폭</td><td>기준가격 대비
상하 ±4.5%</td><td colspan="2">기준가격 대비 상하 ±5.25%</td><td>기준가격 대비
상하 ±4.5%</td></tr>
</table>

정리하기 2

통화선물이 선물환거래를 넘어서지 못하는 중요한 이유는 무엇인가?

2.1 선물환과 통화선물의 비교

통화선물은 앞에서 설명한 바와 같이 표준화되어 있는 장내거래이기 때문에 [표 5-3]에서와 같이 선물환과는 차이가 있다. 선물환거래가 신용도가 높은 국제은행간 도매시장이고 또 장외거래인 반면에 통화선물은 상대적으로 신용도가 낮거나 소매를 원하는 투기적 거래자 및 헤저가 주류를 이루는 시장이라는 것이 큰 차이이다.

한편 선물환과 통화선물 모두 만기에 실물인수도 결제를 하고 있으나 통화선물의 경우 만기 전에 반대매매에 의해 청산되는 것이 일반적이다.

표 5-3 | 선물환과 통화선물의 비교

	선물환	통화선물
거래장소	장외	거래소
거래방법	국제은행 통신네트워크를 통해 직접거래	다수의 시장참가자들 간의 경쟁매매
거래조건	거래당사자의 협의에 의해 결정	표준화
청산	계약당사자의 신용에 의해 이행 여부 결정	청산소가 결제이행을 보증
시장참가자	신용도가 높은 국제은행 및 기업	신용도가 높지 않거나 소규모의 투기적 거래자, 헤저
거래비용	매입-매도 스프레드	브로커 수수료
결제방법	만기 시 실물인수도 단, NDF는 차액 현금결제	만기시 실물인수도 대부분 반대매매로 청산됨

2.2 NDF

차익결제선물환(NDF: non-deliverable forward)이란 만기에 계약원금의 교환 없이 계약한 선물환율과 만기 때의 현물환율의 차액만을 지정통화(주로 미국 달러)로 현금결제를 하는 선물환거래를 말한다.

보통 NDF시장에서 $/₩ 환율이 이용되지만 이해하기 쉽게 ₩/$ 환율을 기준으로 생각해보자. 예를 들어 1개월 만기, 미국 500백만 달러, NDF 환율이 ₩1,200/$일 때 NDF 매입포지션을 생각해보자. 만기 때 현물환율이 ₩1,210이라면 NDF 매입자는

$41,322를 수취하게 된다.

$$수취액수 = (1,210 - 1,200) \times \$5,000,000/1,210 = \$41,322$$

NDF는 주로 비거주자들이 국제화되지 않은 통화를 대상으로 외환규제를 피하면서 투자자금의 헤지나 투기적 거래를 위해 생겨난 것이다. 예를 들어 한국에 주식을 투자한 외국인 투자자가 미래에 주식을 매도하고 환전할 때 발생하는 환위험을 NDF 매도를 통해 헤지할 수 있다.

NDF시장은 이처럼 거래대상 통화가 국제통화가 아니어도 신흥국에 투자한 투자자들에게 환위험을 관리할 수 있는 수단을 제공하고 있다. 뿐만 아니라 세금 등 신흥국 내 선물환거래의 각종 규제를 피할 수 있다는 장점도 있다. NDF시장에서 거래되는 통화로는 원화뿐만 아니라 태국 바트화(THB), 필리핀 페소화(PHP), 대만 달러화(TWD), 말레이시아 링기트화(MYR) 등을 들 수 있으며 홍콩, 싱가포르, 동경, 런던, 뉴욕, 프랑크푸르트 등의 역외시장에서 거래가 된다.

역외 $/₩ NDF시장은 1997년 비거주자들이 한국 내 증권투자에서 발생하는 환위험을 헤지하거나 환투기 목적으로 홍콩, 싱가포르에서 거래를 시작하였으며 1999년 4월에 국내 외국환은행의 역외 NDF 거래가 허용된 이후 거래규모가 크게 증가하였다. 여러 시장 가운데 특히 뉴욕시장의 $/₩ NDF 거래 종가가 다음날 한국 내 외환시장의 현물환율 시가의 결정에 큰 영향을 미친다.

정리하기 3

뉴욕시장의 미국 달러와 원화 NDF 거래 종가가 다음날 한국 외환시장의 현물환율에 영향을 미치는 이유는 무엇인가?

2.3 통화선물의 가격

선물환가격과 통화선물가격은 어떻게 다른가? 두 상품의 가격에 영향을 미칠 수 있는 본질적인 차이는 증거금적립제도와 일일정산제도라고 할 수 있다. 선물환거래는 결제일 이전에는 매도자와 매수자 모두에게 현금지급 및 수취가 일어나지 않는다. 그러나 선물거래는 증거금을 납부하고 일일정산제도에 의해 시세변동의 차이를 매일 현실화한다. 따라서 시세변동으로 이익이 발생하면 이것을 투자하여 이익을 얻을 수 있으므로 통화선물을 선택하는 것이 선물환보다 유리하다. 그러나 시세변동이 불리하게 전개되어 손해가 발생한다면 반대로 선물환이 통화선물에 비해 유리하다. 그런데 통화선물이냐 선물환이냐를 선택하는 현재의 시점에서는 미래의 상황을 알 수 없으므로 두 상품 중 어떤 상품이 유리하다고 단정하기 어렵다. 실증연구의 결과를 보아도 어떤 상품이 절대적으로 유리하다는 증거를 찾을 수 없었다. 두 상품 중 어떤 상품이 절대적으로 유리하지 않다면 본질이 같은 두 상품의 가격도 같아야 하므로 통화선물의 가격은 이자율평가 이론에서 살펴본 바와 같이 다음과 같다.

$$\frac{f}{S} = \frac{1+i_h}{1+i_f} \quad \text{(식 5.3)}$$

여기서, f: 통화선물가격
S: 현물환율
i_h: 국내이자율
i_f: 외국이자율

T일 동안 투자하였을 때 이자가 다음과 같이 계산된다고 하자.

$$\left(1 + i \times \frac{T}{365}\right)$$

그러면 (식 5.3)은 간략하게 (식 5.4)와 같이 고쳐 쓸 수 있는데 이것이 통화선물의 이론적 가격이다.

$$f = S\left[1 + (i_h - i_f)\frac{T}{365}\right] \quad \text{(식 5.4)}$$

여기서, T: 만기까지의 일 수

2.4 통화선물을 이용한 거래

2.4.1 투기적 거래

근래에 와서 환율의 변동폭이 커지자 통화선물을 이용한 투기적 거래가 늘어나고 있다. 특히 하나의 포지션이 아닌 여러 개의 포지션을 동시에 취하는 상품 간 스프레드(inter-commodity spread)거래가 늘어나고 있다. 위험측면에서 볼 때 단순한 투기적 거래는 하나의 포지션만을 취함으로써 예상과 달리 손실이 발생할 때 가격변동 전체에 대해 손실의 위험에 노출된다. 하지만 스프레드 거래에서는 두 개의 선물가격 차이, 즉 스프레드 변동만큼만 손실의 위험에 노출되어 위험이 크게 축소된다. 따라서 스프레드 거래는 투기적 거래 가운데에서는 상대적으로 보수적인 투자라고 할 수 있다.

기본적으로 스프레드 거래는 선물상품들 간의 가격차이, 즉 스프레드의 변동을 예상하여 동시에 하나의 선물을 매입하고 다른 선물을 매도하는 거래이다. 그러면 두 개의 선물 포지션에서 한쪽은 이익이 발생하고 다른 쪽은 손실이 발생하게 되는데, 이때 이익의 크기를 상대적으로 더 크게 하여 이익을 얻으려는 거래이다.

스프레드거래에는 시장 내 스프레드(intra-market spread), 상품 간 스프레드, 시장 간 스프레드(inter-market spread)로 나누어 볼 수 있다.

(1) 시장 내 스프레드

시장 내 스프레드는 동일한 거래소에서 동일한 상품을 대상으로 하여 만기가 다른 두 개의 선물을 동시에 매수하고 매도하는 것을 말한다. 만기가 가까운 근월물의 가격이 원월물의 가격에 비해 상대적으로 더 상승할 것으로 예상될 때, 즉 스프레드의 축소가 예상될 때 근월물을 매수하고 원월물을 매도하는 거래를 매입스프레드(long spread)라고 한다. 근월물의 가격상승으로 인한 이익을 원월물의 가격상승으로 인한 손실보다 더 크게 하여 이익을 추구하는 포지션이다. 굳이 원월물을 매도하는 이유는 예상과 달리 가격이 하락하여 근월물에서 손실이 발생할 때 원월물에서 발생하는 이익으로 손실의 일부를 상쇄하기 위함이다.

반대로 근월물의 가격이 원월물의 가격에 비해 상대적으로 더 하락할 것이 예상될 때, 즉 스프레드의 확대가 예상될 때 근월물을 매도하고 원월물을 매수하는 거래를 매도스프레드(short spread)라고 한다. 근월물의 가격하락으로 인한 이익을 원월물의 가격하락으로 인한 손실보다 더 크게 하여 이익을 추구하는 포지션이다.

(2) 상품 간 스프레드

상품 간 스프레드 거래는 만기는 같으나 대상상품이 다른 두 개의 선물을 동시에 매수하고 매도하는 거래를 말한다. 대상상품의 가격이 서로 연관성을 갖고 있을 때 상대적 가격변화를 예상하고 투자하는 투기적 거래이다.

통화선물시장에서 흔히 볼 수 있는 상품 간 스프레드 거래를 예를 들어 살펴보자. 스위스 프랑(SF)과 호주 달러(AD)의 현물 및 통화선물가격이 다음과 같다고 하자.

| 표 5-4 | 통화선물가격

	$/AD	$/SF	AD/SF
현물	1.3853	0.9580	0.6915
선물 9월	1.3915	0.9616	0.6911
선물 12월	1.4115	0.9635	0.6826

[표 5-4]에서 마지막 칸의 AD/SF는 $/AD와 $/SF 환율을 이용하여 계산한 것이다. 예를 들어 현물 AD/SF는 다음과 같이 계산할 수 있다.

$$AD/SF = \frac{\$/SF}{\$/AD} = \frac{0.9580}{1.3853} = 0.6915$$

[표 5-4]를 보면 AD/SF 선물환율이 만기가 길수록 하락하는 것을 볼 수 있다. 만약 12월물의 AD/SF 가격이 [표 5-4]만큼 하락하지 않을 것으로 예상한다면 12월 만기 $/AD 선물을 매도하고 12월 만기 $/SF 선물을 매입하여 상품 간 스프레드 거래를 할 수 있다.

12월 만기에 $/AD가 1.3936이고 $/SF가 0.9630이 되어 AD/SF가 예상과 같이 0.6910으로 선물가격 0.6826보다 덜 하락하였다고 하자. 그러면 포지션 청산을 위해 $/AD를 매입하여 단위당 $0.0179(=1.4115−1.3936)의 이익을 얻고 $/SF를 매도하여 단위당 \$0.0005(=0.9630−0.9635)의 손실을 입게 된다. 만약 \$125,000만큼 각 포지션에 투자하였다면 아래와 같이 \$2,175의 이익을 얻을 수 있다.

$$이익 = [(\$1.4115 - \$1.3936) + (0.9630 - 0.9635)] \times \$125,000 = \$2,175$$

(3) 시장 간 스프레드

시장 간 스프레드 거래는 같은 선물상품이 서로 다른 거래소에서 거래될 때 거래소 간 가격이 일시적으로 차이가 날 것을 예상하여 두 개의 선물을 동시에 매수하고 매도하는 투기적 거래를 말한다.

2.4.2 헤지거래

헤지는 현물시장 또는 선물시장에서 어떤 포지션을 취함으로 인해 발생할 수 있는 위험을 선물시장을 이용해 제거하려는 행동을 말한다. 따라서 현물시장이나 선물시장에서 어떤 포지션도 취하지 않은 사람은 헤저가 될 수 없다. 여기서 포지션이란 실제로 상품을 보유하고 있거나 현물시장에서 매도하는 경우는 물론이고 미래의 일정시점에 어떤 상품을 매입하거나 매도하려는 계획을 가지고 있는 경우를 포함하는 것이다. 헤지는 크게 매도헤지와 매입헤지로 나누어 볼 수 있다.

(1) 매도헤지와 매입헤지

매도헤지(short hedge)란 현물시장 또는 선물시장에서 매입포지션을 보유한 사람이 선물을 매도하여 가격위험을 제거하는 것을 말한다. 예를 들어 한국의 기업이 미국 기업과 수출계약을 체결하여 3개월 후 납품을 하고 대금을 지급받기로 하였다고 하자. 그러면 한국기업의 손익은 3개월 후의 현물환율에 따라 달라진다. 이러한 환위험은 3개월 후에 만기가 되는 미국 달러선물을 매도하면 없앨 수 있다. 3개월 후 미국 기업으로부터 지급받은 달러를 미리 약속한 선물환율에 원화로 교환하면 손익을 고정시킬 수 있기 때문이다.

매입헤지(long hedge)란 현물시장이나 선물시장에서 매도포지션을 보유한 사람이 선물시장에서 매입포지션을 취하여 가격위험을 제거하는 것을 말한다. 예를 들어 납품가격이 원화로 고정되어 있는 한국기업이 제품을 생산하기 위해 미국으로부터 원자재를 수입한다고 하자. 그러면 원자재 가격이 변동하지 않는다 하더라도 환율변화에 따라 손익이 변동하게 된다. 이때 한국기업은 원자재 수입시점에 만기가 되는 미국 달러선물을 매입하면 환위험을 없앨 수 있다. 고정되어 있는 선물환율에 달러를 매입하여 원자재 대금으로 지급하면 되기 때문이다.

(2) 직접헤지와 교차헤지

지금까지 우리는 헤지하여야 할 상품, 수량, 기간 등을 선물시장에서 거래되고 있는 선물상품을 이용하여 정확히 일치시킬 수 있는 경우를 살펴보았다. 위에서 살펴본 매도헤지의 경우 수출계약으로 받을 통화인 미국 달러, 대금을 지급받는 시기인 3개월 후 만기, 지급받는 액수와 선물계약 액수를 정확히 일치시키면 완벽한 헤지의 효과를 얻을 수 있다. 이처럼 헤지의 필요조건을 선물시장에서 거래되고 있는 선물상품을 이용하여 정확히 일치시킨 헤지를 직접헤지(direct hedge)라고 한다. 반면에 헤지 필요조건이 하나라도 일치하지 않는 헤지를 교차헤지(cross hedge)라고 한다.

교차헤지를 하게 되면 직접헤지를 하였을 때에 비하여 헤지의 효과가 떨어지게 된다. 수량이 다른 경우를 생각해보자. 받을 수출대금은 $1,005,000인데 ₩/$선물의 거래단위가 $10,000이므로 부득이 10개의 선물계약으로 $1,000,000만 헤지를 하였다고 하면 $5,000에 대하서는 고스란히 환위험을 부담하여야 한다. 물론 아예 헤지를 하지 않으면 전체 금액 $1,005,000에 대해 환위험을 부담하여야 하므로 교차헤지를 하는 것이 헤지를 하지 않는 것에 비해 훨씬 위험을 감소시킬 수 있다.

선물의 만기와 대금을 지급받는 시기가 달라도 헤지의 효과가 감소한다. 만기에서 대금을 지급받는 시기까지의 기간, 즉 헤지를 하지 못한 기간 동안 환율이 변동하면 환위험에 노출되기 때문이다.

지급받는 통화와 선물의 대상통화가 다른 경우 역시 마찬가지이다. 뉴질랜드 달러를 지급받는데 호주 달러선물로 헤지를 하였다면 뉴질랜드 달러와 호주 달러가 100% 동일하게 움직이지 않기 때문에 헤지의 효과가 떨어질 수밖에 없다.

2.4.3 차익거래

시장에서 거래되고 있는 통화선물의 가격이 이론적 가격에 비해 높거나 낮으면 차익거래를 통해 이익을 얻을 수 있다.

10월 현재 ₩/$ 현물환율이 ₩1,190/$이고 30일 후 만기가 되는 달러선물환율이 ₩1,195.96/$이라고 하자. 원화 차입금리가 3%이고 달러 예금금리가 1%라고 할 때 11월 만기 달러선물의 이론적 가격을 계산해보면 다음과 같다.

$$F = 1,190\left[1 + (0.03 - 0.01) \times \frac{30}{365}\right] = ₩1,191.96$$

달러선물의 이론적 가격, ₩1,191.96에 비해 시장가격이 ₩1,195.96으로 고평가 되어 있다면 현시점에서 현물을 매입하고 선물을 매도하였다가 만기에 이 포지션을 청산하면 위험을 하나도 부담하지 않고 이익을 얻을 수 있다.

좀 더 자세히 살펴보자. 차익거래를 위해 먼저 현시점에서 원화 ₩11,900,000 (=1,190×10,000)을 차입하여 현물환율에 $10,000를 매입하고 외환예금을 한다. 그리고 동시에 선물계약 1단위를 매도한다.[3] 그러면 차입한 원화만큼 외환을 매입하였기 때문에 현시점에서 순투자는 0(영)이 된다.

이제 선물 만기에 포지션을 청산하기 위한 거래를 생각해보자. 먼저 보유한 외환예금을 찾아 원화로 교환하여야 한다. 만기시점의 환율을 S_T라고 하면 교환된 원화 액수는 다음과 같다.

$$S_T \times \left(1 + 0.01 \times \frac{30}{365}\right) \times 10,000 = S_T \times 10,008.22\text{원}$$

또 선물을 매입하여 포지션을 청산할 때 손익은 다음과 같다.

$$(1,195.96 - S_T) \times 10,000\text{원}$$

---

3) 한국거래소 달러선물 거래 단위는 $10,000이다.

이와 함께 차입한 원화와 이자, 11,929,342원$\left[\left(11{,}900{,}000\times\left(1+0.03\times\frac{30}{365}\right)\right)\right]$을 갚아야 하므로 이를 모두 종합하면 다음과 같다.

$$S_T\times 10{,}008.22+(1{,}195.96-S_T)\times 10{,}000-11{,}929{,}342=(8.22S_T+30{,}258)\text{원}$$

T시점의 환율 S_T는 영보다 크기 때문에 결국 위와 같은 거래전략으로 이익을 얻게 된다. 그런데 이러한 이익을 얻기 위해 현재시점에서 순투자가 없었기 때문에 이 거래는 위험을 부담하지 않고 확정적으로 순이익을 얻는 차익거래에 해당된다. [표 5-5]는 이 차익거래의 현금흐름을 요약한 것이다.

| 표 5-5 | 차익거래 현금흐름

거래	현재시점	만기시점
원화차입	11,900,000원 (=1,190×10,000)	−11,929,342원 $\left[\left(11{,}900{,}000\times\left(1+0.03\times\frac{30}{365}\right)\right)\right]$
달러매입 후 외화예금	−$10,000(=11,900,000)	$S_t\times 10{,}008.22$원
선물매도		$(1{,}195.96-S_t)\times 10{,}000$원
현금흐름 합계	0	$(8.22S_t+30{,}258)$원

요약

- 선물환계약처럼 현재의 시점에서 미래의 일정시점에 특정 상품을 교환하기로 약속한 장외거래를 선도거래라고 한다. 선도거래를 좀 더 표준화시킨 장내거래를 선물거래라고 한다.
- 선물시장에는 선물계약의 이행을 보증해줄 수 있는 청산기관이 존재한다. 청산기관이 결제이행을 보증할 수 있도록 하기 위해 제도적으로 증거금적립제도와 일일정산제도를 시행하고 있다.
- 반대매매란 선물 매도포지션을 보유한 사람이 동일한 선물상품에 대해 정반대 포지션인 매입포지션을 취하거나, 선물 매입포지션을 보유한 사람이 정반대 포지션인 매도포지션을 취하여 만기 전에 계약을 종료시키는 것을 말한다.
- 베이시스(basis)란 선물가격과 현물가격의 차이를 말한다. 베이시스의 크기는 매일 변동한다.
- 선물환거래가 신용도가 높은 국제은행 간 도매시장이고 또 장외거래인 반면에 통화선물은 상대적으로 신용도가 낮거나 소매를 원하는 투기적 거래자 및 헤저가 주류를 이루는 시장이라는 것이 차이이다.
- NDF란 만기에 계약원금의 교환 없이 계약한 선물환율과 만기 때의 현물환율의 차액만을 지정통화(주로 미국 달러)로 현금결제를 하는 선물환거래를 말한다.
- 선물환과 통화선물의 이론적 가격은 동일하며 이자율평가 이론에 의해 설명된다.
- 투기적 거래인 스프레드 거래는 시장 내 스프레드, 상품 간 스프레드, 시장 간 스프레드로 나누어 볼 수 있다.
- 헤지의 필요조건을 선물시장에서 거래되고 있는 선물상품을 이용하여 정확히 일치시킨 헤지를 직접헤지라고 한다. 반면에 헤지 필요조건이 하나라도 일치하지 않는 헤지를 교차헤지라고 한다.

생각해보기

1. 선물거래와 선도거래의 차이점은 무엇인가?

2. 선물거래에서 신용위험을 없애기 위해 시행하고 있는 제도는 무엇인가? 그 내용은?

3. $/AD, $/SF 현물 및 선물환율이 다음과 같다.

	$/AD	$/SF	AD/SF
현물	0.3853	0.4580	1.1887
12월 선물	0.4115	0.4635	1.1264

(1) 만약 투자자가 12월 만기 AD/SF 환율이 아래의 표만큼 하락하지 않을 것으로 예상한다면 어떤 거래를 통해 이익을 얻을 수 있을까?

(2) 만기에 $/AD 환율이 0.3907, $/SF 환율이 0.4475, AD/SF 환율이 1.1454가 된다면 이 거래로부터 얻을 수 있는 이익은 얼마인가?

4. 현재 ₩/$ 환율이 1,200원이고 1개월 후에 만기가 되는 달러선물환율이 1,210원이라고 하자. 또 원화의 차입금리가 4%, 외화예금 금리가 1%라고 하자.

(1) 1개월 후에 만기가 되는 달러선물의 이론적 가격은 얼마인가?

(2) 이론적 가격과 시장가격의 차이를 이용하여 어떤 거래를 통해 이익을 얻을 수 있는가?

(3) 이 거래로부터 만기에 얻을 수 있는 이익은 얼마인가?

6장 스왑

6장 스왑

제1절 스왑의 개념

스왑은 서로 다른 형태의 미래 현금흐름을 미리 정한 조건으로 거래당사자들 간에 교환하는 거래이다. 스왑은 파생상품, 특히 장외파생상품의 대표적인 상품으로 최근 자본시장과의 관계가 강화됨에 따라 없어서는 안 될 중요한 금융상품으로 인식되고 있다.

1.1 스왑시장의 발달

스왑은 1970년대 영국에서 외환통제를 피하기 위해 개발되었던 상호대출(parallel loan)에서 기원하였다. 그 당시 영국은 외환시장에서 파운드화의 매도를 줄여 통화가치를 유지하기 위해 해외투자를 하는 영국 기업이 환전을 할 때 현물환율에 더하여 일정 프리미엄을 지불하게 하였다. 이를 피하기 위해 개발된 것이 바로 상호대출이다.

상호대출이란 영국기업이 외환통제를 피하기 위해 미국에 있는 자회사에게 달러를 차입하게 하고 이와 동시에 영국에 있는 미국기업의 자회사에게 같은 만기, 같은 액수만큼의 파운드화를 빌려주는 것이다. 이때 달러와 파운드화의 동일액수는 현물환율로 산출하고 이자는 시장금리로 지급하게 된다.

그림 6-1 상호대출

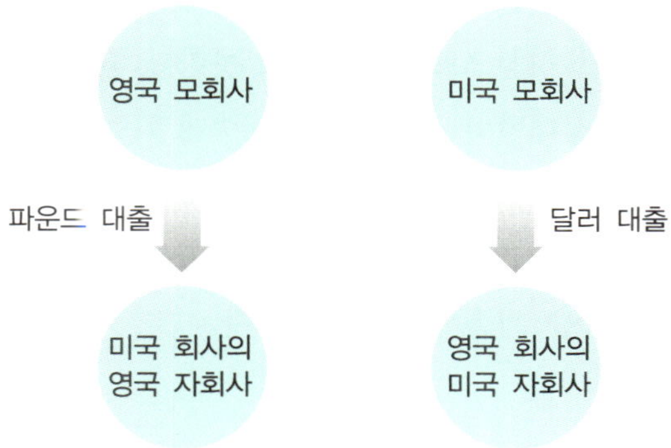

1979년 영국의 외환통제는 폐지되었으나 상호대출을 통해 달러를 조달하는 것이 외환시장을 통하는 것보다 비용이 저렴하였기 때문에 계속해서 상호대출이 이용되었다. 그러나 상호대출은 중대한 문제를 안고 있었다.

첫째, 상호대출에서 발생하는 두 개의 대출이 별도의 계약에 의해 이루어지기 때문에 상대방이 채무를 불이행한 경우에도 다른 상대방은 채무를 상환해야 한다는 것이다. 즉 거래상대방 쌍방 간에 신용리스크가 존재한다.

둘째, 상호대출은 전체적인 그림에서 보면 영국 기업과 미국 기업 각각의 대출과 차입이 상쇄되는 거래임에도 불구하고 각자의 대차대조표에 자산과 부채로 표시된다는 것이다. 상호대출의 이와 같은 문제를 해결하면서 장점을 살리기 위해 통화스왑으로 발전하게 되었다.1)

스왑은 장외거래이기 때문에 거래당사자의 필요에 따라 다양한 형태의 계약을 할 수 있다는 장점을 바탕으로 발전하였으며, 특히 1981년에 세계은행과 IBM의 통화스왑 체결을 기점으로 더욱 발전하였다. 스왑거래의 초기에는 서로 반대 입장에 있는 거래상대방이 있어야만 거래가 이루어질 수 있었다. 규모가 큰 국제은행들이 거래상대방을 찾아주고 거래 세부사항을 조율한 대가로 수수료를 수수하고 계약은 당사자들이 직접 맺는 형태였다. 이러한 형태는 국제은행은 위험을 전혀 부담하지 않고

1) 통화스왑은 두 개의 별도 대출계약이 아닌 하나의 계약이기 때문에 상호대출에서 발생하는 신용리스크 문제를 해결할 수 있다. 또 통화스왑은 대차대조표상에 자산과 부채가 기재되지 않는 부외거래(off balance sheet)이다. 자세한 내용은 뒤에서 살펴보기로 한다.

거래당사자가 모든 신용위험을 부담하는 구조이다.

그러나 이러한 구조로는 신용위험에 대한 부담 때문에 스왑거래에 참여하기를 꺼리는 잠재적 시장참여자를 시장으로 이끌어내지 못한다. 따라서 국제은행들은 1980년대 중반까지 스왑거래 상대방의 신용을 보증해주게 되었다. 1980년대 후반부터는 투자은행들이 더 적극적으로 시장조성자로서 시장에 직접 참여를 하게 되었다. 즉 은행들은 고객의 스왑계약 요청이 있을 때 스스로 스왑거래의 상대방이 되어 국제은행과 고객 간 스왑계약을 체결하기 시작하였다.

그림 6-2 시장조성자

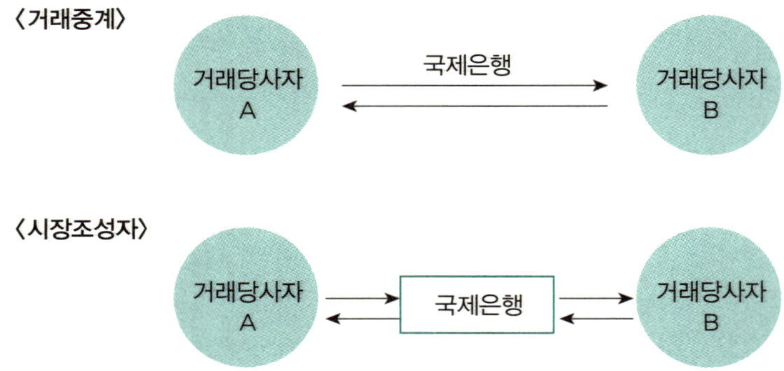

은행들이 시장조성자의 역할을 하게 됨에 따라 은행들은 많은 자금이 필요하게 되었으며 상당한 신용위험을 부담하게 되었다. 은행들은 떠안은 신용위험을 관리하기 위해 거래상대방을 구할 때까지 다른 금융상품을 이용해 헤지를 하여야 하기 때문에 자본시장과의 관계가 더욱 강해질 수밖에 없었다.

통화스왑시장이 발달하면서 동일 통화에 대한 이자율스왑이 나타나게 되었다. 이자율스왑은 현재 장외파생상품거래 중에 단연 독보적인 위치를 차지하고 있는 중요한 파생상품이다. 이자율스왑은 동일 통화에 대한 고정금리와 변동금리를 교환하는 소위 플레인바닐라(plain vanilla)스왑[2]으로 출발하여 1980년대를 거치면서 세계은

2) 상대적으로 표준화되어 있는 형태의 스왑을 일컫는 말로 바닐라 아이스크림은 첨가물이 없는 평범한 형태라는 뜻에서 유래하였다. 바닐라스왑으로 분류될 만한 것으로는 외환스왑(F/X스왑), 통화스왑, 이자율스왑 등이 있다. 자세한 내용은 뒤에서 설명하기로 한다.

행과 IBM의 스왑계약이 체결되면서 급격히 발전하게 되었다. 이자율스왑은 현재 장외파생상품시장에서 거래기준 50%를 넘는 대표적인 상품으로 자본시장과 연계하여 성장을 거듭하고 있다.

우리나라의 스왑거래는 1980년대 후반에 외국계 은행들을 중심으로 통화스왑거래를 시작하여 외환위기 이후 발전하기 시작하였다. 특히 국내채권시장과 국채선물시장이 정비된 1990년대 후반부터 이자율스왑이 활성화되기 시작하였다.

1.2 스왑거래 구조

전형적인 스왑거래의 구조는 [그림 6-3]과 같다. 먼저 스왑거래가 체결된 후 최초에 원금이 교환된다. 이를 명목원금(nominal principal)이라고 한다. 스왑에 따라서는 명목원금을 교환하지 않고 스왑기간 동안 교환될 이자의 산출근거로만 사용하기도 한다. 스왑기간 동안 원금의 대가인 이자가 교환되는데 고정금리와 고정금리, 변동금리와 고정금리, 변동금리와 변동금리가 서로 교환된다. 마지막으로 원금이 최초에 교환되었으면 스왑기간 종료 시 반대방향으로 원금이 교환된다.

[그림 6-3]을 보면 스왑은 현재시점에서 교환이 이루어지는 현물 교환계약과 미래에 교환이 이루어지는 일련의 선도계약으로 구성된 표준화되지 않은 장외파생상품이라는 것을 알 수 있다.

그림 6-3 스왑거래의 구조

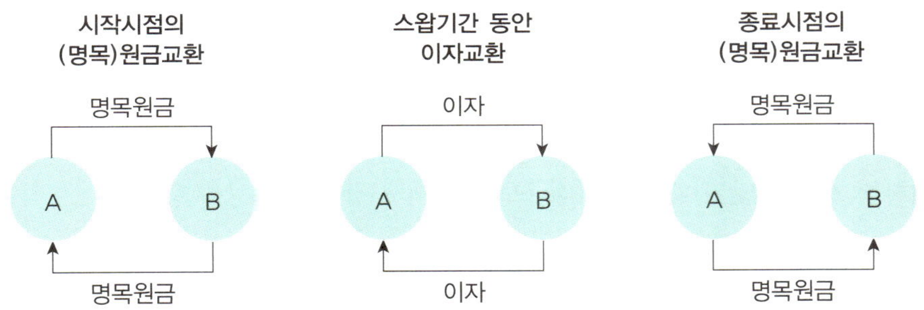

1.3 스왑시장의 참여자

스왑시장에 참여하는 주체로 실수요자, 스왑딜러, 브로커 등을 들 수 있다. 실수요자는 주로 자금차입자 및 제공자, 자산 및 부채관리자 등이다. 실수요자가 스왑시장에 참여하는 이유는 다음과 같다.

첫째, 신규자금을 조달할 때 필요한 통화와 금리를 시장에서 조달하는 것보다 유리하게 하기 위해 스왑시장에 참여할 수 있다.

둘째, 특정 통화나 고정금리 또는 변동금리 등으로 표시된 자산이나 부채의 환위험 또는 금리위험을 헤지하기 위해 참여할 수 있다. 특정 통화표시 자산과 부채가 일치되지 않거나, 변동금리자산과 부채가 일치하지 않거나, 고정금리자산과 부채가 일치하지 않을 때 반대의 상황에 놓여 있는 다른 시장참여자를 찾아 스왑계약을 하면 불일치를 해소할 수 있다.

셋째, 규제를 회피하기 위해서 참여하기도 한다. 스왑이 영국의 금융규제를 회피하기 위해 시작된 거래이며, 그 이후에도 국내외 각종 규제를 피하기 위해 여러 변형된 상품들이 개발되면서 크게 성장한 것을 생각하면 쉽게 이해할 수 있다.

넷째, 스왑을 이용한 투기적 거래를 위해 참여할 수 있다. 스왑거래가 현물환거래에 일련의 선도거래를 합쳐 놓은 형태이고 선도계약이 투기적 거래에 이용될 수 있다는 것은 이미 앞에서 살펴보았다.

다섯째, 차익거래를 위해 참여할 수 있다. 각종 규제로 인해 서로 다른 통화 간 혹은 고정금리와 변동금리 부채 간 시장가격의 차이가 정상범위를 넘었을 경우 이를 이용해 무위험 이익을 얻기 위한 차익거래 기회가 있을 수 있다.

한편 스왑딜러는 스왑시장에서 시장조성자로서 역할을 하는 규모가 큰 국제상업은행(warehouse banks)을 말한다. 스왑딜러들은 고객의 요청에 의해 계약을 체결한 후 보유하게 된 위험을 헤지하기 위해 다른 스왑딜러들과 또 다른 스왑계약을 체결하는 경우가 많기 때문에 거래규모 면에서 시장의 유동성을 향상시키는 역할을 한다.

브로커는 스왑딜러 간 거래를 중개하는 역할을 한다. 이들은 자체 포지션 없이 스왑거래가 용이하게 이루어지게 하는 역할을 수행한다.

제2절 이자율스왑

2.1 이자율스왑의 개념

이자율스왑은 두 차입자가 성격이 서로 다른 이자지급 의무를 일정기간 동안 상호교환하기로 한 거래를 말한다. 이때 명목원금은 계약시작과 종료 시에 교환되지 않고 교환될 이자를 계산하는 기준으로만 사용되는 것이 보통이다. 이자율스왑에서의 명목원금은 동일한 통화이며 액수도 같기 때문에 굳이 교환할 필요가 없다.

이자율스왑은 표준이자율스왑(generic swap, coupon swap)과 베이시스스왑(basis swap)으로 구분해볼 수 있다.

2.1.1 표준이자율스왑

표준이자율스왑은 고정금리 지불의무와 변동금리 지불의무가 서로 교환되는 스왑거래이다. 이때 표시통화는 동일 통화이기 때문에 명목원금은 교환하지 않는다. 가장 일반적이고 거래가 많은 스왑이다.

다음의 예를 살펴보자. 거래당사자 A는 변동금리시장에서 비교우위에 있어 LIBOR+1%에 자금을 조달할 수 있지만 포트폴리오 구성상 고정금리를 원하고, 반대로 거래당사자 B는 고정금리시장에서 비교우위가 있어 2%에 자금을 조달할 수 있지만 변동금리를 원한다고 하자. 이때 A와 B가 [그림 6-4]와 같이 각각 비교우위에 있는 시장에서 자금을 차입함과 동시에 이자율스왑 계약을 체결하면 거래당사자 모두 이익을 얻을 수 있다.

거래당사자 A의 경우 차입에 대해 LIBOR+1%의 이자를 지급하여야 하는데 거래당사자 B로부터 LIBOR+0.5%를 받기 때문에 0.5%의 손해가 발생한다. 여기에 B에게 고정금리 2.5%를 지급하여야 하기 때문에 종합하면 총 3%의 비용이 발생한다. 따라서 A가 고정금리시장에서 3% 이상으로 차입하여야 한다면 이자율스왑을 통해 자금을 조달하는 것이 유리하다.

거래당사자 B의 경우 차입에 대해 2%의 이자를 지급하여야 하는데 A로부터 2.5%

그림 6-4 표준이자율스왑

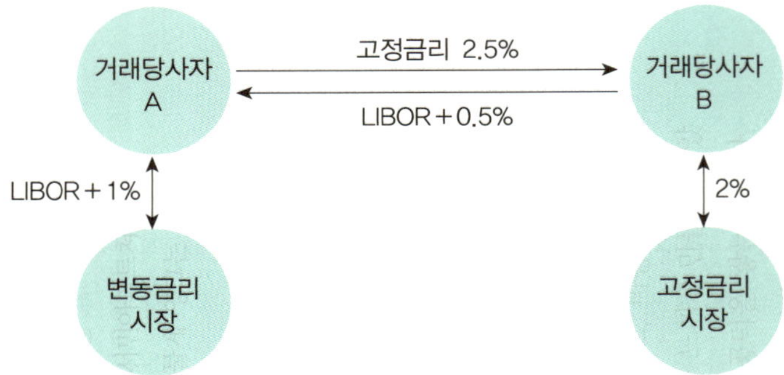

를 지급받아 0.5%의 이익이 발생한다. 여기에 A에게 LIBOR+0.5%를 지급하여야 하기 때문에 종합하면 LIBOR만큼의 비용이 발생한다. 따라서 B가 변동금리시장에서 LIBOR 이상으로 자금을 조달하여야 한다면 이자율스왑을 통해 B도 이익을 얻을 수 있다.

이자지급은 거래당사자 간 직접 이루어질 수도 있으나 대부분 중간에 딜러가 있기 때문에 딜러와 거래자 간에 지급이 이루어지며 거래당사자는 서로를 알지 못하는 것이 일반적이다. 장외거래 가운데 상대적으로 표준화되어 있는 스왑이다.

정리하기 1

기업 A는 투자포트폴리오에서 3%의 고정금리 수익을 얻고 있고 차입금에 대해 LIBOR+0.25%의 이자를 지급하고 있다고 하자. 이 기업은 차입금에 대해 고정금리로 바꾸길 원하는데 직접 고정금리로 차입할 경우 3%의 이자를 지급하여야 한다. 반면에 기업 B는 투자포트폴리오에서 LIBOR+0.5%의 이익을 얻고 있는데 차입금에 대해 2%의 고정금리를 지불하고 있다. 이 기업은 차입금에 대해 변동금리를 지급하길 원하는데 직접 조달할 경우 LIBOR+0.75%를 지급하여야 한다. 이때 스왑딜러를 통해 스왑계약을 체결하여 A가 2.5% 고정금리를 지급하는 대신에 LIBOR를 받고 B는 LIBOR+0.1%를 지급하고 2.4%를 받기로 하였다. 이 스왑거래를 통해 A, B, 스왑딜러가 얻는 이익을 생각해보자.

다음 그림을 보면 쉽게 스왑당사자들의 이익을 생각해볼 수 있다. 먼저 A의 경우 투자포트폴리오로부터 3%, 딜러로부터 LIBOR를 수취하며 총 3%+LIBOR를 지급받는다. 또 차입금에 대해 LIBOR+0.25%를 지급하고 스왑딜러에게 2.5%를 지급하여 총 LIBOR+2.75%를 지급한다. 따라서 차액 0.25%의 이익을 얻을 수 있다.

B의 경우 투자포트폴리오로부터 LIBOR+0.5%, 딜러로부터 2.4%를 수취하여 총 LIBOR+2.9%를 지급받는다. 또 차입금에 대해 2%, 스왑딜러에게 LIBOR+0.1%를 지급하여 총 LIBOR+

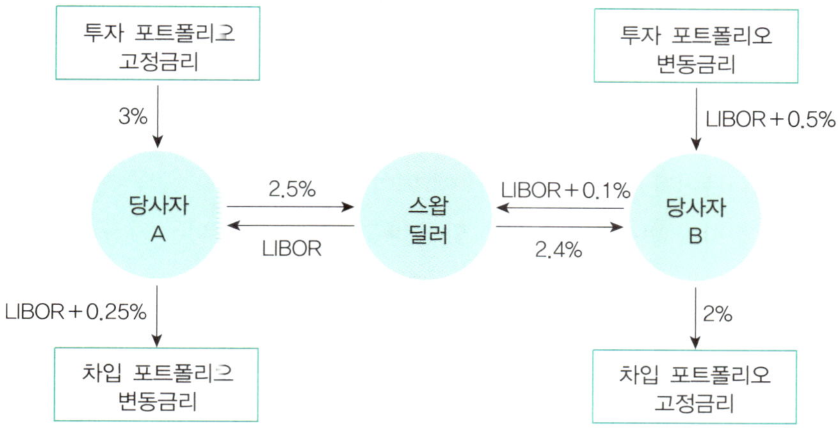

2.1%를 지급한다. 따라서 차액 0.8%의 이익을 얻을 수 있다.

한편 딜러는 고정금리 2.5%를 받고 2.4% 지급하여 0.1%의 이익을 얻으며 변동금리 LIBOR+0.1%를 받고 LIBOR를 지급하여 0.1%의 이익을 얻는다. 따라서 총 0.2%의 이익을 얻을 수 있다.

다음은 KEB하나은행이 실제로 판매한 표준이자율스왑이다.

원화 이자율 스왑거래(3개월 CD금리 ↔ 원화 고정금리)

- **계약금액(명목원금)**: KRW 10,000,000,000
  ※ 통상 명목원금은 만기시점까지 고정되나 계약시점에 만기 이전에 명목금액이 감소(분할상환조건 대출 등)하거나 증가(분할실행조건 대출 등)하는 구조로도 거래 가능
- **거래일**: 20××. ××.××(거래시작일: 20××.××.××)
- **만기**: 3년
- **변동금리(고객수취)**: 3개월 CD금리(매 3개월마다 금리결정)
- **고정금리(고객지급)**: 연 2.73%(변동금리를 수취하는 대신 은행 앞 지급하기로 계약한 고정금리)
- **이자교환주기**: 매 3개월 단위
  ※ 이자교환주기는 계약시점부터 1개월 단위로 설정 가능
- **이자교환조건**: 차액결제
  ① 변동금리가 고정금리보다 높을 경우(변동금리−고정금리)×원금×실제경과일수/365에 해당하는 금액을 고객이 은행으로부터 수취
  ② 변동금리가 고정금리보다 낮을 경우(고정금리−변동금리)×원금×실제경과일수/365에 해당하는 금액을 고객이 은행 앞 지급

2.1.2 베이시스스왑

표준이자율스왑이 고정금리 의무와 변동금리 의무를 교환하는 것이라면 베이시스스왑은 서로 다른 변동금리의 의무를 교환하는 이자율스왑이다. 예를 들어 LIBOR와 미국 기업어음이자율, CP가 교환될 때 베이시스스왑이라고 한다. 변동금리라 하더라도 종류에 따라 변동성에 차이가 있기 때문에 보유하고 있는 자산 혹은 부채의 변동금리와 맞추기 위해 베이시스스왑을 할 수 있다. CP와 LIBOR, CP와 미국국채 이자율의 교환이 주류를 이루고 있다.

[그림 6-5]의 예를 살펴보자. 거래당사자 A는 LIBOR 시장자금을 조달하고 있으나 보유하고 있는 자산이 CP금리이기 때문에 CP금리로 자금을 조달하길 원한다고 하자. 또 거래자 B는 반대로 CP시장에서 자금을 조달하고 있으나 LIBOR로 바꾸길 원한다고 하자. 이때 위와 같은 베이시스스왑을 통해 포지션 변화와 비용의 감소를 동시에 이룰 수 있다.

거래자 A의 경우 조달자금에 대해 LIBOR+0.4%의 이자를 지급하여야 하는데 스왑거래를 통해 B로부터 LIBOR+0.3%를 지급받아 0.1%의 손실이 발생한다. 또 B에게 CP+0.2%를 지급하여야 하므로 종합적으로 CP+0.3%를 이자로 지급하는 셈이 된다. 이 스왑거래를 통해 A는 원하는 바와 같이 LIBOR 부채를 CP 부채로 바꾸었으며 A가 직접 CP시장에서 자금을 조달할 때 CP+0.3% 이상으로 조달하여야 한다면 포지션 변화와 함께 이익도 얻을 수 있다.

거래자 B의 경우 조달자금에 대해 CP+0.3%의 이자를 지급하여야 하는데 스왑거래를 통해 B로부터 CP+0.2%를 지급받아 0.1%의 손실이 발생한다. 또 B에게 LIBOR+0.3%를 지급하여야 하므로 종합적으로 LIBOR+0.4%를 이자로 지급하는 셈이 된다. 이 스왑거래를 통해 B는 원하는 바와 같이 CP 부채를 LIBOR 부채로 바꾸었으며 B가 직접 LIBOR시장에서 자금을 조달할 때 LIBOR+0.4% 이상으로 조달하여야 한다면 포지션 변화와 함께 이익도 얻을 수 있다.

그림 6-5 베이시스스왑

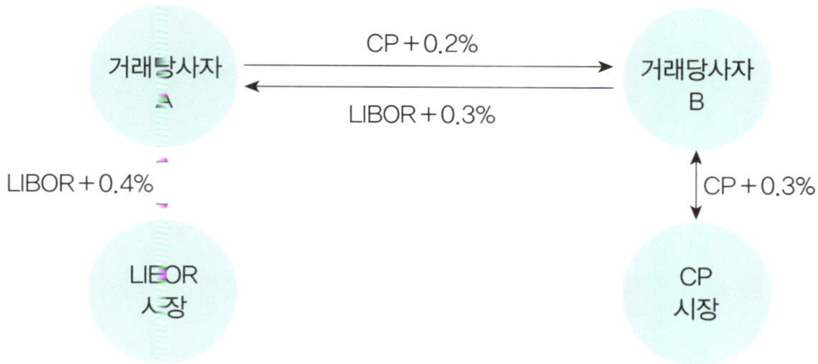

2.2 이자율스왑 가격

2.2.1 시장가격 고시

국제금융시장에서 표준이자율스왑은 시장이 매우 깊기 때문에 딜러들이 가격을 고시하고 있다. 다음은 이자율스왑의 가격고시를 표시한 것이다.

표 6-1 이자율스왑 가격고시 예시(미국 달러)

기간	T+스왑 레이트	스프레드
2년	T+39.5/36.5	2.212/2.182
3년	T+48.5/45.5	2.410/2.380

표준이자율스왑에서 스왑가격은 변동금리 6개월 LIBOR를 대가로 주고받을 고정금리로 나타낸다. 위의 표에서 T+스왑 레이트는 미국국채(T-Bond)금리에 가산금리를 더한 것이다.[3] 2년 만기 스왑의 경우 T+39.5/36.5인데 만약 2년 만기 미국국채금리가 1.817%라면 여기에 가산금리 0.395/0.365를 더하여 스프레드는 표 마지막 칸의 2.212/2.182로 계산이 된다. 스왑가격은 양방향가격(two way quotation)으로

3) 미국국채 고정금리는 무위험금리(risk-free interest rate)이므로 미국정부보다 낮은 신용도를 갖는 은행이나 고객 간 거래에 적용될 금리는 일정 스프레드만큼 높아야 한다. 이 점을 반영하여 스왑가격을 T+스왑 레이트 방식으로 표시한다.

표시하는데 앞의 숫자는 매도율(offered rate), 즉 딜러가 고객에게 매도하는 가격을 나타내며 두 번째 숫자는 매입률(bid rate), 즉 딜러가 고객으로부터 매입하는 가격이다.[4] 따라서 딜러가 LIBOR를 지급하면 고객은 2.212%의 고정금리를 지급하고 딜러가 LIBOR를 지급받으면 고객은 2.182%의 고정금리를 지급받는다는 뜻이다.

스왑딜러들은 이자율스왑으로 보유하게 된 이자율위험을 반대방향의 스왑을 통해 헤지할 수도 있지만 채권을 매도하거나 매입하여 헤지를 할 수도 있기 때문에 위와 같이 (국채+가산금리) 방식의 가격고시가 편리할 수 있다.

우리나라의 은행 간 표준이자율스왑에서 사용되는 이자계산기준(index reference rate)은 보통의 경우 고정금리와 3개월 CD금리이다. 물론 스왑이 장외파생상품이기 때문에 정형화된 것은 아니다. 3개월 CD금리를 이용할 경우 이자지급 주기는 연 4회가 되며 이자금액을 계산할 때에는 실제 날짜수를 365일로 나누어서 계산한다. 또 이자교환은 차액정산 방식을 따른다. 즉 이자지급 주기에 지급하여야 할 이자와 지급받는 이자의 차이만을 지급한다.

2.2.2 균형스왑가격

표준이자율스왑 거래에 있어서 교환되는 변동금리와 고정금리의 가치가 사전적으로 어느 한쪽이 더 크다면 손실을 입는 쪽은 거래에 참여하지 않을 것이다. 따라서 스왑이 시장에서 원활하게 거래되기 위해서는 사전적으로는 교환될 변동금리 가치와 고정금리 가치가 같아야 한다. 이렇듯 두 가치를 일치시키는 가격을 균형가격이라고 한다.

다음을 생각해보자. 액면가 $100의 1년 만기, 2년 만기, 3년 만기 무이표채의 가격이 각각 $98.04, $95.18, $91.51라고 하자. 그러면 각 채권의 만기수익률(yield to maturity)은 다음과 같이 계산할 수 있다.

$$98.04 = \frac{100}{(1+y_1)} \qquad \therefore y_1 = 2\%$$

4) 외환시장에서의 양방향가격은 앞의 숫자가 매입률(bid rate)이고 뒤의 숫자가 매도율(offered rate)을 의미하기 때문에 스왑과는 정반대이다.

$$95.18 = \frac{100}{(1-y_2)^2} \qquad \therefore y_2 = 2.5\%$$

$$91.51 = \frac{100}{(1-y_3)^3} \qquad \therefore y_3 = 3\%$$

만기수익률은 채권을 만기까지 보유하고 채권이자(coupon)를 받는 즉시 만기수익률과 같은 수익률에 재투자하였을 때 얻는 연수익률이다. 그런데 무이표채의 경우 채권이자가 없으므로 만기수익률은 채권을 만기까지 보유하면 얻을 수 있는 연수익률이다.

이제 어떤 투자자가 2년이라는 기간 동안 투자를 하려고 한다고 하자. 2년 동안 투자하는 방법으로 2년 만기 채권에 투자하는 것과 1년 만기 채권에 투자하고 1년 후 다시 1년 만기 채권에 투자하는 것을 고려한다고 하자.

그림 6-6 선도이자율

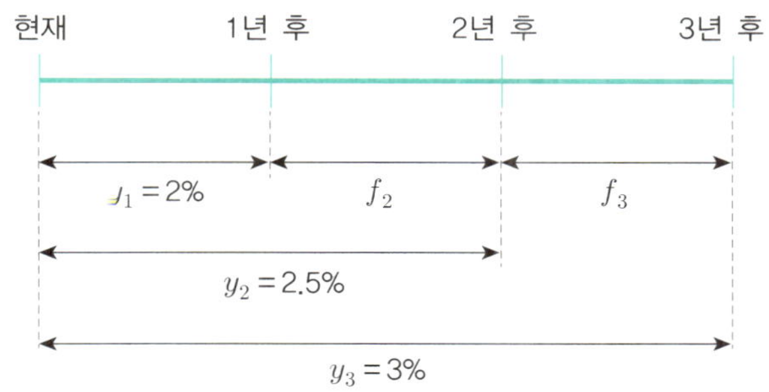

2년을 투자한다고 할 때 고정금리에 2년을 투자하면 [그림 6-6]에서 볼 수 있는 바와 같이 2.5%의 수익을 얻을 수 있다. 또 다른 방법은 1년 만기 채권에 투자하고 1년 후에 다시 1년 만기 채권에 투자하는 것이다. 이때 첫 번째 1년의 수익률은 2%라는 것을 위의 만기수익률 계산으로부터 알고 있다. 그럼 두 번째 1년 기간 동안의 수익률은 얼마이어야 할까? 고정금리와 변동금리에 투자했을 때 얻는 수익률은 사전적으로는 같아야 한다. 그렇지 않으면 아무도 불리한 금리에 투자하지 않을 것이기 때문이다. 따라서 다음의 식이 성립하는데 이때 f_2를 선도이자율(forward interest rate)이라고 한다.

$$(1+0.02)(1+f_2)=(1+0.025)^2 \qquad \therefore f_2 = 3\%$$

마찬가지로 2년 후에서 3년까지의 기간 동안의 선도이자율은 다음과 같다.

$$(1+0.02)(1+0.03)(1+f_3)=(1+0.03)^3 \qquad \therefore f_3 = 4\%$$

명목원금이 100만 달러, 1년에 이자가 한 번 교환되는 3년 만기 이자율스왑을 생각해보자.5) [그림 6-7]에서 볼 수 있는 바와 같이 이자율스왑이 거래되려면 현재의 시점에서 고정금리 현금흐름과 변동금리 현금흐름의 가치가 같아야 한다.

그림 6-7 스왑가격

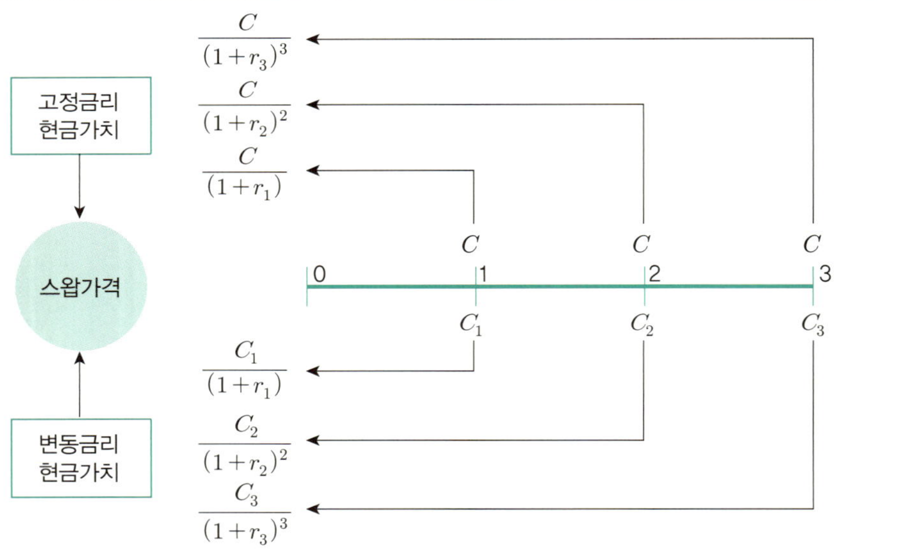

5) 보통 미국의 경우 6개월마다 이자가 교환되며 우리나라에서는 3개월마다 이자가 교환되는 것이 일반적이나 이해하기 쉽게 1년에 한 번 이자가 교환된다고 가정한다.

먼저 변동금리 현금흐름을 살펴보자. 첫 번째 현금흐름은 1년 이자율이 2%이므로 명목원금의 2%인 2만 달러가 지급된다. 두 번째는 선도이자율 f_2가 3%이므로 3만 달러가 지급된다. 세 번째는 선도이자율 f_3가 4%이므로 4만 달러가 지급된다. 따라서 변동금리의 총현재가치는 이 현금흐름을 이자율로 할인한 것으로 다음과 같다.

$$\frac{20,000}{(1+0.02)}+\frac{30,000}{(1-0.025)^2}+\frac{40,000}{(1+0.03)^3}=\$84,768$$

고정금리 현금흐름의 현재가치도 $84,768이어야 하므로 다음 식을 풀면 스왑가격을 계산할 수 있다.

$$\frac{C}{(1+0.02)}+\frac{C}{(1-0.025)^2}+\frac{C}{(1+0.03)^3}=84,768 \qquad \therefore C=\$29,771$$

따라서 스왑당사자 한쪽은 3년 동안 고정금리 현금흐름 $29,771를 지급하고 다른 상대방은 첫 해에 $20,000, 두 번째 해에 $30,000, 세 번째 해에 $40,000를 지급하는 것이 균형가격이 된다.

제3절 통화스왑

통화스왑(currency swap)은 두 거래당사자가 일정액의 원금을 서로 다른 통화로 교환하고 이후 일정기간에 걸쳐 미리 약속한 이자와 원금을 교환하는 거래이다. 경우에 따라 원금을 교환하지 않거나 이자의 차액만을 지불할 수도 있다.[6)]

6) 유사시 유동성확보를 위한 국가 간 통화스왑은 여기서의 통화스왑과는 전혀 다른 것이다. 국가 간 통화스왑이라는 것은 정확히 말하면 통화스왑협약으로 외환위기가 발생하면 자국통화를 상대국에 맡기고 외국통화를 단기로 차입하기로 약속한 중앙은행 간 신용계약이다. 내용상 차입

3.1 기본적인 통화스왑

앞서 소개한 바와 같이 통화스왑은 외환통제를 피하기 위해 상호대출을 발전시킨 장외파생상품으로 스왑상품 중 가장 먼저 개발되었다. 초창기 통화스왑은 단기적인 거래가 주류를 이루었다. 단기거래였기 때문에 시작시점의 원금교환과 종료시점의 원금교환 사이의 이자교환은 하지 않는 형태였다. 그러나 오늘날에는 통화스왑이 대부분 장기거래이기 때문에 중간에 이자가 교환된다.

통화스왑의 시작시점에서의 원금교환은 그 시점의 현물환율에 의해 이루어지며 종료시점의 원금교환도 현물환율로 이루어지는 것이 일반적이다. 이자의 교환은 고정금리 간 교환, 고정금리와 변동금리 간 교환, 변동금리 간 교환으로 할 수 있다. [그림 6-8]은 전형적인 통화스왑의 구조를 나타낸 것이다.

그림 6-8 통화스왑 구조

통화스왑은 이자율스왑과 비슷한 구조이지만 교환되는 통화가 다르다는 점에서 차이가 있다. 이자율스왑은 동일 통화를 기준으로 하기 때문에 명목원금이 반드시 교환될 필요가 없다. 그러나 통화스왑은 시작시점에서는 현물환율로 교환되기 때문에 반드시 원금이 교환될 필요는 없으나 종료시점에는 서로 다른 통화의 현재가치

에 해당되지만 자국통화를 맡기고 외국통화를 빌려오는 것이기 때문에, 즉 통화가 교환되는 형식이기 때문에 스왑이라는 용어를 사용하고 있다. 협정을 맺을 때 수수료, 적용환율 등을 미리 정하게 되는데 수수료는 요청한 쪽에서 부담하게 된다.

를 갈게 하는 원금의 교환이 필요하다.

정리하기 2

미국 채권에 투자를 하려는 한국의 기업이 금융시장에서 미국 달러의 직접조달 없이 투자를 하는 방법을 생각해보자. 쉽게 한국의 금융시장에서 자금을 조달하여 미국 달러로 바꾸거나 미국 금융시장에서 달러를 조달하는 것을 생각할 수 있으나 현실적으로 비용적인 측면을 생각해 볼 때 통화스왑을 이용하는 것이 유리할 수 있다.
미국 채권에 100만 달러를 투자하려고 한다고 하자. 그러면 이 투자자는 100만 달러의 통화스왑을 체결한다. 현재의 환율이 ₩1,200/$라고 하면 현재의 시점에서 12억원을 지급하고 스왑 상대방으로부터 100만 달러를 지급받는다. 이렇게 교환한 미국 달러로 투자한 채권 액면가의 총합이 100만 달러가 되도록 100만 달러어치 채권을 구입한다. 이 채권의 표면이자가 2%라고 하자. 만약 체결한 스왑의 이자율이 3%라고 한다면 채권으로부터 발생한 이자를 스왑상대방에게 지급하고 원화 스왑 이자율 3%를 지급받는다.
스왑 종료 시에는 반대로 채권의 만기 상환액인 100만 달러를 스왑 상대방에게 지급하고 스왑 상대방으로부터 원화 12억원을 지급받는다. 이 스왑거래를 통해 투자자는 원화 3%만큼의 이득을 얻을 수 있다.

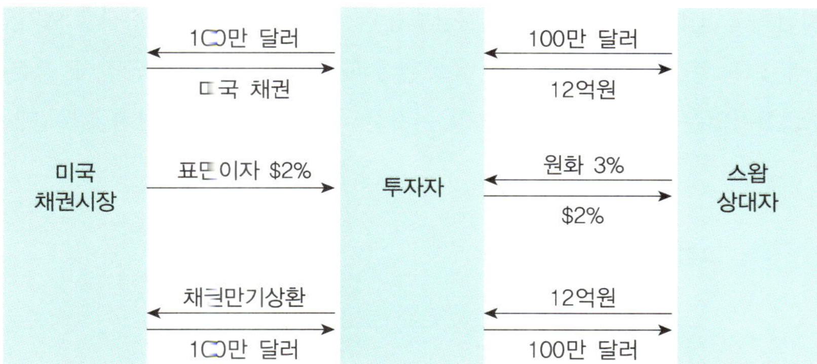

3.2 이자율통화스왑

기본적인 통화스왑이 단순한 통화교환에 초점이 맞추어져 있다면 이자율통화스왑은 통화의 비교우위와 금리의 비교우위를 모두 반영하는 스왑이라고 할 수 있다. 기업마다 특정 통화를 특정 금리로 조달하는데 비교우위가 있기 마련이기 때문에 이를 바탕으로 한 스왑거래를 통해 스왑 쌍방이 모두 이익을 얻을 수 있다.

3.2.1 고정금리 통화스왑

고정금리 통화스왑은 서로 다른 고정금리 채무를 가지고 있는 두 차입자가 고정금리 채무에 대한 원리금과 이자를 서로 바꾸어 상환하기로 약정한 거래이다.

다음의 예를 생각해보자. A기업은 미국 금융시장에서 2%, 유로시장에서 3%의 고정금리로 차입할 수 있다. 반면에 B기업은 미국에서 1.5%, 유로시장에서 3.5%의 고정금리로 차입할 수 있다고 하자. 그러면 A기업은 유로시장에서, B기업은 미국시장에서 비교우위가 있다. 어떻게 하면 A기업과 B기업이 시장에서 직접 미국 달러와 유로화를 조달하는 것보다 유리하게 자금을 조달할 수 있을까? 서로 비교우위에 있는 시장에서 자금을 조달하고 교환하면 서로 이득을 얻을 수 있을 것이다.

A기업과 B기업은 스왑딜러를 통해 달러와 유로화를 교환하는 통화스왑계약을 맺는다. A기업은 비교우위가 있는 유로시장에서 유로화를 3%에 조달하여 유로원금을 스왑딜러에게 지불하고 1.6%에 달러원금을 달러로부터 지급받는다. 반대로 B기업은 비교우위가 있는 달러시장에서 달러화를 1.5%에 조달하여 달러원금을 스왑딜러에게 지급하고 3.1%에 유로원금을 지급받는다. 만기에는 반대방향으로 A기업은 달러원금과 1.6%의 이자를 지급하고 유로원금과 3%의 이자를 지급받아 자본시장에 상환하고 B기업은 유로원금과 3.1%의 이자를 지급하고 달러원금과 1.5%의 이자를

그림 6-9 고정금리 통화스왑

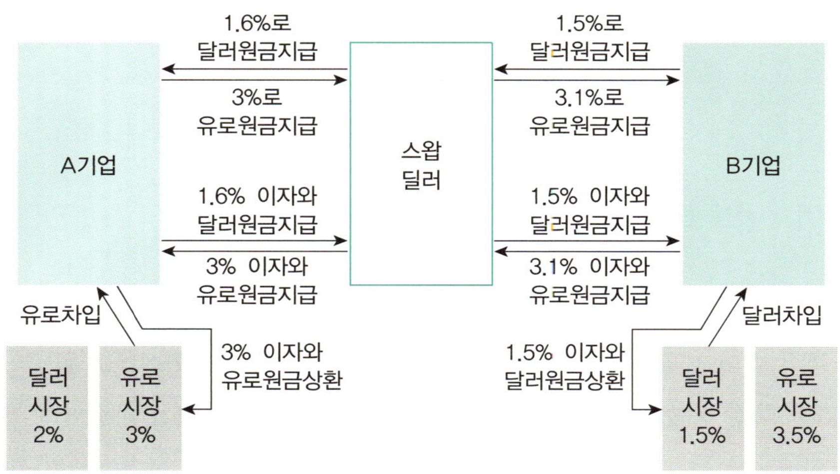

지급받아 자본시장에 상환한다.

그러면 A기업은 달러를 직접 조달할 때에 비해 0.4%의 이자비용을 절감할 수 있다. 즉 이자율 통화스왑을 통해 이자율 우위에 있는 통화와 필요한 통화를 교환하여 이득을 얻을 수 있다. B기업 역시 3.5%에 조달하여야 할 유로화를 이자율통화스왑을 통해 3.1%에 조달하였으므로 0.4%의 이득을 얻을 수 있다. 스왑딜러 역시 3%에 조달한 유로화를 3.1%에 운용하였으므로 0.1%의 이득이 발생하였으며 1.5%에 조달한 달러를 1.6%에 운용하여 0.1의 이득을 얻어 총 0.2%의 이득을 얻을 수 있다.

3.2.2 변동금리 통화스왑

변동금리 통화스왑은 서로 다른 통화에 대한 변동금리 채무와 고정금리 채무의 원리금과 이자의 상환을 서로 바꾸어 상환하기로 약정한 거래이다.

다음의 예를 생각해보자. C기업은 미국 금융시장에서 LIBOR, 유로시장에서 3%의 고정금리로 차입할 수 있다. 반면에 D기업은 미국에서 LIBOR, 유로시장에서 3.5%의 고정금리로 차입할 수 있다고 하자. 그러면 C기업은 유로시장에서, D기업은 미국시장에서 비교우위가 있다. 이때 앞에서와 같이 서로 비교위위에 있는 시장에서 자금을 조달하여 교환하면 쌍방 모두 이득을 얻을 수 있을 것이다.

C기업과 D기업은 스왑딜러를 통해 달러 변동금리와 유로화 고정금리를 교환하는 변동금리 통화스왑계약을 맺는다. C기업은 비교우위가 있는 유로시장에서 유로화를 3%에 조달하여 스왑딜러에게 3.1% 고정금리로 유로화를 지급하고 그 대가로 LIBOR에 달러원금을 지급받는다. 반대로 D기업은 상대적으로 비교우위가 있는 달러시장에서 달러화를 LIBOR에 조달하여 스왑딜러에게 지급하고 3.2%에 유로원금을 지급받는다. 만기에는 반대방향으로 C기업은 달러원금과 LIBOR 이자를 지급하고 유로원금과 3.1%의 이자를 지급받아 자본시장에 상환하고 D기업은 유로원금과 3.2%의 이자를 지급하고 달러원금과 LIBOR 이자를 지급받아 자본시장에 상환한다.

그러면 C기업은 달러를 직접 조달할 때에 비해 0.1%의 이득이 발생하게 된다. 즉 이자율스왑을 통해 금리우위에 있는 통화와 필요한 통화를 교환하여 이득을 얻을 수 있다. D기업 역시 3.5%에 조달하여야 할 유로화를 변동금리 통화스왑을 통해

3.2%에 조달하였으므로 0.3%의 이득을 얻을 수 있다. 스왑딜러 역시 3.1%에 조달한 유로화를 3.2%에 운용하였으므로 0.1%의 이득이 발생한다.

그림 6-10 변동금리 통화스왑

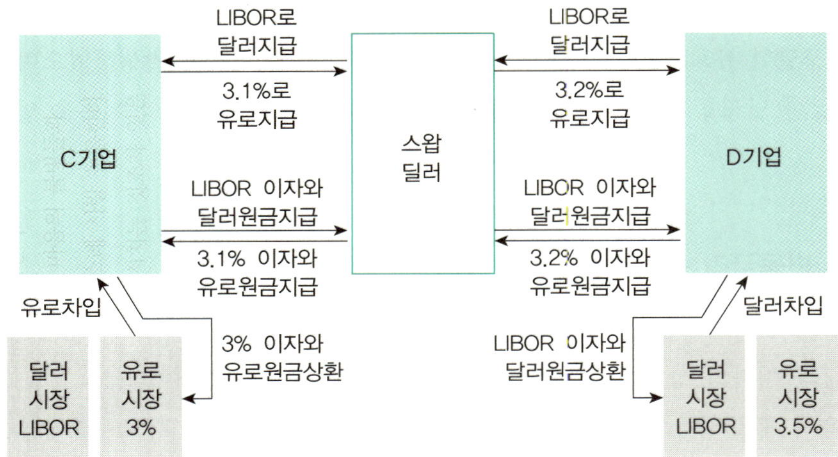

3.3 통화스왑 가격

3.3.1 시장가격 고시

통화스왑 가격의 고시는 고정금리와 변동금리 스왑의 형태와 베이시스 통화스왑의 형태로 이루어진다. [표 6-2]는 달러/원 통화스왑 가격 고시의 예시이다. 1년 만기 고정금리/변동금리 스왑의 경우 1.50−1.47로 되어 있는데 이는 스왑딜러가 매 6개월마다 원화 고정금리 1.47%를 지급하고 상대방으로부터 달러 LIBOR를 받거나 스왑딜러가 원화 고정금리 1.50%를 받고 달러 LIBOR를 지급한다는 의미이다.

베이시스 통화스왑의 경우 1년 만기가 −35/−36으로 되어 있는데 이는 스왑딜러가 달러 LIBOR를 지급하고 원화 (LIBOR−35)를 수취하거나 원화 (LIBOR−36)을 지급하고 달러 LIBOR를 받는다는 의미이다.

| 표 6-2 | 통화스왑 가격 고시 예시(달러/원)

기간	고정금리/변동금리	베이시스
1년	1.50 – 1.47	–35/–36
2년	1.65 – 1.62	–33/–34
3년	1.71 – 1.68	–28/–29
5년	1.81 – 1.68	–25/–26
10년	1.88 – 1.85	–26/–27

3.3.2 통화스왑 균형가격

통화스왑의 균형가격 역시 이자율스왑과 마찬가지로 교환되는 현금의 현재가치가 같은 수준에서 결정된다. 계약을 체결하는 시점에서 어느 한쪽이 더 많은 현금을 수취하기로 하는 계약은 있을 수 없기 때문이다.

유로화 고정금리와 미국 달러 변동금리를 교환하는 통화스왑의 예를 들어보자. 이 경우 통화스왑의 가격을 계산하기 위해서는 앞에서 했던 것처럼 먼저 변동금리 적용 국가인 미국의 선도이자율을 계산한다. 그런 다음 각 시점에 지급하여야 하는 미국 달러를 계산하고 여기에 현물환율을 곱하여 유로화 현금흐름을 계산한다. 이 현금흐름의 현재가치와 유로화 고정금리 현금흐름의 가치를 같게 만드는 현금흐름이 곧 통화스왑의 가격이 된다.

제4절 외환스왑 및 기타 스왑

앞에서 살펴본 이자율스왑과 통화스왑 이외에 외환스왑, 신용스왑, 자산스왑 등 기타 스왑에 대해 살펴보자.

4.1 외환스왑

외환스왑(F/X swap: foreign exchange swap)은 동일 금액의 외환에 대해 결제일과 거래방향을 달리하는 2개의 거래로 구성한 외환거래이다. 외환스왑은 2개의 거래로 구성되는데 1개의 현물계약과 1개의 선물환계약으로 구성된 현물선물환 외환스왑(spot－forward swap)과 2개의 선물환 계약으로 구성된 선물환 외환스왑(forward－forward swap)이 있다. 전자의 외환스왑의 경우 현물환을 매도/매입하고 선물환을 반대로 매입/매도하는 것을 말한다. 반면에 후자의 경우는 미래의 한 시점에 만기가 되는 선물환을 매입/매도하고 이와 시점이 다른 또 다른 만기의 선물환을 반대로 매도/매입하는 것을 말한다.

[그림 6－11]에서와 같이 현재시점에서 외환을 교환하고 미래의 일점시점에 반대방향으로 외환을 다시 교환하면 현물선물환 외환스왑이 되고 첫 번째 외환의 교환이 미래에 이루어지면 선물환 외환스왑이 된다. 물론 2번째로 교환되는 외환의 환율은 계약시점에서 미리 정해진다.

그림 6-11 외환스왑

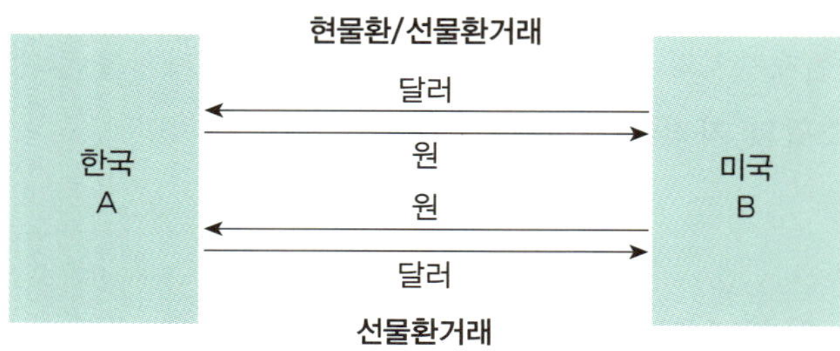

외환스왑은 투자자가 환위험을 회피하기 위해 사용할 수 있다. 한국의 투자자가 미국에 3개월 정도 단기투자를 하려고 한다. 이때 보유하고 있는 원화를 매도하고 달러를 매입하는 현물환거래를 통해 투자에 사용할 달러를 마련하고 동시에 3개월 후에 만기가 되는 선물환계약을 체결하는 외환스왑을 하면 투자자금을 회수할 때 발생하는 환위험을 없앨 수 있다.

또한 외국에서 단기로 자금을 차입하려는 사람들도 외환스왑을 이용할 수 있다. 외환을 차입하면 차입금을 상환할 때 환위험이 발생할 수 있는데 외환스왑을 이용하면 선물환율로 환율을 고정할 수 있기 때문에 환위험을 부담하지 않고 외환을 차입할 수 있다.

외환스왑은 외환딜러들의 현물 및 선물포지션의 조정을 위해 이용되기도 한다. 가령 어떤 딜러가 특정 통화에 대한 현물환 매도포지션이 매입포지션보다 많고 선물환은 이와는 달리 매입포지션이 매도포지션보다 많다면 반대의 상황에 있는 딜러와 외환스왑을 통해 포지션의 균형을 이룰 수 있다.

또한 외환보유의 구성을 일시적으로 바꾸고자 할 때 중앙은행도 외환스왑시장에 참여할 수 있다. 즉 단기적으로 미국 달러의 비중을 낮추고 유로화의 비중을 늘리고자 하나 가까운 장래에 다시 달러의 구성비를 늘리고자 할 때 외환스왑을 이용하면 환위험 없이 소기의 목적을 달성할 수 있다.

많은 사람들이 통화스왑과 외환스왑을 혼동한다. 두 스왑은 현물환과 선물환, 2개의 계약으로 구성되며 첫 번째 외환의 교환이 이루어진 일정시점 후에 반대방향으로 외환이 다시 교환된다는 점에서는 유사하다. 그러나 다음과 같은 점에서 다르다.

첫째, 두 번째 교환되는 외환의 환율이 다르다. 통화스왑에서는 두 번째 교환도 첫 번째와 마찬가지로 현시점의 현물환율에 교환이 이루어진다. 그러나 외환스왑에 있어서는 두 번째 환율은 현재의 시점에서 두 당사자가 정한 선물환율로 교환이 이루어진다.

둘째, 일반적으로 통화스왑은 장기계약인 데 반해 외환스왑은 단기거래이다. 통화스왑의 경우 1년 이상인 경우가 대부분이며 5년, 10년 계약도 어렵지 않게 볼 수 있다. 그러나 외환스왑의 경우는 1년 이하가 대부분이다.

[표 6-3]은 전 세계 외환시장의 거래규모를 나타낸 것이다. 이 표에서 볼 수 있는 바와 같이 가장 간단한 형태의 외환스왑이 2019년 4월 기준으로 전체의 48.6%를 차지하고 있다는 것을 알 수 있다.

표 6-3 전 세계 외환상품시장 거래규모 추이 (2019년 4월 중 일평균 기준) (단위: 십억 달러, %)

	2007	2010	2013	2016 (A)	2019 (B)	증감 (B-A)
전체 외환상품	3,324	3,973	5,357	5,066	6,590	1,524 [30.1]
현물환	1,005 (30.2)	1,489 (37.5)	2,047 (38.2)	1,652 (32.6)	1,987 (30.2)	335 [20.3]
선물환	362 (10.9)	475 (11.9)	679 (12.7)	700 (13.8)	999 (15.2)	300 [42.8]
외환스왑	1,714 (51.6)	1,759 (44.3)	2,240 (41.8)	2,378 (46.9)	3,202 (48.6)	824 [34.6]
통화스왑	31 (0.9)	43 (1.1)	54 (1.0)	82 (1.6)	108 (1.6)	26 [31.6]
통화옵션 및 기타파생상품3)	212 (6.4)	207 (5.2)	337 (6.3)	254 (5.0)	294 (4.5)	40 [15.6]

주: 1) 국내외 조사대상금융기관 간 중복거래(double-counting) 제외
2) ( ) 내는 전체거래 대비 비중(%), [ ] 내는 전기 대비 증감률(%)
3) 선물환, 스왑, 옵션 등 정형상품으로 구분이 불가능한 외환파생상품
자료: 한국은행, 2019년도 BIS 주관 전 세계 외환 및 장외파생상품시장 조사 결과, 2019.9.27

4.2 신용스왑

여기서는 신용파생상품 가운데 대표적인 상품인 신용부도스왑과 총수익스왑을 살펴보기로 하자.

4.2.1 신용부도스왑

(1) 신용부도스왑의 구조

신용부도스왑(CDS: credit default swap)은 신용보장매입자(credit protection buyer)가 일정한 수수료를 지급하는 대가로 미리 정한 신용사건(credit event)이 발생할 경우 신용보장매도자(credit protection seller)로부터 손실액을 지급받는 신용파생상품이다.

그림 6-12 신용부도스왑 구조

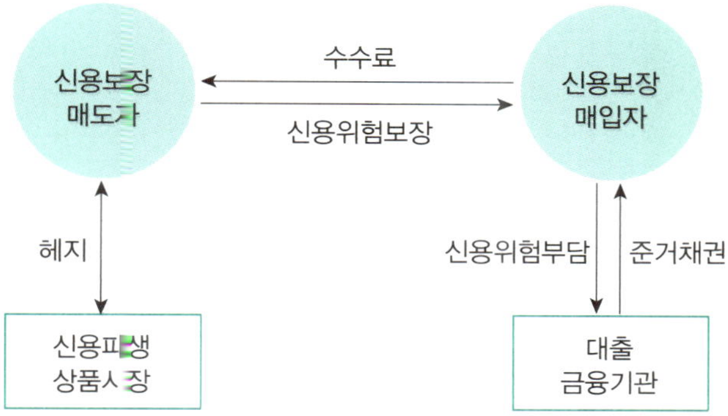

[그림 6-12]에서 볼 수 있듯이 신용보장매입자는 일정수준의 보장수수료를 신용보장매도자에게 지급하는 대신에 준거채권(reference entity)[7]의 신용사건 발생 시 원금을 보장받는 거래가 신용부도스왑이다. 신용사건이란 ISDA(international swaps and derivatives association)가 정의한 바와 같이 도산, 지급실패, 기한이익상실(acceleration), 지급이행거절, 지불유해, 채무불이행, 채무재조정 등을 말한다. 예를 들어 해당 신용차입자가 채무를 불이행하게 되면 그 차입자와 관련된 준거채권의 가치가 낮아지게 되는데 그로 인한 손해를 보장받게 된다.

수수료는 신용프리미엄(CDS premium)에 거래금액을 곱한 금액으로 결정되는데 보통 신용프리미엄은 1/100%, 즉 bp(basis point)로 표시한다.

한편 위의 거래를 통해 신용보장 매입자에게 대출을 해준 금융기관은 신용위험을 없앨 수 있다. 신용보장매입자가 체결한 신용부도스왑으로 준거채권의 가치가 보장되기 때문이다. 또한 보장매도자는 신용부도스왑으로 발생한 신용위험을 신용파생상품시장에서 헤지를 할 수 있기 때문에 보장매도자 역시 신용위험을 없앨 수 있으며 이러한 거래로 신용파생상품시장의 규모가 커지고 있다.

보유자산에 대한 신용위험을 없애기 위한 헤지가 일차적인 신용부도스왑의 목적이었다면 최근에는 점차 거래규모가 확대되면서 투기의 목적이 강해지고 있다. 일반 보증보험과는 달리 구제를 받지 않고 감독기관에 거래에 대한 보고를 하지 않아

7) 준거채권이란 신용부도스왑 계약상 신용사건의 발생 여부를 판단하는 기준이 되는 채권을 말한다.

도 되기 때문에 거래가 크게 늘고 있다. 이러한 투기적 목적의 신용부도스왑이 금융위기에 한 몫을 하였다는 비판이 제기되어 거래시스템 구축 및 규제가 논의되고 있는 실정이다.

(2) 손실액의 정산

신용사건이 발생하여 손실액을 정산하는 방법에는 현물결제(physical settlement)와 현금결제(cash settlement) 두 가지 방법이 있다.

먼저 현물결제 방식은 보장매입자가 거래 당시 약속된 인도가능 준거채권을 보장매도자에게 인도하고 보장매도자는 계약된 금액 전체를 보장매입자에게 지급하는 방법이다. 현물결제 방식의 경우 현물을 보유하고 있지 않은 보장매입자는 인도 자산을 시장에서 매입하여 인도하여야 하는데 이것이 여의치 않을 경우 문제가 발생할 소지가 있으며 실제로 인도 자산을 찾지 못하여 결제가 정상적으로 이루어지지 않는 경우가 발생하였다. 따라서 현재 대부분의 경우 현금결제 방식을 채택하고 있다.

현금결제 방식은 실제 준거채권의 교환이 이루어지지 않고 신용사건 발생 시 준거채권의 액면금액에서 준거채권의 시장가치를 차감한 금액, 즉 준거채권 보유에 따른 손실액을 보장매도자가 보장매입자에게 지급하는 방식이다. 예를 들어 1억원의 채권이 발행되었는데 해당 기업이 부도가 난 이후 그 기업의 모든 자산을 처분하여 우선 변제할 금액을 변제한 이후 채권자에게 남은 금액이 5,000만원이라면 손실액 5,000만원을 지급하는 방식이다.

(3) 신용부도스왑의 특징

신용부도스왑은 항상 신용보증을 위한 현금이 교환되는 것이 아니라 계약사건이 발생하여야만 손실액을 지급받는 조건부청구권(contingent claims)이다. 스왑은 현금흐름이 상호 교환되는 것을 의미하는데 신용부도스왑은 조건부청구권이라는 점에서 보통의 스왑과는 크게 다르다.

신용부도스왑은 조건부청구권이라는 점에서 신용보증보험과 현금흐름의 구조가 매우 비슷하다. 그러나 보증보험과는 다음과 같은 점에서 다르다. 첫째, 일반 보증보험이 금융소비자와 금융기관 간의 금융거래에 대한 지급보증인 반면에 신용부도스왑은 정부나 기업의 신용사건을 기초로 한 것이기 때문에 정부나 기업에 대한 지급보증이라고 할 수 있다. 둘째, 보증보험이 원계약과 분리하여 매매될 수 없는 반면에 신용부도스왑은 준거자산과 분리하여 자유롭게 매매할 수 있다. 또한 해당 준거자산을 보유하지 않은 투자자도 얼마든지 거래에 참여할 수 있다.

4.2.2 총수익스왑

총수익스왑(TRS: Total Return Swap)은 신용파생상품의 일종으로 앞에서 살펴본 신용부도스왑이 신용위험만을 전가하는 것에 비해 신용위험뿐만 아니라 금리, 환율 등 시장위험도 이전시키는 거래이다. 또한 신용사건이 발생하지 않아도 현금흐름이 교환된다는 점에서 차이가 있다. 즉 총수익스왑은 준거자산의 신용위험뿐만 아니라 자산의 가치변동위험도 동시에 전가하는 복합상품이다.

그림 6-13 총수익스왑의 구조

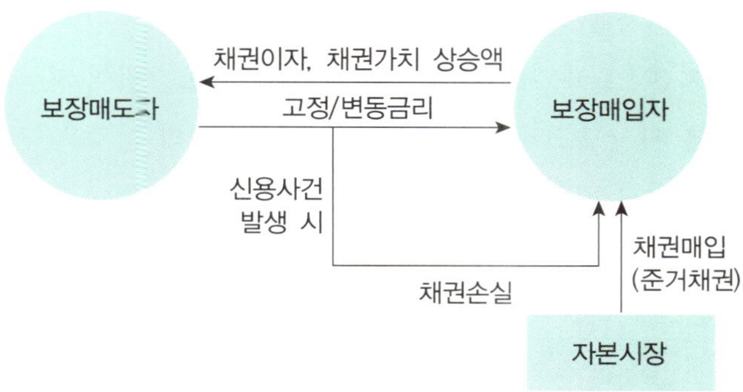

[그림 6-13]에서 볼 수 있는 바와 같이 자본시장에서 준거자산을 매입하여 보유하게 된 보장매입자는 그 자산으로부터 발생하는 신용위험과 자산가치변동 위험을 전가하기 위해 총수익스왑을 계약한다. 보장매입자는 채권을 보유함으로써 발생하는 모든 수익(채권이자 및 채권가치 상승액)을 보장매도자에게 지급하고 그 대가로 고정금리 또는 변동금리 이자를 지급받는다. 이와 함께 채권의 가치가 하락하면 손실을 지급받게 된다.

총수익스왑은 준거자산이 채권인 경우에 많이 이용된다. 또 가격변동성이 큰 자산을 보유하고 있을 때 자산의 가치상승에 따른 이익을 누릴 수 없지만 자산의 가치하락으로 치명적인 피해를 입을 수 있을 때 활용될 수 있다.

4.3 자산스왑

자산스왑(asset swap)은 자산, 특히 채권자산을 보유한 투자자가 자산으로부터의 고정금리/변동금리 현금흐름을 변동금리/고정금리로 변화시키기 위한 스왑을 말한다. 일반적으로, 고정금리 채권을 매입한 투자자가 채권으로부터의 고정금리 현금흐름을 변동금리 현금흐름으로 전환하기 위한 목적으로 이루어지며 이 거래를 통해 고정금리채권을 변동금리채권(FRN: floating rate note)으로 바꾸는 효과를 얻을 수 있다.

우리나라 스왑시장에서는 외화채권의 현금흐름을 통화스왑으로 교환하는 것을 일반적으로 자산스왑이라고 지칭한다. 그러나 자산스왑이 반드시 통화스왑을 포함하는 것은 아니며 이자율스왑을 포함할 수도 있다.

자산스왑은 이자율스왑과 거의 동일하다. 다만 이자율스왑이 자금조달비용을 낮추기 위한 것 혹은 자산 포트폴리오와 부채 포트폴리오의 이자율 구조를 일치시키기 위한 것이라면 자산스왑은 운용수익률을 높이기 위한 것이라고 할 수 있다.

그림 6-14 자산스왑 구조

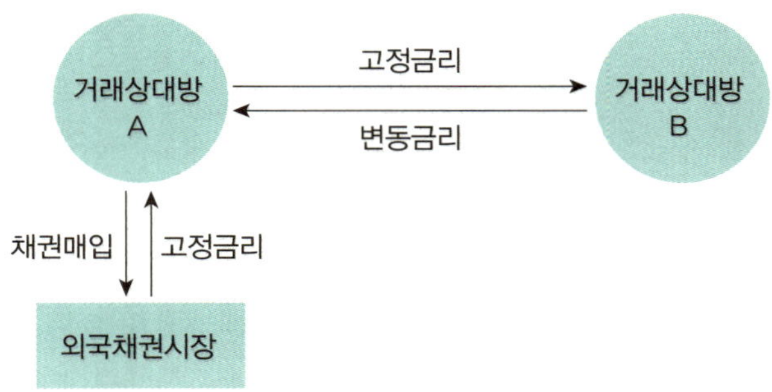

자산스왑에서 거래상대방 A는 고정금리채권을 매입함과 동시에 스왑을 통해 변동금리를 지급받을 수 있기 때문에 변동금리채, 즉 FRN을 매입한 효과를 얻을 수 있다. 변동금리채를 직접 매입하지 않고 굳이 자산스왑을 하는 이유는 다음과 같다.

첫째, 시중에 유통되거나 신규 발행되는 변동금리채권이 수요에 비해 크게 부족하기 때문이다.

둘째, 변동금리채권은 고정금리채권에 비해 유동성이 떨어져서 만기 전에 유통시장에서 매도할 때 상대적으로 더 큰 거래비용을 부담할 수 있기 때문이다.

부록 | 국가부도위험 11년 만에 가장 낮아

한국경제신문 2019.2.18

한국의 부도위험을 나타내는 '신용부도스왑(CDS) 프리미엄'이 글로벌 금융위기 이후 최저수준으로 떨어졌다. 경기침체 우려에도 북핵문제 등 부채상환 능력의 돌발 악화를 가져올 수 있는 위험요인이 완화됐기 때문으로 풀이된다.

17일 국제금융센터에 따르면 한국의 CDS 프리미엄은 지난 14일 기준 0.32%포인트를 나타냈다. 글로벌 금융위기 전인 2007년 11월 이후 11년 3개월 만에 가장 낮은 수준이다.

CDS란 두 회사가 특정 국가나 기업의 부도위험을 거래할 수 있도록 설계된 파생금융상품이다. CDS 프리미엄의 하락은 금융시장에서 한국 국채가 부도날 위험을 낮게 본다는 뜻이다. 2008년 10월 6.9%포인트대로 치솟았던 이 프리미엄은 지난해 9월 0.3%포인트대로 떨어진 이후 이 수준을 유지하고 있다.

금융투자업계에선 한국경제를 둘러싼 대외 불안 요인이 완화된 점을 주요 원인으로 꼽는다. 미국과 북한의 2차 정상회담 추진으로 외국인 투자자의 '코리아 디스카운트' 압력으로 작용하는 북핵 위협이 줄어든 데 힘입었다는 평가다.

주요 경기지표 부진과 별개로 경상수지 흑자가 이어지고 외환보유액이 늘어나는 등 달러 채무상환능력을 보여주는 기초체력(펀디멘털)이 좋아진 것도 한국의 신용을 떠받치고 있다. 한국의 지난달 외환보유액은 4,055억 달러(약 458조원)로 월별 기준 사상 최대를 기록했다. 최근 미국과 중국 간 무역분쟁 완화 기대와 미국 중앙은행(Fed)의 금리인상 속도조절 전망 역시 한국과 같은 신흥국의 부도위험을 떨어뜨리는 역할을 했다는 분석이다. 투자은행(IB)업계 관계자는 "한국경제 성장률은 떨어졌지만 재정과 외환 분야에선 건전성이 개선됐다는 국제금융시장의 평가가 반영됐다"고 말했다.

요약

- 스왑은 서로 다른 형태의 미래 현금흐름을 미리 정한 조건으로 거래당사자들 간에 교환하는 거래이다. 스왑은 파생상품, 특히 장외파생상품의 대표적인 상품으로 최근 자본시장과의 관계가 강화됨에 따라 없어서는 안 될 중요한 금융상품으로 인식되고 있다.
- 이자율스왑은 두 차입자가 성격이 서로 다른 이자지급 의무를 일정기간 동안 상호교환하기로 한 거래를 말한다. 이때 명목원금은 계약 시작과 종료 시에 교환되지 않고 교환될 이자를 계산하는 기준으로만 사용되는 것이 보통이다. 이자율스왑에서의 명목원금은 동일한 통화이며 액수도 같기 때문에 굳이 교환할 필요가 없다. 이자율스왑은 표준이자율스왑과 베이시스스왑으로 구분해볼 수 있다.
- 통화스왑은 두 거래당사자가 일정액의 원금을 서로 다른 통화로 교환하고 이후 일정기간에 걸쳐 미리 약속한 이자와 원금을 교환하는 거래이다. 경우에 따라 원금을 교환하지 않거나 이자의 차액만을 지불할 수도 있다. 통화스왑은 이자율스왑과 비슷한 구조이지만 교환되는 통화가 다르다는 점에서 차이가 있다.
- 외환스왑은 동일 금액의 외환에 대해 결제일과 거래방향을 달리하는 2개의 거래로 구성한 외환거래이다. 1개의 현물계약과 1개의 선물환계약으로 구성된 현물선물환 외환스왑과 2개의 선물환계약으로 구성된 선물환 외환스왑이 있다.
- 신용부도스왑은 신용보장매입자가 일정한 수수료를 지급하는 대가로 미리 정한 신용사건이 발생할 경우 신용보장매도자로부터 손실액을 지급받는 신용파생상품이다.
- 총수익스왑은 준거자산의 신용위험뿐만 아니라 자산의 가치변동 위험도 동시에 전가하는 복합상품이다.
- 자산스왑은 자산, 특히 채권자산을 보유한 투자자가 자산으로부터의 고정금리/변동금리 현금흐름을 변동금리/고정금리로 변화시키기 위한 스왑을 말한다. 일반적으로 고정금리채권을 변동금리채권으로 바꾸려는 목적에서 이용된다.

생각해보기

1. 이자율스왑과 자산스왑의 차이점은 무엇인가?

2. 고정금리 통화스왑과 변동금리 통화스왑의 공통점은 무엇인가? 또 차이점은 무엇인가?

3. 채권의 만기수익률이란 무엇인가?

4. 신용부도스왑이 보통의 스왑과 다른 점은 무엇인가? 또 보증보험과 다른 점은 무엇인가?

5. 기업A는 투자 포트폴리오로부터 LIBOR+1% 이익을 얻고 있는데 차입금에 대해 2.5%의 고정금리를 지급하고 있다. 이 기업은 차입금에 대해 변동금리를 지급하길 원하는데 직접 조달할 경우 LIBOR+1.5%를 지급하여야 한다. 기업 B는 투자포트폴리오에서 3%의 고정금리 수익을 얻고 있고 차입금에 대해 LIBOR+0.5%의 이자를 지급하고 있다고 하자. 이 기업은 차입금에 대해 고정금리로 바꾸길 원하는데 직접 고정금리로 차입할 경우 3%의 이자를 지급하여야 한다.

   (1) 두 기업은 어떤 계약을 통해 서로 이익을 얻을 수 있는가?

   (2) 이 계약으로 기업A와 B가 얻게 되는 이익은 각각 얼마인가?

6. 2년 만기 표준이자율스왑의 가격이 T+39.5/36.5로 고시되었다. 2년 만기 미국국채금리가 1.817%라면 매입률과 매도율은 얼마인가?

7. 기업A는 미국 금융시장에서 LIBOR+1%, 유로시장에서 3%의 고정금리로 차입할 수 있다. 반면에 기업 B는 미국에서 LIBOR+0.5%, 유로시장에서 3.5%의 고정금리로 차입할 수 있다.

   (1) 기업A와 B는 어떤 계약을 통해 서로 이익을 얻을 수 있는가?

   (2) 이 계약으로 기업A와 B가 얻게 되는 이익은 각각 얼마인가?

7 장 통화옵션

제1절 옵션의 기본개념

제2절 통화옵션

7장 통화옵션

제1절 옵션의 기본개념

옵션은 앞에서 살펴본 선도, 선물, 스왑 등과 더불어 대표적인 파생상품 가운데 하나로 투자상품으로서 뿐만 아니라 위험관리의 중요한 수단으로 각광을 받고 있는 상품이다.

옵션(option)이란 현재로부터 미래의 일정시점까지의 기간 동안에 미리 정해진 가격에 특정 자산을 매입 또는 매도할 수 있는 권리를 말한다. 이때 매입할 수 있는 권리를 콜옵션(call option)이라고 하고 매도할 수 있는 권리를 풋옵션(put option)이라고 한다.

예를 들어 앞으로 한 달 동안 미국 달러를 특정 환율(₩/$)에 살 수 있는 권리가 있다고 하자. 그러면 이 기간 동안에 환율이 오르면 권리를 행사하여 싼 가격(환율)에 미국 달러를 매입할 수 있으므로 이득이 된다. 그러나 환율이 하락하면 권리를 행사하지 않고 시장에서 달러를 매입하는 것이 이득이므로 권리를 행사하지 않을 것이다. 이처럼 옵션은 유리하면 행사하고 불리하면 행사하지 않아도 되기 때문에 옵션을 보유하면 이득이 된다. 이러한 권리를 시장에서 사고파는데 이것이 바로 옵션이다.

이제 옵션의 기본 용어들을 살펴보자. 사고파는 대상이 되는 특정 자산을 기초자산(underlying asset)이라고 한다. 또 상품을 사거나 팔 때 적용되는 미리 정해진 가격을 행사가격(exercise price)이라고 한다. 미국 달러 통화옵션의 경우 미국 달러가 기초자산이며 미리 정해진 환율이 행사가격이 된다.

옵션이 행사될 수 있는 기간의 맨 마지막 날을 만기(maturity)라고 한다. 또한 이러한 권리를 시장에서 사고팔 때 적용되는 가격을 옵션가격이라고 한다.

그림 7-1 옵션

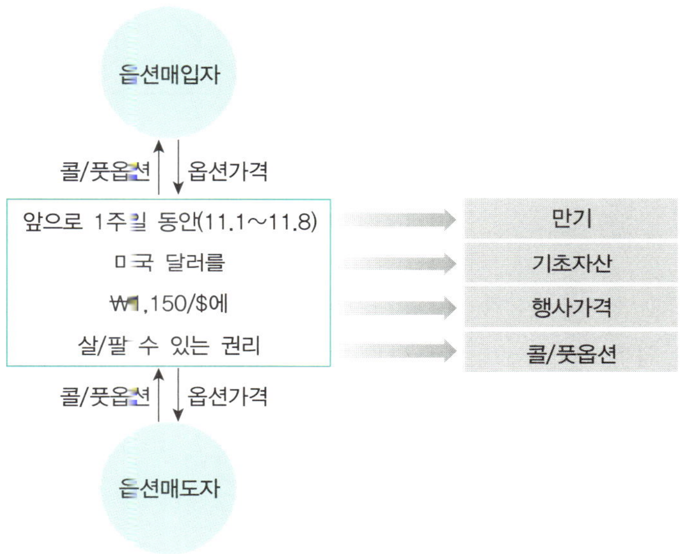

1.1 옵션행사로 인한 손익

옵션시장에는 콜옵션매수자, 매도자와 풋옵션매수자, 매도자 등 서로 다른 4개의 포지션이 존재한다. 따라서 옵션시장에는 기본적으로 4개의 서로 다른 손익구조가 존재한다.

1.1.1 콜옵션 행사로 인한 손익

콜옵션의 경우 옵션을 행사할 수 있는 포지션은 옵션매수자이다. 따라서 옵션이 행사된다는 뜻은 콜옵션매수자에게 유리한 상황이라는 의미이다. 콜옵션매수자가 이익을 얻을 수 있는 상황은 기초자산의 시장가격이 행사가격보다 높을 때이다. 그래야 비싼 기초자산을 옵션을 행사하여 싼 행사가격에 사서 이익을 얻을 수 있기 때문이다.

그림 7-2 **콜옵션매수자의 손익**

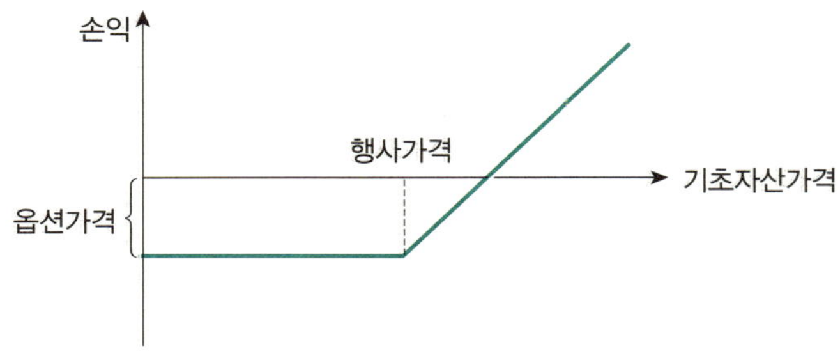

[그림 7-2]를 보자. 시장가격이 행사가격 이하일 때는 시장에서 기초자산을 매입하는 것이 이익이므로 옵션을 행사하지 않는다. 따라서 옵션의 행사로 인한 손익은 없으나 옵션을 보유하기 위해 지급한 옵션가격을 생각하면 옵션가격만큼의 손실이 발생한다. 반대로 시장가격이 옵션가격 이상일 때에는 비싼 기초자산을 옵션을 행사하여 싼 가격에 매입하여 이익을 얻을 수 있다. 그러나 이 경우에도 순이익은 옵션 행사로 인한 이익에서 옵션매입가격을 차감한 것이 된다.

그림 7-3 **콜옵션매도자의 손익**

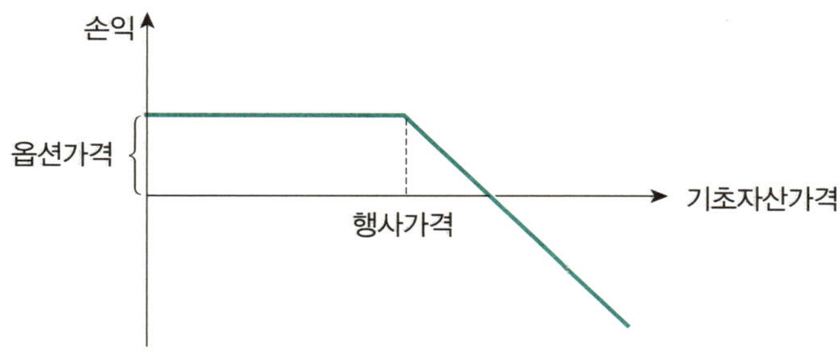

반면에 콜옵션매도자의 경우 옵션이 행사되면 손실을 입게 된다. 따라서 시장가격이 행사가격 이상일 경우 옵션이 행사되어 손실을 입는다. 이때 미리 옵션을 매도하여 받은 옵션가격을 생각하면 순손실액은 옵션행사로 인한 손실에서 옵션가격을 차감한 만큼 발생한다. 만약 시장가격이 행사가격보다 낮아 옵션이 행사되지 않으면 옵션행사로 인한 손익은 없으나 옵션을 매도하면서 받은 옵션가격만큼의 이익이 발생하게 된다.

1.1.2 풋옵션 행사로 인한 손익

풋옵션 역시 옵션을 보유하고 있는 매수자가 옵션행사의 권리를 갖고 있다. 풋옵션보유자가 옵션을 행사하여 이익을 얻으려면 시장가격이 행사가격보다 낮아야 한다. 그래야 낮은 시장가격에 기초자산을 매도하는 대신에 비싼 행사가격에 매도하여 이익을 얻을 수 있기 때문이다. 순이익은 옵션행사로 인한 이익에서 풋옵션을 매입한 가격을 차감한 것이 된다.

그림 7-4 풋옵션매수자의 손익

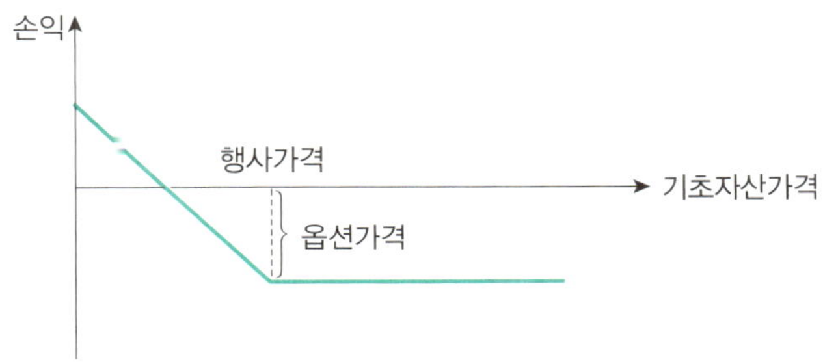

그림 7-5 풋옵션매도자의 손익

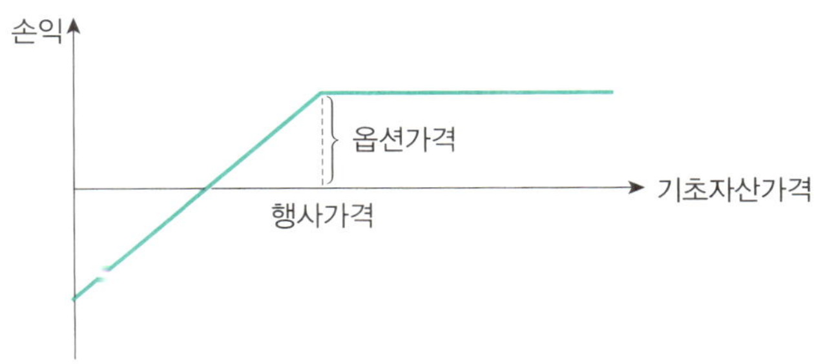

반면에 풋옵션이 행사되면 매도자는 손실을 입게 된다. 따라서 시장가격이 행사가격 이하일 때에는 풋옵션행사로 인한 손실에 옵션가격을 차감한 것이 풋옵션매도자의 순손실이 된다. 기초자산의 시장가격이 행사가격보다 높으면 풋옵션은 행사되지 않으며 결과적으로 옵션가격이 매도자의 이익이 된다.

1.2 옵션의 종류

1.2.1 권리행사 시기에 따른 분류

위에서 옵션은 현재부터 만기까지 기간 동안 언제든지 행사될 수 있다고 하였다. 이처럼 만기 전에 언제든지 행사될 수 있는 옵션을 미국식 옵션이라고 한다. 이와는 달리 만기에만 행사될 수 있는 옵션을 유럽식 옵션이라고 한다.

미국식 옵션은 옵션을 행사할 수 있는 시점이 많기 때문에, 즉 만기까지의 기간 동안 한 번이라도 시장가격이 옵션보유자에게 유리하게 움직이면 이득을 얻을 수 있기 때문에 유럽식 옵션보다 가치가 크다고 할 수 있다. 현재 우리나라에서 거래되고 있는 옵션은 대부분 유럽식 옵션이며 미국 달러옵션 역시 유럽식 옵션이다.

1.2.2 기초자산에 의한 분류

옵션거래의 대상이 되는 기초자산은 매우 다양하다. 먼저 옥수수, 대두, 설탕, 커피 등 실물상품을 대상으로 하는 상품옵션과 금융옵션으로 크게 분류할 수 있다.

금융옵션으로는 주가지수옵션, 주식옵션, 통화옵션, 금리옵션, 선물옵션 등이 대표적이다. 먼저 주가지수옵션은 주가지수를 대상으로 하는 옵션으로 미국의 S&P100 옵션, 우리나라의 KOSPI200 옵션 등이 대표적인 상품이다. 주가지수옵션은 금융옵션 가운데 큰 비중을 차지하는 옵션으로 현물이 없는 바스켓에 포함된 주식가격의 평균을 거래대상으로 하는 옵션이다. 주가지수옵션은 주식 포트폴리오에 대한 헤지를 가능하게 하는 중요한 상품이다.

주식옵션은 개별주식에 대한 옵션으로 일반투자자에게 매우 친숙한 옵션이다. 미국의 경우 시카고옵션거래소(CBOE: Chicago Board Options Exchange) 등에서 미국

그림 7-6 대표적인 옵션상품

을 대표하는 대기업 주식들을 기초로 하는 주식옵션이 거래되고 있으며 우리나라에서는 2019년 현재 삼성전자, SK텔레콤, POSCO, KT, 한국전력, 현대차, 신한지주, 기아차, 현대모비스, 삼성 SDI 등 30개 이상의 개별주식을 기초로 하는 주식옵션이 거래되고 있다.

통화옵션은 특정 국가의 통화를 기초로 하는 옵션이다. 1982년 12월에 필라델피아증권거래소에 처음으로 도입되었으며 그후 시카고옵션거래소와 시카고상업거래소에 차례로 통화옵션이 도입되었다. 우리나라에서도 1999년 4월 한국거래소에 미국 달러옵션이 도입되어 거래되고 있다.

금리옵션은 채권을 기초자산으로 하는 옵션이다. 미국의 경우 장기재정증권, 양도성예금증서(CD), 주택저당채권(GNMA) 등을 기초로 하는 금리옵션이 거래되고 있다.

선물옵션(option on futures)은 선물계약을 기초로 하는 옵션상품이다. 기초자산이 현물상품이 아닌 선물이기 때문에 매우 복잡한 옵션이다. 현재 활발하게 거래되는 선물옵션으로는 금리선물옵션과 지수선물옵션 등을 꼽을 수 있다.

1.2.3 기초자산가격과 행사가격의 비교에 따른 분류

콜옵션의 경우 행사가격이 시장가격보다 낮을 경우 옵션을 당장 행사하면 이득을 얻을 수 있다. 풋옵션의 경우는 반대로 행사가격이 시장가격보다 높으면 옵션을 당장 행사하여 이득을 얻을 수 있다. 이처럼 옵션을 당장 행사하면 이득을 얻을 수 있는 옵션을 내가격옵션(in the money option)이라고 한다.

이와는 달리 옵션을 당장 행사하면 손실을 보게 되는 옵션, 즉 콜옵션의 경우 시장가격이 행사가격보다 낮은 옵션, 풋옵션의 경우 시장가격이 행사가격보다 높은 옵션을 외가격옵션(out of money option)이라고 한다. 한편 시장가격과 행사가격이 같은 옵션은 등가격옵션(at the money option)이라고 한다.

1.3 옵션거래제도

1.3.1 거래소

선물과 마찬가지로 옵션은 주로 거래소에서 거래가 이루어진다. 미국, 영국, 프랑스, 독일, 일본 등 전 세계 거의 모든 나라에 거래소가 있다. 미국의 시카고상업거래소(CBOT: Chicago Board of Trade)가 대표적인 거래소이며 우리나라에서는 한국거래소(KRX: Korea Exchange)에서 거래가 이루어지고 있다.

선물과 마찬가지로 거래소에서 거래되는 모든 옵션은 표준화되어 있다. 옵션거래의 대상상품, 거래단위, 만기, 결제방법 등 거래에 관련된 모든 사항이 정해져 있다. 이렇게 표준화된 거래규칙으로 인해 거래당사자들이 거래에 관련된 세부사항을 서로 협의하지 않아도 되기 때문에 표준화는 거래를 활성화시키는 역할을 한다고 할 수 있다.

1.3.2 증거금적립제도와 일일정산제도

옵션거래에도 청산소가 있으며 옵션계약 이행을 보증하는 역할을 한다. 청산소가 이런 역할을 수행할 수 있게 하기 위해서 선물거래에서와 같이 증거금적립제도와 일일정산제도를 도입하고 있다.

그러나 선물과 달리 한 가지 특이한 것은 옵션거래에서는 옵션매도자에게만 증거금을 적립하도록 한다는 것이다. 선물의 경우 매도자와 매수자 모두 계약을 반드시 이행하여야만 하기 때문에 매도자와 매수자 모두에게 증거금을 부과한다. 그러나 옵션의 경우 옵션을 보유한 매수자는 의무를 지는 것이 아니라 권리를 갖는 것이므로 증거금을 부과하지 않는다.

납부하여야 하는 증거금과 유지하여야 하는 증거금의 액수는 옵션마다 상이하며 일반적으로 기초자산의 가격 및 옵션의 가격을 기초로 하여 결정된다. 청산소는 납부된 증거금을 바탕으로 일일정산을 하며 증거금이 일정수준 이하로 내려가면 추가로 증거금을 요구한다.

1.4 옵션의 가치

1.4.1 옵션의 내재적 가치와 시간적 가치

외가격 옵션의 경우 옵션을 당장 행사하면 손해를 보게 된다. 그러면 이 옵션은 가치가 없는 것일까? 만기까지 시간이 남아 있다면 남은 기간 동안 가격이 변동하여 이익을 얻을 수 있는 기회가 있으므로 외가격옵션도 가치가 없는 것은 아니다. 이처럼 만기까지 시간이 남아 있기 때문에 당장 옵션을 행사하여 얻을 수 있는 이익 이상의 더 큰 이익을 볼 가능성이 있을 때 그 잠재적 이익의 가치를 옵션의 시간적 가치(time value of money)라고 한다. 한편 옵션을 행사하여 얻을 수 있는 이익을 옵션의 내재가치(intrinsic value)라고 한다. 따라서 옵션의 가치, 즉 균형가격은 내제가치에 시간적 가치를 더한 것이다.

옵션의 가치 = 내재가치 + 시간적 가치

그림 7-7 콜옵션의 가치

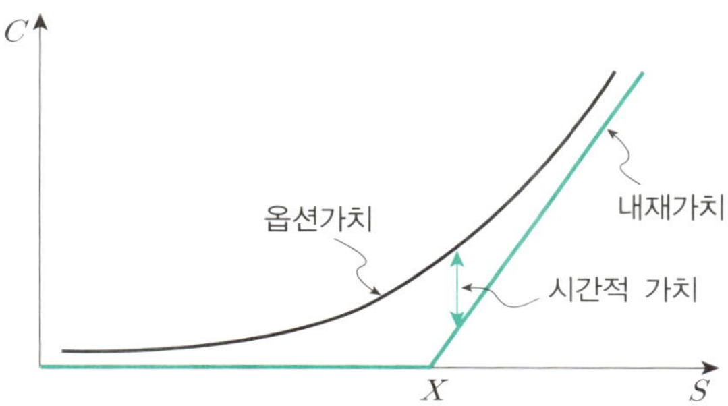

그림 7-8 풋옵션의 가치

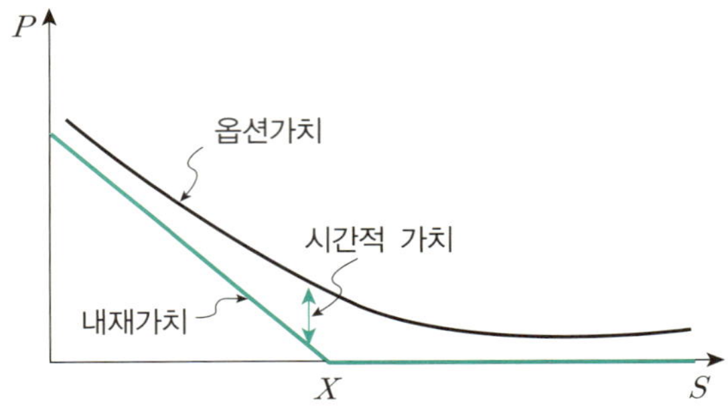

콜옵션과 풋옵션의 내재가치는 다음과 같이 나타낼 수 있다. 콜옵션의 경우 옵션이 행사되려면 시장가격이 행사가격보다 높아야 하며 옵션행사로 인한 이익은 시장가격과 행사가격의 차이가 된다. 반대로 풋옵션이 행사되려면 행사가격이 시장가격보다 높아야 하며 옵션행사로 인한 이익은 행사가격과 시장가격의 차이가 된다.

$$Call\ \text{내재가치} = Max(S - X, 0) \quad \cdots\cdots \text{(식 7.1)}$$

$$Put\ \text{내재가치} = Max(X - S, 0)$$

여기서, S: 현재시점에서의 기초자산가격
X: 옵션행사가격

내재가치와 시간적 가치를 합한 옵션의 가치는 기초자산의 가격, 행사가격, 만기까지의 기간, 기초자산 가격변동성, 이자율 등에 영향을 받는다.

첫째, 기초자산의 현재가격과 행사가격의 상대적 크기에 따라 옵션의 시간적 가치가 달라진다. 가령 콜옵션의 경우 기초자산가격이 ₩5,000일 때 행사가격이 ₩6,000인 옵션보다 ₩5,500인 옵션이 더 가치가 있다. 행사가격이 ₩6,000이면 남은 기간 동안 시장가격이 ₩1,000 이상 상승하여야 옵션을 행사하여 이익을 얻을 수 있지만 행사가격이 ₩5,500이면 ₩500 이상만 올라도 이익을 얻을 수 있기 때문이다.

둘째, 만기까지의 기간이 많이 남아 있을수록 옵션의 가치는 커진다. 남아 있는 기간이 길면 시장가격이 유리하게 움직여 이익을 볼 가능성이 커지기 때문이다. 물론 시장가격이 불리하게 움직이면 옵션을 행사하지 않을 것이므로 손실이 더 커지는 것은 아니다.

셋째, 기초자산가격의 변동성이 크면 옵션의 가치가 커진다. 가격변동성이 크면 클수록 남은 기간 동안 가격이 크게 변동하여 이익을 볼 가능성이 커지기 때문이다. 앞서와 마찬가지로 가격이 불리하게 움직이면 옵션은 행사되지 않으므로 손실이 더 커지는 것은 아니다.

넷째, 이자율도 옵션의 가치에 영향을 미친다. 콜옵션을 이용하여 기초자산을 매입할 경우 옵션이 행사될 때까지 대금을 지급하지 않아도 된다. 따라서 옵션이 행사될 때까지 이자소득을 발생시킬 수 있다. 이자소득의 크기는 남아 있는 시간과 이자율에 의해 결정되므로 만기까지의 시간이 주어져 있다면 이자율이 높을수록 콜옵션의 시간적 가치는 커지게 된다.

1.4.2 풋-콜 패리티

기초자산과 행사가격이 같은 콜옵션과 풋옵션은 서로 일정한 관계를 갖는다. 두 개의 투자안을 생각해보자. 먼저 투자안 A는 유럽식 콜옵션을 매입하고 이 옵션과

표 7-1 | 투자안의 현금흐름

투자안	현재	만기	
		$S_T < X$	$S_T > X$
투자안 A			
콜옵션 매입	$-C$	0	$S_T - X$
풋옵션 매도	P	$-(X - S_T)$	0
합계	$P - C$	$S_T - X$	$S_T - X$
투자안 B			
기초자산 매입	$-S_0$	S_T	S_T
무이표채 매도	$\frac{X}{(1+r_f)^T}$	$-X$	$-X$
합계	$\frac{X}{(1+r_f)^T} - S_0$	$S_T - X$	$S_T - X$

기초자산 및 행사가격이 같은 풋옵션을 동시에 매도하는 것이다. 투자안 B는 기초자산을 현물시장에서 매입하고 투자안 A의 옵션 행사가격과 같은 액면가의 무이표채를 매도하는 것이라고 하자.

이 두 투자안의 현금흐름을 [표 7-1]을 보면서 살펴보자. 표에서 C는 콜옵션가격, P는 풋옵션가격, S_T는 T시점에서 기초자산시장가격, X는 옵션행사가격, r_f는 무위험이자율, S_0는 현재시점에서의 기초자산시장가격을 의미한다.

투자안 A는 현재시점에서 콜옵션을 매입하고 풋옵션을 매도하였으므로 $P-C$의 현금흐름이 발생한다. 만기시점에는 행사가격이 시장가격보다 높으면 콜옵션은 행사되지 않고 풋옵션이 행사되어 S_T-X만큼의 현금흐름이 발생한다. 행사가격이 시장가격보다 낮으면 콜옵션이 행사되고 풋옵션은 행사되지 않아 역시 S_T-X만큼의 현금흐름이 발생한다.

투자안 B는 현재시점에서 기초자산 매입으로 인해 기초자산의 현재가격만큼의 현금흐름이 발생한다. 또 무이표채 매도로 인해 채권가격만큼의 현금흐름이 발생한다.

액면가가 행사가격, X인 무이표채의 가격은 다음과 같다.

$$P=\frac{X}{(1+r_f)^T}$$

따라서 투자안 B의 현재시점에서의 총현금흐름은 $\frac{X}{(1+r_f)^T}-S_0$이 된다.

만기시점에는 기초자산을 처분한 금액이 유입되고 무이표채 액면가만큼 현금이 유출된다. 따라서 총 S_T-X의 현금흐름이 발생한다.

이제 두 투자안의 현금흐름을 비교해보면 만기에 시장가격에 상관없이 현금흐름이 S_T-X로 동일한 것을 알 수 있다. 두 투자안의 만기시점의 현금흐름이 동일하다는 것은 결국 투자한 현금흐름이 같아야 한다는 것을 의미하는 것이므로 다음과 같은 식이 성립한다.

$$P - C = \frac{X}{(1+r_f)^T} - S_0 \quad \text{(식 7.2)}$$

위의 식을 풋옵션 가격에 대해 정리하면 다음과 같은 식을 얻을 수 있는데 이 식을 풋-콜 패리티(put-call parity)라고 한다. 즉 만기와 행사가격이 같은 풋옵션과 콜옵션의 가격은 이 식과 같은 일정한 관계를 가져야 한다.

$$P = C + \frac{X}{(1+r_f)^T} - S_0 \quad \text{(식 7.3)}$$

정리하기 1

위의 예에서 만기에 무이표채의 가격은 왜 X와 같은가?

위의 식으로부터 기초자산의 가격과 행사가격이 같을 때에는 유럽식 콜옵션이 풋옵션보다 더 가치가 있음을 알 수 있다. 이를 구체적으로 살펴보기 위해 위의 식을 다음과 같이 고쳐 쓸 수 있다.

$$P = C + \frac{S_0}{(1+r_f)^T} - S_0 = C + S_0\left[\frac{1}{(1+r_f)^T} - 1\right] \quad \text{(식 7.4)}$$

그런데 $\frac{1}{(1+r_f)^T} - 1$은 0(영)보다 작으므로 결국 콜옵션이 풋옵션에 비해 더 가치가 크다는 것을 알 수 있다.

앞에서 미국식 옵션은 유럽식 옵션에 비해 가치가 크다는 것을 알았다. 기초자산의 가격이 만기까지의 기간 동안 한 번이라도 옵션보유자에게 유리하게 움직이면 옵션을 행사하여 이익을 얻을 수 있기 때문이다. 따라서 (식 7.3)의 유럽식 옵션의 가치를 설명하는 식은 미국식 옵션에 대해 다음과 같이 고쳐 쓸 수 있다.

$$P_A \geq C + \frac{X}{(1+r_f)^T} - S_0 \quad \text{(식 7.5)}$$

여기서, P_A: 미국식 풋옵션

옵션의 가치는 내재가치와 시간적 가치의 합이다. 그런데 옵션이 만기 전에 행사되면 시간적 가치를 포기하는 셈이 된다. 따라서 대부분 만기 이전에는 옵션이 행사되지 않으며, 그 결과 미국식 옵션의 가치도 유럽식 옵션의 가치와 일반적으로 같다. 그러나 반드시 미국식 옵션의 가치와 유럽식 옵션의 가치가 같지는 않다. 만기 전에 옵션을 행사하는 것이 유리할 때도 있기 때문이다. 가령 통화옵션의 경우 타국의 이자율이 갑자기 급등하면 만기까지 기다리지 않고 바로 옵션을 행사하여 높은 이자를 발생시키는 것이 유리할 수 있다.

1.4.3 블랙과 숄즈의 옵션가격결정모형

옵션의 균형가격을 수학적으로 도출하는 모형 가운데 가장 널리 이용되는 모형이 블랙과 숄즈(Black and Sholes)의 모형(이하 B/S모형)이다. 이 모형은 다음과 같은 가정하에서 유럽식 옵션의 가격을 설명한 모형이다.

① 기초자산과 옵션이 거래되는 시장은 완전자본시장이다. 즉, 투자자는 무위험 이자율에 자금의 차입과 대출이 가능하며 거래비용과 세금이 없다.

② 무위험이자율과 기초자산가격의 변동성은 옵션 만기일까지 일정하다.

③ 기초자산의 수익률은 로그정규분포(log－normal distribution)를 따른다.

④ 옵션은 유럽식이다.

위의 가정들을 바탕으로 한 B/S모형은 다음과 같다.

$$C = SN(d_1) - Xe^{-rT}N(d_2) \quad \text{(식 7.6)}$$

여기서, $d_1 = \dfrac{\ln\left(\dfrac{S}{X}\right) + \left(r + \dfrac{1}{2}\sigma^2\right)T}{\sigma\sqrt{T}}$

$d_2 = d_1 - \sigma\sqrt{T}$

C: 유럽식 콜옵션가격

S: 기초자산가격

X: 행사가격
r: 무위험이자율
T: 만기까지의 기간(년)
σ^2: 기초자산수익률 분산
$N(\bullet)$: 누적정규분포

정리하기 2

기초자산의 시장가격이 ₩5,000, 수익률의 표준편차가 0.3, 연간이자율이 2%이다. 행사가격이 ₩4,800, 만기까지의 기간이 3개월인 유럽식 콜옵션의 가격을 생각해보자.
먼저 d_1과 d_2를 계산해보면 다음과 같다.

$$d_1 = \frac{\ln\left(\frac{5,000}{4,800}\right) + \left(0.02 + \frac{1}{2} \times 0.3^2\right) \times \frac{3}{12}}{0.3\sqrt{\frac{3}{12}}} = 0.38$$

$$d_2 = 0.38 - 0.3 \times \sqrt{\frac{3}{12}} = 0.23$$

d_1과 d_2의 누적정규분포 값을 구하면 다음과 같다.

$$N(0.38) = 0.6480$$
$$N(0.23) = 0.5910$$

유럽식 콜옵션의 가격을 구해보면 다음과 같다.

$$C = 5,000 \times 0.6480 - 4,800 \times e^{-0.02 \times \frac{3}{12}} \times 0.5910 = 417\text{원}$$

제2절 통화옵션

통화옵션은 암스테르담의 유럽옵션거래소(European Options Exchange)에서 처음 도입된 이후 미국 필라델피아주식거래소(PHLX: Philadelphia Stock Exchange)에서 본격적으로 거래되기 시작하였으며 시카고옵션거래소(CBOE: Chicago Board of Option Exchange), 런던국제금융선물거래소(London International Financial Futures Exchange) 등으로 확산되었다.

우리나라의 경우 1999년 4월 한국선물거래소[1]에 미국 달러옵션이 처음 상장되었으며 상장 첫 해에 반짝 거래가 활발하게 이루어진 후 거래실적이 부진한 실정이다. 거래를 활성화시키기 위해 2013년 9월 한국거래소는 최종결제 방식을 실물인수도 방식에서 현금차액결제 방식으로 바꾸고 예탁증거금을 1,500만원에서 50만원으로 인하하는 등 제도를 변경하였으나 여전히 기대에 못 미치고 있는 실정이다.

이에 반해 장외시장에서는 거래소시장에 비해 상대적으로 거래가 활발하게 이루어지고 있다. 장외시장이 행사가격이나 만기 등을 거래상대방과 합의에 의해 다양하게 결정할 수 있기 때문이다.

2.1 통화선물과 통화옵션

[표 7-2]는 통화선물과 통화옵션을 비교하여 설명한 것이다. 먼저 통화선물은 외국의 통화를 인수하기 위한 거래인 반면에 통화옵션은 외국통화를 매입 또는 매도할 수 있는 권리를 거래한다는 것이 큰 차이이다.

또한 통화선물은 거래가 이루어지면 매도자 및 매수자 모두 반드시 거래를 이행하여야 하지만 통화옵션은 매도자에게만 의무가 있고 매수자는 권리를 갖게 된다. 따라서 실물, 즉 외국통화가 필요한지 여부가 불투명할 때 통화선물보다는 통화옵션을 이용하면 반드시 실물을 인수하여야 하는 의무를 피할 수 있다는 장점이 있다.

표 7-2 통화선물과 통화옵션의 차이

구분	통화선물	통화옵션
거래내용	기초자산을 인수하기 위한 거래	기초자산을 매입/매도할 수 있는 권리에 대한 거래
의무부과	매도자 및 매입자 모두에게 거래이행의 의무 부과	매도자만 거래이행의 의무 부과
손실위험	매도자와 매입자 모두 큰 손실위험 부담	매입자는 옵션가격으로 손실을 한정
증거금	매도자 및 매입자 모두에게 부과	매도자에게만 부과
결제방식	실물인수도결제	현금차액결제

1) 2005년 한국선물거래소는 한국거래소로 통합되었다.

통화옵션의 증거금은 의무 대상자인 매도자에게만 부과되고 권리를 보유한 매입자에게는 부과되지 않는다. 결제방식에도 차이가 있어서 통화선물이 현물을 인도하는 실물인수도결제 방식을 채택하고 있으나 통화옵션은 거래의 손익을 현금으로 지급하는 현금차액결제 방식을 채택하고 있다.

2.2 우리나라 통화옵션

앞에서 설명한 바와 같이 우리나라에서 거래되고 있는 미국 달러옵션은 유럽식 옵션이다. 따라서 최종거래일, 즉 만기에만 옵션을 행사할 수 있다.

[표 7-3]은 미국 달러옵션의 거래명세이다. 거래단위는 통화선물과 마찬가지로 $10,000이다. 행사가격은 만기마다 총 7개가 설정되는데 등가격옵션(ATM: at the money), 즉 현재의 현물환율과 행사가격이 같은 옵션을 기준으로 10원 간격으로 상하 각 3개씩 설정이 된다. 옵션의 가격은 원화로 표시된다. 만약 콜옵션의 가격이 1.2원이라고 되어 있으면 옵션의 계약단위가 $10,000이므로 1계약의 가격은

표 7-3 우리나라 통화옵션의 거래명세

거래대상	미국 달러(USD)
거래단위	US$10,000
결제월	분기월 중 2개와 그 밖의 월 중 2개
행사가격의 설정	ATM을 기준으로 10원 간격으로 상하 각 3개(총 7개)
가격의 표시	프리미엄(원화)
호가가격 단위	0.10원
최소 가격변동 폭	1,000원
거래시간	09:00~15:45(최종거래일 09:00~15:30)
최종거래일	결제월의 세 번째 월요일(공휴일인 경우 순차적으로 앞당김)
최종결제일	최종거래일의 다음날
권리행사	최종거래일에만 행사 가능(유럽형)
결제방법	현금결제

자료: 한국거래소 홈페이지

12,000원이 된다. 즉 주어진 행사가격에 $10,000를 살 수 있는 권리의 가격이 12,000원이다.

2.3 통화옵션의 가격

2.3.1 통화옵션가격에 영향을 미치는 요인

앞에서 설명한 대로 옵션의 가치에는 [표 7-4]에 나와 있는 요인들이 영향을 미친다. 먼저 현물환율이 높으면 행사가격 이상으로 환율이 더 상승할 가능성이 높으므로 콜옵션의 가치는 상승하며 반대로 풋옵션의 가치는 하락한다.

행사가격이 높으면 시장가격이 더 많이 상승하여야 콜옵션이 이익을 얻을 수 있기 때문에 콜옵션의 가치는 낮아지고 반대로 풋옵션의 가치는 높아진다.

만기가 길면 환율이 옵션보유자에게 유리한 방향으로 움직여 이익을 얻을 수 있는 기회가 상승하므로 콜옵션과 풋옵션 모두 가치가 높아진다.

자국 금리가 높으면 현물시장에서 바로 기초상품을 매입하는 것에 비해 옵션을 통해 매입하면 옵션이 행사될 때까지 대금지급을 늦출 수 있고 그에 따라 이자수익이 커지므로 콜옵션의 가치는 커진다. 반대로 풋옵션의 경우에는 바로 현물시장에서 기초상품을 매도하여 얻을 수 있는 이자소득을 포기하는 것이기 때문에 가치가 작아진다. 한편 외국통화의 금리가 높을 때 콜옵션을 통해 매입하면 현물시장에서 바로 외국통화를 매입하고 곧바로 외국에 투자하여 얻을 수 있는 이자소득을 포기

표 7-4 통화옵션 가격결정요인

가격결정요인	콜옵션의 가치	풋옵션의 가치
현물환율 상승	↑	↓
행사가격이 높을수록	↓	↑
만기가 길수록	↑	↑
자국통화금리가 높을수록	↑	↓
외국통화금리가 높을수록	↓	↑
변동성이 클수록	↑	↑

하는 것이므로 콜옵션의 가치는 낮아진다. 풋옵션의 경우에는 이와는 반대로 가치가 커진다.

환율의 변동성이 크면 콜옵션이나 풋옵션 모두 옵션보유자에게 이익을 가져다 줄 가능성이 증가하므로 옵션의 가치는 커진다.

2.3.2 통화옵션의 균형가격

통화옵션은 외국통화를 기초로 하는 옵션이다. 미국 달러를 매입하는 ₩/$옵션의 경우 달러를 보유하고 있으면 달러투자를 통해 이자소득이 발생하게 된다. 따라서 옵션을 통해 만기까지 기다려서 달러를 매입하게 되면 미국에서 발생할 수 있는 이자수익만큼의 기회비용이 발생하게 된다. 따라서 B/S모형에서 현물환율 S는 미국 이자율 r_i로 할인된 것이어야 하므로 통화옵션의 이론적 가격은 다음과 같이 계산할 수 있다.

$$C = Se^{-r_i T}N(d_1) - Xe^{-rT}N(d_2) \quad \text{(식 7.7)}$$

여기서, $d_1 = \dfrac{\ln\left(\dfrac{Se^{-r_i T}}{X}\right) + \left(r + \dfrac{1}{2}\sigma^2\right)T}{\sigma\sqrt{T}}$

$d_2 = d_1 - \sigma\sqrt{T}$

r: 자국 무위험이자율

r_i: 타국 무위험이자율

한편 통화옵션의 경우 풋-콜 패리티는 다음과 같다.

$$P = C + \frac{X}{(1+r)^T} - Se^{-r_i T} \quad \text{(식 7.8)}$$

2.4 통화선물옵션

통화선물옵션은 통화선물이 기초상품인 옵션이다. 즉 통화옵션의 경우 옵션이 행사되면 개념적으로 외국통화가 인도(실제로는 손익에 대한 현금이 결제됨)되는 데 반하여 통화선물옵션의 경우 옵션이 행사되면 통화선물계약이 인도된다. 예를 들어 행사가격이 ₩1,150/$인 선물에 대해 콜옵션을 매도하면 콜옵션매도자는 선물옵션가격만큼의 프리미엄을 얻게 된다. 반면에 옵션매입자는 옵션을 행사하면 ₩1,150/$에 달러를 매입할 수 있는 선물계약을 수취하게 된다.

선물옵션은 1900년대 초반에 도입되었으나 여러 가지 금융사고로 인해 1936년에 금지되었다가 1987년에 다시 도입되었다. 기초상품이 현물이 아닌 선물이기 때문에 일반투자자에게는 매우 어렵게 느껴지는 옵션상품이지만 파생의 파생상품으로서의 장점을 바탕으로 성장세를 나타내고 있다. 시카고상품거래소(CME), 런던국제금융선물거래소(LIFFE)가 대표적인 거래소이며 여기에서 거래되는 통화선물옵션은 미국식 옵션이다.

이제 선물옵션의 가격을 살펴보자. 앞에서 살펴본 바와 같이 선물의 가격 F는 다음과 같다.

$$F = S_0(1+r)^T$$

그런데 금리를 연속복리로 계산하면 위의 식은 다음과 같이 나타낼 수 있다.

$$F = S_0 e^{rT}$$

이 식을 정리하면 다음과 같다.

$$S_0 = Fe^{-rT}$$

미국에서 발생하는 이자수익만큼의 기회비용을 고려하여 B/S모형에 대입하면 다음과 같이 통화선물옵션의 이론적 가격을 계산할 수 있다.

$$C = Fe^{-r_i T}N(d_1) - Xe^{-rT}N(d_2) \quad \text{(식 7.9)}$$

여기서, $d_1 = \dfrac{\ln\left(\dfrac{Fe^{-r_i T}}{X}\right) + \left(r + \dfrac{1}{2}\sigma^2\right)T}{\sigma\sqrt{T}}$

$d_2 = d_1 - \sigma\sqrt{T}$

F: 선물환율

r: 자국 무위험이자율

r_i: 타국 무위험이자율

2.5 옵션을 이용한 헤지

2.5.1 방어적 풋옵션

특정 자산을 보유하고 있을 때 가격하락의 위험을 피할 수 있는 방법 중의 하나는 동일 자산을 기초자산으로 하는 풋옵션을 매입하는 것이다. 예를 들어 한국의 기업이 미국에 수출계약을 체결하고 1개월 후에 100만 달러를 지급받기로 하였다고 하자. 1개월 후에 환율이 하락하면 원화기준으로 매출액이 감소하는 위험이 발생한다. 이러한 환위험을 없애기 위해 이 기업은 선물환을 이용할 수 있다. 선물환율로 1개월 후의 환율을 고정시키면 환위험을 없앨 수 있다. 또 다른 환위험 헤지의 방법은 달러 풋옵션을 매입하는 것이다.

그림 7-9 방어적 풋옵션을 이용한 헤지

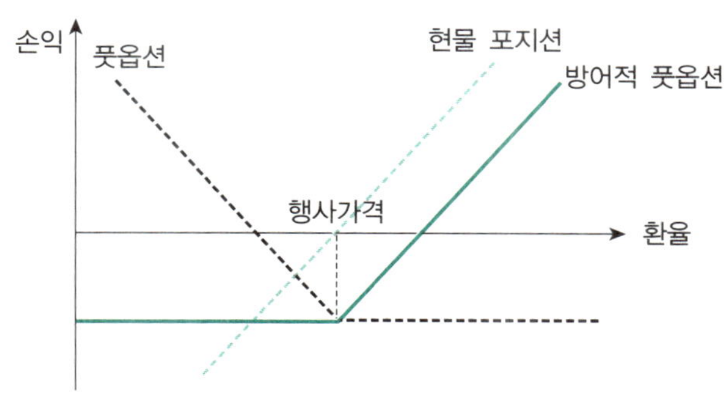

[그림 7-9]를 살펴보자. 위의 한국기업은 1개월 후 받게 되는 달러의 현물포지션으로부터 환율이 상승하면 원화기준 매출액이 증가하고 환율이 하락하면 손실을 보게 된다. 이때 수출계약을 한 시점의 환율이 ₩1,150/$이라고 한다면 이 환율이 행사가격인 등가격 풋옵션을 매입한다. 그러면 그림에서 볼 수 있는 바와 같이 두 개의 포지션이 합해져서 콜옵션 형태의 수익구조가 만들어지는데 이것을 방어적 풋옵션(protective put)이라고 한다.

방어적 풋옵션 전략을 취하면 환율이 아무리 하락하여도 풋옵션을 행사하여 지급받은 달러화를 행사가격에 원화로 교환할 수 있다. 따라서 풋옵션 매입을 위해 지불한 옵션 프리미엄으로 최대손실을 고정시킬 수 있게 된다. 만약 환율이 상승하면 풋옵션을 행사하지 않고 현물환율로 달러를 원화로 교환하여 환율상승으로 인한 이익을 얻을 수 있다.

선물환을 이용하여 헤지를 할 경우 환율이 떨어져도 선물환율로 수출대금을 교환하게 되어 원화를 기준으로 매출액을 고정시킬 수 있으나 환율이 올라가면 방어적 풋옵션전략과 같은 환율상승으로 인한 이익을 얻을 수 없다. 그러나 선물환을 이용하면 통화선물을 이용할 때와 같이 프리미엄을 지불하지 않아도 된다는 이점이 있다.

2.5.2 방어적 콜옵션

현재시점에서 특정 자산을 매도하거나 미래의 시점에서 자산을 매입할 예정일 경우 현물가격 상승으로 인한 손실을 한정하기 위해 콜옵션을 매입할 수 있는데 이러한 전략을 방어적 콜옵션(protective call option)이라고 한다. 예를 들어 한국의 수입기업이 미국 기업과 수입계약을 체결하고 1개월 후에 미국 달러를 지급하기로 하였다. 만약 1개월 후의 현물환율이 상승하면 원화를 기준으로 한 매입가격이 증가하여 손실을 볼 수 있다. 이때 현물환율이 행사가격인 콜옵션을 매입하였다고 하자. 그러면 [그림 7-10]에서 볼 수 있는 바와 같이 현물포지션과 옵션포지션이 합해져서 풋옵션 손익구조 형태를 만들 수 있다.

그림 7-10 방어적 콜옵션을 이용한 헤지

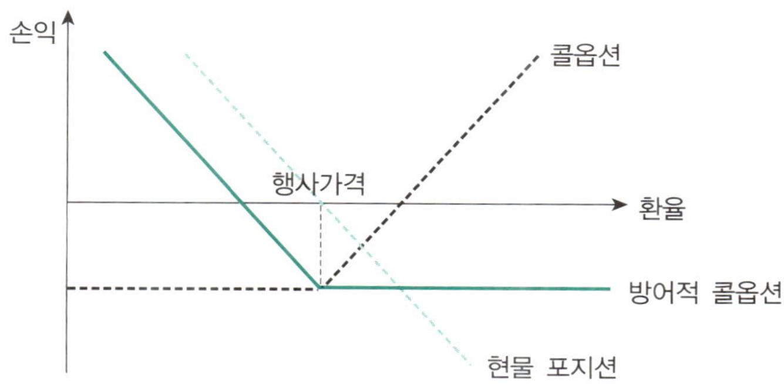

방어적 콜옵션을 이용하면 환율이 상승할 때 옵션을 행사하여 손실을 콜옵션 프리미엄으로 한정시키고 환율이 하락하면 옵션을 행사하지 않고 환율하락으로 인한 이익을 얻을 수 있다.

한편 [그림 7-9]와 [그림 7-10]으로부터 방어적 풋옵션전략을 취하면 환율이 하락할 때 손실을 한정할 수 있는 반면에 방어적 콜옵션전략을 취하면 환율이 상승할 때의 손실을 한정할 수 있다는 것을 알 수 있다.

방어적 풋옵션과 방어적 콜옵션전략을 사용하기 위해서 반드시 등가격옵션을 이용해야 하는 것은 아니다. 내가격옵션의 경우 등가격옵션에 비해 프리미엄이 크기 때문에 초기에 더 많은 현금을 지불하여야 한다. 그러나 동일한 시장가격에서 옵션행사로 인한 이익이 등가격옵션보다 내가격옵션이 크기 때문에 최대손실을 작게 할 수 있다는 장점이 있다. 반대로 외가격옵션의 경우 지불하는 프리미엄은 낮아지나 최대손실이 커지게 된다.

2.6 옵션포지션에 대한 헤지

2.6.1 델타

기초자산의 가격변화에 대한 옵션가격의 민감도를 델타(delta)라고 한다. 델타는 다음과 같은 식으로 나타낼 수 있으며 [그림 7-7]과 [그림 7-8]에서 살펴본 옵션의 가치를 나타내는 곡선의 기울기이다.

$$\Delta = \frac{\text{옵션가격의 변화}}{\text{기초자산가격의 변화}} \quad \text{(식 7.10)}$$

그림 7-11 델타

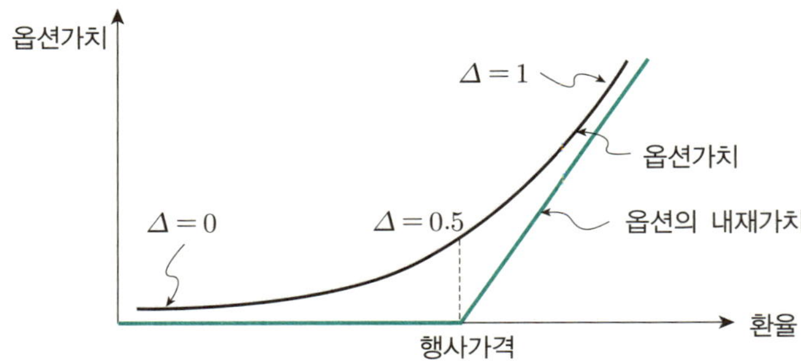

따라서 옵션의 델타가 0.5라면 기초자산의 가격이 ₩10 상승할 때 옵션의 가격은 ₩5 상승한다는 것을 의미한다. 옵션의 델타는 기초자산의 가격이 변동하면 자연적으로 다른 값을 갖는다. 가령 행사가격이 ₩1,150/$인 미국 달러 콜옵션을 생각해 보자. 만약 현재 현물환율이 ₩1,148/$로 행사가격에 매우 가깝다면 현물환율이 조금만 상승하여도 이익을 볼 수 있기 때문에 옵션의 가격은 민감하게 반응할 것이다. 그러나 현물환율이 ₩1,135/$로 행사가격과 아주 멀리 떨어져 있다면 현물환율의 작은 상승에 옵션가격은 거의 반응하지 않을 것이다. 즉 같은 크기만큼 기초자산의 가격이 변동하여도 현재 기초자산의 가격수준에 따라 옵션가격이 변동하는 폭은 상이하다.

델타는 옵션 한 단위의 가격변화를 상쇄시키기 위해 필요한 기초자산의 수를 의미한다. 예를 들어 보유하고 있는 미국 달러옵션의 델타가 0.5라면 콜옵션 한 단위에 대해 0.5단위의 달러를 매도하면 가치의 변화를 상쇄할 수 있다. 현물환율이 ₩10 상승하면 콜옵션 가치가 ₩5 증가하고 현물매도에 따른 손실도 역시 ₩5이 되어 가치의 변화를 서로 상쇄할 수 있다.

델타는 옵션이 행사될 가능성을 의미한다고 할 수 있다. 즉 [그림 7-11]에서 현물환율이 매우 낮으면 기울기, 즉 델타가 0(영)에 가깝게 되는데 이 경우 현물환율이 행사가격 이상으로 상승하여 옵션이 행사될 확률이 거의 없다는 것을 의미한다. 반대로 현물환율이 매우 높은 경우 환율이 행사가격 이하로 떨어질 확률이 거의 없으므로 옵션이 행사될 확률이 거의 1에 가깝고 이 경우 델타는 1에 가깝게 된다. 현물환율이 행사가격과 같으면 앞으로 어느 쪽으로 환율이 변동하느냐에 따라 옵션이 행사될 수도 아닐 수도 있으므로 확률이 0.5라고 할 수 있으며 이 경우 옵션의 델타는 0.5가 된다.

2.6.2 델타헤지

보유하고 있는 옵션포지션을 헤지하는 방법 중에 가장 기본적인 것이 델타헤지이다. 델타헤지란 보유하고 있는 포트폴리오의 델타를 0(영)으로 만들어, 즉 델타 중립포지션으로 만들어 기초자산의 가격이 변동하더라도 포트폴리오의 가치가 변동하지 않도록 만드는 것이다. 옵션 100개를 보유하고 있을 경우 옵션의 델타값이 0.5라면 기초자산을 50개 매도하면 델타 중립포지션이 되고 그 결과 기초자산의 가격변동에 대한 포트폴리오의 가치는 변화가 없게 된다. 델타헤지는 옵션을 거래하는 시장참여자, 특히 금융기관들이 보유하게 된 옵션포지션의 환위험을 관리하는 데 매우 유용한 수단이 된다.

델타헤지를 할 때 주의하여야 할 것들이 있다. 첫째, 델타헤지를 하더라도 기초자산의 가격이 큰 폭으로 변화하면 헤지의 효과가 크게 감소하게 된다. 앞서 [그림 7-11]에서 살펴본 바와 같이 가격이 크게 움직이면 곡선의 기울기가 크게 변화하게 되고 그 결과 기초자산가격이 움직일 때 옵션의 가치가 이를 상쇄할 만큼 움직이지 않거나 상쇄하는 수준 이상으로 크게 움직여 완전한 헤지의 효과를 기대하기 어렵다.

둘째, 옵션의 가치는 시간이 지남에 따라 자연스럽게 변동한다. 만기까지의 기간이 줄어들면 옵션의 가치는 하락하기 때문이다. 현재 델타 중립포지션이라고 하더라도 시간이 지나면서 옵션의 델타가 변하기 때문에 델타 중립포지션을 계속해서 유지하기 어렵다. 따라서 시간이 지남에 따라 델타의 변화만큼 현물매도 포지션을 증가시키거나 감소시키는 조정이 필요하다.

2.7 옵션의 조합을 이용한 투자전략

옵션은 의무가 아니라 권리이기 때문에 콜옵션매입자, 매도자, 풋옵션매입자, 매도자 등 4개의 포지션이 모두 일직선이 아닌 [그림 7-2], [그림 7-3], [그림 7-4], [그림 7-5]와 같이 꺾이는 손익구조를 갖게 된다. 따라서 옵션을 잘 조합하면 여러 가지 특이한 손익구조를 만들 수 있다.

2.7.1 스프레드

스프레드(spread)란 기초자산이 동일하나 행사가격이나 만기가 다른 2개 이상의 콜/풋옵션을 조합하는 투자전략을 말한다. 예를 들어 다른 조건이 모두 같고 행사가격만 다른 2개 이상의 옵션을 조합하는 것을 수직스프레드(vertical spread)라고 한다.

(1) 수직강세 스프레드

다른 조건은 모두 같고 행사가격만 다른 콜옵션을 조합할 때 행사가격이 낮은 콜옵션을 매입하고 행사가격이 높은 콜옵션을 매도하는 전략을 수직강세 스프레드(bullish vertical spread)라고 하며 이때의 수익구조는 [그림 7-12]와 같다.

수직강세 스프레드는 반드시 콜옵션을 이용하여야 하는 것은 아니고 풋옵션을 조합하여 포지션을 만들 수 있다. [그림 7-13]에서 볼 수 있는 바와 같이 행사가격이 낮은 풋옵션을 매입하고 행사가격이 높은 풋옵션을 매도하면 콜옵션을 이용할 때와 동일한 손익구조를 갖게 된다.

수직강세 스프레드는 기초자산의 가격, 즉 통화옵션의 경우 환율이 상승하여야 이익을 얻을 수 있는 포지션이다. 그러나 커다란 이익을 한정하는 대신에 환율하락으로 인한 일정수준 이상의 손실을 방지하는 포지션이다.

그림 7-12 콜옵션을 이용한 수직강세 스프레드

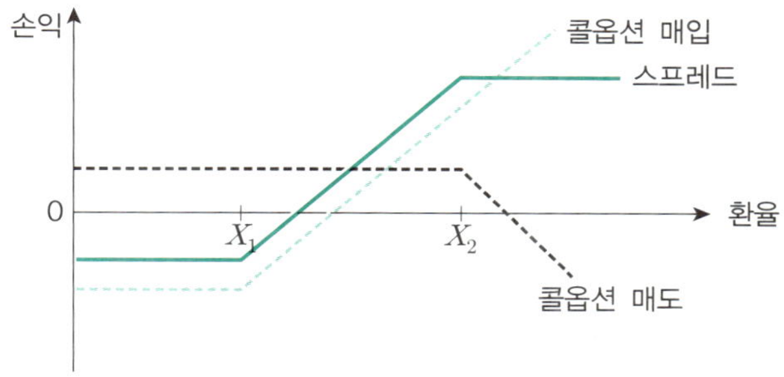

그림 7-13 풋옵션을 이용한 수직강세 스프레드

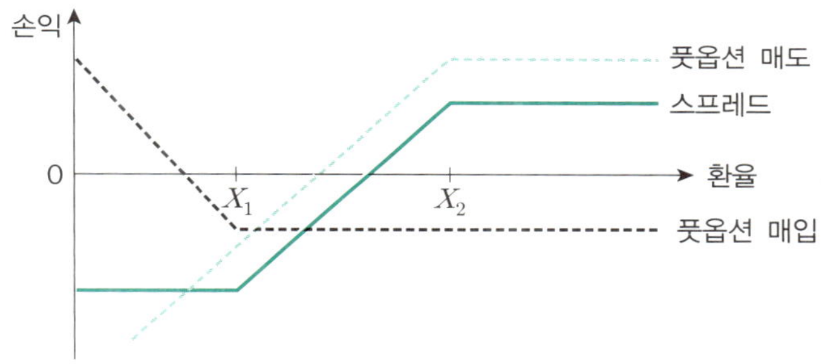

(2) 수직약세 스프레드

수직강세 스프레드와는 달리 다른 조건은 같으나 행사가격만 다른 옵션을 조합할 때 행사가격이 낮은 옵션을 매도하고 행사가격이 높은 옵션을 매입하는 전략을 수직약세 스프레드(bearish vertical spread)라고 한다. 콜옵션을 이용할 때 수익구조는 [그림 7-14]와 같고 풋옵션을 이용하면 [그림 7-15]와 같은 수익구조를 갖는다.

콜옵션을 이용하든 풋옵션을 이용하든 결과는 동일하며 기초자산의 가격이 하락하여야 이익을 얻을 수 있다. 수직강세 스프레드와 같이 이익을 한정하는 대신에 커다란 손실을 방지하는 포지션이다.

그림 7-14 콜옵션을 이용한 수직약세 스프레드

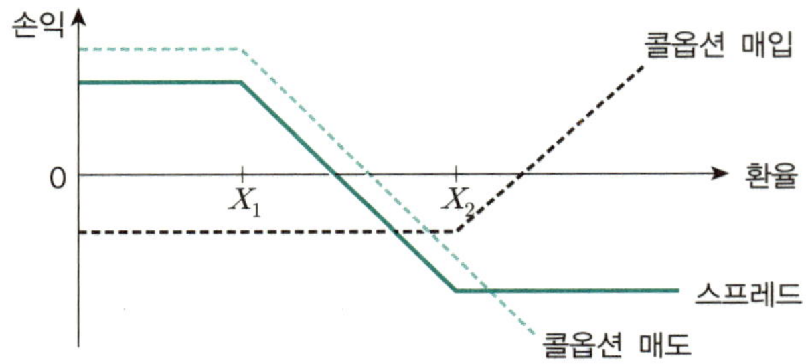

그림 7-15 풋옵션을 이용한 수직약세 스프레드

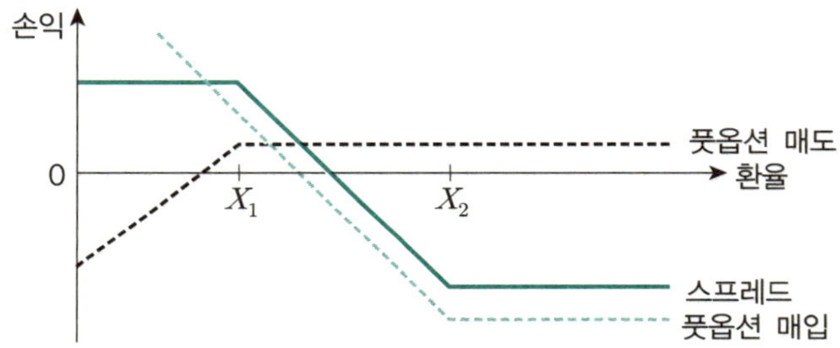

2.7.2 스트래들

행사가격과 만기가 같은 콜옵션과 풋옵션을 동시에 매입하는 전략을 스트래들(straddle)이라고 한다. [그림 7-16]에서 볼 수 있는 바와 같이 스트래들의 수익구조는 V자 형태이기 때문에 환율이 행사가격보다 크게 상승하거나 크게 하락할 때 이익을 얻는다. 반면에 환율이 행사가격 수준에서 작은 폭으로 변동하면 콜옵션과 풋옵션 가운데 하나는 이익을 얻지만 다른 하나는 손실을 입게 되며 여기에 지불한 옵션가격을 감안하면 결과적으로 손실을 입게 된다. 따라서 환율변동의 방향성을 예측할 수는 없으나 변동성이 매우 커질 것으로 예측이 될 때 이용할 수 있는 전략이다.

그림 7-16 스트래들

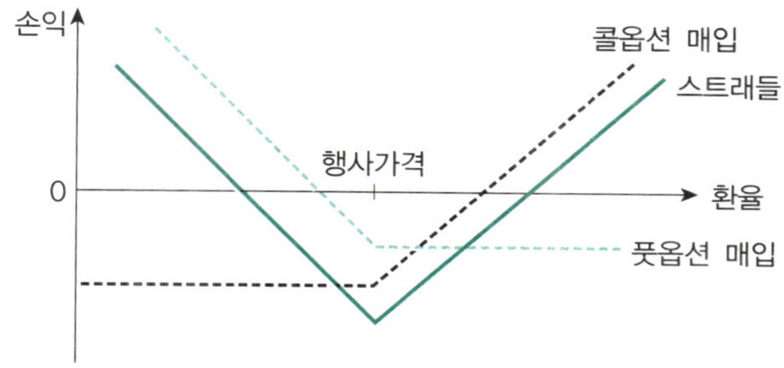

7.2.3 스트랭글

스트랭글(strangle)은 스트래들을 조금 변화시킨 것으로 행사가격이 다른 콜옵션과 풋옵션을 동시에 매입하는 전략이다. 상대적으로 행사가격이 낮은 풋옵션을 매입하고 행사가격이 높은 콜옵션을 매입하면 [그림 7-17]과 같은 수익구조를 갖는 스트랭글이 된다. 스트랭글은 스트래들과 같이 환율의 변동폭이 커야 이익을 얻을 수 있는 전략이다.

[그림 7-16]과 [그림 7-17]을 비교해보면 스트랭글은 콜옵션의 행사가격이 현물환율보다 높은 외가격콜옵션과 풋옵션의 행사가격이 현물환율보다 낮은 외가격풋옵션을 이용한다. 따라서 등가격옵션을 이용하는 스트래들에 비해 포지션을 만들기 위해 지급하여야 하는 옵션 프리미엄이 낮아질 수 있다. 다른 조건이 같다면 등가격옵션의 가격이 외가격옵션의 가격보다 높기 때문이다.

그림 7-17 스트랭글

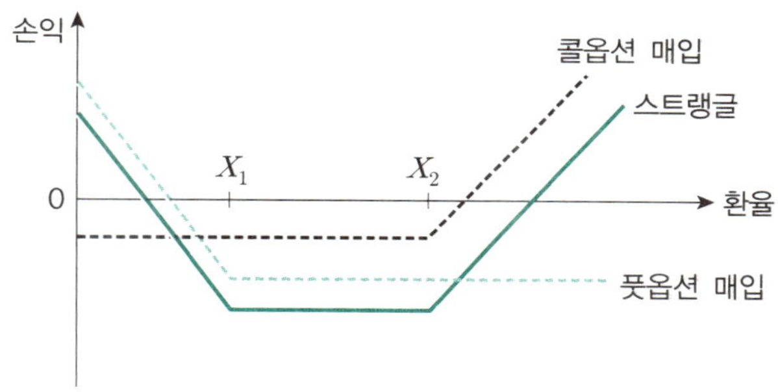

따라서 환율이 크게 변동하지 않아서 손실을 입을 때 스트래들에 비해서는 손실의 크기가 작다. 그러나 옵션의 행사가격이 떨어져 있기 때문에 이익을 얻기 위해서는 스트래들보다 환율이 더 크게 변동하여야 한다.

2.8 합성포지션을 이용한 차익거래

행사가격과 만기가 같은 옵션을 조합하면 기초자산의 매입 포지션이나 매도포지션과 동일한 수익구조를 갖는 포지션을 만들 수 있다. [그림 7-18]은 콜옵션을 매도하고 동시에 풋옵션을 매입한 포지션이다. 이 두 개의 손익을 합하면 우하향하는 직선 모양의 손익구조가 되는데 이것은 기초자산의 매도포지션과 동일한 것이다. 이를 합성매도(synthetic short)라고 한다.

그림 7-18 합성매도

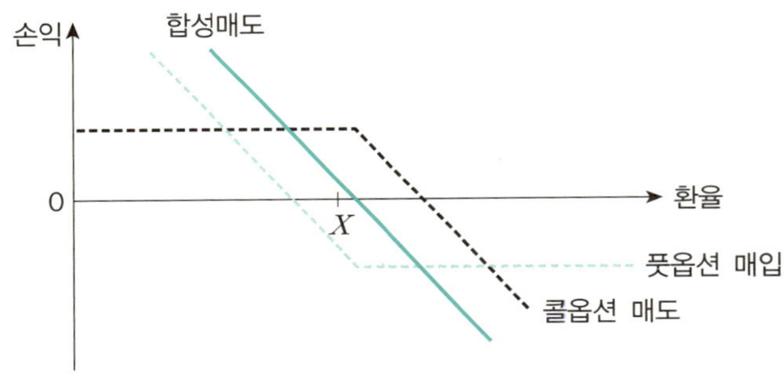

그림 7-19 합성매입

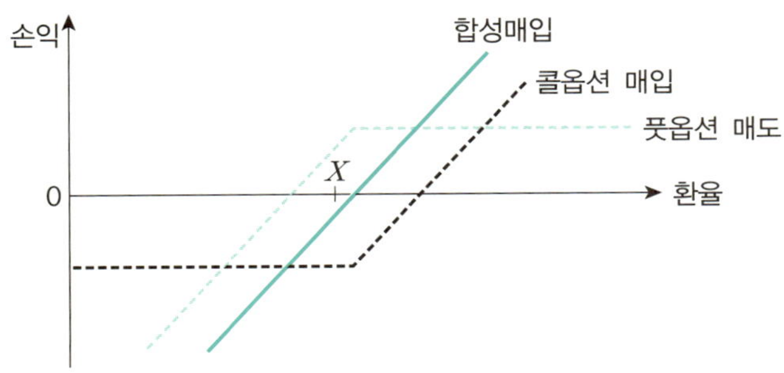

반면에 행사가격과 만기가 같은 콜옵션을 매입하고 풋옵션을 매도하면 [그림 7-19]와 같은 손익구조를 만들 수 있다. 이 손익구조는 기초자산의 매입포지션과 동일한 수익구조이며 이를 합성매입(synthetic long)이라고 한다.

2.8.1 컨버전

손익구조가 같으면 포지션의 가격도 같아야 한다. 따라서 위의 합성포지션의 가격이 현물포지션의 가격과 동일하여야 한다. 만약 가격이 다르다면 싼 포지션을 매입하고 비싼 포지션을 매도하여 차익거래이익을 얻을 수 있다.

현물가격이 합성포지션의 가격보다 낮을 때 현물을 매입하고 합성포지션을 매도하여 이득을 얻는 거래를 컨버전(conversion)이라고 한다. 예를 들어 미국 달러를 현물환율에 매입하고 동시에 달러 콜옵션을 매도하고 풋옵션을 매입한다. 그러면 달러를 현물시장에서 상대적으로 싸게 매입하고 옵션복합포지션을 통해 비싸게 매도하게 되어 차익거래이익이 발생하게 된다.

컨버전과는 반대로 현물가격이 옵션합성포지션 가격보다 높을 때 현물을 매도하고 합성포지션을 매입하여 이득을 얻는 거래를 역 컨버전(reverse conversion)이라고 한다.

2.8.2 박스 스프레드

현물에 대한 포지션 없이 합성매입포지션과 합성매도포지션을 동시에 취하여 이득을 얻는 거래를 박스 스프레드(box spread)라고 한다.

예를 들어 행사가격이 ₩1,150/$인 콜옵션을 매입하고 풋옵션을 매도하여 합성매입포지션을 취하고 동시에 행사가격이 ₩1,140/$인 콜옵션을 매도하고 풋옵션을 매입하여 합성매도포지션을 취하였다고 하자.

그러면 행사가격이 높은 콜옵션을 매입하고 낮은 콜옵션을 매도하였으므로 현금유입이 발생한다. 다른 조건이 동일할 때 행가가격이 높은 콜옵션의 가격은 상대적으로 낮기 때문이다. 또 행사가격이 높은 풋옵션을 매도하고 낮은 풋옵션을 매입하였으므로 역시 현금유입이 발생한다. 다른 조건이 같으면 행사가격이 높은 풋옵션의 가격이 상대적으로 높기 때문이다.

옵션의 만기가 되면 ₩10의 현금유출이 발생한다. 합성포지션을 통해 달러를 ₩1,150에 매입하여 ₩1,140에 매도하였기 때문이다. 따라서 현재시점에서 옵션 프리미엄 차이로 인해 발생하는 현금유입의 크기가 ₩10보다 크다면 가격이 잘못 산정된 것이므로 박스 스프레드를 통해 차익거래 이익을 얻을 수 있다.

요약

- 옵션이란 현재로부터 미래의 일정시점까지의 기간 동안에 미리 정해진 가격에 특정 자산을 매입 또는 매도할 수 있는 권리를 말한다. 이때 매입할 수 있는 권리를 콜옵션이라고 하고 매도할 수 있는 권리를 풋옵션이라고 한다.
- 만기까지 시간이 남아 있기 때문에 당장 옵션을 행사하여 얻을 수 있는 이익 이상의 더 큰 이익을 볼 가능성이 있을 때 그 잠재적 이익의 가치를 옵션의 시간적 가치라고 한다. 한편 옵션을 행사하여 얻을 수 있는 이익을 옵션의 내재가치라고 한다. 옵션의 가격은 옵션의 시간적 가치와 내재가치를 합한 것이다.
- 기초자산과 행사가격이 같은 콜옵션과 풋옵션은 서로 일정한 관계를 갖으며 이러한 관계를 설명한 것이 풋－콜 패리티이다.
- 옵션의 균형가격을 수학적으로 도출하는 모형 가운데 가장 널리 이용되는 모형이 블랙과 숄즈의 모형이다. 이 모형에 의하면 기초자산가격, 무위험이자율, 기초자산가격의 변동성, 행사가격, 만기까지의 기간 등이 옵션가치에 영향을 미친다.
- 자국 금리가 높으면 통화콜옵션의 가치는 커진다. 반대로 풋옵션의 경우에는 가치가 작아진다. 한편 외국통화의 금리가 높을 때 통화콜옵션의 가치는 낮아진다. 풋옵션의 경우에는 이와는 반대로 가치가 커진다.
- 특정 자산의 매입포지션을 보유하고 있을 때 방어적 풋옵션전략을, 매도포지션을 보유하고 있을 때에는 방어적 콜옵션전략을 취하면 환위험을 헤지할 수 있다.
- 델타헤지란 보유하고 있는 포트폴리오의 델타를 0(영)으로 만들어, 즉 델타 중립포지션으로 만들어 기초자산의 가격이 변동하더라도 포트폴리오의 가치가 변동하지 않도록 만드는 것이다.
- 스프레드란 기초자산이 동일하나 행사가격이나 만기가 다른 2개 이상의 콜/풋옵션을 조합하는 투자전략을 말한다. 행사가격과 만기가 같은 콜옵션과 풋옵션을 동시에 매입하는 전략을 스트래들이라고 한다.
- 현물가격이 합성포지션의 가격보다 낮을 때 현물을 매입하고 합성포지션을 매도하여 이득을 얻는 거래를 컨버전이라고 한다. 한편 현물에 대한 포지션 없이 합성매입포지션과 합성매도포지션을 동시에 취하여 이득을 얻는 거래를 박스 스프레드라고 한다.

생각해보기

1. 옵션가격에 영향을 미치는 중요한 요인들은 무엇인가? 각 요인들은 옵션의 가치에 어떤 방향으로 영향을 미치는가?

2. 통화선물과 통화옵션의 차이점은 무엇이고 공통점은 무엇인가?

3. 우리나라 이자율과 미국의 이자율이 미국 달러옵션 가치에 어떠한 영향을 미치는가?

4. 현재의 시점에서 델타중립포지션을 취하여도 만기까지 환위험을 완전히 헤지할 수 없는 이유는 무엇인가?

5. 합성매도포지션과 합성매입포지션을 이용하여 어떻게 차익거래를 할 수 있는가?

6. 통화 콜옵션의 가격이 평균적으로 상승한 반면에 풋옵션의 가격이 평균적으로 하락하였다면 그 이유는 무엇인가?

7. 행사가격이 ₩1,160/$이고 만기가 1개월 후인 미국 달러 콜옵션가격이 ₩9.50이다. 현재 환율이 ₩1,163/$이고 연이자율이 2%라면 동일한 행사가격과 만기의 풋옵션 가격은 얼마이어야 하는가?

8 장 환위험 측정과 관리

제1절 환노출의 종류 및 측정

제2절 환위험 관리

8장 환위험 측정과 관리

제1절 환노출의 종류 및 측정

1.1 환노출의 종류

다국적기업이 해외에 투자를 하면 바로 환위험에 노출된다. 환율이 변동하면 투자한 금액의 원화기준 가치가 달라지고 투자를 위해 현지에서 자금을 조달하였다면 원화기준 부채의 가치도 달라진다. 뿐만 아니라 투자로부터 얻어지는 현금흐름의 가치도 달라진다. 이처럼 환율이 변동할 때 영향을 받는 정도를 환노출(foreign exchange exposure)이라고 한다.

환노출은 환율변동 위험에 어느 정도 노출되어 있는가를 나타내는 것으로 다음과 같이 측정할 수 있다.

$$환노출=환율변동으로\ 인한\ 이익/손실=(S_{t+n}-S_t)\times 노출액$$

여기서, S_t: t시점에서의 환율

예를 들어 한국기업이 미국에서 공사대금으로 1개월 후에 100만 달러를 받을 예정이라고 하자. 현재 환율이 ₩1,150/$이고 1개월 후의 환율이 ₩1,160/$이라면 환노출은 1,000만원[100만 달러×(1,160－1,150)]이 된다. 이 예에서 볼 수 있는 바와 같이 환노출은 원화로 측정된다.

환율변동에 의해 기업이 영향을 받는 정도인 환노출은 크게 거래노출(transaction

exposure), 환산노출(translation exposure), 경제적 노출(economic exposure) 등 세 가지로 나누어 볼 수 있다.

첫째, 거래노출이란 환율변동 이전에 거래가 발생하였으나 결제는 환율변동 이후에 이루어지는 경우 거래일과 결제일 사이에 환율이 변동하여 발생하게 되는 손익을 말한다. 거래노출이 발생하는 거래로는 외화표시 외상매입이나 외상매출, 외화대출이나 외화차입 등이 있다.

둘째, 환산노출이란 외국의 자회사와 국내의 본사를 연결시켜 연결재무제표를 작성할 때 외화표시 자산, 부채, 수익, 지출 등을 자국의 통화로 환산하는 과정에서 적용하는 환율로 인해 기업의 재무상태 및 성과가 변동하는 위험을 말한다.

셋째, 경제적 노출은 예기치 못한 환율변동으로 인해 기업의 미래 현금흐름이 변동하고 그 결과 기업가치가 변동하는 위험을 말한다. 기업의 가치는 미래에 기업이 창출하는 현금흐름 가치를 합산한 것이므로 현금흐름의 가치가 변하면 기업의 가치도 변하게 된다. [표 8-1]은 3종류의 환노출 발생요인과 발생시점을 나타낸 것이다.

표 8-1 환노출 종류

환노출	환위험 발생요인	환위험 발생시점
거래노출	계약에 의해 확정된 미래의 현금흐름	계약의 종료시점
환산노출	외화표시 대차대조표와 손익계산서 항목	환산시점
경제적 노출	미래의 현금흐름	현금흐름 발생시점

1.2 환노출의 측정

1.2.1 거래노출의 측정

거래노출은 계약시점에서 이미 확정된 미래의 외화표시현금이 환율의 변동으로 인해 원화기준 가치가 변동하는 위험이다. 거래노출은 주로 외화표시 외상매입금 및 외상매출금과 외화표시 자산과 부채로 인해 발생한다.

예를 들어 한국의 수출기업이 미국에 100만 달러어치 상품을 수출하기로 계약하고 대금을 상품이 인도되는 3개월 후에 받기로 하였다고 하자. 또 현재 환율이 ₩1,150/$인데 3개월 후에 환율이 ₩1,170/$이 되었다고 하자. 그러면 환율변동으로 한국기업은 2,000만원[100만 달러×(1,170－1,150)]의 이익을 얻을 수 있는데 이것이 바로 거래노출이다.

거래노출을 피하기 위해서 수출대금을 미국 달러로 수취하는 대신에 한국 원화로 수취할 수도 있을 것이다. 이 경우 한국기업은 거래노출을 피할 수 있으나 이번에는 미국 기업이 거래노출에 직면하게 된다. 요즘에는 수출계약을 하면서 제3국의 외환으로 결제를 하는 경우가 있는데 이 경우에는 양 당사자 모두에게 거래노출이 발생하게 된다.

거래노출은 외화로 표시된 자산 및 부채에서도 발생한다. 가령 미국 금융시장에서 자금을 차입하고 1년 후에 갚기로 하였다고 하자. 차입 당시의 환율보다 차입금을 갚아야 하는 만기 시에 환율이 상승하면 원화기준으로 더 많은 금액을 갚아야 하는데 이것이 바로 거래노출이다.

1.2.2 환산노출의 측정

우리나라 및 세계 대부분의 나라에서는 기업이 해외에 현지법인을 소유하고 있을 경우 매 회계연도 말에 해외 자회사와 본사의 재무제표를 연결한 연결재무제표를 작성하여야 한다. 전체적인 재무상태와 성과를 측정하기 위해서이다.

해외에 있는 자회사의 재무제표는 당연히 해당국 통화로 표시되어 있는데 이것을 본사와 통합하기 위해 원화로 환산을 하게 된다. 따라서 환산항목들의 취득 혹은 발생시점과 환산시점의 환율이 다르면 원화기준 합산 가치가 달라지는데 이것이 환산노출이다.

환산노출을 측정할 때 중요한 것은 어떤 환율로 환산하는가 하는 문제이다. 모든 환산항목의 취득 혹은 발생시점의 환율로 일일이 환산을 한다면 당연히 환율변동으로 인한 노출은 없다. 그러나 연결재무제표를 작성하는 시점의 환율로 환산한다면 당연히 취득 혹은 발생시점의 환율과 다를 것이므로 환산노출이 발생한다.

환산노출은 이미 발생하여 재무제표에 기록되어 있는 항목의 가치를 연결재무제표에 합산할 때의 가치에 영향을 주는 것으로 미래의 현금흐름과는 상관이 없는 환노출이다. 따라서 환산노출은 기업의 가치와는 상관이 없다.

재무상태표와 손익계산서 항목을 환산하는 방법에는 현행환율법, 화폐성/비화폐성법, 유동성/비유동성법 등이 있다.

먼저 기본적인 용어부터 살펴보자. 현행환율이란 재무제표일 현재의 현물환율로 결산일 환율이라고 한다. 이와는 달리 역사적 환율이란 수익과 비용 혹은 자산과 부채가 발생한 시점의 환율을 말한다. 또 평균환율은 회계기간 안의 매월 말 또는 매일 종가 환율의 평균을 말한다.

(1) 현행환율법

현행환율법(current rate method)이란 대차대조표(재무상태표)에 외화로 표시된 모든 자산과 부채항목을 재무제표일 현물환율, 즉 현행환율로 환산하는 방법이다. 그러나 자본계정의 자본금과 유보이익은 역사적 환율로 환산한다. 손익계산서의 모든 항목은 수익이나 비용, 이익, 손실 등이 실제로 발생한 날짜의 환율 또는 실제 발생한 기간 동안의 가중평균환율로 환산한다. 배당금 또한 실제 지급일의 환율로 환산한다.

현행환율법에 의해 환산을 하면 대차대조표의 경우 자산총계와 부채 및 자본총계에 차이가 발생하게 된다. 자산은 현행환율로 자본은 역사적 환율로 환산하였기 때문이다. 이렇게 발생된 차이는 해외사업환산손익으로 처리하게 된다.

다음의 예를 살펴보자. A기업의 미국 자회사는 2019년 1월 1일 현재 다음과 같은 재무상태를 갖고 출범하였으며 1년 동안 당기순이익이 500만 달러가 발생하고 이익잉여금이 500만 달러 증가하여서 2019년 12월 31 현재 재무상태가 다음과 같다고 하자.

표 8-2 A기업 자회사 재무상태 (단위: $10,000)

	2019.1.1	2019.12.31
자산총계	2,000	2,500
부채	1,000	1,000
자본	1,000	1,000
이익잉여금		500
부채와 자본총계	2,000	2,500

또 2019년 1월 1일 현물환율은 ₩1,180/$, 2019년 12월 31일 환율은 ₩1,150/$, 평균환율은 ₩1,160/$이라고 하자.

2019년 1월 1일 출범 때에는 자산, 부채, 자본이 모두 그날의 환율로 환산될 수밖에 없으므로 자산총계와 부채 및 자본의 총계는 236억원(1,180×2,000)으로 같다. 이제 현행환율법에 의해 2019년 말 현재 재무상태를 살펴보자. 그러면 다음과 같이 환산되어 자산총계 287.5억원과 부채와 자본총계 291억원(=115억원+118억원+58억원)이 달라진다.

자산=2,500×1,150=287.5억원

부채=1,000×1,150=115억원

자본=1,000×1,180=118억원

이익잉여금=500×1,160=58억원

이때 그 차액인 3.5억원은 기타포괄손익 중 해외사업환산손익으로 인식하게 된다. 당기순이익으로 바로 반영하면 기업의 손익성과를 왜곡하여 보여줄 수 있기 때문에 기타포괄손익으로 반영하다가 최종적으로 해외사업을 매각하거나 청산할 때 당기순이익으로 반영하도록 하기 위함이다.

(2) 화폐성/비화폐성법

화폐성/비화폐성법(monetary/non-monetary method)은 재무상태표상의 화폐성 자산과 부채는 현행환율을 적용하고 그 외의 비화폐성 자산과 부채는 역사적 환율을 적용하여 환산하는 방법이다. 손익계산서의 항목은 당해 기간 동안의 평균환율로 환산하며 감가상각비, 매출원가 등 비화폐성 자산이나 부채에 직접적으로 연관된 항목은 역사적 환율로 환산한다.

화폐성 항목이란 특정 통화로 표시된 수취하거나 지급하여야 할 자산과 부채를 말하는 것으로 시간이 지나거나 화폐의 가치가 변동하더라도 일정 금액으로 표시되는 항목들을 말한다. 현금, 예금, 수취채권, 대여금, 투자자산, 기타 비유동자산 그리고 판매보증채무, 선수수익 등을 제외한 모든 부채 항목들이 여기에 속한다. 한편 비화폐성 항목은 재고나 고정자산과 같이 화폐가치의 변화, 예를 들어 물가수준의 변화에 따라 특정 통화로 표시된 가치가 변화하는 자산과 부채를 말한다.

다음의 예를 생각해보자. ㈜한국의 미국 자회사의 미국 달러 기준 당기순이익이 아래의 표와 같이 6,500,000달러라고 하자. 이 표에 나타난 손익계산서를 화폐성/비화폐성법으로 환산하여 보면 매출, 매출원가, 판매관리비는 평균환율(₩1,130/$)로 환산하고 감가상각은 자산의 취득시점의 환율(₩1,100/$)로 환산하여 당기순이익은 74억 5천만원이 된다.

표 8-3 미국 자회사의 당기순이익 환산 (단위: $100,000, ₩100,000)

계정	분류	외화($)		적용환율	원화	
		차변	대변		차변	대변
매출	평균환율	500		1,130	565,000	
매출원가	평균환율		350	1,130		395,500
판매관리비	평균환율		50	1,130		56,500
감가상각	발생시점환율		35	1,100		38,500
당기순이익			65			74,500

이제 재무상태표를 환산해보자. [표 8-4]를 살펴보면 먼저 자산 항목 중 현금, 매출채권은 화폐성 항목이므로 현행환율(₩1,150/$)로 환산하고 재고자산, 기계, 토지는 비화폐성 항목이므로 역사적 환율로 환산한다. 재고자산의 취득시점의 환율이 ₩1,130/$이고 기계와 토지의 취득시점의 환율이 ₩1,100/$이라면 이 환율을 적용해 아래와 같이 환산을 한다.

한편 부채 항목의 유동부채와 장기차입금은 화폐성 항목이므로 현행환율로 환산하고 자본금은 비화폐성 항목이므로 역사적 환율(₩1,100/$)로 환산한다.

아래 재무상태표의 자산총액은 749억 2천 5백만원이고 부채와 자본금 총액은 680억원, 이미 위에서 계산한 당기순이익이 74억 5천만원이다. 따라서 차변이 5억 2천 5백만원이 부족한데 이것이 화폐성/비화폐성법에 의한 외화환산손실이다.

표 8-4 미국 자회사의 외환환산이익/손실 (단위: $100,000, ₩100,000)

계정	분류	외화($)		적용환율	원화	
		차변	대변		차변	대변
현금	화폐성	15		1,150	17,250	
매출채권	화폐성	250		1,150	287,500	
재고자산	비화폐성	150		1,130	169,500	
기계	비화폐성	200		1,100	220,000	
토지	비화폐성	50		1,100	55,000	
유동부채	화폐성		100	1,150		115,000
장기차입금	화폐성		300	1,150		345,000
자본금	비화폐성		200	1,100		220,000
당기순이익			65			74,500
외화환산손실					5,250	

(3) 유동성/비유동성법

유동성/비유동성법(current/non-current method)은 대차대조표상의 유동자산과 유동부채는 현행환율을 적용하여 환산하고 비유동성 자산과 비유동성 부채는 역사적 환율을 이용하여 환산하는 방법이다. 여기에서 유동성 자산이란 현금, 시장성이 있는 유가증권, 외상매출금, 재고자산 등이고, 유동성 부채는 외상매입금, 단기차입금 등을 말한다.

손익계산서 항목은 해당 회계연도의 평균환율을 적용하여 환산한다. 그러나 감가상각 등 비유동성 자산이나 부채와 관련된 수익이나 비용은 해당 대차대조표항목과 동일한 환율을 적용하여 환산한다.

환산과정에서 실현된 손익은 당기손익에 반영하고 미실현된 손익은 이연하여 처리하게 된다. 유동성/비유동성 방법은 자회사의 유동성을 분석하는 데 유용하다고 할 수 있으나 유동성 항목과 비유동성 항목의 구분이 다소 자의적이고 유동성 항목 간에도 환율에 대한 노출성격이 다를 수 있다는 점을 반영하지 못한다는 단점이 있다. 현행환율법, 화폐성/비화폐성법에 비해 많이 사용되지 않고 있다.

표 8-5 미국 자회사의 외환환산이익/손실 (단위: $100,000, ₩100,000)

계정	분류	외화($)		적용환율	원화(₩)	
		차변	대변		차변	대변
현금	유동성	15		1,150	17,250	
매출채권	유동성	250		1,150	287,500	
재고자산	유동성	150		1,150	172,500	
기계	비유동성	200		1,100	220,000	
토지	비유동성	50		1,100	55,000	
유동부채	유동성		100	1,150		115,000
장기차입금	비유동성		300	1,100		330,000
자본금	비유동성		200	1,100		220,000
당기순이익			65			74,500
외화환산이익						12,750

[표 8-3]과 [표 8-4]에서 살펴보았던 ㈜한국의 미국 자회사의 경우를 유동성/비유동성법으로 환산해보자. 화폐성/비화폐성법과 달리 재고자산이 현행환율로 환산되고 장기차입금이 역사적 환율로 환산된다. 그러면 원화로 환산된 자산총계는 752억 2천5백만원이고 부채와 자본총계는 665억원, 당기순이익은 74억 5천만원이다. 따라

표 8-6 환산법 비교(C=현행환율, H=역사적 환율)

구분	현행환율법	화폐성/비화폐성	유동성/비유동성
자산			
현금 및 예금	C	C	C
외상매출금	C	C	C
재고자산			
(원가 평가 시)	C	H	C
(시가 평가 시)	C	H	C
비유동자산	C	H	H
부채 및 자본금			
외상매입금	C	C	C
단기부채	C	C	C
장기부채	C	C	H
자본금	H	H	H

서 대변이 12억 7천5백만원이 부족한데 이것이 유동성/비유동성법에 의한 외화환산 이익이다.

[표 8-6]은 환산법을 비교한 것이다. 여기서 알 수 있는 바와 같이 같은 환산항목이라도 환산법에 따라 적용하는 환율이 다르기 때문에 결과적으로 환산으로 인해 발생하는 이익 또는 손실의 크기가 달라질 수 있음은 물론이고 이익과 손실의 방향도 달라질 수 있다.

1.2.3 경제적 노출의 측정

앞에서 우리는 거래노출과 환산노출을 살펴보았다. 이 노출은 기업이 외환을 기준으로 계약한 단기의무에 관한 의사결정이나 연결재무제표를 작성하는 데 관련된 회계적 문제와 관련된 노출이다. 거래노출은 이미 확정된 계약과 관련된 것으로 진행되고 있는 계약을 반영하지 못하고 있으며 재고자산 및 고정자산의 가치변화를 반영하지 못하고 있다.

환산노출은 부외거래(off balance sheet)를 반영하지 못하고 있으며 현금흐름을 창출하지 못하는 고정자산을 노출에 포함하고 있다는 문제가 있다. 특히 중요한 것은 이들 두 환노출이 명목환율 변동만을 고려하여 인플레이션을 고려하고 있지 않다는 것이다.

경제적 노출은 두 국가의 인플레이션 차이로 인해 환율이 변동할 때 기업의 가치가 영향을 받는 정도를 의미한다. 즉 경제적 노출은 현재 진행되고 있는 경영상의 중요한 의사결정을 반영하고 고정자산과 재고자산의 가치변화를 반영하며 두 나라간 인플레이션 차이로 인한 환율변동을 반영한 기업가치의 변화를 측정하는 것이다.

경제적 노출은 기업의 손익계산서에 영향을 주는 현금흐름에 대한 노출, 즉 현금흐름노출(cash flow exposure)과 재무상태표에 대한 노출, 즉 순자산노출(net worth exposure)로 나누어볼 수 있다.

(1) 현금흐름노출

현금흐름노출은 환율이 변동할 때 기업의 실질 수익과 비용이 영향을 받는 정도를 말한다. 여기에서는 감가상각 및 원금상환은 현금흐름에 포함되지 않으며 순자산 노출에서 고려하기로 한다.

한국기업의 미국 자회사의 경우를 예를 들어 생각해보자. 그러면 다음과 같은 서로 다른 5가지 상황에서 이 자회사가 받게 되는 영향을 생각해볼 수 있다.

① 구매력평가이론이 성립할 때

앞에서 살펴본 구매력평가이론이 성립하는 상황은 두 국가의 인플레이션 차이가 명목환율에 정확히 반영되어 실질환율에 변화가 없는 상황이다.

가령 미국의 인플레이션이 한국의 인플레이션보다 높다고 하자. 그러면 미국 달러는 그 차이만큼 가치가 하락할 것이다. 또한 물가상승으로 인해 상품가격이 상승할 것이다. 한국기업의 미국자회사 입장에서는 미국의 상품가격이 상승하여 달러기준으로 더 많은 금액을 수취할 수 있으나 환율이 하락하여 원화기준으로는 정확히 가격상승효과를 상쇄하고 이전과 동일한 금액을 얻게 된다. 구매력평가이론이 성립하고 있기 때문이다.

미국 자회사가 상품을 생산 또는 판매하기 위해 발생되는 비용 또한 수익과 같은 영향을 받는다. 즉 미국의 물가상승으로 인건비 등의 비용이 달러기준으로는 상승하지만 원화로 환산된 비용은 환율하락으로 인해 이전과 동일한 금액이 발생된다. 결국 환율변동이 원화기준으로 한국기업의 실질수익과 실질비용을 변화시키지 않으며 따라서 한국기업의 실질이익이나 생산량 등에 전혀 영향을 미치지 못한다.

표 8-7 구매력평가이론이 성립할 때 경제적 노출 (단위: $10,000, ₩10,000)

구분	현재 ₩1,000/$	(인플레이션차이 = 3%) ₩970/$
매출	100	105
제조원가	60	63
일반관리비	10	10.5
법인세차감전이익	30	31.5
법인세(20%)	6	6.3
순이익(현금흐름)[1]	24	25.2
원화기준 현금흐름	₩24,000(=24×1,000)	₩24,000 [≒(25.2×970)/1.02]

가령 한국기업의 미국 자회사의 손익이 [표 8-7]과 같다고 하자. 만약 현재 환율이 ₩1,000/$이라면 원화기준으로 현금흐름은 2억 4천만원이 된다. 만약 미국의 인플레이션이 5%, 한국의 인플레이션이 2%라면 구매력평가이론이 성립할 때 환율은 양국 인플레이션 차이인 3%만큼 하락할 것이다. 또한 미국의 인플레이션으로 인해 매출 및 비용이 5%씩 상승할 것이다. 이때 발생하는 순이익을 변동된 환율을 적용하여 원화로 환산하면 2억 4천4백4십만원이 된다. 한국도 2%의 인플레이션이 발생하였으므로 이 금액은 인플레이션이 이전 2억 4천만원(=24,444/1.02)과 동일한 것이다.

② 수익과 비용이 모두 미국에서 발생할 때 실질환율이 변동하는 경우

먼저 완전경쟁하에서 한국기업의 미국 자회사 수익과 비용을 원화기준으로 살펴보자. 먼저 수익을 살펴보면 이 자회사는 완전경쟁하에 있으므로 가격이 고정되어 있으며 그 결과 한계수익(MR: marginal revenue)은 [그림 8-1]에서와 같이 수평선으로 표시할 수 있다. 한계비용(MC: marginal cost)은 처음 생산량이 작을 때는 감소하다가 어느 정도 생산량이 증가하면 증가하기 시작할 것이다. 따라서 한계비용을 평균한 평균비용(AC: average cost)은 그림과 같은 포물선의 형태를 나타내게 된다.

그러면 제품 한 단위를 판매하여 얻게 되는 이익은 한계수익과 평균비용의 차이가 될 것이며, 이 자회사의 최적생산량은 한계수익과 한계비용이 만나는 점 q_0가 된다. 만약 한계비용이 한계수익보다 큰 상황이 되면 제품판매에서 얻는 수익이 비용보다 작으므로 손해가 될 것이며 반대로 한계비용이 한계수익보다 작으면 더 생산하여 이득을 얻을 수 있기 때문이다. 따라서 이 자회사의 최적이익은 [그림 8-1]의 컬러로 표시된 부분, 즉 단위당 이익에 수량을 곱한 액수가 된다.

1) 감사상각을 고려하지 않으면 이 경우 순이익과 현금흐름은 같다.

그림 8-1 완전경쟁하에서의 자회사의 수익과 비용

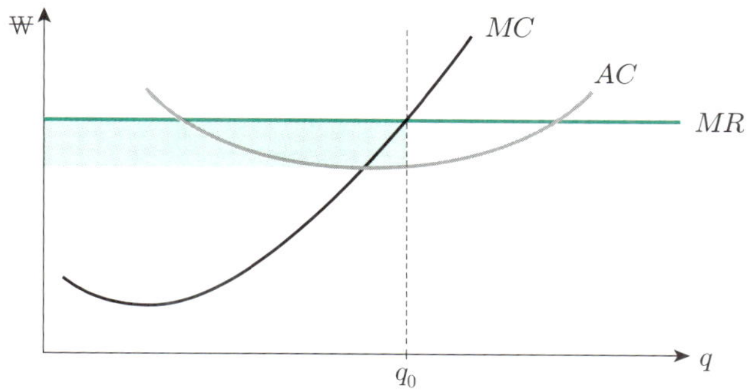

정리하기 1

완전경쟁하에 있지 않을 때, 즉 해당 기업이 가격을 결정할 수 있을 때 최적이익은 어떻게 결정되는가?

한국기업의 미국 자회사의 모든 수익과 비용이 미국 달러로 발생될 때 실질환율 변동이 이 회사의 이익에 어떤 영향을 주는지 살펴보자.

구매력평가이론이 성립하지 않을 때 미국 달러가 평가절하, 즉 실질환율이 떨어지는 상황을 생각해 보자. 이 경우에도 미국에서의 상품가격은 변동이 없다. 완전경쟁시장이기 때문에 제품의 가격은 주어진 것이기 때문이다. 그러나 환율이 하락하였으므로 원화기준으로 한계수익은 감소하게 된다. 따라서 [그림 8-2]에서 한계수익 MR은 하향이동하게 된다.

마찬가지로 한계비용 및 평균비용도 모두 미국 달러로 발생되기 때문에 미국 달러기준 비용은 변하지 않으나 환율하락으로 원화기준 한계비용과 평균비용은 모두 하향 이동하게 된다. 그 결과 [그림 8-3]에서 볼 수 있는 바와 같이 적정수량에는 변화가 없으나 이 자회사의 원화기준 이익은 감소하게 된다.

[그림 8-2]와 [그림 8-3]의 컬러로 표시된 부분은 환율변동 전 이익과 환율변동 후 이익을 비교한 것이다. 수익과 비용이 모두 하락하였으나 그림에서 볼 수 있는 바와 같이 수익이 비용보다 크기 때문에 환율하락으로 인해 같은 비율만큼 수익과

비용이 하락하면 수익의 절대 액수 하락이 더 커지게 되므로 환율변동 전보다 이익이 작아지게 된다.

그림 8-2 수익과 비용이 모두 달러로 발생할 때 환율변동의 영향

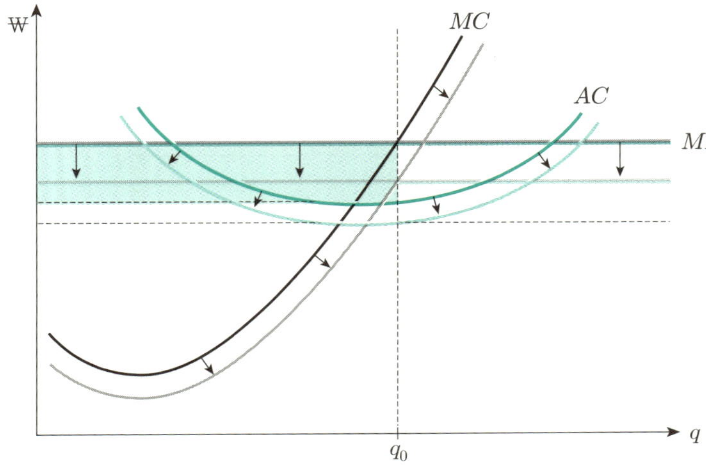

그림 8-3 수익과 비용이 모두 달러로 발생할 때 환율변동 후 이익의 변화

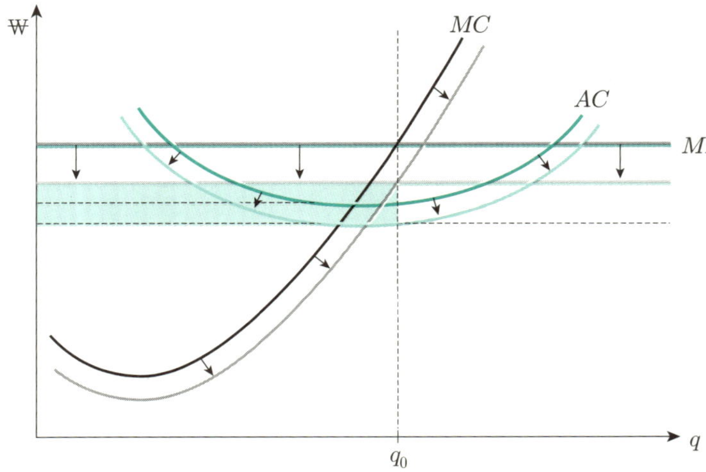

이것을 숫자로 나타내면 [표 8-8]과 같다. 자회사의 모든 수익과 비용이 달러로 발생하기 때문에 달러기준 수익과 비용은 변하지 않는다. 그러나 환율이 ₩1,000/$에

서 ₩970/$으로 하락하면 그에 따른 원화기준 순이익이 2.4억원에서 2.328억원으로 감소하는 것을 확인할 수 있다.

표 8-8 수익과 비용이 모두 달러로 발생할 때 환율변동의 영향

구분	달러기준 (단위: $10,000)	원화기준(단위: 억원)	
		환율변동 전 ₩1,000/$	환율변동 후 ₩970/$
매출	100	10	9.7
제조원가	60	6	5.82
일반관리비	10	1	0.97
법인세차감전이익	30	3	2.91
법인세(20%)	6	0.6	0.582
순이익(현금흐름)	24	2.4	2.328

③ 비용은 미국 달러로 발생하고 판매가격은 원화로 고정되어 있을 때 실질환율이 변동하는 경우

이제 미국 자회사의 비용이 달러로 발생되고 가격은 원화로 고정되어 있을 때 환율이 하락하는 경우를 살펴보자. 먼저 가격은 원화로 고정되어 있으므로 환율과 상관없이 상품판매로부터 얻는 한계수익은 원래의 수평선과 동일하다.

그러나 미국 달러로 발생한 비용은 환율하락으로 원화를 기준으로 환산하면 하락하게 된다. 따라서 [그림 8-4]에서와 같이 한계비용과 평균비용곡선은 하향이동하게 된다. 이러한 상황이 되면 자회사는 생산을 늘릴 것이다. 이전보다 낮아진 비용으로 제품을 생산하여 이전과 같은 가격으로 판매할 수 있으므로 한계수익과 평균비용의 차이인 단위당 이익이 증가하였기 때문이다. 생산의 증가는 한계비용이 한계수익과 같아질 때까지 이루어질 것이다.

[그림 8-4]와 [그림 8-5]는 환율변동 전과 후의 자회사 이익을 비교한 것이다. 이익을 나타내는 [그림 8-4]와 [그림 8-5]의 컬러로 표시된 부분의 크기를 비교해보면 환율변동 후 이익이 크게 증가된 것을 알 수 있다. 단위당 이익도 커졌으며 생산량도 늘어났기 때문이다.

그림 8-4 수익만 고정되어 있을 때 환율의 영향

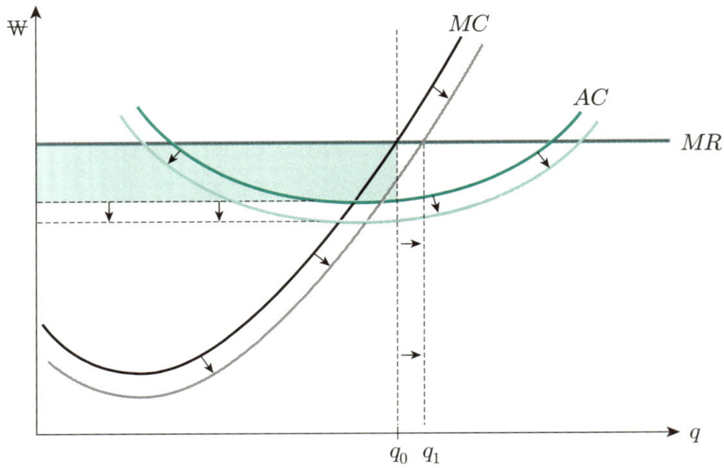

그림 8-5 수익만 고정되어 있을 때 환율변동 후 이익의 변화

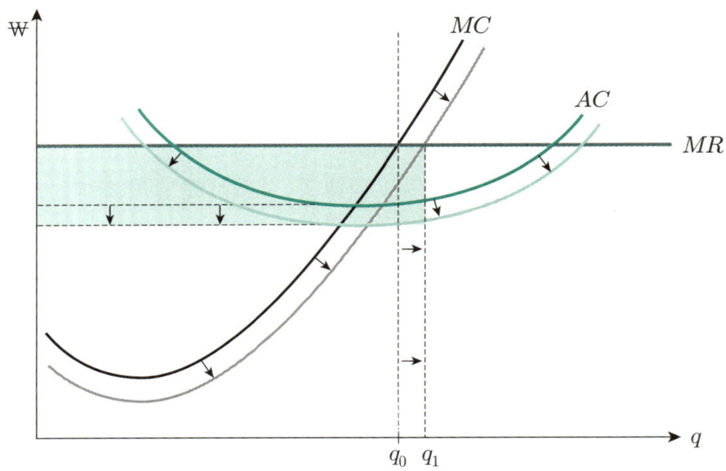

위의 상황을 숫자로 나타내면 [표 8-9]와 같다. 환율이 ₩1,000/$에서 ₩970/$으로 하락하여 비용이 3% 하락하였다고 하자. 그 결과 생산량이 2% 증가하였다고 하자. 그러면 환율변동 후 매출은 10.2(10×1.02)억원이 된다. 생산량이 2% 증가하였기 때문이다.

한편 비용은 환율이 3% 하락하였으나 생산량이 2% 증가하였으므로 0.0106%(=0.97×1.02) 하락하게 된다. 결과적으로 이 회사는 환율이 변동하기 전에 2.4억원이었던 순이익이 2.616억원으로 증가하게 된다.

표 8-9 판매가격이 고정되고 비용이 달러로 발생할 때 환율변동의 영향

구분	달러기준 (단위: $10,000)	원화기준(단위: 억원)	
		환율변동 전 ₩1,000/$	환율변동 후 ₩970/$
매출	100	10	10.2
제조원가	60	6	5.94
일반관리비[1)]	10	1	0.99
법인세차감전이익	30	3	3.27
법인세(20%)	6	0.6	0.654
순이익(현금흐름)	24	2.4	2.616

1) 생산량에 비례한다고 가정한다.

④ 판매가격은 미국 달러로 발생하고 비용은 원화로 고정되어 있을 때 실질환율이 변동하는 경우

이제 미국 자회사의 수익은 모두 달러로 발생되고 비용은 원화로 고정되어 있을 때 환율이 하락하는 경우를 살펴보자. 먼저 비용은 원화로 고정되어 있으므로 환율과 상관없이 한계비용곡선과 평균비용곡선은 동일하다.

그러나 미국 달러로 발생한 수익은 환율하락으로 원화를 기준으로 환산하면 하락하게 된다. 따라서 [그림 8-6]에서와 같이 한계수익직선은 하향이동하게 된다. 이러한 상황이 되면 자회사는 생산을 줄일 것이다. 이전과 같은 비용으로 제품을 생산하여 이전보다 낮은 가격으로 판매하면 손해이기 때문이다. 즉 한계수익과 평균비용의 차이인 단위당 이익이 감소하였기 때문이다. 생산의 감소는 한계수익이 한계비용과 같아질 때까지 이루어질 것이다.

[그림 8-6]과 [그림 8-7]은 환율변동 전과 후의 자회사 이익을 비교한 것이다. 이익을 나타내는 [그림 8-6]과 [그림 8-7]의 컬러로 표시된 부분의 크기를 비교해보면 환율변동 후 이익이 크게 감소된 것을 알 수 있다. 단위당 이익도 작아졌으며 생산량도 감소하였기 때문이다.

그림 8-6 비용만 고정되어 있을 때 환율의 영향

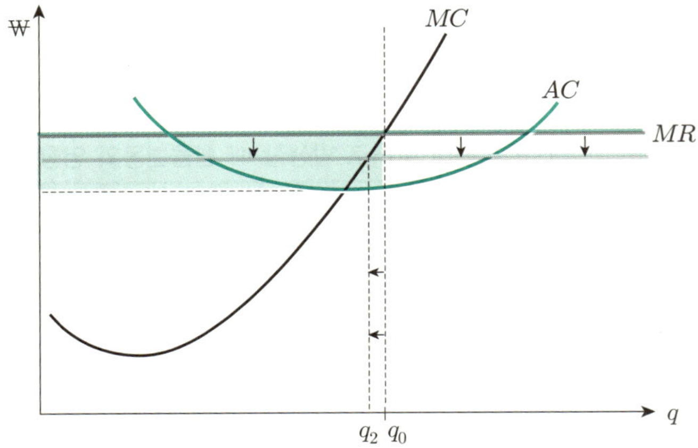

그림 8-7 비용만 고정되어 있을 때 환율변동 후 이익의 변화

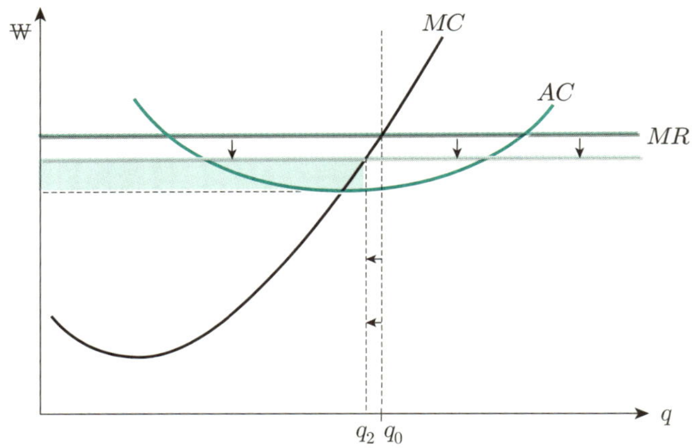

위의 상황을 숫자로 나타내면 [표 8-10]과 같다. 환율이 ₩1,000/$에서 ₩970/$으로 하락하여 수익이 3% 하락하였다고 하자. 그 결과 생산량이 2% 감소하였다고 하자. 그러면 환율변동 후 매출은 9.506(10×0.98×0.97)억원이 된다. 생산량이 2% 감소하고 환율이 3% 하락하였기 때문이다.

한편 비용은 원화기준으로 2%씩 하락하게 된다. 생산량이 2%씩 감소하였기 때문이다.[2] 결과적으로 이 회사는 환율이 변동하기 전에 2.4억원이었던 순이익이

2.1168억원으로 크게 감소하게 된다.

| 표 8-10 | 비용이 고정되고 수익이 달러로 발생할 때 환율변동의 영향

구분	달러기준 (단위: $10,000)	원화기준(단위: 억원)	
		환율변동 전 ₩1,000/$	환율변동 후 ₩970/$
매출	100	10	9.506
제조원가	60	6	5.88
일반관리비	10	1	0.98
법인세차감전이익	30	3	2.646
법인세(20%)	6	0.6	0.529
순이익(현금흐름)	24	2.4	2.1168

⑤ 수익과 비용이 모두 원화로 고정되어 있을 때

자회사가 미국에 위치하고 있지만 수익과 비용이 모두 원화로 고정되어 있다면 환율의 영향은 당연히 받지 않을 것이므로 환율하락이 이 회사의 손익에 아무런 영향을 미치지 못한다. 따라서 이러한 상황에서는 경제적 노출은 없다.

우리나라 회사의 외국 자회사를 생각해보면 이러한 상황은 생각하기 어렵다. 그러나 미국회사의 한국 자회사를 생각해보자. 이 회사는 제품을 한국에서 생산하여 전량 수출을 하는데 부품도 미국에서 모두 조달한다고 하자. 만약 이 회사가 인건비 등 나머지 비용을 모두 국제 기축통화인 미국 달러로 지불한다면 환율변동으로 인한 이익의 변동을 피할 수 있다. 즉 경제적 노출을 없앨 수 있다.

(2) 순자산노출

순자산노출이란 환율변동으로 인해 기업의 순자산이 영향을 받는 정도를 말한다. 여기에서 순자산이란 자산의 시장가치에서 부채의 시장가치를 차감한 것을 말한다.

순자산노출을 측정하기 위해서는 화폐성 자산과 비화폐성 자산을 구분할 필요가 있다. 화폐성 자산은 이자소득을 발생시킨다. 이자율평가이론에 의하면 다른 조건

2) 비용이 모두 생산량에 비례하여 발생한다고 가정한다. 만약 고정비용을 감안한다면 비용감소는 위에 비해 줄어들 것이며 따라서 이익의 감소는 적어질 것이다.

이 같을 때 특정 통화의 가치가 하락하면 이자율이 상승하여야 한다. 따라서 이자율평가이론이 성립한다면 자회사가 있는 국가의 화폐가치가 하락하면 본국 통화기준 화폐성 자산의 가치가 하락하나 자회사가 있는 국가에서 화폐성 자산이 과거보다 높은 이자소득을 얻게 되어 손실을 상쇄시키게 된다. 이러한 상황에서는 환율변동으로 인한 순자산노출은 없게 된다.

따라서 순자산노출은 환율이 예상하지 못한 이유로 이자율평가이론에서 벗어나게 되는 상황에서만 발생하게 된다. 미국 회사의 한국 자회사를 생각해보자. 현재 환율이 ₩1,000/$이고 한국 이자율이 미국보다 2% 더 높다면 이자율평가이론에 의해 환율은 ₩1,020/$으로 상승하여야 한다. 그러면 화폐성 자산의 가치는 미국 달러 기준으로 하락하였지만 2% 원화이자를 더 얻을 수 있으므로 이것을 미국 달러로 환전하면 환율변동 이전과 같은 가치가 된다. 그러나 환율이 이자율평가이론의 균형환율보다 더 올라서 ₩1,030이 된다면 ₩10/$의 순자산 노출이 발생하게 된다.

비화폐성 자산의 경우에는 순자산노출은 구매력평가이론(PPP)을 충족시키지 못하는 환율변동이 발생할 때에만 발생하게 된다. 구매력평가이론에 의하면 한국의 인플레이션이 미국보다 높다면 한국 원화는 가치가 하락하여야 한다. 이때 인플레이션으로 인한 비화폐성 자산의 가치상승이 환율상승으로 인한 가치하락으로 상쇄되면 환율변동으로 인한 순자산노출은 없게 된다. 즉 구매력평가이론이 성립하면 비화폐성 자산의 순자산노출은 없다.

제2절 환위험 관리

이제 앞에서 살펴본 환노출을 헤지하는 방법에 대해서 살펴보자. 여기서는 주로 금융상품을 이용하여 다양한 환노출을 헤지하는 방법을 살펴보기로 한다. 선물환시장 헤지, 금융시장 헤지, 스왑시장 헤지, 통화선물시장 헤지, 통화옵션시장 헤지 등을 차례로 살펴보기로 한다. 그 후에 내부적 관리방안에 대해서도 간략하게 살펴보기로 한다.

2.1 선물환시장 헤지

선물환은 계약된 또는 결정된 미래의 현금흐름을 헤지하는 데 사용될 수 있는 좋은 수단이다. 수출계약 등으로 미래의 특정일에 외화표시 현금유입이 결정된 경우 같은 날 만기가 되는 수취통화표시 선물환계약을 매도하면 환율을 선물환율로 고정시킬 수 있다. 반대로 수입계약 등으로 미래의 특정일에 외환표시 현금유출이 결정된 경우 같은 날 만기가 되는 지급통화표시 선물환계약을 매입하면 지급환율을 선물환율로 고정시킬 수 있다. 즉 두 경우 모두 현물환율의 변동과 상관없이 수취 또는 지급액수를 원화기준으로 고정시킬 수 있다. 따라서 선물환시장에서 헤지를 하면 환율변동으로 인한 수출 또는 수입계약의 손실을 방지할 수 있다. 그러나 선물환을 이용해 헤지를 하면 환율이 유리한 방향으로 움직여서 얻을 수 있는 이익의 기회가 없어진다.

다음의 예를 생각해보자. 한국의 기업이 미국으로부터 부품을 수입하여 제품을 생산한다고 하자. 그리고 완성된 제품을 한국에서 모두 판매한다고 하자. 그러면 이 회사는 미국 달러 가치가 상승하면, 즉 ₩/$환율이 상승하면 비용이 상승하게 되지만 매출은 환율변동에 영향을 받지 않게 되어 경제적 노출이 발생하게 된다.

한국 기업은 100만 달러어치의 부품을 수입하고 3개월 후에 대금을 지급하여야 한다고 하자. 또 현재 환율이 ₩1,150/$이라고 하자. 이때 3개월 후에 만기가 되는 100만 달러 선물환계약을 ₩1,155/$에 매입하면 부품수입 가격을 11억 5천5백만원으로 고정시킬 수 있다. 만약 3개월 후 환율이 ₩1,160/$이라면 한국 기업은 선물환계약을 통해 5백만원(=(1,160−1,155)×$100만)의 이익을 결과적으로 얻을 수 있다. 그러나 반대로 환율이 선물환율보다 하락할 경우 환율하락으로 인해 얻을 수 있는 이익은 얻을 수 없다.

선물환계약은 계약된 또는 결정된 외화표시 미래현금에 대한 완전한 헤지(perfect hedge)의 수단이 된다. 즉, 계약 자체로 발생하는 현금흐름과 선물환을 이용한 헤지 포지션의 현금흐름의 변화가 정확하게 상쇄된다.

2.2 금융시장 헤지

환위험에 노출된 외화표시 자산이나 부채를 금융시장에서 헤지를 할 수도 있다. 노출된 외화자산에 대해 외화표시 부채를 발생시키고 노출된 외화부채에 대해서는 외화표시 자산을 발생시켜 환노출을 헤지할 수 있다.

한국의 수출기업이 3개월 후에 미국 달러의 유입이 예상된다고 하자. 그러면 유입될 달러의 현재가치에 해당하는 달러를 미국시장에서 고정금리로 조달하여 현물환율에 원화로 교환한다. 그리고 교환한 원화로 한국에서 3개월 후에 만기가 되는 고정금리 예금을 한다.

그러면 3개월 후에 지급받은 미국 달러로 미국에서의 차입한 금액을 정확하게 갚을 수 있으며 한국에서 만기가 되는 예금을 찾으면 그것이 바로 원화표시 현금유입이 된다. 즉, 일련의 금융시장에서의 계약을 통해 미국 달러표시 현금유입을 원화표시 현금유입으로 바꾸었으며 한국에서 고정금리 예금을 하였으므로 찾는 금액도 예금시점, 즉 현재시점에서 고정시킬 수 있다.

그림 8-8 외화유입에 대한 금융시장에서의 헤지

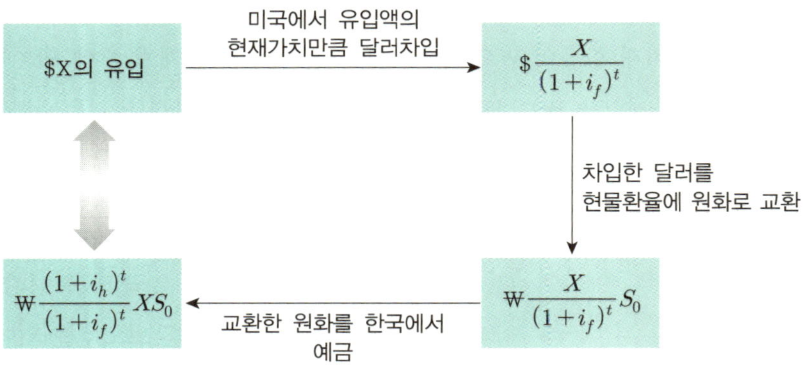

[그림 8-8]을 살펴보자. 한국의 수출기업이 3개월 후에 \$X를 지급받을 예정이다. 금융시장에서 헤지를 하기 위해서 먼저 유입되는 \$X의 현재가치 $\frac{X}{(1+i_f)^t}$ 만큼 미국에서 달러를 차입한다. 그리고 차입한 달러를 원화로 현물환율 S_0에 교환하면

$\frac{X}{(1+i_f)^t}S_0$원이 된다. 이것을 고정금리 i_h에 예금을 하면 3개월 후 만기에 $\frac{(1+i_h)^t}{(1+i_f)^t}XS_0$을 얻게 된다. 미국에서 조달한 부채는 유입된 $X로 상환하면 된다. 여기서 i_h, i_f, X, S_0는 현재시점에서 모두 고정된 값이므로 환율변동에 관계없이 고정된 원화를 얻을 수 있다. 즉 완전한 헤지의 효과를 얻을 수 있다.

한편 이자율평가이론이 성립하면 아래의 식이 성립한다.

$$\frac{F}{S_0}=\frac{(1+i_h)^t}{(1+i_f)^t} \quad \text{(식 8.1)}$$

이 식을 금융시장에서 헤지를 할 때 3개월 후에 얻게 되는 원화금액에 대입하면 다음과 같다.

$$\frac{(1+i_h)^t}{(1+i_f)^t}XS_0=\frac{F}{S_0}XS_0=FX \quad \text{(식 8.2)}$$

(식 8.2)의 FX는 앞에서 살펴본 바와 같이 선물환을 이용하여 헤지를 할 때 만기에 얻게 되는 원화금액이다. 따라서 이자율평가이론이 성립한다면 금융시장의 헤지는 선물환을 이용한 헤지와 그 결과가 동일하며 완전한 헤지를 할 수 있다는 것을 의미한다.

위의 예와 정반대로 한국의 수입기업이 3개월 후에 달러를 지급하여야 한다고 하자. 이때에도 금융시장에서 헤지를 할 수 있다. 먼저 한국에서 $\frac{XS_0}{(1+i_f)^t}$만큼 원화를 차입한다. 그리고 바로 현물환율에 달러로 교환하면 $\frac{X}{(1+i_f)^t}$를 얻게 되며 이것을 미국 은행에 예금하면 3개월 후에 $\$X$를 받아 수입대금을 지급할 수 있게 된다.

그림 8-9 외화유출에 대한 금융시장에서의 헤지

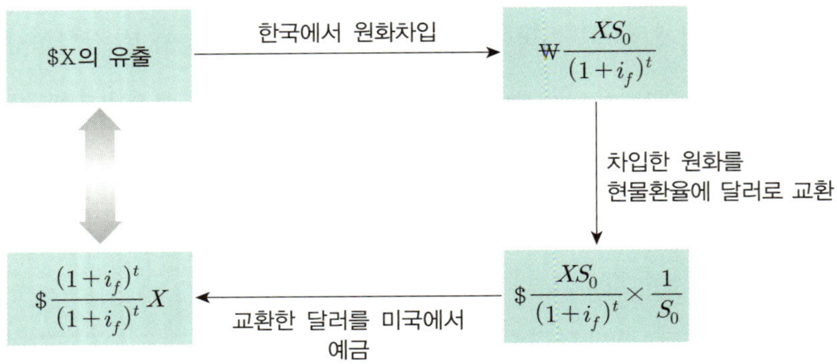

한국에서 차입한 원화금액을 보면 X, S_0, i_f가 모두 현재시점에서 알 수 있는 고정된 값이며 3개월 후에 갚아야 하는 금액 $\frac{XS_0}{(1+i_f)^t}\times(1+i_h)^t$도 고정된 금액이다. 즉 환율과 상관없이 발생하는 현금흐름이 고정되는 헤지의 효과를 얻을 수 있다. 이 경우에도 이자율평가이론이 성립한다면 선물환을 이용한 헤지와 동일한 결과를 얻을 수 있다는 것을 다음의 식에서 확인할 수 있다.

$$\frac{XS_0}{(1+i_f)^t}\times(1+i_h)^t=\frac{F}{S_0}\times XS_0=FX \quad \text{(식 8.3)}$$

2.3 스왑시장 헤지

스왑은 정해진 시기에 정해진 통화를 교환하는 거래이다. 스왑을 이용하면 위에서 살펴본 금융시장에서의 헤지의 효과를 얻으면서 비교우위에 있는 시장에서 자금을 차입하여 추가적인 이득을 얻을 수도 있다.

다음의 예를 살펴보자. 미국 기업이 프랑스에 수출하여 얻게 되는 유로화에 대한 환노출을 헤지하기 위해 프랑스 금융시장에서 유로화를 차입하려 한다고 하자. 또 어떤 프랑스 회사는 미국에 수출하여 얻게 되는 달러화를 헤지하기 위해 미국 금융시장에서 달러를 차입하려 한다고 하자.

일반적으로 미국 회사가 프랑스에서 차입할 때에는 미국에서 차입할 때에 비해 더 높은 이자를 부담하여야 하며 반대로 프랑스 회사는 미국 시장에서 자금을 차입할 때 더 높은 이자를 부담하여야 할 것이다. 이때 두 회사가 비교우위에 있는 자국 시장에서 자금을 차입하고, 미국 회사는 유로화를 지급하고 프랑스 회사는 달러를 지급하는 통화스왑계약을 체결하면 서로 이득이 될 수 있다.

즉 미국 회사는 프랑스에 수출하고 받은 유로화를 프랑스 회사에 지급하게 되어 유로화를 미국 달러로 교환할 필요가 없기 때문에 환노출을 피할 수 있다. 또 프랑스 회사로부터 지급받은 달러로 차입금과 이자를 상환하면 된다. 반대로 프랑스 회사는 미국에 수출하여 받은 달러를 스왑 상대방에게 지급하고 유로화를 받게 되어 달러를 유로화로 교환할 필요가 없으며 지급받은 유로화로 이자와 원금을 상환하면 된다. 이때 두 회사 모두 다른 나라의 금융시장에서 자금을 조달하는 대신에 비교우위에 있는 자국에서 자금을 차입하였으므로 스왑계약에 의해 추가적인 이득을 얻을 수도 있다.

정리하기 2

스왑은 여러 개의 미래 현금흐름을 교환하기로 약속한 계약이다. 그렇다면 여러 개의 선물환계약을 하면 스왑과 같은 효과를 얻을 수 있는가?

2.4 통화선물시장 헤지

선물환과 통화선물은 표준화 여부만 다를 뿐이기 때문에 다른 조건이 같다면 동일한 헤지의 효과를 얻을 수 있다. 그러나 표준화로 인해 현실적으로 조금 다른 결과를 낳을 수도 있다.

선물환은 한 번 계약이 성립되면 반드시 만기에만 계약이 종료될 수 있다. 그러나 통화선물은 반대매매로 만기 전에 손익을 실현하고 종료될 수 있다. 즉, 통화선물은 선물환에 비해 유동성이 있다고 할 수 있기 때문에 외화의 유입 혹은 유출시기가 정확히 정해지지 않는 거래에 대해 헤지를 하는데 선물환에 비해 유리하다고 할 수 있다. 그러나 통화선물 만기 전에 외환이 유입 또는 유출되면 이에 따른 손실이나 이익이 발생할 수 있다.

$$\text{이익/손실} = X\left[\left(S_t - \frac{(1+i_h)^t}{(1+i_f)^t}S_0\right) - (V_T - V_t)\right] \quad \cdots\cdots \text{(식 8.4)}$$

여기서, V_T: 만기시 선물가격
V_t: 헤지를 위해 반대매매한 시점에서의 선물가격

(식 8.4)는 통화선물 만기 전에 헤지를 위해 반대매매가 이루어질 경우 손익을 나타낸 것이다. 식의 앞부분은 시점 t의 통화선물의 시장가격과 이론적 가격의 차이를 나타내는데 (식 8.1), 즉 이자율평가이론이 성립한다면 0(영)이 된다. 뒷부분은 통화선물의 만기시점과 반대매매가 이루어진 시점에서의 통화선물 가격차이를 말한다.

한편 통화선물은 거래단위가 정해져 있어서 유입 또는 유출되는 외화의 금액이 거래단위의 승수로 맞지 않으면 정확한 수량의 헤지를 할 수 없다는 단점이 있다. 그러나 통화선물의 거래단위가 보통의 선물환계약 크기보다 작기 때문에 액수가 작은 외환의 유입이나 유출에 대한 헤지에 보다 편리하게 이용될 수도 있다.

통화선물거래에 적용되는 통화는 한정되어 있다. 따라서 상장되어 있지 않은 통화 간 헤지가 필요할 때에는 선물환을 이용하든지 아니면 교차헤징을 할 수밖에 없다. 교차헤지란 헤지하여야 할 통화와 헤지에 사용된 통화가 다른 경우를 말하는 것으로 완전한 헤지에 비해 효과가 떨어질 수밖에 없다.

2.5 통화옵션시장 헤지

통화옵션은 특정 통화를 미리 정한 가격에 사거나 팔 수 있는 권리를 말한다. 옵션의 매입자는 옵션 프리미엄을 지불하는 대가로 특정 통화를 사거나 팔 수 있는 권리를 취득하게 되며 옵션의 매도자는 프리미엄을 받는 대가로 옵션보유자의 권리

행사에 응하여야 하는 의무를 지게 된다.

통화옵션을 이용하여 헤지를 할 때 얻을 수 있는 가장 큰 이점은 옵션이 권리이기 때문에 외화표시 현금흐름이 발생할지 확실하지 않을 때 또는 조건부 현금흐름(contingent cashflow)에 대해 적절하게 대처할 수 있다는 것이다. 가령 외국의 공사에 입찰을 하였을 경우 낙찰이 되면 현금흐름이 발생하나 그렇지 않으면 현금흐름이 발생하지 않는 상황일 때 옵션을 이용해 헤지를 하면 효과적이다. 낙찰이 되면 옵션을 행사하고 그렇지 않으면 옵션을 행사하지 않으면 되기 때문이다. 만약 선물환이나 통화선물을 이용하여 헤지를 하게 되면 낙찰되지 않아도 의무를 계속 져야 하기 때문에 필연적으로 원하지 않는 손실의 위험을 부담하여야 한다.

다음의 예를 생각해보자. 미국의 ㈜하나는 프랑스로부터 와인을 수입하려고 한다. 그런데 수입물량은 경매를 통해서 확보하여야 하는데 100만 유로를 적어서 제출하였다고 하자. 결과는 앞으로 1개월 후에 나온다고 하자. ㈜하나는 낙찰될 경우 지급하여야 하는 유로화는 조건부 현금흐름이므로 선물환이나 통화선물보다 통화옵션이 적합하다고 판단하였다. ㈜하나는 1개월 동안의 환노출을 헤지하기 위해 16단위(=€100만/62,500)[3]의 1개월 만기 유로 콜옵션을 매입하였다고 하자. 옵션의 행사가격은 $1.10/€이고 옵션 프리미엄은 $5,000라고 하자.

그러면 낙찰된 시점의 현물환율이 행사가격보다 높으면 콜옵션을 행사하여 $1,100,000를 지급하고 유로화를 매입하게 되며 $5,000의 옵션 프리미엄을 합하면 총 매입액은 $1,105,000가 된다. 따라서 옵션행사시점의 현물환율이 $1.105/€ 이상이면 이익을 얻을 수 있다. 만약 옵션행사시점의 현물환율이 $1.105/€ 이하이면 옵션을 행사하지 않고 현물시장에서 유로화를 매입하는 것이 유리하며 총매입액은 현물시장에서 지급한 금액에 옵션 프리미엄을 더한 것이 된다.

2.6 헤지수단의 비교

미국의 ㈜보스톤이 1개월 후에 유입되는 €1,000,000의 환노출에 대해 헤지를 한

3) 옵션 한 단위가 €62,500라고 가정한다.

다고 하자. 현물환율은 \$1.095/€이며 이 회사는 1개월 후의 현물환율이 \$1.12/€가 될 것으로 예상하고 있다. 또 1개월 만기 선물환율이 \$1.10/€이고 프랑스 이자율은 2%, 미국 이자율은 1.5%이며 행사가격이 \$1.11/€인 1개월 만기 풋옵션 프리미엄이 \$19,000라고 하자. 그러면 앞에서 살펴본 각 헤지 수단을 이용하였을 때 결과를 생각해보자.

(1) 헤지를 하지 않았을 경우

만약 이 회사의 예상이 적중하게 된다면 그 시점의 현물환율로 유로화를 달러로 교환하여 \$1,120,000를 얻을 수 있다. 그러나 헤지를 하지 않았기 때문에 1개월 후 환율에 따라 큰 이익을 얻을 수 있는 반면에 커다란 손실을 입을 수도 있다.

(2) 선물환(통화선물)을 이용한 헤지

유로화의 유입에 대해 헤지를 하기 위해서는 현시점에서 선물환을 매도하여야 한다. 현재시점에서 선물환가격이 \$1.10/€이므로 1개월 후에 \$1,100,000의 확정 현금흐름을 얻을 수 있다.

(3) 금융시장을 이용한 헤지

유로화 유입에 대한 헤지를 하기 위해서는 먼저 1개월 후 €1,000,000의 현재가치 €998,351($=1,000,000/(1+0.02)^{1/12}$)를 프랑스에서 차입하여야 한다. 이와 동시에 이 금액을 현물환율에 달러로 교환하면 \$1,093,195($=998,351\times1.095$)를 얻을 수 있다. 이것을 미국에서 1개월 만기 예금을 하면 1개월 후 \$1,094,552 ($=1,093,195\times1.015^{1/12}$)의 확정 현금유입이 발생한다.

한편 €998,351의 차입 원금과 이자를 합하면 1개월 후 €1,000,000가 되는데 이는 유로화 현금유입 금액과 일치하는 금액이므로 정확히 상쇄된다.

(4) 통화옵션을 이용한 헤지

유로화 유입에 대해 통화옵션으로 헤지를 하기 위해서는 풋옵션을 매입하여야 한다. 행사가격이 \$1.11/€인 1개월 만기 풋옵션을 매입한다면 옵션 프리미엄 \$19,000

를 현재시점에서 지급하여야 한다.

1개월 후에 환율이 $1.11/€보다 낮아져 $1.09/€가 된다면 옵션을 행사하여 $1,110,000를 얻을 수 있으며 옵션 프리미엄 $19,000를 감안하면 $1,091,000의 순현금흐름을 얻을 수 있다. 만약 1개월 후 현물환율이 이 회사의 예상치인 $1.12/€이라면 옵션을 행사하지 않고 현물시장에서 유로화를 매도하여 $1,120,000를 얻을 수 있으며 옵션 프리미엄을 차감하면 $1,101,000를 얻게 된다.

[표 8-11]은 각 헤지 수단들의 현재시점에서 현금흐름과 손익의 가능성 등을 비교한 것이다. 통화옵션의 경우 다른 헤지 수단에 비해 이익과 손실의 가능성이 있으나 손실의 크기는 한정할 수 있다는 점이 다르다.

표 8-11 헤지 수단의 비교

헤지 방법	현재시점에서의 현금흐름	환율변동으로 인한 이익/손실 가능성	확정 현금흐름
헤징하지 않을 경우	x	++/--	x
선물환(통화선물) 헤지	x	x	o
금융시장 헤지	x	x	o
통화옵션 헤지	o	++/-	x

+/-: 작은 이익이나 손실
++/--: 큰 이익이나 손실

2.6 기타 내부적 방법을 통한 헤지

지금까지 살펴본 헤지 수단들을 이용한 헤지는 대외적 관리기법이라고 불린다. 이와는 달리 기업이 내부적으로 환노출을 관리하는 수단을 대내적 관리수단이라고 한다.

(1) 매칭

매칭(matching)은 지급/수취하여야 하는 외화의 종류, 수량, 시기를 일치시킴으로써 환위험을 회피하고자 하는 기법이다. 매칭은 통화별로 외화의 유출과 유입을 일치시키는 자연매칭(natural matching) 방식과 동일 통화 대신에 환율변동추세가 유사하다고 판단되는 다른 통화를 이용하는 평행매칭(parallel matching) 방식이 있다. 자연매칭이 이상적이나 많은 통화를 다루는 다국적기업의 경우 현실적으로 평행매칭을 할 수밖에 없을 수도 있다. 이 경우 효과는 떨어질 수밖에 없다.

매칭은 많은 외국통화 현금흐름이 지속적으로 발생하고 환노출을 중앙에서 집중적으로 관리하는 부서가 있는 다국적기업이나 규모가 큰 무역회사 등에서 효과적으로 사용될 수 있는 방식이다.

(2) 리드와 래그

리드(lead)와 래그(lag)는 외화의 지급이나 수취시기를 앞당기거나 지연시킴으로써 거래노출을 감소시키는 방안을 말한다.

만약 수출기업이 자국의 통화가 앞으로 강세가 될 것으로 전망한다면 수출대금의 수취를 가급적 앞당기고자 할 것이다. 그러나 상대방인 수입기업 입장에서 보면 수입대금 지급을 앞당기면 손해가 될 수 있다. 앞당겨 준 기간 동안의 이자소득을 얻을 수 없기 때문이다. 따라서 리드하려는 수출기업은 이러한 기회비용에 대한 보상에 대해 수입기업과 합의를 하여야 리드를 성립시킬 수 있다. 즉 리드와 래그는 상대 기업 간 이해상충의 문제가 있으므로 이를 해소하여야 실현될 수 있는 환위험관리 방안이라고 할 수 있다.

이러한 이유로 리드와 래그는 주로 본사와 지사 간이나 같은 지배구조하의 기업 간 거래에서 널리 이용되고 있다. 즉 리드와 래그는 전략적 차원에서 기업 전체의 이익을 극대화하는 데 용이하게 실행될 수 있는 방안이다.

(3) 상계

상계(netting)는 다국적기업의 본점과 지점 간 혹은 지사 간 발생한 채권과 채무관계를 개별적으로 결제하지 않고 서로 상계한 후 그 차액만을 정산하는 방안이다. 상계는 회사 간의 채권과 채무의 결제자금 규모를 축소시켜 비용을 절감할 수 있다는 장점이 있다.

상계의 가장 단순한 형태는 두 회사 간에 상계가 이루어지는 양자 간 상계

(bilateral netting)이다. 이와는 달리 3개 이상의 자회사 간에 이루어지는 상계를 다자간 상계(multilateral netting)라고 한다. 자회사에 대해 중앙에서 집중적으로 관리가 이루어지는 규모가 큰 다국적기업에서 주로 활용될 수 있는 방안으로 기업전체의 입장에서 보면 자금관리비용을 절감하고 결제자금을 효율적으로 관리하는 효과를 얻을 수 있다.

(4) 가격조정과 거래통화의 선택

환위험을 관리하기 위해 가격을 조정하거나 거래통화를 유리하게 선택하는 방안을 생각해볼 수 있다. 우리나라 원화가 강세가 되면, 즉 ₩/$환율이 떨어지면 수출기업 입장에서 보면 원화기준 수출대금이 감소하게 된다. 따라서 수출대금을 일정한 수준으로 유지하기 위해서 수출가격을 인상하는 것을 생각해볼 수 있다. 그러나 현실적으로 이러한 수출가격조정은 해당 상품의 가격경쟁력, 가격탄력성, 제품에 대한 소비자의 선호도 등을 고려하여 신중하게 결정되어야 한다.

수출입 거래통화(currency of involving)를 어떤 통화로 할 것인가 또한 중요한 일이다. 자국통화로 대금을 지급하면 환위험을 없앨 수 있으나 미국 등 소수의 국제기축통화국 이외의 국가에서는 어려운 일이다. 따라서 수출기업의 경우 거래통화를 강세가 예상되는 통화로 하는 것이 유리하며 반대의 입장인 수입기업의 경우에는 약세가 예상되는 통화를 선택하는 것이 유리하다. 그러나 거래통화의 결정은 거래상대방 간의 이해상충 문제가 있으므로 쉽게 변경할 수 있는 사항이 아니다.

요약

- 환율변동에 의해 기업이 영향을 받는 정도인 환노출은 크게 거래노출, 환산노출, 경제적 노출 등 세 가지로 나누어 볼 수 있다.
- 거래노출이란 환율변동 이전에 거래가 발생하였으나 결제는 환율변동 이후에 이루어지는 경우 거래일과 결제일 사이에 환율이 변동하여 발생하게 되는 손익을 말한다.
- 환산노출이란 외국의 자회사와 국내의 본사를 연결시켜 연결재무제표를 작성할 때 외화표시 자산, 부채, 수익, 지출 등을 자국의 통화로 환산하는 과정에서 적용하는 환율로 인해 기업의 재무상태 및 성과가 변동하는 위험을 말한다. 재무상태표와 손익계산서 항목을 환산하는 방법에는 현행환율법, 화폐성/비화폐성법, 유동성/비유동성법 등이 있다.
- 경제적 노출은 예기치 못한 환율변동으로 인해 기업의 미래 현금흐름이 변동하고 그 결과 기업가치가 변동하는 위험을 말한다. 경제적 노출은 구매력평가이론의 성립 여부, 실질환율이 변할 때 수익과 비용이 발생하는 통화의 종류 등에 따라 노출 여부와 크기가 결정된다.
- 금융상품을 이용하여 환노출을 헤지하는 방법으로는 선물환시장 헤지, 금융시장 헤지, 스왑시장 헤지, 통화선물시장 헤지, 통화옵션시장 헤지 등을 꼽을 수 있다. 각 헤지 수단은 각기 장·단점이 있으므로 상황에 맞는 헤지 수단을 선택할 필요가 있다.
- 금융상품을 이용하지 않고 기업이 내부적으로 환노출을 관리하는 수단을 대내적 관리수단이라고 한다. 매칭, 리드와 래그, 상계, 가격조정과 거래통화의 선택 등이 여기에 속한다.

생각해보기

1. 외국의 자회사와 국내의 본사를 연결시켜 연결재무제표를 작성할 때 적용하는 환율로 인해 기업의 재무상태 및 성과가 변동하는 위험을 측정하는 방법에는 어떤 것들이 있는가?

2. 구매력평가이론이 성립하지 않을 때 발생하는 경제적 노출의 크기와 방향은 무엇에 의해 영향을 받는가?

3. 대부분의 비용은 미국 달러로 발생하고 판매가격은 원화로 고정되어 있을 때 실질환율이 변동하는 경우 경제적으로 어떤 노출이 발생하는가?

4. 선물환을 이용한 헤지와 통화옵션을 이용한 헤지의 차이점은 무엇인가?

5. 금융상품을 이용하지 않고 기업 내부적으로 환위험을 관리하는 수단에는 어떠한 것들이 있는가?

6. ㈜하나의 미국 자회사는 2019년 1월 1일 현재 다음과 같은 재무상태를 갖고 출범하였다. 1년 동안의 영업활동의 결과가 다음의 표와 같다. 또 2019년 1월 1일 현물환율은 ₩1,180/$, 2019년 12월 31일 환율은 ₩1,160/$, 평균환율은 ₩1,170/$이라고 하자. (주)하나는 현행환율법에 의해 환산노출을 측정하려고 한다.

(단위: $10,000)

	2019.1.1	2019.12.31
자산총계	5,000	6,000
부채	2,500	2,500
자본	2,500	2,500
이익잉여금		1,000
부채와 자본총계	10,000	12,000

(1) 12월 31일 원화기준 자산총계와 부채 및 자본의 총계는 얼마인가?

(2) 발생한 해외사업환산이익 또는 손실은 얼마인가?

(3) 해외사업환산이익 또는 손실로 기업의 가치는 변하는가? 그 이유는?

7. 한국의 수입기업이 3개월 후에 $1,000,000를 지급하여야 한다. 미국의 이자율이 연 3%, 현물환율이 ₩1,150/$이다. 금융시장을 통해 환위험을 헤지하려고 할 때 한국에서 차입하여야 하는 원화의 액수는 얼마인가?

9장 국제자본예산

9장 국제자본예산

국제적으로 경영활동을 하는 기업들은 필연적으로 해외에 투자를 하여야 한다. 직접 해외의 생산시설에 투자를 하든지, 기존의 기업을 인수 또는 합병을 하든지 투자를 하려면 어떤 형태의 투자가 가장 합리적인지, 또 동일투자 형태 가운데 가장 효율적인 투자안은 어떤 것인지 평가를 하여야 한다. 이러한 평가를 바탕으로 주어진 자원을 효율적으로 투자하기 위한 투자결정을 자본예산(capital budging)이라고 한다.

해외투자나 국내투자나 기본적으로 동일한 이론적 틀을 적용할 수 있으므로 국제자본예산은 국내자본예산과 공통적으로 다음과 같은 특성에 의해 중요성이 강조된다.

첫째, 자본예산은 장기간에 걸쳐 기업의 경영활동에 영향을 미치는 의사결정이므로 미래에 대한 정확한 예측을 바탕으로 신중하게 이루어져야 한다.

둘째, 근래에 와서는 특히 직접투자에 필요한 투자금액이 크다는 특징이 있다. 특히 해외직접투자의 경우는 더욱 그러하며 그 결과 자본예산 결정이 기업의 미래에 큰 영향을 미친다.

셋째, 자본예산이 잘못 수립되어 최선이 아닌 곳에 투자가 이루어지면 기업의 생존까지 위협을 받을 수 있다.

넷째, 최근 들어 기술의 발전속도가 매우 빨라지고 있고 그에 따라 기업의 변화도 그때그때 이루어져야 한다. 따라서 자본예산에 의한 의사결정도 자주 그리고 신속하게 이루어져야 한다.

자본예산은 다음과 같은 절차를 거쳐 이루어진다. 가장 먼저 투자기회가 탐색되어야 한다. 여러 기회를 동시에 선택할 수 있도록 독립적인 복수의 투자안들을 선택할 것인지, 아니면 하나의 커다란 기회를 선택할 것인지도 판단하여야 한다.

둘째, 투자안의 현금흐름을 추정하여야 한다. 즉 투자를 할 경우 발생하는 현금유입과 현금유출 및 현금흐름 발생기간 등을 추정하여야 한다.

셋째, 합리적인 투자안 평가방법에 의해 투자안을 평가하여야 한다. 마지막으로 선택된 투자안을 실행한 후 그 결과를 재평가하여야 한다.

그림 9-1 자본예산 절차

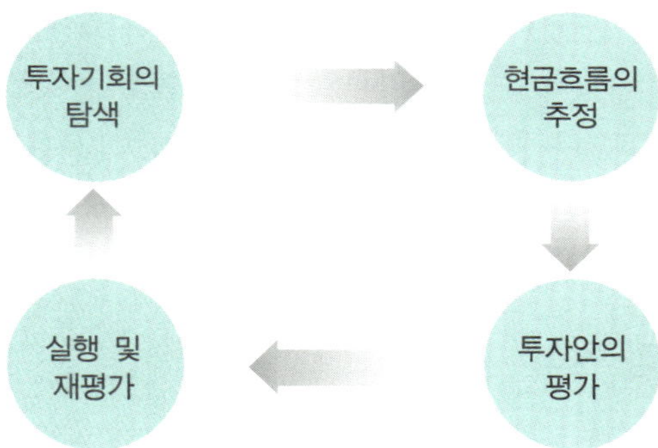

이론적 틀이 같다고 하더라도 국제자본예산은 국내자본예산과 다음과 같은 2가지 면에서 차이가 있다고 할 수 있다.

첫째, 해외투자의 경우 수익과 비용이 외국통화로 발생하게 된다. 그러나 본사의 입장에서 보면 자국통화 기준의 현금흐름을 바탕으로 자본예산을 수립하여야 한다.

둘째, 국제투자의 경우 현금흐름을 할인하기 위한 할인율, 즉 자본조달비용이 두 가지라는 점이다. 외국통화기준과 자국통화기준 할인율이 그것이다. 자세한 내용은 다음에서 살펴보도록 한다.

제1절 현금흐름 추정 및 평가방법

1.1 현금흐름의 추정

현금흐름(cash flows)은 투자로부터 발생하는 모든 현금을 의미하는 것으로 투자에 의해 들어오는 현금인 현금유입(cash inflows)과 나가는 현금인 현금유출(cash outflows)로 나누어 볼 수 있다. 또 현금유입과 현금유출의 차이를 순현금흐름(net cash flows)이라고 한다.

현금흐름은 회계적 이익과는 다르다. 회계적 이익은 실제로 유입된 현금과 유출된 현금에 의한 것이 아니라 수익과 비용의 원인이 발생한 것을 기준으로 한 것이기 때문이다. 예를 들어 매출채권은 회계적으로 수익으로 계산되는데 실제로는 현금이 유입된 것이 아니라 앞으로 매출의 대가로 현금이 들어올 것임을 나타내는 것이다.

1.1.1 현금흐름 추정 원칙

현금흐름을 추정할 때 다음과 같은 원칙에 의하여야 한다.1)

(1) 감가상각비 등 비현금지출비용을 제외하여야 한다

감가상각비 등 비현금지출비용(non-cash expense)은 회계적 이익을 계산할 때 비용으로 차감된다. 그러나 감가상각비는 실제로 지출된 비용이 아니고 인위적으로 배분된 회계적인 비용일 뿐이므로 현금유출에 포함시키지 않는다.

예를 들어 1억원을 지불하고 제품제조에 필요한 기계를 취득하면 취득시점에 1억원의 현금유출이 발생한다. 그러나 회계적으로는 취득시점에 1억원의 비용을 발생시키지 않고 내용연수 기간 동안 1억원을 나누어 비용으로 처리하게 된다. 내용연수가 5년이고 정액법을 사용한다면 매년 2천만원씩 5년간 비용이 발생하는 것으로 처리하게 된다.

1) 보다 자세한 내용은 이해영 · 김병기 · 김성우, 기업재무의 이해, 도서출판 청람 참조

(2) 이자비용과 배당금 등 금융비용은 제외하여야 한다

이자비용과 배당금은 명백한 현금유출에 해당한다. 그러나 기업이 투자자금을 사용하는 대가로 자금을 제공한 채권자와 주주에게 지급하는 이자비용과 배당금은 투자안을 평가하기 위해 현금흐름을 할인하는 과정에서 할인율에 이미 적절하게 반영되어 있다. 따라서 현금흐름에서 차감한다면 이중계산이 되므로 현금유출에 포함시키지 않는다.

(3) 운전자본과 자본적 지출을 현금흐름에 포함시켜야 한다

새로운 투자로 인해 재고자산이나 매출채권 등이 증가하여 순운전자본(유동자산－유동부채)이 증가할 수 있다. 그런데 순운전자본의 증가는 추가적인 자금을 필요로 한다. 따라서 회계장부상이 아닌 실제로 자금의 유출입을 발생시키는 순운전자본의 증감을 현금흐름에 반영하여야 한다.

예를 들어 새로운 투자로 인해 재고자산의 증가가 불가피하다고 하자. 그러면 현재시점에서 재고자산을 증가시키기 위해 현금유출이 필요하다. 만약 다음 달에 증가된 재고자산이 모두 판매되어 현금유출만큼의 현금유입이 발생하였다고 하자. 이러한 일이 회계기간 안에 발생하였다고 하면 회계적으로는 의미가 없으나 현금흐름을 측정할 때에는 현금유출과 현금유입의 시점이 다르기 때문에, 즉 화폐의 시간적 가치를 고려하여야 하기 때문에 현금흐름에 순운전자금의 변화를 반드시 반영하여야 한다.

회계적으로 자본적 지출은 투자자산의 원가에 가산하여 감가상각을 통해 여러 해에 걸쳐 나누어 비용으로 처리된다. 그러나 자본적 지출 역시 실제로 현금유출을 수반하므로 발생하는 시점의 현금유출에 포함하여야 한다.

(4) 매몰원가는 현금흐름에서 제외시켜야 한다

매몰원가(sunk costs)는 이미 발생한 과거의 비용으로 현재의 투자안과 상관이 없는 비용을 말한다. 따라서 매몰원가는 투자안을 평가하는 현금흐름에서 제외되어야 한다. 예를 들어 커피전문점의 인테리어가 너무 오래되어 작년에 수리를 하였다고 하자. 그런데 금년에 다시 인테리어 공사를 할 필요가 생겼다고 하자. 그러면 작년에 수리한 비용은 이미 발생된 비용이므로 금년의 인테리어 공사 여부를 결정하는 현금흐름에 포함시켜서는 안 된다.

(5) 기회비용은 현금흐름에 포함하여야 한다

기업은 판매하거나 임대하여 수익을 발생시킬 수 있는 자산을 보유하고 있다. 이러한 자산을 판매하거나 임대하지 않고 새로운 투자에 사용한다면 수익을 얻을 수 없다. 이와 같은 기회비용(opportunity costs)은 새로운 투자안으로 인해 발생하는 비용이므로 현금유출에 포함시켜야 한다.

예를 들어 현재 영업활동에 사용하고 있지 않은 유휴지에 주차장을 만들어 주차수입이 발생하고 있다고 하자. 그런데 이 유휴지를 활용하여 공장을 건설한다고 하자. 그러면 유휴지에서 발생하고 있는 주차수입이 사라지게 될 것이므로 이 수입의 감소를 현금유출에 포함시켜야 한다.

(6) 부수적인 효과도 현금흐름에 포함하여야 한다

새로운 투자안은 기업의 다른 사업에 영향을 미칠 수 있다. 이러한 효과를 부수적 효과(side effects)라고 한다. 예를 들어 새로운 투자로 인해 생산된 고급 사양의 컴퓨터를 출시하면 기존의 제품이 시장에서 잠식되는 비용, 즉 잠식비용이 발생할 수 있는데 이것은 명백히 현금유입의 감소에 해당하므로 현금유출에 포함시켜야 한다.

(7) 법인세효과를 고려하여야 한다

앞에서 살펴본 감가상각비는 현금유출에 포함되지 않으나 기업의 법인세전이익을 감소시켜 결과적으로 법인세를 감소시키는 효과가 있다. 따라서 현금흐름을 추정할 때 세금절감효과(tax shield effects)를 현금유입에 포함시켜야 한다. 즉 감가상각비 자체는 현금흐름에 포함시키지 않지만 그로 인해 실제로 발생하는 세금의 감소는 현금흐름에 반영하여야 한다.

1.1.2 현금흐름의 추정방법

위와 같은 추정원칙을 바탕으로 다음의 예를 살펴보자. ㈜한국은 현재 사용하고 있는 기계를 처분하고 내용연수가 5년인 새 기계를 구입할 것을 고려하고 있다. 새 기계의 가격은 10억원인데 소요되는 자금은 전액 자기자본으로 조달할 계획이다. 현재 사용하고 있는 기계는 5년 더 사용할 수 있고 장부가격은 1억원이며 새 기계 구입 시 이 가격으로 처분할 수 있다. 새 기계를 사용하면 앞으로 5년 동안 매출액이 6억원씩 매년 증가하고 비용이 5천만원씩 매년 감소한다. 새 기계와 사용 중인 기계 모두 잔존가치는 없으며 감가상각은 정액법에 의한다. 이 회사의 법인세율은 20%이다.

먼저 새 기계를 구입하는 데 소요되는 현금유출의 증가액은 다음과 같다.

새 기계 구입가격	1,000,000,000
사용 중인 기계처분가격	−100,000,000
현금유출액증분	900,000,000

이 투자로부터 기대되는 연간 현금유입액의 증분은 다음과 같다.

매출액의 증가	+600,000,000
비용의 감소	+50,000,000
감가상가증분	−180,000,000[2)]
법인세차감전이익증분	+470,000,000
법인세증분	−94,000,000
세후이익증분	+376,000,000
현금흐름증분 (세후이익증분+감가상각증분)	+556,000,000[3)]

2) 새 기계의 가격이 10억원인데 5년에 걸쳐 정액법으로 상각을 하면 연 감가상각비는 2억원이 된다. 사용 중인 기계의 감가상각은 1억원을 5년에 걸쳐 상각하므로 연 2천만원이 된다. 따라서 새 기계를 구입하고 사용 중인 기계를 매각하면 감가상각은 그 차이인 1억 8천만원이 증가된다.

3) 감가상각은 현금유출이 아니므로 세후이익에다 감가상각을 더해 주어야 실제 현금흐름이 된다. 자세한 내용은 이해영・김병기・김성우, 기업재무의 이해, 도서출판 청람 참조

이 투자로 인해 장부상 얻게 되는 현금흐름은 법인세후 이익(EAT)의 증분이다. 그러나 실제로 기업이 보유하게 된 현금흐름은 여기에 실제로 지불하지 않은 감가상각을 더한 것이 된다.

$$CF = EAT + dep \quad \text{(식 9.1)}$$

그런데 이자비용이 없다면 법인세후 이익은 이자 및 법인세비용차감전 순이익(EBIT)에서 법인세를 차감한 것이다. 따라서 법인세율을 t_c라고 하면 다음과 같은 식이 성립한다.

$$CF = EAT + dep = EBIT - T + dep = EBIT(1 - t_c) + dep \quad \text{(식 9.2)}$$

따라서 이 투자로부터 기대되는 순현금흐름은 다음과 같다.

(단위: ₩100,000)

연도	0	1	2	3	4	5
순현금흐름	−900	556	556	556	556	556

위의 예에서와는 달리 타인자본으로 일부 투자자금을 조달하였다면 이자비용이 발생하게 된다. 이지비용은 앞에서 설명한 바와 같이 분명한 현금유출이긴 하지만 할인율에 반영되기 때문에 이중계산을 막기 위해 현금흐름에 포함시켜서는 안 된다. 따라서 이자비용이 있을 때 현금흐름은 이자비용이 없을 때와 마찬가지로 (식 9.2)를 이용하여 추정할 수 있다.

한편 운전자본의 증가와 자본적 지출의 증가가 있을 경우 앞에서 설명한 바와 같이 현금흐름에 반영시켜야 하므로 다음 식을 이용하여 현금흐름을 추정할 수 있다.

$$CF = EBIT(1 - t_c) + dep - \Delta WC - \Delta CI \quad \text{(식 9.3)}$$

여기서, ΔWC: 순운전자본의 증분
ΔCI: 자본적 지출의 증분

1.2 투자안의 평가방법

투자안을 평가하는 방법에는 회수기간법(payback period method),[4] 평균회계이익률법(average accounting rate of return method),[5] 순현가법(net present value method), 내부수익률법(internal rate of return method),[6] 수익성지수법(profitability index method)[7] 등이 있다. 여기에서는 이론적으로나 실무적으로 가장 보편적으로 사용되고 있는 순현가법에 대해 살펴보기로 한다.

순현가법은 투자로부터 발생한 현금유출과 현금유입을 자본비용으로 할인한 순현가(NPV: net present value)를 바탕으로 투자 여부 및 최선의 투자안을 찾는 평가방법이다. 투자로부터 다음과 같은 현금흐름이 발생하였다고 하자.

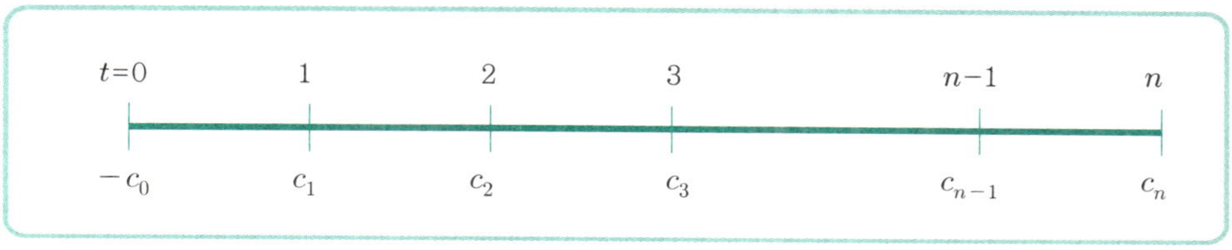

그러면 이 투자안의 순현가를 구해보면 다음과 같다.

$$NPV = -c_0 + \frac{c_1}{(1+coc)} + \frac{c_2}{(1+coc)^2} + \frac{c_3}{(1+coc)^3} + \cdots + \frac{c_n}{(1+coc)^n} \quad \cdots \text{(식 9.4)}$$

여기서, c_n: 시점 n에서의 현금유입－현금유출
coc: 자본비용

(식 9.4)의 순현가는 투자비용을 모두 회수한 후 투자로 인해 새로이 창출된 가치

4) 투자자금의 회수기간이 짧은 투자안을 선택하는 방법이다.
5) 투자안의 내용연수 동안의 세후 평균순이익을 평균투자액으로 나눈 평균회계이익률이 높은 투자안을 선택하는 방법이다.
6) 투자로부터 발생하는 현금유입의 현가와 현금유출의 현가를 같게 하는 내부수익률이 높은 투자안을 선택하는 방법이다.
7) 투자로 인해 발생하는 현금유입의 현가를 현금유출의 현가로 나눈 수익성지수가 높은 투자안을 선택하는 방법이다.

를 나타내는 것으로 만약 순현가가 0(영)보다 크다면 투자로 인해 추가적인 가치가 창출된다는 것을 의미하는 것이므로 기업에게 유리한 투자이다. 따라서 투자안의 NPV가 0(영)보다 크면 투자안을 채택하고 0(영)보다 작으면 기각한다. 또 여러 투자안들 가운데 최선인 투자안은 NPV가 가장 큰 투자안이므로 이 투자안을 채택한다.

1.3 할인율

현금흐름을 할인하기 위해 사용하는 할인율은 그 투자안이 벌어들여야 하는 최소한의 수익률로써 소요된 자본의 비용, 즉 자본비용(cost of capital)이다. 그런데 소요된 자본이 100% 자기자본만으로 조달되거나 100% 타인자본만으로 조달될 수도 있지만 보통의 경우에는 자기자본으로 일부를 또 타인자본으로 일부를 조달하게 된다. 따라서 할인율로는 조달된 자본의 원천별 비용을 가중평균한 자본비용이 사용된다. 가중평균자본비용(WACC: Weighted Average Cost of Capital)은 다음과 같은 식으로 쓸 수 있다.

$$WACC = k_d \times \frac{D}{D+E} + k_e \times \frac{E}{D+E} \qquad \text{(식 9.5)}$$

여기서, k_d: 타인자본비용
k_e: 자기자본비용
D: 타인자본
E: 자기자본

1.3.1 타인자본비용

기업이 타인자본을 사용하면 이자를 지급하여야 하는데 이를 차입금에 대한 비율로 나타낸 것을 타인자본비용(cost of debt)이라고 한다. 타인자본비용은 기업이 다른 자본비용에 우선하여 지급하여야 하는 비용으로 고정비적인 성격을 갖는 자본비용이다.

$$i = \frac{I}{D} \quad \text{(식 9.6)}$$

여기서, i: 타인자본비용(이자율)

I: 이자비용

D: 타인자본

이자비용은 회계장부상 수익에서 차감되기 때문에 세전이익을 감소시키고 그 결과 법인세가 줄어들게 된다. 이것을 세금절감효과(tax shield effects)라고 하며, 이자비용으로 인해 줄어든 이익에 법인세율을 곱한 것만큼의 법인세 절감효과를 얻을 수 있다. 따라서 기업이 필요한 자금을 자기자본으로 조달하지 않고 타인자본으로 조달하면 법인세차감전이익이 자기자본조달 시보다 이자비용만큼 작아지게 되어 기업이 납부하여야 할 법인세가 줄어들게 된다.

표 9-1 세금절감효과

	이자비용이 면세대상이 안 될 경우	이자비용이 면세비용이 될 경우
영업이익	100	100
이자비용	–	30
법인세(20%)	20	14
납세후 이익	80	56
이자비용	30	–
순이익	50	56

다음의 예를 생각해보자. 이자비용이 연 30억원 발생하고 영업이익이 100억원이고 법인세율이 20%일 때 세금절약효과를 살펴보자. [표 9-1]에서 볼 수 있는 바와 같이 이자비용이 면세대상이 될 경우에는 안 될 경우에 비해 세금이 6억원 줄어들게 된다. 따라서 이 회사가 실제로 부담하는 이자비용은 30억원이 아니라 24[$=30\times(1-0.2)$]억원인 셈이 된다. 결국 납세후 타인자본비용은 세금절감효과를 차감하여 다음과 같이 측정된다.

$$k_d = \frac{I(1-t_c)}{D} = i(1-t_c) \quad \text{(식 9.7)}$$

1.3.2 자기자본비용

자기자본은 보통주와 우선주를 통해 조달할 수 있다. 우선주는 보통주보다 우선적으로 약정된 배당을 지급받는다. 즉 우선주는 보통주에 앞서 미리 정해진 배당을 지급받고 기업의 성과에 대한 추가적인 배분은 일반적으로 없다. 따라서 약속받은 배당을 우선주가격으로 나누어 간단하게 우선주자본비용을 계산할 수 있다.

$$k_p = \frac{D_p}{P_p} \quad \text{(식 9.8)}$$

여기서, k_p: 우선주자본비용
D_p: 우선주배당
P_p: 우선주가격

자기자본조달의 보편적인 방법은 보통주를 통해서이다. 주주가 자본을 제공하면서 요구하는 수익률인 보통주 자기자본비용(cost of equity)은 타인자본비용에 비해 측정하기 어렵다. 타인자본비용을 측정하는 데 필요한 이자율과 법인세율은 수집하기 용이한 자료이다. 그러나 보통주의 요구수익률을 측정하는 데 필요한 자료는 쉽게 얻을 수 있는 것이 아니다.

보통주자본비용을 측정하는 방법은 몇 가지 있으나 그 중에 주로 사용되는 방법이 자본자산가격결정모형(CAPM: Capital Asset Pricing Model)이다. 자본자산가격결정모형의 최종 모형인 증권시장선(Security Market Line)은 주주의 요구수익률을 결정하는 모형이다.

$$k_e = E(R_i) = R_f + \beta_i[E(R_M) - R_f] \quad \text{(식 9.9)}$$

여기서, k_e: 보통주자본비용(자기자본비용)
$E(R_i)$: 보통주 i의 기대수익률
R_f: 무위험이자율
β_i: 보통주 i의 베타
$E(R_M)$: 시장포트폴리오의 기대수익률

(식 9.9)에서 볼 수 있듯이 자기자본비용은 체계적 위험을 대별하는 베타계수와

선형적 비례관계에 있다. 즉 베타계수가 크면 자기자본비용도 커지고 베타계수가 작으면 자기자본비용도 작아진다. 한편 베타계수는 다음과 같이 정의할 수 있다.

$$\beta_i = \frac{COV(R_i, R_M)}{\sigma_M^2} \quad \text{(식 9.10)}$$

여기서, $COV(R_i, R_M)$: 보통주 i와 시장포트폴리오 수익률의 공분산

σ_M^2: 시장포트폴리오 분산

시장포트폴리오는 시장에 존재하는 모든 위험자산을 포함하는 포트폴리오이다. 개념적으로는 시장평균 수익률과 위험을 갖는 포트폴리오라고 생각하면 쉽다. 베타계수는 시장포트폴리오의 위험을 1이라고 할 때 각 위험자산이 시장포트폴리오에 비해 어느 정도 민감하게 반응하느냐를 측정한 것이다. 수학적으로 보면 (식 9.10)으로부터 시장위험 중 위험자산 i로 인해 발생한 위험의 비율을 의미한다는 것을 알 수 있다. 보통주 i의 베타계수가 1.5라면 시장의 평균적 위험의 1.5배에 해당하는 위험을 갖고 있다는 의미이다. 만약 베타계수가 0.5라면 시장평균의 50%에 해당하는 위험이 있다는 뜻이다.

정리하기 1

주식 i의 베타계수가 1.2이다. 만약 무위험이자율이 2%이고 시장 기대수익률이 8%일 때 이 회사 보통주자본비용은 얼마인가?

$k_e = 2 + 1.2(8 - 2) = 9.2\%$

1.3.3 가중평균자본비용

앞에서 투자안을 평가하기 위해 필요한 할인율로 가중평균자본비용을 사용한다는 것을 알았다. 가중평균자본비용을 구하려면 원천별 자본비용을 알아야 하는데 타인자본비용과는 달리 자기자본비용은 측정하기 어렵다.

새로운 투자를 할 때 기존에 측정하여 사용 중인 베타를 사용할 수 있을까? 답은 사용할 수 있을 수도 있고 아닐 수도 있다. 기존의 베타를 신규 투자안의 평가에

사용할 수 있으려면 다음과 같은 조건을 만족시켜야 한다.

첫째, 신규 투자안의 영업활동이 기존의 영업활동과 동일하여야 한다. 신규 투자안의 영업활동이 기존의 영업활동과 다르면 경영위험(business risk)이 변하게 되어 기업의 원천별 자본비용이 달라지기 때문이다.

둘째, 신규투자의 자본조달구조가 기존의 자본구조와 동일하여야 한다. 신규투자에 필요한 자본을 조달한 후 기업 전체의 자본구조가 달라지면 재무위험(financial risk)이 변하게 되어 기업의 원천별 자본비용도 달라지기 때문이다.

이러한 조건을 만족시킨다 하더라도 시간이 지나면 타인자본과 자기자본의 가치도 달라지기 때문에 이를 반영하여 베타계수를 조정해주어야 한다.

표 9-2 가중평균자본비용

원천	장부가치	시장가치	시장가치기준 자본구성비율	원천별 자본비용
타인자본	100	110	52.4%	5%
자기자본	50	100	47.6%	10%
합계	150	210	100%	WACC=7.38%

[표 9-2]에서와 같이 어떤 기업 자본의 시장가치가 장부가치와 달라졌다고 하자. 타인자본의 시장가치는 시간이 지나면서 자동적으로 변화하게 된다. 채권을 생각해보면 쉬운데 시간이 지나면 채권의 만기가 짧아지기 때문에 가치가 변하게 된다. 즉 채권의 시장가격이 액면가보다 높을 때는 시간이 지나면서 가격이 점차 하락하여 액면가로 수렴하고 반대로 채권의 가격이 액면가보다 낮을 때에는 채권가격이 점차로 상승하여 액면가에 수렴하게 된다. 또 이자율이 바뀌어도 채권의 가치는 당연히 변화하게 된다. 자기자본의 시장가치 역시 시간이 지나면서 변화한다. 기업경영을 잘해서 미래에 현금흐름이 좋아질 것으로 판단되면 주가는 상승하고 반대의 경우에는 하락하게 된다.

[표 9-2]에서 기존의 가중평균자본비용은 $6.67\%\left(=\frac{100}{150}\times 5+\frac{50}{150}\times 10\right)$이다. 그러나 변화된 시장가치를 반영하면 가중평균자본비용은 $7.38\%\left(=\frac{110}{210}\times 5+\frac{100}{210}\times 10\right)$로 상승하게 된다.

제2절 국제자본예산

2.1 분산형자본예산과 집중형자본예산

국제투자를 평가하는 방법에는 두 가지 방법이 있다. 분산형자본예산(decentralized capital budgeting)과 집중형자본예산(centralized capital budgeting) 방법이 그것이다.

분산형자본예산은 해외 투자국의 통화기준 현금흐름을 해당 국가의 자본비용으로 할인하여 해당 통화기준 순현재가치를 계산한 후 현물환율에 본국통화로 환산하는 방법이다. 이것을 수학적으로 나타내면 다음과 같다.

$$NPV = \sum_{t=0}^{n} \frac{CF_t}{(1+wacc^*)^t} \times S_0 \quad \text{(식 9.11)}$$

여기서, CF_t: t시점에서의 현지통화기준 순현금흐름
$wacc^*$: 현지통화기준 가중평균자본비용
S_0: 현재시점의 현물환율

위의 식에서 볼 수 있듯이 분산형자본예산은 현지통화기준 순현금흐름을 현지통화기준 가중평균자본비용으로 할인하는 방식이다. 이때 가중평균자본비용은 투자기간 동안 일정하다고 가정한다.

집중형자본예산은 모든 시점의 현금흐름을 본국 통화기준으로 환산한 후 본국의 가중평균자본비용으로 할인하여 순현재가치를 계산하는 방식이다.

$$NPV = \sum_{t=0}^{n} \frac{CF_t \times S_t}{(1+wacc)^t} \quad \text{(식 9.12)}$$

여기서, S_t: t시점의 현물환율
$wacc$: 본국통화기준 가중평균자본비용

두 방법은 투자분석을 하는 방법의 차이일 뿐이며 내용적으로는 동일하다고 할

수 있다. 본사 입장에서 보면 현지통화를 본국통화로 환산하여 이미 익숙하게 사용하고 있는 본국의 가중평균자본비용을 사용하는 것이 편리할 수 있다. 그러나 해외에 있는 지사의 입장에서 보면 현지통화의 현금흐름을 현지 가중평균자본비용으로 할인하는 것이 편할 수 있다. 그러나 내용이나 분석의 결과는 같다.

표 9-3 분산형자본예산과 집중형자본예산의 비교

단계	분산형자본예산	집중형자본예산
1단계	현지통화기준 현금흐름 추정	현지통화기준 현금흐름 추정
2단계	현지통화기준 가중평균자본비용으로 할인	현지통화기준 현금흐름을 그 시점의 예상 현물환율로 환산
3단계	현지기준 NPV를 현물환율로 환산하여 본국통화기준 NPV 산출	자국통화기준 현금흐름을 자국통화기준 가중평균자본비용으로 할인하여 NPV 산출

2.1.1 현지통화기준 현금흐름의 추정

두 방법 모두 현지통화기준으로 투자로부터 발생하는 미래의 현금흐름을 추정하는 것이 가장 먼저 하여야 할 일이다. 현지통화기준 현금흐름을 추정할 때 특히 주의하여야 할 것이 있다.

첫째, 국제투자로부터 발생하는 현금흐름은 장기간에 걸쳐 발생하기 때문에 현금흐름을 예측할 때 예상되는 물가상승률을 반영하여야 한다. 물론 구매력평가이론이 성립한다면 양국 간의 물가차이는 환율에 반영되기 때문에 높은 물가상승률이 투자의 NPV를 크게 해서 나쁜 투자안을 채택하게 되는 일은 없다.

둘째, 현금흐름은 본사와 현지 자회사를 모두 고려한 증분기준(incremental basis)이어야 한다. 자회사에 대한 투자로 자회사의 현금유입이 늘어났으나 본사의 수출이 감소하였다면 본사의 수출이 감소한 만큼 현금유출에 포함시켜 회사 전체적으로 순수하게 증가한 현금흐름만을 평가하여야 한다.

셋째, 판매되거나 임대할 수 있는 기존의 자산에 대한 기회비용을 현금흐름에 포함시켜야 한다. 특히 자회사의 사업부문을 바꾸는 신규투자가 발생할 경우 잘 살펴보아야 한다.

넷째, 신규투자를 하는 국가의 외환정책을 잘 반영하여야 한다. 국가에 따라서는 신규투자로부터 발생한 NPV를 본국으로 모두 송금할 수 없는 송금제한 규정이 있는 경우가 있을 수 있다. 그러면 투자 자체로 인한 NPV가 크더라도 본사가 얻을 수 있는 투자 NPV는 작을 수 있기 때문에 주의하여야 한다.

국제투자에 있어서 또 다른 중요한 문제는 세금문제이다. 앞서서 설명한 국내투자와 마찬가지로 세금절감효과를 반영하여야 한다. 순현금흐름과 이익은 다른 것인데 세금은 이익을 기준으로 부과되기 때문에 현금흐름에 감가상각비 등으로 얻은 절세효과를 반영하여야 한다. 이와 더불어 국제투자의 경우 일반적으로 현지 정부와 본국 정부 모두에게 세금을 납부하여야 한다. 현지 정부와 본국 정부에 납부하는 세금의 총량은 본국으로 송금한 액수에 따라 달라지는 경우가 일반적이므로 국제투자의 경우 잘 고려하여야 한다.

2.1.2 자본예산 방법의 선택

국제자본예산의 두 가지 방법 중 어떤 방법을 선택하는 것이 좋은가 하는 것은 해당 기업이 어떤 분야의 분석에 더 강점을 갖고 있느냐에 달려 있다.

집중형자본예산을 수립하려면 현금흐름이 발생하는 시점에서 현지통화를 본국통화로 환산하여야 한다. 이렇게 환산을 하려면 미래 환산시점에서의 현물환율들을 추정할 수 있어야 한다. 투자로 인해 10년간 현금흐름이 발생한다면 최소 연 단위 10개 시점에서의 환율을 추정하여야 한다. 그러나 환율 추정은 쉽지 않은 일이다. 우리나라의 많은 연구소들이 다음 해의 사업계획 수립에 도움이 되기 위해 추정환율을 연말에 발표하는데 각 연구소마다 수치가 다르다. 또 시간이 지나서 보면 추정치와 실제 환율이 크게 다른 경우도 허다하다. 그 만큼 환율예측이 어렵다는 이야기이다.

분산형자본예산 역시 쉽지 않다. 분산형자본예산을 수립하려면 현지의 가중평균자본비용을 알아야 한다. 그러나 현지에서 이미 많은 투자가 이루어져서 많은 자료와 경험을 확보하고 있는 기업이 아니라면 현지의 자본조달비용을 측정하는 것은 쉽지 않다. 국내에서 오랜 기간 동안 경영활동을 해온 기업이라 하더라도 국내에서의 경험과 자료가 해외투자에 참고는 되겠지만 바로 적용하기는 어렵다.

결국 자본예산 방법의 선택은 환율예측과 자본비용 측정 중 어떤 것에 해당 기업이 강점을 갖고 있고 또 얼마나 유의성이 높은 자료를 만들어 낼 수 있느냐에 달려 있다. 따라서 자본시장에 특별한 장애요인이 없다면 어떤 방법이 더 유리하다고 말할 수는 없다.8)

2.2 자본예산 수립

이제 두 가지 방법을 이용해 자본예산을 수립하여 보자. 다음의 예를 생각해보자. ㈜하나는 미국에 $3,000,000를 투자하려고 한다. 이 투자자금은 전액 자기자본으로 조달하려고 한다. 이 투자로 ㈜하나는 3년간 다음과 같은 현금흐름을 얻을 수 있을 것으로 예상한다고 하자.

표 9-4 ㈜하나의 추정 현금흐름 (단위: $)

	t=0	1	2	3
수익		6,000,000	7,000,000	8,000,000
비용		4,500,000	4,800,000	5,000,000
감가상각		1,000,000	1,000,000	1,000,000
세전이익		500,000	1,200,000	2,000,000
법인세(20%)		100,000	240,000	400,000
세후이익		400,000	960,000	1,600,000
감가상각		1,000,000	1,000,000	1,000,000
현금흐름	−3,000,000	1,400,000	1,960,000	2,600,000

또 미국과 한국의 무위험이자율이 각각 3%와 2%이고 미국과 한국의 시장포트폴리오 기대수익률이 8%와 6.95%라고 하자.

먼저 분산형자본예산을 통해 ㈜하나의 투자를 분석해보자. 현지 통화기준 현금흐름은 [표 9-4]와 같이 추정하였고 다음으로는 할인율을 추정하여야 한다. 미국의 투

8) 자본시장이 균형상태에 있다면 어떤 방법이 더 유리하다고 할 수 없다. 그러나 자본시장에 규제, 통제 등이 존재하여 자본시장이 불균형 상태에 있다면 두 방법 중 어떤 한 방법이 더 유리할 수 있다. 이는 뒤에서 자세히 살펴보기로 한다.

자자금이 전액 자기자본으로 조달되었으므로 할인율은 자기자본비용이 된다. 자기자본비용은 앞에서 살펴본 바와 같이 CAPM으로 계산할 수 있다. 투자안의 베타가 1.2라고 가정하면[9] (식 9.9)를 이용하여 자기자본비용을 다음과 같이 계산할 수 있다.

$$k_e^* = E(R_i^*) = R_f^* + \beta_i[E(R_M^*) - R_f^*] = 3 + 1.2[8-3] = 9\%$$

여기서, k_e^*: 미국의 자기자본비용

R_f^*: 미국의 무위험이자율

$E(R_M^*)$: 미국 시장포트폴리오 기대수익률

따라서 미국 달러기준으로 투자에 대한 NPV는 다음과 같다.

$$NPV^* = -3,000,000 + \frac{1,400,000}{(1+0.09)} + \frac{1,960,000}{(1+0.09)^2} + \frac{2,600,000}{(1+0.09)^3}$$
$$= \$1,941,774$$

만약 현재시점에서 현물환율이 ₩1,150/\$이라면 본국기준 NPV는 다음과 같다.

$$NPV = 1,941,774 \times 1,150 = ₩2,233,039,530$$

투자안의 NPV가 0(영)보다 크므로 당연히 투자하는 것이 유리하다. NPV가 약 22억원이라는 것은 자본제공자들이 요구하는 9%를 충족하고도 약 22억원의 추가 현금흐름이 발생한다는 것을 의미이기 때문이다.

이제 집중형자본예산을 수립해보자. 이를 위해서는 투자기간 동안 발생하는 현금흐름을 그 시점의 환율에 원화로 환산하여야 한다. 이자율평가이론이 성립한다면 다음의 식을 이용해서 환율을 예측할 수 있다.

9) 투자안의 베타를 측정하는 방법에 대해서는 부록에서 살펴보기로 한다.

$$f = S \times \frac{1+i_h}{1+i_f}$$

만약 이자율 기간구조가 미국과 한국 모두 일정하다면[10] 위의 식을 이용하여 미래의 환율을 예측할 수 있다.

연도	추정 현물환율
0	$1,150$
1	$1,150 \times \frac{1+0.02}{1+0.03} = 1,138.84$
2	$1,150 \times \left[\frac{1+0.02}{1+0.03}\right]^2 = 1,127.78$
3	$1,150 \times \left[\frac{1+0.02}{1+0.03}\right]^3 = 1,116.83$

집중형자본예산을 구하기 위해 각 시점에서의 미국 달러 현금흐름을 원화의 현금흐름으로 환산하면 다음과 같다.

연도	원화기준 현금흐름
0	$-3,000,000 \times 1,150 = -3,450,000,000$
1	$1,400,000 \times 1,138.84 = 1,594,376,000$
2	$1,960,000 \times 1,127.78 = 2,210,448,800$
3	$2,600,000 \times 1,116.83 = 2,903,758,000$

원화기준 할인율을 계산해보면 다음과 같다.

$$k_e = E(R_i) = R_f + \beta_i[E(R_M) - R_f] = 2 + 1.2[6.95 - 2] = 7.94\%$$

10) 만기와 현물이자율의 관계를 이자율 기간구조(term structure of interest rate)라고 한다. 즉 만기가 1년인 채권의 만기수익률, 만기가 2년인 채권의 만기수익률, 만기가 3년인 채권의 만기수익률 등의 변화 형태를 말한다. 이자율 기간구조가 일정하다는 것은 만기에 관계없이 채권의 만기수익률이 일정하다는 것을 뜻한다.

따라서 원화기준 NPV는 다음과 같다.

$$NPV = -3,450,000,000 + \frac{1,594,376,000}{(1+0.0794)} + \frac{2,210,448,800}{(1+0.0794)^2} + \frac{2,903,758,000}{(1+0.0794)^3}$$
$$= ₩2,233,248,496$$

집중형자본예산의 경우에도 분산형자본예산과 마찬가지로 NPV가 영보다 크므로 투자하는 것이 유리하다. 그런데 집중형자본예산의 NPV와 분산형자본예산의 NPV를 비교해보면 거의 같다는 것을 알 수 있다.[11] 그 이유는 자본비용이 이자율의 차이를 정확히 반영하고 있기 때문이다. 위의 예에서 미국과 한국의 이자율 차이는 0.98%[≑1.03/1.02)]인데 자기자본비용의 차이도 역시 0.98%[≑1.09/1.0794)]이기 때문이다. 또한 이자율의 차이를 환율이 정확히 반영하고 있기 때문에 이러한 경우에는 두 자본예산 방법의 결과가 동일한 것은 당연하다.

2.3 국제투자의 자기자본비용

앞의 예에서와 같이 부채가 없을 경우 기업의 자본비용은 자기자본비용과 같다. 그런데 명목이자율은 국가마다 다르다. 미국과 한국의 통화 수급상황, 인플레이션 등이 다르기 때문에 이자율이 다른 것은 지극히 당연하다. 따라서 국제 프로젝트를 수행할 때 자본비용은 현지통화기준 자본비용과 본국통화기준 자본비용 등 2개의 자본비용이 존재한다.

본국기준 자본비용: $k_e = E(R_i) = R_f + \beta_i[E(R_M) - R_f]$ .... (식 9.13)

현지기준 자본비용: $k_e^* = E(R_i^*) = R_f^* + \beta_i[E(R_M^*) - R_f^*]$ .... (식 9.14)

그럼 두 개의 자본비용은 어떠한 관계가 성립하는가? 두 개의 자본비용의 관계는 매래의 환율변화를 반영한 것이어야 한다. 기업이 다른 조건이 동일하다면 자본비

11) 실제로는 같아야 하나 계산과정의 반올림 등으로 약간의 차이가 발생한 것이다.

용이 낮은 국가에서 자본을 조달하려고 할 것인데 환율이 두 국가의 자본비용의 차이를 반영하지 못하면 차익거래가 발생하게 된다. 만약 국제금융시장에서 자금이 자유롭게 움직일 수 있다면 결국 자본비용의 차이가 환율변동에 의해 정확하게 상쇄된다. 이 경우에는 집중형자본예산과 분산형자본예산에 의한 국제 프로젝트의 평가는 정확하게 일치하게 된다.

2.4 수정현재가치

부채가 있을 경우의 자본예산 역시 앞에서와 같이 부채비용과 자기자본비용을 가중평균한 가중평균자본비용을 사용하여 투자의 현금흐름을 할인하여 투자의 순현재가치를 계산할 수 있다.

그러나 부채가 있을 경우 스튜어트 마이어(Stewart Myers)의 수정현재가치(APV: Adjusted Present Value)를 이용하여 투자안을 평가할 수도 있다. APV 방법이란 투자안이 자기자본만으로 투자된 것처럼 가정한 상태에서 투자의 현금흐름을 자기자본비용으로 할인한 현재가치를 구하고 여기에 부채로 인해 얻는 이익을 부채비용으로 할인한 현재가치를 합하여 투자의 순현재가치를 계산하는 방법이다.

먼저 집중형자본예산의 경우 APV는 다음과 같은 식으로 나타낼 수 있다.

$$APV = \sum_{t=0}^{n} \frac{CF_t S_t}{(1+k_e)^t} + \sum_{t=1}^{n} \frac{T_t}{(1+k_d)^t} + \sum_{t=1}^{n} \frac{G_t}{(1+k_d)^t} \quad \text{(식 9.15)}$$

여기서, APV: 조정현재가치
k_e: 본국 자기자본비용
k_d: 본국의 세전 부채비용
T_t: 본국통화기준 세금감면효과
G_t: 본국통화기준 장려금

위의 식으로부터 APV를 이용한 집중형자본예산은 첫 번째 항인 투자로 인해 발생한 외국통화 현금흐름을 발생시점의 환율로 본국통화로 환산하여 본국 자기자본비용으로 할인한 값, 두 번째 항인 본국통화기준 세금절감효과를 본국의 세전 부채비용으로 할인한 값, 세 번째 항인 본국에서 얻은 보조금(투자장려금, 부채조달 시 제공받은 비용감면 등)을 본국 세전 부채비용으로 할인한 값을 더한 것이다.

한편 분산형자본예산의 경우 APV는 다음과 같은 식으로 나타낼 수 있다.

$$APV = S_0 \sum_{t=0}^{n} \frac{CF_t}{(1+k_e^*)^t} + S_0 \sum_{t=1}^{n} \frac{T_t^*}{(1+k_d^*)^t} + S_0 \sum_{t=1}^{n} \frac{G_t^*}{(1+k_d^*)^t} \quad \cdots\cdots\cdots \text{(식 9.16)}$$

여기서, APV: 조정현재가치
k_e^*: 타국 자기자본비용
k_d^*: 타국의 세전 부채비용
T_t^*: 타국통화기준 세금감소효과
G_t^*: 타국통화기준 장려금

앞에서 설명한 현금흐름할인법(DCF: discount cash flow)은 자본구조가 일정한 상황에서 효과적이다. 그러나 만약 자본구조가 투자기간 안에 크게 변화하면 가중평균자본비용도 크게 변동할 것이므로 자본구조 변화시점마다 자본비용을 다시 추정하여야 한다. 그러나 APV는 부채로 인한 이익을 제외한 현금흐름을 자기자본비용으로 할인하기 때문에 자본구조가 크게 변하는 상황에서는 강점이 있다. 그러나 자본구조가 안정적이라면 두 방법의 결과는 동일할 것이다.

정리하기 2

가장 단순하게 미국의 회사가 미국에 투자하는 경우를 생각해보자. 다년에 걸쳐 현금흐름이 발생하는 프로젝트의 현금흐름을 자기자본비용으로 할인한 값이 $1,000,000라고 하자. 또 미국 회사의 법인세율이 30%, 이자율이 2%, 부채가 $500,000라고 하자. 그러면 세금감면액은 연간 $3,000(=1,000,000×0.02×0.3)이다. 세금감면이 앞으로 5년 동안 있다고 가정하면 연간 $3,000를 5년간 2%로 할인하여 $14,140의 세금감면효과를 얻을 수 있다. 결국 이 프로젝트의 APV는 현금흐름의 현재가치와 세금감면효과를 더한 $1,014,140가 된다.

정리하기 3

앞의 ㈜하나의 경우를 다시 살펴보자. ㈜하나의 투자자금 중 ₩1,500,000,000을 부채로 조달하였다고 하자. 그리고 조달 자금을 3년에 걸쳐 원금을 분할 상환한다고 하자. 그러면 이자비용으로 인한 세금절감효과는 다음과 같다.

(단위: 1,000,000원)

연도	원금	이자(2%)	세금절감효과(t=20%)
0	1,500		
1	−500	30 (=1,500x0.02)	6
2	−500	20 (=1,000x0.02)	4
3	−500	10 (=500x0.02)	2

그러면 세금절감효과의 현재가치는 다음과 같다.

$$NPV = \frac{6}{1.02} + \frac{4}{1.02^2} + \frac{2}{1.02^3} = 11.61167\text{백만원}$$

따라서 집중형 자본예산에 의한 이 투자의 가치는 다음과 같다.

$$APV = 2,233,248,496 + 11,611,670 = ₩2,244,860,166$$

2.5 자본시장의 불균형

국제자본시장에서 아무런 제약 없이 자금이 흐를 수 있다면 자본시장은 균형을 이룰 가능성이 높다. 즉, 이자율평가이론을 비롯하여 금융시장과 외환시장의 균형이론들이 성립할 가능성이 높다. 그런 상황에서는 앞에서 살펴본 바와 같이 집중형자본예산과 분산형자본예산이 같은 결과를 얻을 것이기 때문에 어떤 방법을 선택하느냐 하는 것은 그리 중요하지 않다.

그러나 현실에서는 국제자본시장과 외환시장에 많은 규제와 통제 등이 있어서 균형이론이 성립하지 않을 수 있고 그 결과 집중형자본예산과 분산형자본예산의 결과가 달라질 수 있다. 이러한 경우를 살펴보자.

2.5.1 이자율평가이론이 성립하지 않을 때

자본시장에 규제와 통제가 있어 자금이 원활하게 흐르지 못한다면 차익거래로 인한 금융시장의 자동 균형회복 기능을 기대하기 어렵다. 결국 자금의 조달은 가장 싼 곳이 아닌 현실적으로 자금을 조달할 수 있는 곳에서 이루어질 것이다. 한국 기업의 자기자본조달을 생각해보자. 한국의 기업뿐만 아니라 세계의 거의 모든 나라의 기업들이 자기자본을 자국에서 대부분 조달하고 있다. 이것은 해당 기업의 사업내용, 위험성 등을 자국의 금융시장이 가장 잘 알고 있을 뿐만 아니라 타국의 금융시장에서 자금을 조달하는 것이 각종 규제, 통제 등으로 현실적으로 어렵기 때문이다.

이러한 상황에서는 국제투자를 위한 자본예산을 수립할 때 타국의 자본비용을 추정하는 것보다는 환율을 예측하는 것이 상대적으로 용이하기 때문에 집중형자본예산이 유리하다고 할 수 있다. 또한 자본조달비용은 자본의 제공자에게 갚아야 하는 요구수익률인데 자본의 제공자가 대부분 국내 시장에 있다면 국내 자본비용으로 할인하는 것이 조금 더 안정적이라고 할 수 있다.

집중형자본예산 방법을 사용할 때 사전적(ex ante)으로 예측된 이자율평가이론의 균형이자율보다 타국의 이자율이 높다면 환율을 예측할 때 균형이자율에 기초하여 환율을 예측하는 것이 바람직하다. 투자시점의 타국이자율이 균형이자율보다 높을 때 균형이자율을 사용하면 환율을 높이는 효과가 있기 때문에 좀 더 많은 투자를 할 수 있게 된다. 반면에 투자시점의 타국이자율이 균형이자율보다 낮다면 환율을 낮추는 결과가 되어 나쁜 투자를 좀 더 배제할 수 있게 된다.

앞에서 살펴본 ㈜하나의 경우를 다시 살펴보자. 만약 미국에 투자하는 시점의 이자율이 3%이지만 이자율평가이론에 의해 예측된 균형이자율이 2.5%라면 환율은 이를 반영하여 다음과 같이 추정할 수 있다.

연도	추정 현물환율
0	1,150
1	$1,150 \times \frac{1+0.02}{1+0.025} = 1,144.39$
2	$1,150 \times \left[\frac{1+0.02}{1+0.025}\right]^2 = 1,138.81$
3	$1,150 \times \left[\frac{1+0.02}{1+0.025}\right]^3 = 1,133.25$

추정된 환율을 바탕으로 달러기준 현금흐름을 원화기준 현금흐름으로 환산해보면 다음과 같다.

연도	원화기준 현금흐름
0	$-3,000,000\times 1,150=-3,450,000,000$
1	$1,400,000\times 1,144.39=1,602,146,000$
2	$1,960,000\times 1,138.81=2,232,067,600$
3	$2,600,000\times 1,133.25=2,946,450,000$

원화기준 현금흐름을 원화기준 할인율로 할인해보면 순현재가치는 아래의 식에서와 같이 ₩2,292,949,020이 된다. 이는 미국 이자율을 3%로 사용했을 때에 비해 순현재가치가 더 커진 것이다.

$$NPV=-3,450,000,000+\frac{1,602,146,000}{(1+0.0794)}+\frac{2,232,067,600}{(1+0.0794)^2}+\frac{2,946,450,000}{(1+0.0794)^3}$$
$$=2,292,949,020\text{원}$$

2.5.2 위험프리미엄이 다를 때

(식 9.13)과 (식 9.14)에서 타국과 본국의 자기자본비용을 측정할 때 동일한 베타를 사용하였다. 이 의미는 각국의 위험프리이엄이 동일하며 베타를 추정할 때 사용되는 시장포트폴리오로 세계시장포트폴리오를 사용한다는 것을 의미한다. 세계시장포트폴리오란 세계의 모든 위험자산시장에 있는 자산을 포함하는 포트롤리오이다. 개념적으로 볼 때 세계의 위험자산시장이 아무런 규제와 통제 없이 하나로 작동한다면 위험을 측정하기 위한 기준으로 세계시장포트폴리오를 사용하는 것이 맞다. 그러나 현실에서는 그렇지 않을 가능성이 많다.

앞서 지적한 바와 같이 한국 기업뿐만 아니라 세계의 거의 모든 나라의 기업들이 자기자본을 자국에서 대부분 조달하고 있다. 따라서 한국 자기자본의 요구수익률을 계산할 때 기준은 한국의 시장포트폴리오를 사용하고 미국 자기자본 요구수익률을 계산할 때 기준은 미국의 시장포트폴리오가 되어야 오히려 현실적일 수 있다. 만약 자기자본비용을 측정하기 위해 한국 시장포트폴리오와 미국 시장포트폴리오를 각각 사용한다면 자연스럽게 해외투자의 베타는 달라질 수밖에 없으며 그 결과 위험프리미엄도 달라진다.

앞의 ㈜한국의 경우를 다시 살펴보자. 만약 이 회사의 자기자본이 100% 한국에서 조달되었다면 집중형자본예산 방법을 사용하는 것이 합리적이며 한국의 시장포트폴리오를 사용하여 베타를 측정하는 것이 올바르다.

한국 시장포트폴리오를 기준으로 측정한 투자의 베타가 1.1로 세계시장포트폴리오를 기준으로 측정한 베타 1.2보다 작다고 하자. 그러면 원화기준 자기자본비용은 다음과 같다.

$$k_e = E(R_i) = R_f + \beta_i[E(R_M) - R_f] = 2 + 1.1[6.95 - 2] = 7.45\%$$

자기자본비용이 이전의 7.94%에서 7.45%로 낮아졌으므로 동일한 프로젝트의 가치가 더 커지게 된다.

부록 1 | 베타의 추정

국제 투자결정에 증권시장선을 이용하여 자기자본비용을 추정하기 위해서는 무위험이자율, 시장포트폴리오 기대수익률, 베타를 알아야 한다. 무위험이자율은 시장에서 쉽게 측정될 수 있으며 보통 만기 1년의 국채수익률이 이용된다. 시장포트폴리오는 이론적으로 시장에서 거래되는 모든 위험자산을 시장가치 비율대로 포함하는 포트폴리오인데 이 포트폴리오는 현실적으로 존재하지 않는 포트폴리오이다. 따라서 시장포트폴리오의 대용치로 해당 시장의 대표적인 위험자산을 포함하는 주가지수, 예를 들어 KOSPI200, S&P500 등을 사용하게 된다.

시장포트폴리오의 대용치로 주가지수를 사용할 때 단일지수모형(single index model)이라고 하는 단순회귀분석식을 이용하여 베타를 추정할 수 있다.

$$R_{it} = \alpha_i + \beta_i R_{mt} + \epsilon$$

여기서, R_{it}: t시점에서의 주식 i의 수익률
R_{mt}: t시점에서의 주가지수의 수익률
α_i: 회귀모형의 절편
β_i: 회귀모형의 기울기(베타계수)
ϵ: 잔차항

위의 단일지수모형을 그림으로 나타내면 다음과 같다.

■ 증권특성선

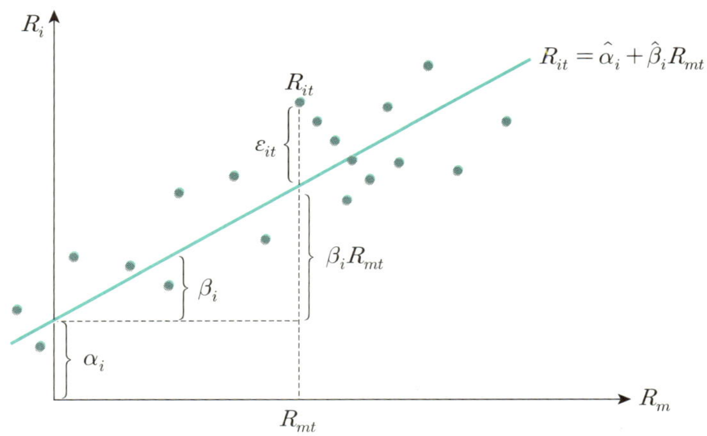

이 그림의 점들은 수직축의 개별주식 수익률 R_i를 종속변수로 하고 수평축의 주가지수의 수익률 R_m을 독립변수로 하여 대응시킨 것이다. R_i를 R_m에 대해 단순회귀분석(simple regression)을 하면 다음과 같은 직선식을 얻을 수 있다

$$R = \hat{\alpha}_i + \hat{\beta}_i R_{mt}$$

절편과 기울기를 추정할 때에는 모든 점들로부터 회귀선까지의 수직거리를 제곱하여 합한 값이 최소가 되도록 하는 최소자승법(OLS: ordinary least square method)을 이용한다. 위의 단순회귀식은 개별증권 수익률과 위험에 대한 특성을 나타내고 있으므로 증권특성선(CL: characteristic line)이라고 한다.

증권특성선의 기울기는 시장수익률의 변동에 대한 개별 주식의 민감도를 나타내는 베타계수(beta coefficient)이다. 베타계수가 클수록 시장수익률의 변동에 대해 보다 민감하게 반응한다는 것을 의미한다.

부록 2 | 환율예측

국제화시대의 기업들은 어떠한 형태이든 다른 국가들과 연관관계를 갖고 있으며 그에 따라 환율은 모든 기업들의 관심사이다. 상품을 팔건, 사건, 이전하건 환율이 매개가 되기 때문이다. 기업의 입장에서 보면 미래의 환율을 예측할 수 있다면 경영을 안정적이고 효율적으로 할 수 있는 환경이 마련될 수 있으며 보다 적극적으로는 환투기 이익을 얻을 수도 있다. 그러나 환율을 예측한다고 하는 것은 현재까지 알지 못하는 정보를 새로 찾아내는 일로써 매우 어려운 일이며 특히 요즘과 같이 국제자본이동이 활발해지면서 환율의 변동폭이 커지고 또 각국의 경제적 · 정치적 여건이 급변하는 상황에서는 더욱 더 어려운 일이다.

그러나 환율을 예측할 수 있다면 기업에게는 커다란 이익이 되기 때문에 환율을 좀 더 정확하게 예측하기 위한 노력이 꾸준히 이어져 왔다. 환율을 예측하기 위한 방법은 크게 기본적 분석법과 기술적 분석법으로 나누어볼 수 있다.

기본적 분석법

기본적 분석(fundamental analysis technique)은 환율에 영향을 미치는 변수들을 찾아내고 이들 변수들과 환율 간의 관계를 체계화하여 모형화함으로써 미래의 환율을 예측하고자 하는 방법이다.

시장균형이론에 의한 예측

기본적 분석법 중 가장 손쉬운 방법은 시장균형에 관한 기본이론들을 바탕으로 환율을 예측하는 것이다. 먼저 선물환율을 이용하는 방법이 있다. 앞에서 살펴본 바와 같이 선물환율은 미래의 현물환율에 대한 시장의 기대치를 반영하는 것이다. 선물환율이 시장참여자들의 의사결정과정을 통하여 시장의 모든 정보를 반영한 것이라면 효율적인 예측치일 것이며 평균적으로 미래 현물환율의 불편추정치(unbiased estimator)가 되어야 한다. 즉 불편추정치 가설이 성립한다면 선물환율은 현재의 시점에서 가장 믿을 수 있는 미래시점의 현물환율이라고 할 수 있다. 그러나 선물환거래의 만기가 대부분 1년 이내이기 때문에 장기적 환율변화를 예측하는 데에는 어려움이 있다.

국제피셔효과를 이용하여 환율을 예측하는 방법도 있다. 국제피셔효과란 환율이 각국의 명목이자율의 차이를 반영하여야 한다는 것이다. 따라서 각국의 명목이자율 차이와 변화 추이를 예측하고 이를 바탕으로 미래의 환율을 예측할 수 있다. 가령 미국의 명목이자율이 2%이고 우리나라 명목이자율이 3%라면 또 이 차이가 앞으로 1년간 유지될 것으로 예측된다면 1년 후 한국 원화는 미국 달러에 비해 1% 평가절하되는 수준에서 결정된다.

구매력평가이론은 환율변동이 두 국가 간 물가상승률의 차이를 반영하여야 한다는 것이다. 따라서 앞으로 일정기간 동안 두 국가 간 물가상승률을 예측하고 이것을 바탕으로 앞으로 환율이 그 차이만큼 변동할 것으로 예측할 수 있다. 국제기구 및 각국 정부가 발표하는 물가전망 자료를 바탕으로 장기적 환율변화의 추이를 예측해볼 수 있다.

환율결정모형에 의한 예측

환율의 변화에 상당한 영향을 미치는 변수들을 찾아내고 이들 변수들과 환율 간의 함수관계를 설명할 수 있는 모형을 개발하여 미래의 환율을 예측하고자 하는 방법이다. 함수관계는 단순한 일차함수, 다차원함수 또는 복잡한 형태의 결합함수일 수 있으며 변수들의 관계도 동시적일 수도 있고 시차가 있을 수도 있다.

이러한 방법은 많은 변수들을 모형에 포함하여 환율변동의 정도를 통계적으로 예측할 수 있다는 장점이 있으나 많은 자료와 시간이 필요한 비용이 많이 드는 방법이다. 또한 이런 계량적 모형들은 변수들과 환율의 과거의 자료에 입각하여 설정한 것이기 때문에 이들 변수들 간의 관계를 다르게 하는 사건이 발생한다면 환율예측 능력이 낮아질 수밖에 없다는 단점이 있다.

기술적 분석법

기술적 분석법(technical analysis technique)은 환율에 영향을 미치는 변수들과 환율 간의 관계를 논리적 설명에 근거하지 않고 시장에서 관찰할 수 있는 환율과 거래량 등의 시계열 자료에 입각하여 환율을 예측하는 방법이다. 기술적 분석은 주로 패턴분석법과 추세분석법으로 나누어볼 수 있다.

패턴분석법은 과거에 반복된 환율변동의 패턴을 찾아내고 앞으로의 환율변동도 이러한 패턴에 따라 변동할 것이라는 생각에 기초한 것이다. 즉 현재의 환율이 패턴상 어떤 위치에 있는지를 파악하여 미래의 환율을 예측하는 기법이다. 추세분석기법 역시 마찬가지로 과거에 반복된 추세를 찾아내고 현재의 환율이 어떤 추세에 해당하는지를 파악하여 미래의 환율을 예측하려는 방법이다.

기술적 분석기법을 통한 환율의 예측은 효율적 시장가설(efficient market hypothesis)과는 서로 상반되는 것이다. 효율적 시장가설이란 알려진 모든 정보가 이미 환율에 반영되어 있다는 것이다. 만약 이 가설이 성립한다면 차트를 분석하여 얻어지는 정보는 이미 환율에 반영되어 있기 때문에 미래의 환율을 예측하는 데 유용하지 않다는 것이다. 그럼에도 불구하고 많은 시장참여자들이 아직도 기술적인 분석에 관심을 갖고 있다.

요약

- 주어진 자원을 효율적으로 투자하기 위한 투자결정을 자본예산이라고 한다. 자본예산은 투자기회 탐색, 현금흐름의 추정, 투자안 평가, 실행 및 재평가의 절차를 통해 이루어진다.
- 현금흐름을 추정할 때에는 감가상각비 등 비현금지출비용을 제외하여야 하며, 이자비용과 배당금 등 금융비용은 제외하여야 하고, 운전자본과 자본적 지출을 현금흐름에 포함시켜야 한다. 또 매몰원가는 현금흐름에서 제외시켜야 하며, 기회비용은 현금흐름에 포함하여야 하고, 부수적인 효과도 현금흐름에 포함하여야 한다. 법인세 효과도 고려하여야 한다.
- 현금흐름을 할인하기 위해 사용하는 할인율은 그 투자안이 벌어들여야 하는 최소한의 수익률로써 조달된 자본의 원천별 비용을 가중평균한 가중평균자본비용이 사용된다.
- 국제투자를 평가하는 방법에는 분산형자본예산과 집중형자본예산이 있다. 분산형자본예산은 해외 투자국의 통화기준 현금흐름을 해당 국가의 자본비용으로 할인하여 해당 통화기준 순현재가치를 계산한 후 현물환율에 본국통화로 환산하는 방법이다. 집중형자본예산은 모든 시점의 현금흐름을 본국 통화기준으로 환산한 후 본국의 가중평균자본비용으로 할인하여 순현재가치를 계산하는 방식이다.
- 국제자본시장이 균형상태에 있다면 금융시장과 외환시장의 균형이론들이 성립할 가능성이 높기 때문에 집중형자본예산과 분산형자본예산이 같은 결과를 얻을 것이다. 그러나 이자율평가이론 등이 성립하지 않을 때에는 타국의 자본비용을 추정하는 것보다는 환율을 예측하는 것이 상대적으로 용이하기 때문에 집중형자본예산이 유리하다고 할 수 있다.
- APV 방법이란 투자안이 자기자본만으로 투자된 것처럼 가정한 상태에서 투자의 현금흐름을 자기자본비용으로 할인한 현재가치를 구하고 여기에 부채로 인해 얻는 이익을 부채비용으로 할인한 현재가치를 합하여 투자의 순현재가치를 계산하는 방법이다.

생각해보기

1. 신규투자를 하려고 할 때 기존의 베타를 사용할 수 있으려면 어떤 조건을 충족시켜야 하는가?

2. 집중형자본예산과 분산형자본예산의 장·단점을 비교하여 설명해보자.

3. 현재가치법과 수정현재가치법의 차이점은 무엇인가?

4. ㈜한국은 새로운 핸드폰을 생산하기 위해 2,000만원을 들여 시장조사를 실시하였다. 그 결과 생산이 결정되어 현재 가격이 15억원인 설비를 구입하려고 한다. 생산 공장은 이 회사 소유의 건물을 이용할 수 있으며 이 건물은 현재 연간 1,000만원에 임대되고 있다. 운전자본은 1억원이 현재시점에서 필요하며 마지막 해에 회수된다. 기계의 잔존가치는 없고 5년간 정액법으로 완전히 상각할 예정이다. 새 핸드폰의 매출은 연간 20억원, 영업비용은 10억원이 될 것으로 추정된다. 새 핸드폰의 판매로 기존 핸드폰의 판매가 연간 2,000만원 감소할 것으로 예상된다. 법인세율이 20%일 때 이 투자안의 순 현금흐름은 얼마인가?

5. ㈜하나가 100% 자기자본으로 미국에 투자를 하려고 한다. 예상되는 현금흐름은 다음과 같으며 미국과 한국의 무위험이자율이 각각 3%와 2%이고 이 투자안의 베타는 1.2, 한국의 시장포트폴리오 수익률이 5.33%라고 하자. 현재 현물환율이 ₩1,160/$이라면 원화기준 집중형자본예산의 NPV는 얼마인가?

(단위: $)

	t=0	1	2	3
현금흐름	−1,000,000	300,000	400,000	500,000

10 장 국제간접투자

10장 국제간접투자

국제화가 진행되면서 국제투자도 활발하게 이루어지고 있다. 과거에는 외국인에 의한 국내투자가 중심이 되었으나 근래에 와서는 내국인에 의한 해외투자가 부쩍 늘어나고 있다.

국제투자는 국제직접투자와 국제간접투자로 나누어 볼 수 있다. 국제직접투자란 기업운영에 대한 경영권과 관련된 자본이동으로써 투자자가 해외기업의 경영에 직접 참여하여 이윤을 획득하기 위해 생산요소를 해외로 이전하는 것을 말한다. 기존의 기업을 인수하거나 합병을 할 수도 있고 새로운 기업을 설립할 수도 있다. 이에 반해 국제간접투자란 투자이익을 얻기 위해 다양한 외국의 증권 또는 금융상품에 분산하여 투자하는 것을 의미한다. 즉 경영에 직접 참여하지 않고 이자, 배당 등 자본이득을 얻는 것을 목적으로 하는 투자이다.

제1절 분산투자

국제간접투자의 가장 큰 목적은 분산투자의 효과를 얻기 위해서이다. 재무이론을 통해 익히 알고 있듯이 포트폴리오를 구성하면 개별증권에 투자할 때에 비해 같은 수익률을 얻으면서 위험을 크게 낮출 수 있다. 어떤 포트폴리오에 투자하여야 위험을 가장 많이 낮출 수 있는가? 물론 시장포트폴리오에 투자하는 것이 가장 유리하다. 그러나 시장포트폴리오는 현실에서는 존재하지 않는 포트폴리오이기 때문에 보통 KOSPI200 등 시장의 대표적 위험자산들을 포함하는 지수포트폴리오에 투자하는 것이 가장 유리하다고 할 수 있다.

KOSPI200은 한국 주식시장에 상장된 대표적인 200개 종목으로 구성된 지수이다. 여기에 포함된 종목 모두가 당연히 한국 기업이다. 따라서 한국경제 전반에 걸쳐 영향을 주는 사건이 발생하면 지수에 포함된 모든 기업이 정도의 차이는 있지만 영향을 받는다. 마치 지진이 나면 해당 지역의 모든 건물들이 흔들리는 것과 같다. 어떤 건물은 무너지기도 하고 또 어떤 건물은 견디어 내지만 흔들리는 것은 어쩔 수 없다.

그럼 지진이 발생하지 않은 지역의 건물은 어떠한가? 당연히 아무 일도 없을 것이다. 따라서 여러 지역에 건물을 보유하고 있으면 최악의 상황을 피할 수 있을 것이다. 이 사실로부터 KOSPI200과 미국의 S&P500에 분산투자를 하는 이유를 명확히 알 수 있다. 국제간접투자를 통해 국내에만 분산투자하는 것에 비해 위험을 크게 낮출 수 있기 때문이다.

1.1 체계적 위험

상관계수가 1보다 작은 자산들에 분산투자를 하면 위험을 줄일 수 있다. [그림 10-1]에서 자산 A의 기대수익률과 위험이 $E(R_A)$와 σ_A이고 자산 B의 기대수익률과 위험이 $E(R_B)$와 σ_B이라고 하자.

이 두 자산으로 포트폴리오를 구성해보자. 그러면 포트포리오의 기대수익률과 위험은 다음과 같다.

$$E(R_p) = w_A E(R_A) + w_B E(R_B) \quad \text{(식 10.1)}$$

여기서, w_A: 자산 A에 투자한 비율
$(1 - w_A) = w_B$

$$\sigma_p^2 = w_A^2 \sigma_A^2 + w_B^2 \sigma_B^2 + 2 w_A w_B \sigma_A \sigma_B \rho_{AB} \quad \text{(식 10.2)}$$

여기서, $\rho_{AB} = \dfrac{\sigma_{AB}}{\sigma_A \sigma_B}$
$\sigma_{AB} = E[(R_A - E(R_A))(R_B - E(R_B))]$

ρ_{AB}: 자산 A와 B 수익률 상관계수
σ_{AB}: 자산 A와 B 수익률 공분산

(식 10.2)로부터 포트폴리오의 위험은 자산 A와 B 수익률의 상관계수가 작을수록 낮아진다는 것을 알 수 있다. 상관계수값은 $0 \leq \rho \leq 1$의 값을 갖는다. 따라서 상관계수가 1일 때 위험이 가장 커지게 되며 이때가 [그림 10-1]에서 A와 B를 잇는 직선이 된다.

만약 상관계수가 $0 < \rho_{AB} < 1$의 범위에 있다면 자산 A와 B로 구성된 포트폴리오의 기대수익률과 위험은 왼쪽으로 볼록한 곡선상에 있게 된다. 이것은 개별자산에 투자하는 것에 비해 같은 수익을 얻으면서 위험이 작아진다는 것을 의미한다. 즉 상관관계가 낮은 국가의 증권에 분산투자하면 한 국가에 투자하는 것에 비해 같은 수익을 얻기 위해 작은 위험을 부담한다는 것이다.

한편 [그림 10-1]에서 볼 수 있는 바와 같이 상관계수가 −1이면 위험을 완전히 없앨 수 있다. 그러나 현실에서는 증권의 수익률 간 상관계수가 음수인 경우는 없다고 할 수 있다.[1)]

그림 10-1 포트폴리오 효과

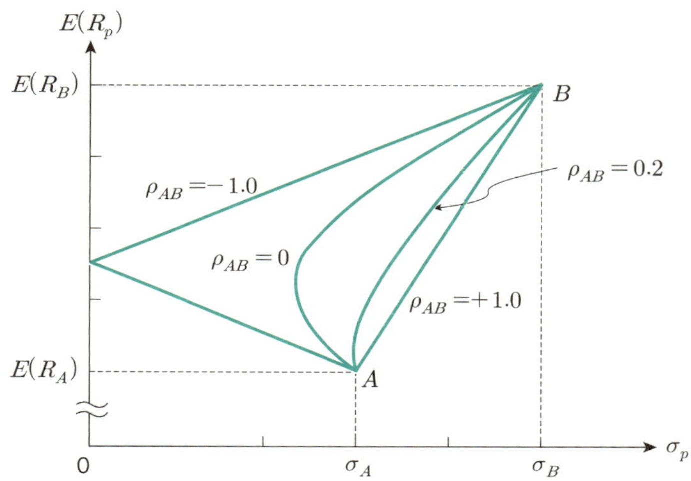

1) 특정 분석기간 동안의 자료를 바탕으로 실증적으로 측정을 할 경우 음수인 경우가 있으나 장기적으로 음(−)의 상관관계는 생각하기 어렵다.

그럼 현실적으로 우리나라 시장과 해외시장의 상관성은 어느 정도 되는가? [표 10-1]은 국제간접투자의 주요 수단이 되는 주요국 주식시장과 우리나라 주식시장 수익률 간 상관계수를 정리한 것이다. 홍콩 항생지수를 제외하고는 상관계수가 전반적으로 낮으며 특히 영국, 프랑스, 독일 등 유럽의 주가지수와는 상관관계가 매우 낮다는 것을 알 수 있다. 미국 S&P의 경우 분석기간 동안 음(−)의 상관계수를 갖는 것으로 나타났으며, 이것은 일반적으로 상관관계가 낮다는 것을 의미한다고 할 수 있다. 이렇게 상관관계가 낮은 다른 국가의 지수에 국제적으로 분산투자를 하면 위험을 크게 낮출 수 있다.

표 10-1 세계 주요 주식지수 간 상관계수

지수	홍콩 항생	일본 Nikkei225	영국 FTSE100	프랑스 CAC40	독일 DAX30	미국 S&P500
상관계수	0.66	0.40	0.12	0.05	0.03	−0.01

기간: 2018.10.~2019.9
자료: blog.quantylab.com

상관관계가 낮은 자산에 분산투자하는 것과 더불어 위험을 감소시킬 수 있는 또 다른 방법이 있다. 바로 포트폴리오를 구성하는 자산의 수를 크게 늘리는 것이다.

포트폴리오에 포함되는 자산의 수를 증가시키면 처음에는 포트폴리오의 위험이 급격히 감소하다가 구성자산의 수가 일정수준에 이르면 더 이상 위험은 감소하지 않는다. 이때 증권의 수를 증가시키면 없어지는 위험, 즉 분산투자로 제거될 수 있는 위험을 비체계적 위험(unsystematic risk)이라고 한다. 반면에 증권의 수를 증가시켜도 없어지지 않는 위험, 즉 분산투자로 제거되지 않는 위험을 체계적 위험(systematic risk)이라고 한다. 체계적 위험은 시장위험(market risk)이라고도 한다.

비체계적 위험은 특정 기업이나 산업에 국한된 위험이다. 포트폴리오에 포함된 수많은 자산 가운데 아주 소수에만 영향을 미치는 위험은 설사 위험이 발생하더라도 포트폴리오 전체로 볼 때에는 영향이 거의 없다. 이러한 비체계적 위험으로는 특정기업의 경영실적, 신제품개발, 특허, 소송 등을 들 수 있다.

이와는 달리 체계적 위험은 포트폴리오에 포함된 모든 자산들에게 공통적으로 영향을 미치는 요인을 말한다. 따라서 체계적 위험이 발생하면 포트폴리오 전체가 영향을 받을 수밖에 없다. 이자율, 인플레이션, 경기 등이 그 예이다. 세계적으로 불경기가 되면 정도의 차이는 있으나 모든 기업들이 어려워지고, 그것은 한국의 기업이나 미국의 기업이나 다 마찬가지이다.

많은 자산으로 포트폴리오를 구성하면 비체계적 위험은 모두 사라지게 된다. 그동안의 연구들을 보면 보통 20~30개 이상이 되면 비체계적 위험이 모두 사라지게 된다. 이때 남게 되는 체계적 위험은 개별자산 위험수준의 약 25~45% 정도로 보고되고 있다.

그림 10-2 **국제분산투자**

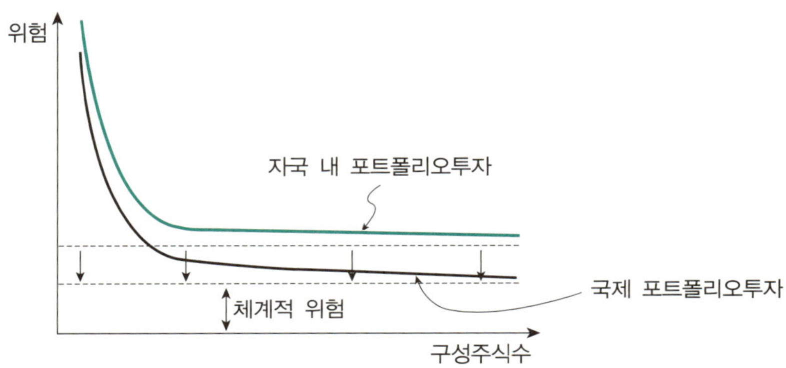

[그림 10-2]는 국제분산투자와 위험의 관계를 나타낸 것이다. 이 그림에서 볼 수 있듯이 자산의 수를 증가시키면 위험이 감소한다. 이와 함께 국제투자를 통한 분산투자를 하면 체계적 위험의 수준을 낮출 수 있기 때문에 위험이 더욱 더 감소한다. 한국증권들 사이의 상관계수보다 한국증권과 미국증권 사이의 상관계수가 낮기 때문이다.

두 개 이상의 자산으로 구성된 포트폴리오의 기대수익률과 위험을 측정하여 좌표평면에 표시하면 [그림 10-3]과 같은 투자 가능한 투자기회집합(investment opportunity set)을 얻을 수 있다. 투자기회집합 내의 포트폴리오는 어떤 자산을 어떤 비율로 투자하느냐에 따라 수없이 많게 된다.

그림 10-3 투자기회집합

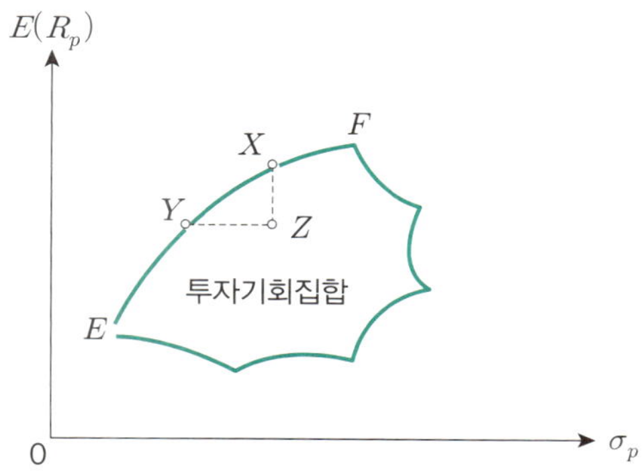

그런데 투자기회집합 내에 있는 모든 포트폴리오가 다 투자대상이 되는 것은 아니다. 위험수준이 같은 포트폴리오 중에서는 수익률이 가장 높은 포트폴리오에 투자하고 수익률이 같은 포트폴리오 중에서는 위험이 가장 작은 포트폴리오에 투자하는 것이 유리하기 때문이다. 이와 같은 투자원칙을 지배원리(dominance principle)라고 한다. 이 지배원리를 적용하면 [그림 10-3]의 곡선 EF 선상의 포트폴리오가 가장 유리한 포트폴리오의 집합이 된다. 이 곡선을 효율적 투자선(efficient frontier)이라고 한다. 효율적 투자선은 왼쪽 위 방향으로 볼록한 모양을 하게 된다.

국제분산투자로 인한 위험의 감소효과는 효율적 투자선을 이용해 설명할 수도 있다. [그림 10-4]의 곡선은 국내 효율적 투자선과 국제 효율적 투자선을 나타낸 것이다. 국내 자산에만 투자하지 않고 외국의 자산에 나누어 투자하게 되면 효율적 투자선이 왼쪽 위 방향으로 이동하게 된다. 국제투자를 하면 체계적 위험이 낮아지기 때문에 같은 위험에서 높은 수익을 얻을 수 있기 때문이다.

그 결과 무위험이자율 r_f와 효율적 투자선을 잇는 접선인 국제자본시장선(CML: Capital Market Line)이 국내자본시장선보다 위쪽에 위치하게 된다. 자본시장선은 무위험자산과 위험자산을 포함하는 가장 효율적인 포트폴리오들의 집합을 나타내는 것으로 선택 가능한 최선의 포트폴리오이다. 따라서 자본시장선이 위쪽에 위치한다는 것은 같은 위험에서 더 높은 수익을 얻을 수 있는 포트폴리오의 집합을 의미한다. 즉 국제분산투자가 국내에서만 분산투자하는 것에 비해 비교우위에 있다는 것을 알 수 있다.

한편 [그림 10-4]에서 σ_i만큼 위험을 부담할 때 국제 분산투자를 하면 국내에서만 분산투자를 할 때에 비해 $E(r_I)-E(r_D)$만큼의 추가적인 이익을 얻을 수 있다는 것을 알 수 있다.

그림 10-4 국제분산투자와 CML

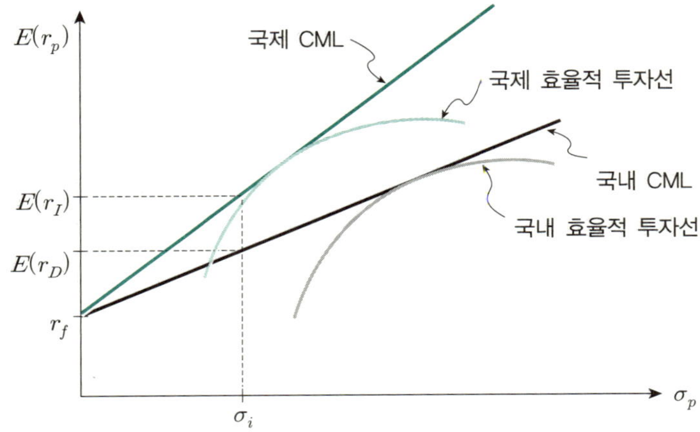

1.2 국제증권투자와 환위험

국제증권투자를 하면 필연적으로 환율이라는 변수가 개입될 수밖에 없다. 외국에서 예상과 같은 수익을 얻었다 하더라도 환율이 불리하게 움직이면 수익률이 예상보다 낮아지거나 혹은 손실이 발생할 수도 있다.

해외에 투자를 하여 해당국에서 얻은 j시점에서의 외국통화기준 투자수익률을 R_{jf}, 본국통화기준 투자수익률을 R_{jh}, 두 통화 간 환율변동률을 S라고 하면 투자수익률은 다음과 같은 식으로 나타낼 수 있다.

$$1+R_{jh}=(1+R_{jf})(1+S) \quad \text{(식 10.3)}$$

여기서, $S=\frac{S_j}{S_0}$

S_j: j시점에서의 환율

S_0: 투자시점의 환율

이 식을 간단하게 정리하면 다음과 같이 쓸 수 있다.

$$R_{jh} = R_{jf} + S \quad \text{(식 10.4)}$$

즉 해외투자로 얻는 투자수익률은 해당국 통화로 표시된 투자수익률에 환율변동률을 합한 것과 같다. 이 수익률의 대가로 부담하는 투자위험은 다음과 같다.

$$\sigma^2(R_{jh}) = \sigma^2(R_{jf} + S) = \sigma^2(R_{jf}) + \sigma^2(S) + 2Cov(R_{jf}, S) \quad \text{(식 10.5)}$$

여기서, $Cov(R_{jf}, S)$: R_{jf}와 S의 공분산

(식 10.5)로부터 해외투자로부터 발생하는 수익률 위험은 투자대상국 통화표시 수익률의 분산, 환율변동률의 분산, 해당국 통화표시 수익률과 환율변동률의 공분산의 합이라는 것을 알 수 있다. 결국 투자국 통화표시 수익률과 환율변동률의 공분산이 음(−)의 값을 갖지 않는 한 해외투자의 위험은 환율의 변동성에 영향을 받아 단순한 국내투자 위험보다 커지게 된다. 따라서 분산투자로 인한 포트폴리오효과를 얻기 위해서는 환위험에 대한 관리가 반드시 필요하다는 것을 알 수 있다.

1.3 국제분산투자의 수단

국제분산투자를 하기 위한 투자수단은 크게 주식, 채권, 펀드 등으로 구분해볼 수 있다.

1.3.1 해외주식투자

우리나라의 해외주식에 대한 투자는 2006년에서 2007년 기간 동안 급속도로 확대되었으며 금융위기, 유럽 재정위기 등으로 일시적으로 감소하기도 하였으나 큰 추세로 볼 때 지속적으로 증가하고 있는 추세이다. 외국인에 의한 국내주식에 대한 투자도 문호가 완전히 개방되어 있으며 삼성전자, 현대자동차, SK텔레콤 등 우리나라를 대표하는 종목에 대한 외국인의 투자비중이 매우 높은 실정이다.

국내 투자자의 해외 포트폴리오의 자산구성을 보면 아직도 주식의 비중이 높은 것으로 나타나고 있다. 그러나 국내 금융기관들을 중심으로 채권의 비중을 갈수록 증가시키고 있는 추세이다.

투자대상 지역을 살펴보면 미국, 유럽, 중국 순으로 투자가 이루어지고 있는데 다른 선진국들과 비교하여 볼 때 미국과 중국의 투자비중이 높게 나타나고 있다.

해외주식투자의 증가추세에도 불구하고 아직도 국제투자에는 여러 가지 어려움이 있어서 특히 일반투자자들의 경우 부담이 있는 것이 사실이다. 해외주식을 매입하기 위해서는 해외 증권사에 계좌를 개설하여야 하며 각종 투자에 필요한 정보들을 직접 수집하여야 한다. 또 배당을 수취하고 신주발행 등 투자에 중요한 영향을 미치는 정책들에 대해 직접 대처하여야 한다.

이러한 어려움을 피하기 위해 국내 증권사를 통해 해외주식을 매매하기도 한다. 그러나 이 경우에도 어려움이 있다. 먼저 수수료가 많이 발생한다. 해외 증권사를 통해 직접 거래를 하는 경우에 비해 국내 증권사와 해외 증권사 모두에게 수수료를 지불하여야 하기 때문이다. 또 세금의 차이가 존재할 수 있다. 우리나라의 경우에는 주식투자로 얻은 소득에 대한 양도소득세가 없으나 미국의 경우 양도소득세가 부과된다.

미국, 유럽 등 선진국들과는 달리 중국, 후발개도국 등은 금융 및 자본거래의 자유화가 완전히 이루어지지 않아 외국인에 대한 해당 국가 주식 투자제한이나 금지조항 및 차별조항이 있을 수 있으며 이에 따라 효율적인 포트폴리오를 구성하기 어려울 수 있다.

1.3.2 해외채권투자

채권은 주식이나 파생상품 등에 비해 낮은 변동성을 갖고 있으며 예금에 비해 높은 수익을 얻을 수 있는 상품으로 인식되고 있다.

채권의 가격은 이자율이 상승하면 하락하고 이자율이 하락하면 상승하기 때문에 채권투자에 있어서 미래의 이자율 전망이 매우 중요하다.

국제채권시장에서 주로 거래되는 채권은 미국 달러, 유로화, 영국 파운드, 일본 엔 등의 표시채권이며 미국 국채가 가장 인기 있는 상품 가운데 하나이다. 주식투자와 마찬가지로 해외채권에 투자할 경우 해당국 소재의 증권회사에 계좌를 개설하거나 국내 증권사를 통해 매매하는 방법이 있다. 국내 증권사들은 미국 국채는 물론이고 브라질, 러시아 등 상대적으로 위험이 크고 수익률이 높은 국가의 국채도 중개하고 있다. 또 국내에서 발행된 외국채권에 투자하는 방법도 있다.

해외채권에 투자하는 대표적인 기관인 국민연금의 경우 외국의 정부, 중앙은행 등이 발행하거나 보증하는 채권, 회사채 등에 투자하고 있으며 국가별로도 미국을 비롯하여 일본, 프랑스, 캐나다, 영국, 독일 등 다양한 나라의 채권에 투자하고 있다.

1.3.3 국제펀드투자

펀드(fund)는 투자자로부터 모은 자금을 자산운용회사가 주식 및 채권 등에 투자하여 운용한 후 그 결과를 돌려주는 간접투자 상품이다. 펀드는 개방형 펀드(open end funds)와 폐쇄형 펀드(closed end funds)로 구분할 수 있다.

개방형 펀드는 언제든지 가입하고 환매를 할 수 있는 펀드로써 투자자 입장에서는 편리한 면이 있으나 운용자 입장에서는 새로이 가입하거나 환매될 때마다 펀드의 규모가 달라지기 때문에 운영에 어려움이 있을 수도 있다. 반면에 폐쇄형 펀드는 일정기간 동안 펀드를 조성한 후에는 새로 가입할 수 없으며 약속한 기간까지 환매할 수 없는 상품이다. 환매를 할 수 없는 대신에 펀드를 주식시장에 상장하여 투자자금을 회수할 수 있도록 하고 있다.

국제펀드는 해외주식이나 채권에 집적 투자하기 어려운, 특히 일반투자자에게 분산투자를 할 수 있는 기회를 제공하고 있기 때문에 꾸준히 실적이 늘어나고 있다. 해외증권으로 포트폴리오를 구성할 때 투자비율에 따라 국가펀드(country funds), 국제펀드(international funds), 글로벌 펀드(global funds) 등으로 구분할 수 있다.

국가펀드는 어떤 특정 국가의 증권으로만 구성된 펀드를 말하는데 우리나라에서 볼 수 있는 중국펀드, 브라질펀드 등이 그 예이다. 국제펀드와 글로벌펀드는 각각 해외주식에 50% 이상, 25% 이상 투자한 펀드를 말한다.

제2절 국제주식시장

국제주식시장이란 외국인에 의한 국내주식투자와 내국인에 의한 외국주식투자가 이루어지는 넓은 의미의 시장을 말한다. 증권시장은 기업의 지배구조를 결정하는 증권인 주식이 거래되는 시장으로 발행시장과 유통시장으로 나누어 볼 수 있다.

발행시장(primary market)은 기업공개(IPO: initial public offering)나 증자 등을 통해 새로운 주식을 발행하는 시장을 말하며, 유통시장(secondary market)은 이미 발행된 주식이 매매되는 시장을 말한다.

발행시장과 유통시장은 서로 유기적인 관계를 갖고 있는데 발행시장에서 새로운 주식이 원활하게 발행되기 위해서는 발행된 주식을 원활하게 거래할 수 있는 유통시장이 있어야 한다. 또 유통시장이 발전하기 위해서는 새로운 상품, 즉 새로운 주식 및 기존 주식의 공급확대가 전제되어야 하기 때문에 발행시장의 역할이 필요하다. 따라서 발행시장과 유통시장은 서로 보완관계에 있다고 하겠다.

2.1 국제주식시장의 발전

국제주식시장은 각국 정부의 자본시장개방, 금융거래의 자유화, 금융규제완화 및 철폐 등의 정책의 결과로 1980년대 후반부터 크게 성장하였다고 할 수 있다. 특히 1980년대 후반부터 반복되는 금융위기와 재정위기로 인해 투자자금의 위험을 줄이기 위한 수단이 절실해졌고 그 결과 많은 투자자들이 해외에 분산투자하여 위험을 줄이기 위해 국제주식시장에 진출하게 되었다.

해외주식시장으로의 진출은 단순히 해외주식에 대한 투자뿐만 아니라 해외증권시장에 자국기업 주식을 상장하거나 주식예탁증서(depository receipt)를 발행하여 해외에서 자본을 조달하는 방향으로 발전하게 되었다. 주식예탁증서란 해외에서 주식을 발행하고자 할 경우에 외국의 예탁기관이 원주식의 발행, 유통, 보관 등 모든 것을 대행해주고 이러한 예탁계약을 표시하는 증서를 발행하고 유통시키는데 이를 주식예탁증서(DR)라고 한다. 외국주식을 자국시장에서 유통시키는 경우 원주식의 국외 수송, 언어, 관습 등의 차이 등으로 문제가 발생할 소지가 있기 때문에 주식예탁증서를 발행하는 것이다. 투자자 입장에서 보면 해당기업의 주식예탁증서를 매입하면 언제든지 해당 기업의 주식으로 교환할 수 있으므로 주식을 매입한 것과 같은 효과를 얻게 된다.

국제채권시장이 각국의 영향이 미치지 않는 유로시장을 중심으로 발전한 것과는 달리 국제주식시장은 각국의 거래소시장을 중심으로 발전되었다. 선진국들은 물론이고 신흥국가들의 경제발전을 바탕으로 각국의 주식시장은 크게 성장하였으며 그 결과 분산투자와 해외자본조달의 수단으로 발전하여 왔다.

국제주식시장에서 가장 중요한 역할을 하는 것은 역시 미국 시장으로 2018년 시가총액 기준으로 전 세계 주식시장의 약 44%를 차지하고 있다.[2)] 그 뒤를 중국 9.2%, 일본 7.7%, 홍콩 5.6%, 프랑스 3.5% 등이 따르고 있다. 국제주식시장에서의 미국의 역할이 매우 크다는 것은 미국의 경제정책 및 정치상황 등이 국제주식시장에서 중요한 역할을 한다는 것을 의미한다. 한편 유럽이 국제주식시장에서 차지하는 비중이 생각보다 낮다는 것이 특이하다고 할 수 있다.

| 표 10-2 | 세계 각국 주식시장의 비중(2018년)

국가	시가총액($T)	비중(%)
미국	30.44	44.33
중국	6.32	9.21
일본	5.30	7.72
홍콩	3.82	5.56
프랑스	2.37	3.45
인도	2.08	3.03
캐나다	1.94	2.82
독일	1.76	2.56
스위스	1.44	2.10
한국	1.41	2.06

자료: https://howmuch.net/articles/all-stocks-capitalization-around-the-world
The Word Bank(https//dataworldbankorg)

2) World Bank, All Stock's Capitalization around the World, 2018

2.2 국제주식시장 발전의 의미

국제주식시장의 발전은 각국 거래소, 증권회사를 비롯한 관련 금융기관의 경쟁이 치열해진다는 것을 의미한다.

주식을 발행하고 유통하는 역할을 하는 증권회사에게는 기존 국내 고객에 외국 고객이 합해져서 전체 고객층은 커졌지만 기존 국내 증권회사와 새로 진출한 외국 증권사 모두를 대상으로 하는 글로벌 무한경쟁을 피할 수 없게 되었다. 이는 수수료 인하, 부가서비스 제공 등으로 이어져 증권회사들의 경영을 어렵게 만드는 요인이 될 수 있다.

거래소 또한 점점 경쟁이 치열해지고 있다. 각국의 주식이 해외에 상장되거나 주식예탁증서가 발행되고, 분산투자를 위해 해외주식의 거래가 늘어나면서 각국에서 독점적인 위치에 있었던 거래소가 외국의 거래소들과 경쟁하지 않을 수 없게 되었다.

거래소가 경쟁력을 강화하기 위한 방안은 여러 가지가 있을 수 있으나 그 가운데 강력한 수단이 합병(merger)이다. 거래소의 규모를 단숨에 키워 규모의 경제(economy of scale)를 얻을 수 있으며 거래소를 원하는 모습으로 단시간에 변화시킬 수 있기 때문이다. 이 때문에 많은 세계의 유수한 거래소들이 합병을 하였고 또 합병을 시도하고 있다.

그 예로 2007년 5월 런던증권거래소(LSE)가 밀라노증권거래소를 지주회사의 형태로 합병하였으며 뉴욕증권거래소(NYSE)가 2007년 4월에 암스테르담, 브뤼셀, 리스본, 파리의 거래소를 관장하는 Euronext를 합병하였다. 또 2013년에는 오사카증권거래소가 동경증권거래소 그룹을 흡수합병하여 주식회사 일본거래소그룹으로 상호를 변경하였다. 런던증권거래소는 유럽 주식시장에서 두 번째로 큰 비중을 차지하고 있는 거래소인데 2016년 독일의 도이체뵈르제와 합병을 추진하였다. 영국의 브렉시트(Brexit)로 인해 합병이 이루어지지 않았으나 대형 거래소들의 합병이 계속될 것이라는 것을 보여주는 사례라고 할 수 있다.

기업의 입장에서 보면 국제주식시장의 발전은 해외주식시장에서 자기자본을 조달할 수는 기회를 얻는다는 이점이 있지만 반대로 외국 투자자들이 주주가 되어 지배구조에 영향을 미칠 수 있다는 측면도 있다.

2.3 세계 주요 거래소

2.3.1 뉴욕증권거래소

1792년에 개장한 뉴욕증권거래소(NYSE: New York Stock Exchange)는 세계 최대 규모의 자본주의를 상징하는 거래소이다. 빅 보드(big board)라는 애칭으로도 불리는 뉴욕거래소는 약 2,298개 이상의 주식이 상장되어 있으며[3] 미국 기업의 주식뿐만 아니라 세계의 주요 기업들의 주식도 상장되어 거래되고 있다. 우리나라 기업들도 상장되어 있는데 KB지주, 신한지주, 우리은행 등이 상장되어 거래되고 있다.

뉴욕증권거래소에는 중개인들이 거래를 할 때 직접 고함을 질러 서로 거래가격을 맞추는 발성호가제도가 아직 남아 있다.[4] 증권사 등 금융기관들이 뉴욕증권거래소에서 주식을 거래하기 위해서는 회원으로 가입하여야 한다. 2006년의 1,366명의 거래소 회원수가 그대로 유지되고 있기 때문에 새로 회원으로 가입하기 위해서는 회원권을 양도받아야 한다.

회원들은 커미션 브로커, 스페셜리스트, 플로어 브로커, 플로어 트레이더로 분류할 수 있다. 커미션 브로커는 가장 일반적인 회원으로 우리가 일반적으로 생각하는 딜러이다. 즉 고객의 거래주문을 최선의 가격으로 대행해주는 회원이다. 통상 증권회사의 직원들이 여기에 해당된다.

뉴욕증권거래소의 특이한 점 가운데 하나가 스페셜리스트가 있다는 것이다. 스페셜리스트는 증권거래소에서 경매인과 같은 역할을 하는 사람들이라고 이해하면 된다. 즉 이들은 각자의 전문분야에 속한 증권들을 거래하며 매도인과 매수인 간의 호가 차이를 중재하는 역할을 한다. 또한 시장조정자(market maker)의 역할을 하는데, 호재나 악재로 인해 시장의 수요나 공급이 한꺼번에 몰릴 때 자신이 보유한 주식을 시장에 공급하거나 넘치는 공급에 대해 주식을 매입하여 시장을 안정시키는 역할을 한다.

플로어 브로커는 커미션 브로커들에게 고용되는 브로커들의 브로커이다. 커미션 브로커의 주문이 넘쳐서 처리하기 어려울 때 보통 고용한다.

3) 2019년 3월 기준. 시가총액은 23.2조 달러이다.
4) 2020년 이후 발성호가제도의 폐지가 결정될 전망이다.

플로어 트레이더는 초단기 거래를 통해 투자성과를 얻고자 하는 회원이다. 가격의 일시적인 변동을 이용해 수익을 올리는 거래를 하는 회원이다.

2.3.2 나스닥

NASDAQ(National Association of Securities Dealers Automated Quotation)의 약자로 미국증권업협회가 전산망을 통해 운영하고 있는 미국의 장외시장이다. 1971년 2월 첫 거래를 시작한 나스닥은 2019년 현재 시가총액 기준 세계 2위의 거래소가 되었으며 세계 각국에서 장외 주식시장의 모델이 되고 있는 거래소이다. 미국뿐만 아니라 전 세계 굴지의 벤처기업들이 자금조달 활동의 기반을 나스닥에 두고 있는데 마이크로소프트, 인텔, 구글, 애플 등이 여기에 등록되어 있다. 상장비용, 상장유지비용, 주식배당 수수료 등이 뉴욕증권거래소보다 낮아서 뉴욕증권거래소에서 나스닥으로의 이전 유인이 되고 있다.

나스닥의 성공은 세계 각국에 나스닥과 유사한 벤처기업 위주의 주식시장을 만드는 데 큰 역할을 하였는데 일본의 자스닥, 우리나라의 코스닥, 독일의 벤처시장(New Market) 등이 그 예라고 할 수 있다.

2.3.3 일본거래소그룹

일본거래소그룹(Japan Exchange Group, Inc.)은 2013년 1월에 동경증권거래소와 오사카증권거래소가 합병하여 만들어진 거래소그룹이다. 2013년 7월 산하의 동경증권거래소와 오사카증권거래소의 현물시장을 동경증권거래소로 통합하여 단일화하였으며 2014년 3월에는 동경증권거래소의 파생상품시장을 오사카증권거래소로 통합하고 오사카증권거래소의 명칭을 오사카거래소로 변경하였다.

동경과 오사카거래소를 합하여 2019년 현재 시가총액기준 세계 3대 거래소이며 동경증권거래소의 상장기업수는 약 3,500개를 상회하고 있다.

동경증권거래소는 1부, 2부, 마더스(Mothers: Market of high growth and emerging stocks), 자스닥(JASDAQ), 동경 프로마켓(PRO Market)으로 구분되어 있다. 1부 시장은 주로 일본을 대표하는 대기업 중심으로 유동성이 높은 글로벌 기업이 주로 상장되어 있으며 거래량이 많고 상대적으로 변동성이 적어서 안정되어 있으며 해외투자자들의 비중이 높은 시장이다. 2부 시장은 1부에 속한 기업들보다 규모면에서 작은 기업들이 주로 상장되어 있는 시장으로 가격변동성이 상대적으로 큰 시장이다.

마더스시장은 2부에 속한 기업보다 규모가 더 작은 벤처기업들을 중심으로 하는 고성장 기업들이 주로 상장되어 있는 시장이다. 종목의 특성상 고위험 고수익을 추구하는 투자자들의 비중이 높은 시장이라고 할 수 있다. 동경증권거래소와 상호 보완관계로 설립된 자스닥이 크게 성공하자 동경증권거래소에서 일종의 견제장치로 만들어진 시장이라고 할 수 있다. 신규성(innovation), 유동성(liquidity), 신속성(speed), 투명성(transparency) 등을 특징으로 하는 시장이다.[5)]

자스닥시장은 중소규모의 벤처기업들이 상장되어 있는 시장으로 일정한 사업규모와 실적이 있으며 앞으로 사업의 확대가 예상되는 기업을 대상으로 하는 자스닥 스탠더드와 특색이 있는 기술과 비즈니스모델이 있는 성장잠재력이 풍부한 기업을 대상으로 하는 자스닥 그로스로 구분된다.

프로마켓은 한국의 코넥스(KONEX: Korea New Exchange)와 유사한 시장으로 일본이나 아시아의 성장잠재력이 큰 기업들에게 자금을 원활하게 지원하고 관련된 여러 가지 혜택을 제공함으로써 새로운 투자기회를 창출함과 동시에 금융시장을 활성화하기 위한 시장이다. 자격을 얻은 제이 어드바이저(j-advisor)가 상장심사, 상장관리, 금융상품거래소의 자율규제업무 등을 한다.

2.3.4 상하이증권거래소

중국의 주식시장은 크게 중국본토 증권거래소와 홍콩증권거래소로 구성된다. 중국본토 거래소로는 상하이증권거래소와 선전증권거래소가 있는데 그 중 상하이증권거래소(SSE: Shanghai Stock Exchange)가 2019년 현재 시가총액 기준으로 세계 4대 거래소에 해당된다.

중국 주식시장은 A주식시장과 B주식시장으로 구분되어 있다. A주식시장은 외국인투자자의 거래에 제한을 두고 있어 중국 내국인들이 주로 거래하며 중국 인민화폐로 거래가 가능하다. 그러나 2002년 11월부터 중국 인민은행과 중국증권관리

5) www.jpx.co.jp 인용

이사회 등 중국 증권관련 기관에서 해외적격기관투자자(QFII: Qualified Foreign Institutional Investor)로 지정된 자산운용회사나 보험회사, 상업은행 등은 상해 A주식시장에 대한 투자가 가능하다. 2014년 11월부터 후강통[6]을 통해 개인도 상해거래소 A주식에 투자가 가능해졌다.

후강통은 해외투자자들이 상하이 본토의 A주식에 투자하는 후구통과 중국의 내국인이 홍콩주식에 투자하는 강구통으로 나누어진다. 후강통을 통한 증권시장의 개방은 단순히 상하이와 홍콩시장의 투자자유화의 의미를 넘어서 중국 자본시장의 개방이라는 큰 의미가 있다.

B주식시장은 외국인에게 완전히 개방된 시장으로 외국인투자자들의 투자가 가능한 시장이다. 미국 달러로 거래가 가능하지만 규모가 작고 투명성이 아직 많이 부족하여 거래가 부진한 상황이다.

표 10-3 중국 주식 A와 B

	A주식	B주식
거래통화	인민폐(RMB)	미국 달러(상하이증권거래소) 홍콩 달러(선전증권거래소)
거래자격	대륙 중국 국민	외국인
재무제표	중국회계기준	국제회계기준

2.3.5 홍콩증권거래소

영국통치 시절인 1891년에 세워졌으며 동경거래소, 상하이거래소를 잇는 아시아 3위의 거래소이다. 홍콩증권거래소는 메인보드(main board)시장과 GEM시장으로 크게 구분된다. 메인보드시장은 주요 홍콩 종목들이 거래되는 시장으로서 중국본토에 등록된 기업이지만 홍콩시장에서 기업공개를 한 주식을 일컫는 H주, 중국본토 기업의 홍콩법인이 발행하는 주식을 일컫는 레드칩주, 그리고 홍콩주 등이 거래되는 시장이다.

6) 후강통은 상해를 의미하는 '후'(沪)와 홍콩을 의미하는 '강'(港)을 합성하여 만들어진 용어로 별도의 허가 없이 투자자들이 현지 증권사를 통해 상하이 증시와 홍콩 증시의 상장주식을 직접 매매할 수 있도록 허용함으로써 상하이거래소와 홍콩거래소의 교차거래를 허용하는 제도이다.

GEM시장(Growth Enterprise Market)은 메인보드 시장 이외의 홍콩증권거래소에 개설된 2부시장이라고 할 수 있다. 경영실적이나 대규모 자산을 보유하고 있지 않으나 성장 가능성이 높은 벤처기업들을 대상으로 하는 시장이다. 미국의 나스닥시장이 크게 성장하면서 신흥 증권시장이 급속한 성장을 이루자 성장성이 높은 중소기업에게 자금을 지원하기 위해 설립된 시장이다. 잠재적인 성장 가능성이 높은 기업을 선별하기 위해 상장 신청 때 수익성 요건을 두고 있지 않으며 고수익 고위험을 특성으로 하고 있어서 일반투자자보다는 전문투자자들이 주로 활동하고 있는 시장이다.

상하이증권거래소와의 교차 프로그램 매매인 후강통 제도가 시행 중에 있다. 한국에서 인기가 있는 중국주식시장 펀드는 중국본토 증시에 직접 투자한 것이 아니라 홍콩증시에 상장된 기업에 투자한 것이 일반적이다.

2.3.6 런던증권거래소

런던증권거래소(LSE: London Stock Exchange)는 1801년에 설립된, 영국 최대의 증권거래소이다. 여러 거래소들의 효시라고 불리는 등 매우 역사적인 거래소로 평

표 10-4 런던증권거래소의 합병제안 일지

시기	내용
2000년 5월	독일 뵈르세와의 합병시도가 있었으나 주주들의 반대와 스웨덴 OM의 인수 시도로 무산됨
2000년 8월	스웨덴 OM이 합병을 제안하였으나 거절함
2004년 12월	독일 뵈르세의 합병제안을 거절함
2005년 12월	맥쿼리은행의 합병제안을 거절함
2006년 3월	NASDAQ의 합병제안을 거절함
2007년 6월	이탈리아 밀라노증권거래소를 합병함
2011년 2월	TMX와 합병을 시도하였으나 무산됨
2016년 2월	독일 뵈르세와의 합병이 유럽집행위원회의 기각으로 무산됨
2019년 9월	홍콩증권거래소가 합병을 제안하였으나 거절함

자료: 자본시장연구원, 글로벌 금융허브 주도권을 둘러싼 다툼: 런던증권거래소에 대한 인수제안을 중심으로, 자본시장포커스, 2019-22호, 2019.10

가받고 있으며 1973년에 전국 거래소들을 합병해 하나의 증권거래소로 만들었다. 또 2007년에는 밀라노증권거래소를 합병하여 통합 운영하고 있다. 한때는 세계 최고의 거래소였으나 2019년 현재 시가총액을 기준으로 세계 7위에 머무르고 있다.

이를 반영하듯이 런던거래소는 2000년 이후 지속적으로 다른 거래소들의 합병 대상이 되고 있다. 런던증권거래소가 오랜 전통을 바탕으로 구축하고 있는 금융 인프라와 함께 적당히 큰 규모를 갖고 있기 때문에 합병할 경우 단숨에 상위 거래소로 탈바꿈할 수 있다는 기대감이 있기 때문이다.

2.4 세계 주요 주가지수

2.4.1 다우존스산업평균지수

다우존스산업평균지수(Dow Jones Industrial Average)는 뉴욕증권거래소에 상장된 30개 대표 종목의 시세 변동을 기준으로 만든 주가지수이다. 흔히 다우지수라고 불리는 다우존스산업평균지수는 시가총액 방식을 사용하지 않고 지수에 포함된 종목의 시세를 단순평균 내서 기준시점과 비교시점의 주가를 비교해 주가지수를 산출하는 주가평균 방식의 지수이다. 1928년 10월 1일을 기준으로 산출하고 있다.

1896년 미국의 유명 경제신문인 월스트리트저널(WSJ)을 공동 창업한 미국인 찰스 다우와 에드워드 존스가 고안하고 두 사람의 이름을 따 붙인 지수이며, 지금도 다우존스사가 지수를 산출하여 발표하고 있다. 다우존스사가 발표하는 지수는 다우존스산업평균지수 이외에도 운송평균지수, 공공평균지수 등 여러 가지가 있다.

2.4.2 나스닥지수

나스닥지수는 미국 증시에서 발표되는 대표적 종합주가지수 중의 하나이다. 나스닥지수는 나스닥시장 상장종목 전체의 주가 추이를 종합하여 산출한다. 나스닥지수는 다우지수와 달리 시가총액 방식으로 지수를 산출한다. 즉 상장된 모든 보통주에 시가총액에 따라 가중치를 주고, 비교시점의 주가에 상장주식수를 곱한 전체 시가총액과 기준시점의 주가에 상장주식수를 곱한 전체 시가총액을 대비시켜 주가지수를 산출한다. 1971년 2월 5일의 시가총액을 기준시점 지수값 100포인트로 하고 있으며 나스닥시장 운영자인 미국증권업협회가 산출하고 있다.

1971년 2월에 출범한 나스닥시장은 미래에 고수익을 창출할 수 있는 잠재력을 갖는 벤처기업과 첨단 정보기술(IT) 관련 기업들이 등록되어 있는 시장이기 때문에 나스닥지수는 기술주의 흐름을 가늠할 수 있는 지표가 되고 있다.

2.4.3 S&P500지수

S&P500지수는 신용평가회사인 스탠더드 앤드 푸어스(Standard & Poor's)가 선정한 500개 대형 기업의 주가지수로서 지수가 발표되기 시작한 1957년에는 뉴욕증권거래소만 있었기 때문에 뉴욕증권거래소 종목 중에서 500개의 대형주를 추려냈으나 나스닥 출범 이후 마이크로소프트 등 나스닥 대형주들도 포함하고 있다.

S&P500지수 역시 나스닥지수처럼 시가총액 방식으로 지수를 산출한다. 지수에 포함된 종목들의 주가에 상장주식수를 곱해 시가총액을 구한 후 전체 시가총액 합계를 지수 작성 기준연도인 1941~1943년의 평균시가총액으로 나누어 지수를 산출한다.

이 지수는 현재 미국의 펀드매니저들에 의해 가장 폭넓게 이용되고 있는 지수 가운데 하나이다. 특히 파생상품시장에서 S&P500지수를 기초로 하는 주가지수선물과 옵션의 거래량이 나스닥지수와 다우존스산업평균지수를 기초로 하는 선물과 옵션의 거래량에 비해 월등히 많다.

2.4.4 NIKKEI225

일본 주식시장의 대표적인 주가지수인 NIKKEI225지수는 동경증권거래소에 상장된 종목 중 주요 종목 225개를 대상으로 하며 주식가격으로 가중하는 다우존스식 주가지수이다. 1971년 이전에는 동경증권거래소가 지수를 산출하였으나 그 후 니케이가 산출하고 있다. 특이하게 단위가 포인트가 아닌 엔으로 기준시점의 지수 값이 50엔이다.

NIKKEI225를 대상으로 하는 선물상품이 오사카증권거래소, 시카고상품거래소(CME), 싱가포르증권거래소(SGX) 등에서 거래되고 있다.

2.4.5 상하이종합주가지수

상하이종합주가지수는 상하이증권거래소에 상장된 모든 주식(A주식과 B주식을 모두 포함)을 포함하며 발행량을 가중치로 하여 산출한 주가지수이다.

중국 주식시장에서 상당히 특이한 점은 발행주식에 비해 유통주식의 수가 상당히 작다는 것이다. 가령 현재 상하이지수에 가장 큰 영향력을 미치는 주식은 중국석유로 시가총액이 상하이 주식시장 전체의 약 18% 가량을 차지하고 있다. 그런데 발행주식수는 1,830억 주인데 반해 유통주식은 30억 주에 불과하다. 따라서 30억 주의 유통주식의 가격 변화가 1,830억 주의 가치를 좌우할 뿐만 아니라 전체 주식시장의 약 6분의 1을 좌지우지하게 된다.

이처럼 상하이주식시장에서는 시가총액 상위종목의 비중이 너무 크기 때문에 이 지수가 중국 주식시장의 상황을 정확히 반영하고 있는지 의문이며 객관적으로 현실을 반영하는 합리적인 지수가 필요하다.

2.4.6 항생주가지수

항생주가지수(HSI: Hang Seng Stock Price Index)는 홍콩 최대 은행인 홍콩상하이은행(HSBC)의 자회사인 항생은행이 홍콩증권거래소에 상장된 종목 가운데 상위 33개 우량 종목을 대상으로 산출하는 주가지수이다. 지수산출 방식은 시가총액 방식을 채택하고 있으며 지수에 포함된 33개 종목은 홍콩증권거래소 전체 시가총액의 약 80% 이상을 차지하고 있다. 1964년 7월의 시가총액을 기준지수값 100포인트로 하고 있다.

2.4.7 FTSE100

FTSE100(FTSE: Financial Times Stock Exchange 100)지수는 런던증권거래소에 상장되어 있는 주식들 가운데 시가총액 상위 100개 기업의 주식을 대상으로 하는 영국 주식시장을 대표하는 주가지수이다.

지수산출 방식은 시가총액 방식이며 FTSE100에 포함된 종목들의 시가총액의 합이 런던증권거래소의 총시가총액의 80%를 차지하고 있다. 1984년 1월 2일의 시가총액을 기준지수값 1,000포인트로 하고 있다.

제3절 국제채권시장

3.1 국제채권시장의 의의

국제채권시장은 장기자금을 조달하기 위한 직접금융시장으로서 표시통화국에서 발행되는 외국채시장과 표시통화국 이외의 국가에서 발행되는 유로채시장으로 나누어 볼 수 있다. 광의로는 각국의 채권시장, 외국채시장, 유로채시장을 합하여 국제채권시장이라고 부르기도 한다.

외국채(foreign bond)란 일국의 차입자가 다른 나라의 자본시장에서 그 나라 통화표시로 발행한 채권을 말한다. 이와는 달리 유로채(euro bond)는 일국의 차입자가 다른 나라의 자본시장에서 그 나라 통화 이외의 통화표시로 발행한 채권을 말한다.

국제채권시장에서는 유로채의 비중이 압도적으로 높은데 그 이유는 다음과 같다. 첫째, 유로채는 표시통화국 이외의 지역에서 발행되고 유통되기 때문에 표시통화국의 규제를 받지 않고 자유롭게 발행할 수가 있다. 즉 표시통화국보다 채권발행과 관련된 규제가 적고 발행비용을 최소화할 수 있는 역외금융 중심지에서 주로 유로채가 발행되기 때문에 표시통화국에서 채권을 발행하는 것에 비해 매우 유리하다.

둘째, 외국채가 주로 표시통화국 내의 금융기관에 의해 인수되고 판매되는 것에 비해 유로채는 여러 국가의 금융기관들로 구성된 국제적 인수단에 의해 인수되고 판매된다.

셋째, 외국채는 주로 표시통화국의 금융기관들이 투자를 한다. 그러나 유로채는 여러 나라의 금융기관이 인수에 참여하기 때문에 투자자도 여러 국가에 걸쳐 있으며 개인투자자들도 투자에 상당히 참여하고 있다.

표 10-5 외국채와 유로채의 비교

	외국채	유로채
표시통화	표시통화국 통화	발행국 통화 이외의 통화
법적 규제	표시통화국의 규제 받음	표시통화국의 규제를 받지 않음
세금	이자소득에 대한 원천세 징수	이자소득에 대한 원천세 면제
인수단	표시통화국 금융기관	여러 국가의 금융기관
투자자	표시통화국 기관투자자	여러 국가의 기관 및 개인투자자
기명여부	기명식(registered form) 또는 무기명식(bearer form)	무기명식
거래	표시통화국 장내 또는 장외 거래	대부분 장외거래

유로채는 표시통화국의 규제, 특히 미국의 달러표시 채권에 대한 규제를 피하기 위해 1960년대에 시작되었다. 그 당시 미국은 무역적자가 심하여 미국의 달러가 해외로 유출되는 것을 막을 필요가 있었으며 그러한 목적으로 이자평형세 제도를 시행하고 있었다. 이자평형세(interest equalization tax)란 미국의 이자율이 상대적으로 낮아 외국인 차입자가 미국에서 달러를 차입하고자 하는 유인이 발생할 때 해당국과 미국의 이자율 차이만큼의 세금을 부과하여 이자율 차이를 상쇄하고자 하는 제도이다. 이 제도로 인해 달러가 필요했던 이탈리아 회사가 미국이 아닌 런던에서 미국 달러화표시 채권을 발행하였는데 이것이 유로채의 효시이다. 그 후 국제적으로 금융규제 완화정책이 시행되고 금융혁신을 통해 변동금리부채권, 통화스왑 등이 개발되고 발전하면서 유로채시장이 더욱 성장하게 되었다. 최근에는 자본시장의 통합화가 진전되고 국제적 인수단을 활용한 대규모 자금조달의 필요성이 커지면서 더욱 경쟁적인 시장이 되고 있다.

3.2 유로채 발행시장과 유통시장

3.2.1 유로채 발행시장

유로채는 유로대출과 같이 신디케이트에 의해 발행되고 매각된다. 유로채 신디케이트는 간사단, 인수단, 판매단으로 구성된다.

유로채를 발행하고자 하는 차입자는 자금의 표시통화, 발행금액, 이자율 등을 결정하여 발행업무를 담당할 투자은행을 선정하게 된다. 이 투자은행을 주간사은행(lead manager)이라고 한다. 주간사은행은 채권발행에 대한 전반적인 책임을 지며 신디케이트 구성을 비롯한 채권발행의 모든 절차를 수행하게 된다. 만약 차입의 규모가 매우 커서 한 개의 투자은행이 모든 절차를 수행하기 어려울 경우 다른 투자은행들을 공동주간사은행(co-manager)으로 참여시켜 간사단(management group)을 구성하게 된다.

간사단이 구성되면 인수단(underwriting group)을 구성하게 된다. 사실상 간사단의 가장 중요한 업무라고 할 수 있다. 인수단은 발행되는 채권을 인수하여 재판매를 하는 역할을 한다. 즉 발행되는 채권의 일정 비율을 인수하고 채권의 가격이 상승하면 재판매를 통해 이익을 얻고 반대로 채권의 가격이 하락하면 손실을 보게 된다. 따라서 인수단은 간사단의 위험을 분산하는 역할을 한다고 할 수 있다.

판매단(selling group)은 유로채를 최종적으로 투자자에게 판매하는 투자은행이나 중개인을 말하며 간사단과 인수단도 판매단에 포함된다. 일반적으로 간사단이나 인수단에 포함되지 않은 판매단, 즉 투자은행이나 중개인은 일정기간 동안 할당된 채권을 모두 판매하지 못하더라도 채권을 매입하여야 할 의무가 없다. 따라서 판매하지 못한 채권은 간사단이 책임을 지고 인수하게 된다.

유로채의 발행은 상당한 시간이 소요되는 작업으로 발행공고가 나가기 전에 차입자와 주간사 간의 발행에 관한 협의에만도 보통 수개월이 소요된다.

주간사와 자금의 차입자 간 협의가 이루어지면 주간사는 발행을 공고(announcement)하게 된다. 공고 후 주간사는 인수단과 판매단을 구성하게 된다. 또 시장의 반응을 살펴보기 위해 정식 발행일 이전에 발행 예정 채권을 선도거래를 통해 판매할 수 있는 기회를 얻게 되는데 이를 회색시장(grey market)이라고 한다.

발행일(offering day) 이후 분배받은 채권의 재매각이 본격적으로 시작되고 발행종료일(closing day)이 되면 채권을 매입자에게 인도하고 대금을 수취하여 채권발행자에게 자금을 지급하게 된다.

주간사는 유로채의 판매기간 동안에 발행예정인 유로채의 가격을 안정시켜야 하는데 이를 가격안정화(price stabilization)라고 한다. 즉 주간사는 가격안정을 위해

그림 10-5 유로채 발행 절차

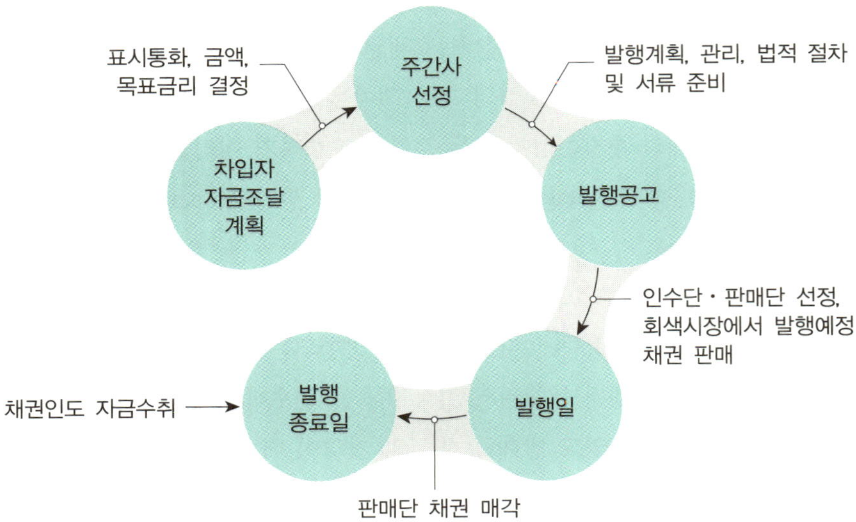

직접 채권을 매입하거나 판매단에 배당하는 수량을 조절하여 가격을 안정화시키는 노력을 하게 된다. 주간사가 채권을 직접 매입할 경우에 매입가격을 신디케이트 비드(syndicate bid)라고 한다.

한편 발행공고일로부터 발행일까지는 보통 10일에서 2주 정도의 시간이 소요되며 발행일에서 발행종료일까지는 2~3주 정도의 시간이 소요된다.

유로채의 발행시장은 1984년 런던에 설립된 유로채 인수업자의 자율조직인 IPMA(International Primary Market Association)의 자율규제를 받는다. 증권회사와 은행을 포함하여 45개 기관이 설립한 IPMA는 권고문을 작성하여 발표하고 주요 발행절차에 대한 권고를 회원사들이 따르도록 요구하고 있다.

3.2.2 유로채 유통시장

유로채는 법적으로 반드시 상장하여야 하지는 않지만 1년에 한 번 또는 분기별로 가격을 공시하여야 하는 요건을 충족시키기 위해 증권거래소에 보통 상장하게 된다. 유로채는 주로 룩셈부르크, 런던, 싱가포르증권시장에 상장된다.

가장 대표적인 룩셈부르크 증권거래소는 해당국 은행을 통해서 상장하는데 상장에 소요되는 시간이 짧고 수수료가 저렴하다는 장점이 있다. 런던증권거래소는 브로커를 통해 상장하는데 역시 상장절차가 매우 간단하다는 장점이 있다. 싱가포르증권거래소는 발행자와 보증인의 회계감사보고서를 요구하는 등 룩셈부르크와 런던에 비해 발행절차가 까다롭다.

유로채는 증권거래소에 상장되기는 하지만 대부분 장외에서 거래된다. 거래는 1979년에 룩셈부르크에서 개발된 유렉스(Eurex)를 통해 주로 이루어지며 AIBD(Association of International Bond Dealer)의 자율규제를 받는다. AIBD는 인수업자들의 자율적인 조직으로 현재 약 800개의 기관을 상회하는 회원들이 속해 있다. AIBD는 유통거래의 절차, 이자계산방법 등에 관한 권고문을 발표하고 회원들이 이를 따르도록 하고 있다.

3.3 외국채시장

외국채는 외국인에 의해 채권이 발행되는 국가의 통화로 발행되는 채권이다. 국제채권시장에서 가장 큰 규모의 미국시장에서의 외국채는 외국인에 의해 발행되는 달러표시 채권인데 미국 증권감독위원회(SEC)의 규제를 받는다. 규제는 등록의무를 비롯해 발행조건 전반에 걸쳐 까다로운 편이라 미국에서 신용축적 등 특별한 목적이 있지 않으면 달러표시 유로채를 발행하는 것이 보통이다. 유로채가 국제채권의 약 80%를 상회하는 이유이다.

한편 미국에서 발행되는 외국채를 양키본드(Yankee bond), 일본에서 발행되는 외국채를 사무라이본드, 영국에서 발행되는 외국채를 불독본드(Bulldog bond), 중국에서 발행되는 외국채를 판다본드, 호주에서 발행되는 외국채를 캥거루본드라고 하며 우리나라에서 발행되는 원화표시 외국채를 아리랑본드라고 한다.

3.4 국제채권시장의 대표적인 채권

3.4.1 보통채

보통채(Straight Bond)란 정해진 기간마다 고정된 이자를 지급하고 정해진 만기에 원금을 지급하는 가장 일반적인 형태의 고정금리채권으로 전환사채(CB: convertible bond)의 주식전환권, 신주인수권부사채(bond with warrant)의 주식인수권 등과 같이 특별한 조건이 없는 채권을 말한다.

근래에 오면서 옵션(주식전환권, 주식인수권 등)이 붙은 채권이 각광을 받고 있지만 아직도 국제채권의 상당한 비중을 보통채가 차지하고 있다. 표시통화는 미국 달러표시 채권이 아직도 압도적이며 그 뒤를 유로화표시 채권이 따르고 있다.

국제채권시장에서 발행되는 고정금리채권은 보통 중장기적인 만기를 갖고 있으며 신용도에 따라 채권이자율의 차이가 크기 때문에 신용도가 높은 국제금융기관들에게 유용한 자금조달 수단이 된다. 채권이자율이 고정되어 있기 때문에 만기까지 이자율변동위험에 노출되며 따라서 이자율변동위험에 대한 관리가 필요하다.

3.4.2 변동금리채

변동금리채(FRN: floating rate note)는 시장이자율의 변동에 따라 일정기간마다 이자를 조정하여 지급하는 중장기 채권이다. 국제채권시장에서 이자율은 보통 리보(LIBOR)를 기준으로 일정한 가산금리를 가산하여 결정되며 가산의 정도는 발행자의 신용도에 따라 결정된다. 이자율이 조정되는 기간은 보통 3개월 또는 6개월이 보편적이다. 만기는 보통 5년에서 15년이며 이보다 만기가 긴 20년 만기 채권이나 영구채(perpetuity)[7]도 있다.

변동금리채는 이자율의 심한 변동이 예상될 경우 투자자와 발행자 모두가 가질 수 있는 고정이자율에 대한 공포를 해소해 줄 수 있다는 장점을 바탕으로 꾸준히 발행되고 있다. 변동금리채는 유통시장이 잘 발달되어 있고 만기, 이자율결정, 상환방법 등을 비교적 자유롭게 선택할 수 있다는 장점이 있다.

7) 만기가 없어 원금의 상환이 없는 대신에 이자를 무한하게 지급하는 채권으로 주로 신용도가 매우 높은 국제금융기관들에 의해 발행된다.

변동금리채에는 위의 기본주조를 변형한 채권들도 다수 존재한다. 역변동금리채권(inverse FRN)은 일반적인 변동금리채권처럼 기준금리에 따라 이자지급을 주기적으로 조정하지만 기준금리의 움직임과 반대방향으로 이자를 조정하는 채권을 말한다. 이자조정을 미리 정한 고정금리에서 기준금리를 차감하여 조정한다. 가령 미리 정한 고정금리가 5%이고 기준금리가 리보일 때 리보가 2%이면 3%(=5−2)의 이자를 지급하고 리보가 1%로 하락하면 4%(=5−1)의 이자를 지급하는 방식이다.

양기준 변동금리채권(dual indexed FRN)은 2개의 서로 다른 변동금리의 차이, 가중평균, 합산한 값의 차이 등을 이자로 지급하는 변동금리채권을 말한다.

캡 FRN(capped FRN)은 채권이자율의 상한이 설정된 변동금리채로 큰 폭의 금리상승으로 발행자의 부담이 가중되는 것을 막기 위한 상품이다. 이에 반해 플로어 FRN(floored FRN)은 채권이자율의 하한이 설정된 변동금리채로 큰 폭의 금리하락으로 인한 투자자의 손실을 막기 위한 상품이다. 한편 칼라 FRN(collar FRN)은 채권이자율의 상한과 하한이 함께 설정된 변동금리채권이다.

드랍락 FRN(drop−lock FRN)은 채권이자율이 일정수준 이하로 하락하면 고정금리채권으로 전환하는 변동금리채권이다.

전환 FRN(convertible FRN)은 고정금리채권으로 전환이 가능한 변동금리채권이다.

3.4.3 유로 MTN

MTN(medium term note)이란 발행한도, 만기, 금리구조, 상환방법 등을 포괄하는 프로그램을 설정하고 그 범위 내에서 이자율과 만기 등이 상이한 어음(note)을 수시로 발행하는 중장기 자금조달 수단이다. 차입기간은 1년에서 5년이 일반적이며 긴 것은 15년에서 20년인 것도 있다. 차입자 입장에서는 자금조달 여건에 따라 만기를 다르게 선택할 수 있으므로 매우 신축적이며 시장여건에 따라 금리를 달리할 수 있으므로 자금조달비용을 절감할 수도 있다. MTN은 CP시장에서의 단기자금조달과 채권시장에서의 장기자금조달을 보완하는 수단이다.

MTN은 1970년대에 미국의 자동차 회사들에 의해 처음 발행되기 시작하였는데 미국 증권감독위원회(SEC)가 MTN 프로그램에 의해 수시로 발행되는 CP를 일괄적으로 등록할 수 있도록 함에 따라 시장이 급속히 성장하였다. 특히 최근 10여 년 동안 미국뿐만 아니라 전 세계의 유수한 기업들과 각국 정부기관 등의 중요한 자금 조달 수단으로 자리를 잡았다.

MTN은 미국에서 발행되는 US MTN, 유로시장에서 발행되는 유로 MTN, 미국과 유로시장에서 모두 발행 가능한 글로벌 MTN으로 나누어 볼 수 있다. 미국에서 발행되는 MTN은 보통 증권감독위원회에 등록을 하지만 유로시장에서 발행되는 MTN은 등록을 할 필요가 없다. 또 채권을 발행할 때와 같이 발행된 채권(어음)을 인수할 인수자를 미리 계약하지 않고 딜러나 발행회사의 전담부서에서 직접 판매하기 때문에 비용이 크게 절감된다는 장점이 있다.

3.4.4 통화연계채권

통화연계채권으로는 이중통화채권(dual currency bond)과 통화옵션부채권(ICON: indexed currency option note)을 들 수 있다.

이중통화채권은 자금을 조달하고 이자를 지급하는 통화와 만기에 원금을 상환할 때의 통화가 다른 채권을 말한다. 예를 들어 유로화로 자금을 조달하고 유로화로 이자를 지급하지만 만기에 미국 달러로 상환하는 채권이다. 이때 만기에 지불하는 달러 상환 액수는 발행할 때 결정된다.

통화옵션부채권은 특정 통화로 자금조달, 이자지급, 원금상환이 이루어지지만 만기에 원금을 상환할 때의 액수는 미리 정한 다른 통화와의 환율에 의해 결정되는 채권이다. 만기에 시장환율이 미리 정한 환율보다 낮으면 원금을 액면가보다 적게 지급한다.

3.4.5 주가연계채권

주가연계채권(equity-linked note bond)은 채권의 상환액이 주가지수와 연계되어 있는 채권을 말한다. 어떤 지수와 연계하고 어떤 방향으로 연계하느냐에 따라 많은 종류의 주가연계채권을 만들 수 있다.

예를 들어 S&P 주가지수를 기준으로 채권을 발행할 때 만기시점의 예상지수보다 실제지수가 높으면 그 비율에 따라 상환액이 증가하는 채권을 S&P지수채권이라고 한다.

또 지수의 변동 방향에 따라 상환액을 연계시키는 주가연계채권으로는 불-베어 채권(bull and bear bond)을 들 수 있다. 불채권은 주가지수가 상승하면 상환액수가 증가하고 주가지수가 하락하면 상환액수가 감소하는 채권이다. 이와는 반대로 베어 채권은 주가지수가 하락하면 상환액수가 증가하고 주가지수가 상승하면 상환액수가 감소하는 채권이다. 일반적으로 최대상환액(ceiling)과 최소상환액(floor)이 정해져 있다.

요약

- 국제간접투자란 투자이익을 얻기 위해 다양한 외국의 증권 또는 금융상품에 분산하여 투자하는 것을 의미한다. 즉 경영에 직접 참여하지 않고 이자, 배당 등 자본이득을 얻는 것을 목적으로 하는 투자이다.
- 국제간접투자의 가장 큰 목적은 분산투자의 효과를 얻기 위해서이다. 국제포트폴리오를 구성하면 국내포트폴리오에 투자할 때에 비해 같은 수익률을 얻으면서 위험을 크게 낮출 수 있다.
- 국제증권투자를 하면 필연적으로 환율이라는 변수가 개입될 수밖에 없다. 외국에서 예상과 같은 수익을 얻었다 하더라도 환율이 불리하게 움직이면 수익률이 예상보다 낮아지거나 혹은 손실이 발생할 수도 있다.
- 국제분산투자를 하기 위한 투자수단은 크게 주식, 채권, 펀드 등으로 구분해볼 수 있다
- 해외주식시장으로의 진출은 단순히 해외주식에 대한 투자뿐만 아니라 해외증권시장에 자국기업 주식을 상장하거나 주식예탁증서를 발행하여 해외에서 자본을 조달하는 방향으로 발전하게 되었다.
- S&P500지수는 뉴욕증권거래소와 나스닥을 대표하는 500개 종목으로 구성된 주가지수이다. 시가총액 방식이며 미국의 펀드매니저들에 의해 가장 폭넓게 이용되고 있는 지수 가운데 하나이다. 특히 파생상품시장에서 S&P500지수를 기초로 하는 주가지수 선물과 옵션이 활발하게 거래되고 있다.
- 외국채란 일국의 차입자가 다른 나라의 자본시장에서 그 나라 통화표시로 발행한 채권을 말한다. 이와는 달리 유로채는 일국의 차입자가 다른 나라의 자본시장에서 그 나라 통화 이외의 통화표시로 발행한 채권을 말한다.
- 보통채란 정해진 기간마다 고정된 이자를 지급하고 정해진 만기에 원금을 지급하는 가장 일반적인 형태의 고정금리채권이다.
- 변동금리채는 시장이자율의 변동에 따라 일정기간마다 이자를 조정하여 지급하는 중장기 채권이다. 국제채권시장에서 이자율은 보통 리보(LIBOR)를 기준으로 일정한 가산금리를 가산하여 결정되며 가산의 정도는 발행자의 신용도에 따라 결정된다. 이자율이 조정되는 기간은 보통 3개월 또는 6개월이 보편적이다.

■ MTN이란 발행한도, 만기, 금리구조, 상환방법 등을 포괄하는 프로그램을 설정하고 그 범위 내에서 이자율과 만기 등이 상이한 어음을 수시로 발행하는 중장기 자금조달 수단이다.

생각해보기

1. 국제간접투자를 하는 목적은 무엇인가?

2. 증권투자의 위험을 낮추기 위한 방법은 무엇인가?

3. 국제자본시장선이 국내자본시장선보다 위쪽에 위치하고 그에 따라 국제분산투자가 국내분산투자에 비해 유리한 이유는 무엇인가?

4. 국제주식시장이 발전하고 규모가 커진다는 것이 우리에게는 어떠한 의미가 있는가?

5. 유로채와 외국채의 차이점은 무엇인가?

6. 유로 MTN이 발전하게 된 이유는 무엇인가?

11 장 국제직접투자

제1절 국제직접투자의 목적
제2절 국제직접투자의 유형
제3절 국제 인수 및 합병

11장 국제직접투자

국제직접투자(FDI: Foreign Direct Investment)란 기업운영에 대한 경영권과 관련된 자본이동으로써 투자자가 해외기업의 경영에 직접 참여하여 이윤을 획득하기 위해 생산요소를 해외로 이전하는 것을 말한다. 기존의 기업을 인수하거나 합병을 할 수도 있고 새로운 기업을 설립할 수도 있다.

국제직접투자의 목적은 크게 경영전략적 동기와 경제적 동기로 나누어 볼 수 있으며 각각 몇 가지 유형으로 분류하여 볼 수 있다.

제1절 국제직접투자의 목적

1.1 경영전략적 동기

국제직접투자는 주로 다국적기업에 의해 이루어지고 있다. 다국적기업의 국제직접투자에 관한 연구결과들을 종합하여 보면 국제직접투자의 동기는 기업, 산업, 국가에 따라 상이할 수 있으나 대체로 다음과 같이 나누어 볼 수 있다.

1.1.1 시장확보

국제적 수요를 충족시키고 해외시장을 확보하기 위해 해외직접투자를 할 수 있다. 즉 수요가 있는 국가에서 제품을 직접 생산하여 판매하면 본국에서 생산하여 수출하는 것에 비해 유리할 수 있으며 또 인접국 등 같은 경제권에 있는 국가들의 시장을 확보하는 데 이점이 있을 수 있다.

1.1.2 해외자원 확보

석유, 알루미늄 등 광산물, 목재 등 임산물, 커피, 양모 등 농축산물 등의 원료를 확보하여 가공에 사용하거나 판매하기 위해 직접투자를 하고 있다. 원자재의 안정적인 공급을 통해 제품의 생산과 판매를 안정화시킬 수 있으며 원자재의 일차적인 가공을 현지에서 함으로써 비용적인 측면에서도 이익이 될 수 있다. 우리나라와 같이 부존자원이 부족한 국가의 경우 이러한 목적의 해외직접투자 비중이 높다.

1.1.3 생산의 효율성 증대

생산요소의 가격이 상대적으로 낮은 특정국에 생산설비를 이전하여 생산의 효율성을 향상시킬 수 있다. 노동집약적인 산업을 생각해보면 쉽게 이해할 수 있는데 노동집약적인 산업에 속하는 섬유, 신발, 전자부품 분야의 우리나라 기업들이 상대적으로 노동비용이 낮은 베트남, 중국 등에 투자하는 것이 그 예이다.

1.1.4 기술의 습득

해외기업이 보유하고 있는 기술이나 노하우 등을 습득하기 위해 해외에 있는 기업을 인수할 수 있다. 선진 기술을 습득하기 위해 연구개발비를 투입해 단계별로 기술을 축적하는 것이 물론 바람직하겠지만 성공 여부를 확신할 수 없을 뿐만 아니라 시간이 많이 걸리기 때문에 기술을 보유하고 있는 기업을 인수하는 것이 비용면에서나 전략적인 측면에서 유리할 수 있다.

과거 일본이 기술습득을 위해 미국의 기업들을 인수하여 성공을 거둔 이후 기술습득을 위한 해외투자는 해외직접투자의 중요한 이유가 되고 있다.

1.1.5 글로벌 네트워크 구축

근래에 오면서 각국 경제정책의 영향으로 국제시장이 지역별이나 경제권별 등으로 분리되지 않고 통합화되어 가고 있다. 그 결과 다국적기업들은 분리된 시장에서 수요를 확보하거나 생산의 효율성을 추구하는 것 이외에 통합된 세계시장에 효과적으로 대응하기 위한 글로벌 네트워크의 구축이 필요하게 되었다.

글로벌 자동차 기업들이 특정 지역에서만 자동차를 생산하여 판매하지 않고 한국과 중국 등 아시아지역, 서유럽 및 동유럽지역, 북미지역에 각각 생산기지를 두고 제품을 생산하여 판매하려고 하는 이유가 바로 글로벌 네트워크를 구축하기 위해서이다.

1.1.6 정치적 위험의 회피

국제무역이 개방화되고 자율화되어 가고 있다. 그러나 최근의 미국과 중국의 무역마찰에서 볼 수 있듯이 보복적으로 관세를 부과하거나 정치적인 문제로 수출입을 통제하는 일이 언제든지 발생할 수 있다. 이러한 위험은 정도의 차이는 있었으나 과거에도 항상 있어왔던 위험으로 기업들은 이러한 위험을 피하기 위해 같은 경제블록 안에 있는 국가에 투자를 하거나 무역장벽이 예상되는 국가 안에 투자를 함으로써 위험을 낮출 수 있다.

또 다른 조건이 비슷하다면 정치적으로 안정되어 있고 기업에 대한 간섭이 적은 국가에 투자를 하는 것도 정치적 위험을 줄이기 위한 목적이라고 할 수 있다.

1.2 경제적 동기

1.2.1 독점적 우위이론

독점적 우위이론(monopolistic advantage theory)은 하이머(Hymer), 킨들버거(Kindleberger), 케이브스(Caves) 등이 주장한 해외직접투자를 설명하기 위한 이론을 말한다.

독점적 우위이론에 의하면 해외에 투자한 기업은 현지 국가의 기업에 비해 외국비용(cost of foreignness)이 추가로 발생하게 되는데 이러한 불리한 점을 상쇄할 정도의 경쟁우위에 있을 때 본국에 투자하는 것에 비해 더 큰 이익을 얻을 수 있다.

외국비용은 투자국의 경제, 사회, 법률제도에 대한 상대적인 이해부족, 사회적 관습의 차이, 소비자 기호의 차이, 현지국가로부터 받는 차별적 대우, 원거리 경영으로 인한 의사소통 및 통제에 필요한 비용 등을 말하는데 이러한 비용은 국내투자로부터는 발생하지 않는 비용이다.

이러한 외국비용을 상쇄시킬 수 있는 경쟁우위는 다음과 같은 원천으로부터 발생한다. 첫째, 기술에 관한 노하우(Know-how) 및 경영관리기법을 들 수 있다. 다국적기업들은 기술과 경영에 관련된 지적자산을 보유하고 있으며 투자국의 기업들과의 격차가 클 때 큰 이익을 창출할 수 있다. 특히 기술에 관련된 지적자산의 경우 과거의 투자를 통해 이미 얻어진 것이므로 투자국에서 기술을 적용하는 데 소요되는 비용은 거의 없다고 할 수 있으며 이러한 기술을 현지 기업들이 확보하고 있지 못할 경우 격차를 이용해 외국비용을 상쇄하고도 큰 이익을 얻을 수 있다.

둘째, 자본조달비용에서의 우위이다. 다국적기업은 보통 투자국의 기업에 비해 자금조달이 국제적이기 때문에 조달비용이 낮고 위험을 분산시킬 수 있다. 자본조달비용이 낮다는 것은 같은 투자로 얻을 수 있는 이익이 커진다는 것을 의미하며 때로는 자본비용이 높은 현지기업들이 손실을 보는 투자에서도 이익을 창출할 수 있다는 것을 의미한다.

셋째, 규모의 경제를 들 수 있다. 규모가 큰 다국적기업은 재무, 생산, 마케팅 등 기업경영 전반에 걸쳐 규모의 경제로부터 발생하는 이득을 얻을 수 있다.

그러나 위와 같은 경쟁우위 요소를 보유하고 있다고 해서 모든 기업이 해외투자를 하는 것은 아니다. 해외직접투자를 통해 얻을 수 있는 이익이 수출이나 라이센싱(licensing)[1]으로부터 얻을 수 있는 이익보다 커야만 한다. 해외투자를 할 것이냐 아니면 수출이나 라이센싱을 할 것이냐 여부는 수출에 부수되는 비용, 즉 운송비용, 관세 등과 라이센싱으로부터 얻을 수 있는 이익, 즉 기술사용료 및 기간 등에 의해 결정된다.

1) 지식재산권을 보유하고 있는 개인이나 기업이 타인에게 대가를 받고 재산권을 사용할 수 있도록 상업적·경제적 권리를 부여하는 계약을 말한다. 이를 통해 지식재산이 포함된 특정 제품을 생산, 사용, 판매 등을 하고 이에 대한 보상으로 로열티를 지급하게 된다.

1.2.2 내부화이론

다국적기업이 외국시장에 진출하고자 할 때 라이센싱과 같은 계약방식과 직접투자를 생각할 수 있다. 그러나 기술 및 경영관리 등의 지적재산을 해외시장에서 거래하는 데 어려움이 있을 수 있으며, 특히 거래비용이 발생할 수 있다. 이러한 거래비용을 없애거나 감소시키기 위해 직접 해외에 투자하여 지식재산을 활용하고자 하는 내부화(internalization)가 일어날 수 있다. 이처럼 내부화가 더 효율적일 때 해외직접투자가 발생한다는 것이 내부화이론이다.

내부화를 촉진하는 거래비용이 발생하는 이유는 외부의 시장이 불완전하기 때문이다. 시장의 불완전성은 특허권이나 상표권 등 지식재산을 보호할 법이 없는 경우, 규모의 경제가 존재하여 직접투자를 통한 경영활동이 더 유리한 경우, 보유하고 있는 지식이 특정한 기업이 사용하여도 다른 기업 역시 아무런 제약 없이 지속적으로 사용할 수 있을 경우, 정부의 정책으로 지적재산을 거래하는 것보다 직접 활용하는 것이 유리한 경우 등에서 발생하게 된다.

버클리와 케이슨(Buckley and Casson)은 다국적기업이 해외직접투자를 통하여 시장을 내부화하는 유형을 세 가지로 분류하였다. 첫째, 다국적기업은 중간재 시장의 내부화를 위해 수직적 통합을 추진할 수 있다. 둘째, 지식시장을 내부화하기 위해 수평적 통합을 추진할 수 있다. 셋째, 국제자본시장의 내부화를 위해 다각적 통합을 추진할 수 있다.

1.2.3 절충이론

더닝(J.H. Dunning)에 의해 해외직접투자를 미시경제적인 관점에서 설명한 이론으로 OLI 패러다임(ownership, location, internalization paradigm)이라고도 한다. 즉 해외직접투자, 수출, 라이센싱의 선택은 기업특유의 우위(ownership specific advantages), 장소특유의 우위(location specific advantage), 내부화 우위(internalization advantage)에 의해 결정되는데 해외직접투자는 이 3가지 우위가 모두 있을 때 발생하게 된다는 이론이다. [표 11-1]은 3가지 우위요소의 구체적인 내용이다.

더닝에 의하면 다국적기업은 3가지 우위가 모두 있을 때에는 해외직접투자를 선택하고 기업특유의 우위와 내부화 우위 등 2가지에서만 우위가 있을 때에는 수출을,

기업특유의 우위 한 가지만 우위에 있을 때는 라이선싱을 선택하게 된다.

| 표 11-1 | OLI

<table>
<tr><th>우위</th><th colspan="2">내용</th></tr>
<tr><td rowspan="2">기업특유의 우위</td><td>비다국적기업</td><td>• 기업규모, 다양성, 독점적 지위
• 특허, 상표권 등 무형자산 및 관리능력
• 생산, 조직, 마케팅시스템, R&D 능력, 인적자본, 경험
• 각종 자원 및 제품시장에 대한 배타적·차별적 접근능력
• 정부의 보호</td></tr>
<tr><td>다국적기업</td><td>• 위험분산능력
• 정보수집, 시장접근능력
• 네트워크 우위
• 향상된 대정부 협상능력</td></tr>
<tr><td>장소특유의 우위</td><td colspan="2">• 생산요소비용
• 운반비, 통신비 등 인프라비용
• 관련 인프라 및 관련 기업능력
• 정부간섭 및 규제, 수입규제, 투자유인, 투자환경
• 정치적 안정성
• 경제 하부구조
• 국제문화적 거리감</td></tr>
<tr><td>내부화 우위</td><td colspan="2">• 거래당사자 탐색, 협상, 조정비용
• 독점적 권리의 보호
• 지적재산에 대한 매입자 불확실성
• 외부적 가격차별화 불인정, 내부시장능력
• 제품품질 유지
• 거래 및 공급의 안정성 유지
• 쿼터, 관세 등 정부간섭 및 규제 회피
• 전략적 상호보조 등 경쟁전략 우위</td></tr>
</table>

자료: http://contents2.kocw.or.kr/KOCW/document/2017/chungbuk/jeongjinseop
http://elearning.kocw.net/contents4/document/lec/2013/Gachon/Lee%20Gilnam 재구성

1.2.4 제품수명주기이론

레이먼드 버논(Raymond Vernon)에 의해 적립된 이론으로 제품의 도입기, 성장기, 성숙기, 쇠퇴기 등 수명단계를 거치면서 생산, 소비, 수출과 수입 등의 변화과정을 설명하는 이론이다.

한 국가에서만 소비되는 상품이 아닌 국제적인 상품의 수명주기이론은 각국의 기

술 및 소득수준의 차이와 국가별 제품도입시기의 차이를 바탕으로 국제무역과 해외생산의 동태적 변화과정을 설명하고 있다.

이 이론에 따르면 해외직접투자는 다음과 같은 두 가지 목적에서 발생하게 된다. 첫째, 투자하려는 국가의 시장을 방어하기 위해서이다. 최초의 제품개발국에서 수출이 시작되고 어느 정도 시장이 형성되면 투자국 기업이 자체적인 생산을 시도하게 된다. 그러면 수입대체를 증가시킬 목적으로 해당국 정부의 보호정책이 강화되게 된다. 이때 최초의 제품개발국의 기업이 해당국 시장을 방어할 목적으로 해외직접투자를 하게 된다. 이러한 단계는 제품수명주기로 보면 보통 성장기에 해당된다.

둘째, 저임금 국가에 진출하여 가격경쟁력을 확보할 목적으로 해외직접투자를 하게 된다. 이렇게 확보된 가격경쟁력을 바탕으로 주로 신흥시장에 제품을 판매하게 된다. 이 단계는 제품수명주기로 보면 보통 성숙기 또는 쇠퇴기에 해당된다.

이 이론은 제품의 수명주기 단계를 기초로 동태적인 변화과정을 설명하고 있다는 것이 장점이다. 그러나 기술이 점진적으로 최초 제품개발국에서 신흥국가로 이전된다는 가정에 기초하고 있으나 현실은 그렇지 않을 수 있다는 한계점이 있다. 또 특히 최근에 와서는 4개의 제품수명주기 과정을 거치지 않는 제품이 존재하고 있기도 하다.

그림 11-1 **국제 제품수명주기**

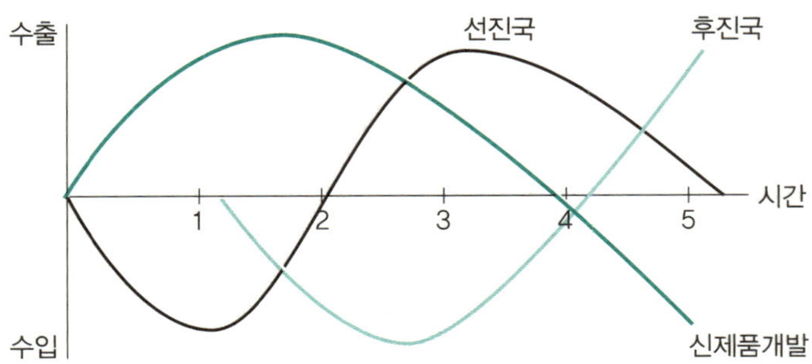

1.3 국제직접투자의 장 · 단점

위와 같은 목적의 국제직접투자가 투자국의 입장에서 볼 때 과연 국가에 이득이 되는가 하는 논란이 있을 수 있다. 국제직접투자의 장점 및 단점을 몇 가지 거시경제적 측면에서 살펴보기로 하자.

1.3.1 국제수지 측면

국내에 투자하는 대신에 해외에 직접투자를 하여 제품을 생산하면 투자국의 수출이 감소하고 완성된 제품이 본국에 역수입되어 국제수지에 부정적인 측면이 있다. 그러나 유발수출의 증가로 인해 부정적인 측면이 일부 상쇄될 수도 있다. 유발수출이란 현지에 시설투자를 할 경우 그로 인해 발생하는 수출을 말한다. 생산시설의 유지 보수를 위한 부품수출, 상주하고 있는 인력의 생필품에 대한 수출, 현지 노동자를 위한 통근버스 등의 수출이 여기에 속한다.

또 보호장벽으로 인해 직접투자를 하지 않고는 수출을 할 수 없는 곳에서 수익을 창출할 수 있는 기회를 얻을 수도 있다.

1.3.2 기술적 측면

기술을 보유하고 있는 선진국의 기업을 직접투자를 통해 인수하면 선진기술을 바로 습득할 수 있다. 반대로 기술을 보유하고 있는 기업이 개발도상국에 직접투자를 통해 기술을 이전해주고 부메랑효과를 얻을 수도 있다. 부메랑효과란 이전받은 기술로 생산된 제품의 수요가 증가함으로써 이와 관련된 또 다른 기술이 필요한 새로운 제품의 수요가 증대되어 결과적으로 수출에 긍정적인 영향을 미치는 현상을 말한다.

1.3.3 산업구조 측면

노동집약적인 산업을 해외에 이전하고 첨단기술을 기반으로 하는 산업을 육성하면 국내산업의 구조조정을 촉진하는 역할을 할 수 있다. 그러나 국내생산의 위축

속도가 산업구조 고도화의 속도를 능가할 경우 산업공동화를 야기할 수 있으므로 적절한 속도조절이 필요하다.

1.3.4 고용 측면

국내투자의 감소와 역수입 및 수입대체가 나타나는 산업부문에서는 고용이 감소하게 된다. 그러나 유발수출이 일어나거나 산업구조의 고도화를 통해 새로이 육성된 산업부문에서는 오히려 고용이 증대될 수 있다. 또한 노동집약적인 산업 대신에 첨단산업이 육성되면 고용의 질적 향상을 이룰 수도 있다.

제2절 국제직접투자의 유형

국제직접투자의 유형으로 신설투자, 합작투자, 인수 및 합병 등을 들 수 있다. 또한 지분투자가 수반된 전략적 제휴도 직접투자의 유형이라고 할 수 있다.

그림 11-2 국제직접투자의 유형

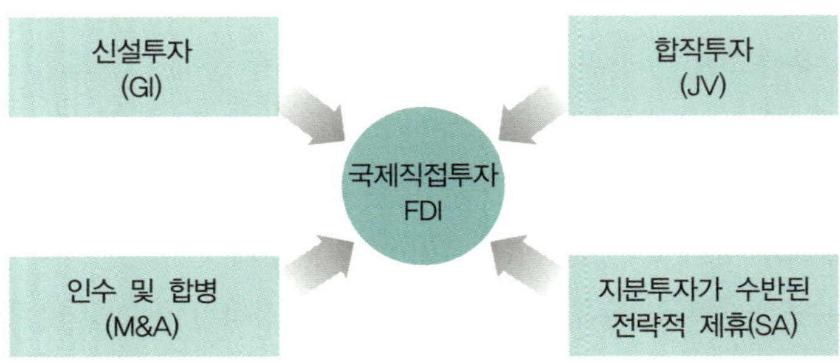

2.1 신설투자

신설투자(greenfield investment)란 판매조직, 생산시설 등 새로운 시설을 외국에 구축하여 외국에서의 경영활동을 독자적으로 수행하기 위한 목적의 투자를 말한다.

신설투자의 장점으로는, 첫째 경영의 지배권을 확보함으로써 원하는 경영활동을 독자적으로 추진할 수 있다는 것이다. 즉 제품의 생산과 관련된 일련의 의사결정, 판매와 서비스와 관련된 일련의 의사결정, 관리자 구성 등 인사와 관련된 일련의 의사결정 등을 독자적인 판단에 의해 수행할 수 있다,

둘째, 판매조직, 생산시설 등 새로운 조직을 외국에 구축함으로써 규모의 경제를 누릴 수 있다. 판매조직을 구축하는 투자를 하였을 경우에는 판매에서, 연구시설에 투자하였을 경우에는 연구개발에서, 생산시설에 투자하였을 경우에는 생산에서 규모의 경제를 얻을 수 있다.

셋째, 본국에서 생산하여 외국에 제품을 판매하지 않고 직접 판매국에 투자하여 제품을 생산하여 판매하기 때문에 수입규제 등 자유로운 무역을 제한하는 조치들을 피할 수 있다.

넷째, 투자기업의 기술과 경영 노하우 등에 대한 비밀유지가 다른 유형의 직접투자에 비해 용이하다.

다섯째, 투자국에서 새로운 일자리를 창출함으로써 투자국과의 유대관계를 강화할 수 있으며 이러한 관계는 무형의 자산이 될 수 있다.

신설투자에 장점만 있는 것은 아니다. 가장 큰 단점은, 첫째 위험이 크다는 것이다. 사회적 관습, 경제여건, 투자국에 대한 이해 등이 바탕이 되어야 원하는 목적을 달성할 수 있는 투자이기 때문이다. 국제직접투자에서 가장 위험이 큰 투자유형이라고 할 수 있다.

둘째, 투자하고자 하는 국가의 정부가 아직 초장기에 있는 자국의 산업을 육성하기 위해 상대적으로 앞서있는 국가의 기업에 대해 진입장벽을 높게 설정할 수 있다. 그러면 현지기업과 함께 투자하였으면 피할 수도 있었을 높은 진입비용을 지불할 수밖에 없다.

셋째, 신설투자를 하게 되면 해당국에서 높은 고정비용이 발생하게 되는데 투자기업의 통제에서 벗어난 투자국의 경제적 · 정치적 환경이 변하면 큰 타격이 될 수 있다.

토요타의 멕시코 신설투자 사례

2015년 토요타는 멕시코에 새로운 생산공장을 구축하기 위해 US$1 billion을 투자한다고 발표하였다. 이 공장은 2019년에 준공하여 연간 20만 대의 자동차를 생산할 예정이다. 이 투자는 멕시코의 저렴한 인건비로 생산비용을 줄이고 북미지역, 특히 미국에 제품을 판매하는데 지리적인 이점을 누리기 위한 목적에서 이루어졌다.

2.2 합작투자

국제합작투자(joint venture)란 공동으로 기업을 운영하기 위해서 2개 이상의 기업이 자본은 물론이고 기술, 경영 노하우, 원료, 설비 등을 결합하는 형태의 투자를 말한다. 자본과 위험을 분산하는 투자의 형태로 다음과 같은 이유에서 합작투자가 이루어지고 있다.

첫째, 현지정부가 해당 분야의 외국인 단독투자를 허용하지 않기 때문에 합작투자를 할 수밖에 없는 경우가 있다.

둘째, 파트너인 현지기업의 자원이나 원료 등을 이용하고자 할 경우이다.

셋째, 현지기업의 마케팅 채널 등을 이용하고자 할 경우이다. 해당국의 문화와 관습에 따라 마케팅 방법이 크게 다를 수 있다. 예를 들어 자동차 판매의 경우 우리나라에서는 주로 자동차 회사의 판매망을 통해 판매되지만 미국의 경우에는 딜러를 통해 판매가 이루어지고 있다.

넷째, 해외에서의 사업경험이 없거나 투자국에서의 협상력이 약한 경우이다. 이 경우 파트너인 현지기업을 통해 약점을 보완할 수 있다.

다섯째, 투자국에서 외국기업이라는 이미지를 불식시킬 필요성이 있는 경우이다. 역사적·정치적·경제적 이유에서 외국제품에 대해 반감이 있을 경우 현지기업과 합작을 통해 현지기업에 가까운 이미지를 구축할 수 있다.

한편 외국기업과 합작을 하는 현지기업의 입장에서는 다음과 같은 유인으로 인해 합작투자를 결정할 수 있다.

첫째, 외국기업의 기술이나 경영 노하우가 앞서 있을 경우 이를 습득하고자 하는 목적으로 합작투자를 할 수 있다.

둘째, 투자기업이 보유하고 있는 상표, 특허 등을 이용하기 위해서이다.

셋째, 선진기술이나 경영 노하우 습득을 독려하기 위한 해당국 정부의 정책이 있을 경우이다. 이러한 정책으로는 자본조달상의 혜택, 조세감면 등이 있다.

합작투자로 인해 위와 같은 목적을 달성할 수 있는 반면에 합작투자를 할 때 유의하여야 할 점도 있다. 가장 먼저 생각할 수 있는 것이 파트너 간 경영전략상의 차이가 존재할 경우 조정에 어려움이 있을 수 있다는 것이다. 특히 국제합작투자의 경우 파트너와 관습, 언어, 경제적 여건 등이 다르기 때문에 서로 다른 경영전략을 고집할 수 있으며 그 결과 제품의 생산, 판매 등 경영 전반에 걸쳐 어려움이 있을 수 있다.

보유하고 있는 기술에 대한 보호가 어려울 수도 있다. 보통 합작투자의 경우 보유하고 있는 기술을 공유하기 때문에 단독으로 기술을 사용할 때에 비해 기술의 보호가 어려울 수 있다.

LG상사의 합작투자 사례

LG상사는 2014년 오만 국영투자회사 오만오일컴퍼니(OOC)와 합작으로 투자하여 발전회사인 합작법인 무산담파워컴퍼니(MPC)를 설립하였다. LG상사의 지분율은 30%였다. 그 후 2019년 이 회사가 현지 증권거래소에 상장됐다. MPC는 기업공개(IPO)를 통해 총발행주식 중 40%인 2천820주를 공모해 2천300만 달러의 자금을 확보했고 LG상사는 보유지분의 30% 중 12%를 매각해 690만 달러의 투자금을 회수하였다. 이로서 회사를 경영하면서 발생한 이익에 대한 배당금을 합쳐 발전소 가동 2년 만에 투자금 전액(약 1천100만 달러)을 회수하게 됐다. 이와 더불어 앞으로도 높은 배당률에 기초하여 안정적인 현금흐름을 기대할 수 있게 되었다.

자료: 연합뉴스, LG상사 투자 발전회사 오만 증시 상장, 2019.12.9 재구성

2.3 전략적 제휴

전략적 제휴(strategic alliance)란 2개 이상의 기업이 전략적으로 제휴를 하여 상호 협력하는 것을 말한다. 이는 기업 간 협력일 수도 있고 사업부문 간 협력일 수도 있다.

그림 11-3 전략적 제휴

전략적 제휴는 지분참여를 기준으로 비지분제휴(non-equity alliance)와 지분제휴(equity alliance)로 나누어 볼 수 있다. 비지분제휴는 지분참여 없이 계약에 의해 제휴가 이루어지는 것을 말한다. 지분제휴는 지분에 대한 투자가 수반하는 제휴를 말하는데 어느 한쪽 회사만 다른 회사의 지분에 투자하는 경우와 쌍방이 모두 상대방의 지분에 투자하는 경우가 있다. 전략적 제휴는 합작투자처럼 모회사와 독립된 회사를 만들어서 두 회사가 갖고 있는 장점을 공유하고 단점을 보완하는 방식의 제휴가 아니라 두 회사가 완전히 독립적으로 존재하면서 제휴관계를 맺는다는 점에서 합작투자와는 다르다.

지분제휴의 사례

한국전자인증이 토스를 운영하는 ㈜비바리퍼블리카와 다양한 인증사업 발굴을 위한 업무협약(MOU) 및 54억 규모의 자사주 매각 계약을 체결했다.

한국전자인증과 ㈜비바리퍼블리카는 전략적 파트너십을 통해 양사가 보유하고 있는 핀테크기술과 인증기술로 혁신적인 전자인증기술과 서비스를 개발하여 신뢰성 높은 인증서비스를 제공하기로 했다.

한국전자인증과 대한민국을 대표하는 핀테크 기업인 ㈜비바리퍼블리카는 전략적 제휴를 통해 보안인증, 전자서명기술, 플랫폼기술 등 혁신적인 신기술이 상호 시너지를 낼 수 있도록 다양한 분야에 기술협력을 확대해 나갈 것이라고 말했다.

자료: 이데일리, 한국전자인증, 토스에 54억 규모 자사주 매각. 전략적 제휴, 2019.4.13

하나의 회사가 되어 하나의 경영전략을 수행하는 합작투자와는 달리 전략적 제휴는 보통 판매제휴, 생산라이센스제휴, 기술제휴, 연구개발제휴 등 기능별로 제휴관계를 맺거나 규모가 큰 프로젝트의 컨소시엄 형태로 이루어진다.

판매제휴는 국제제품스왑이라고도 하는데 다른 회사의 생산품에 자사의 브랜드를 부착하여 판매하는 방식으로 주문자상표부착방식(OEM)이 대표적인 예이다.

생산라이선스제휴는 2개 이상의 기업이 공동으로 제품을 생산할 수 있는 라이센스를 확보하거나 직접 특허기술을 사용할 수 있는 라이센스를 받아 공동생산하는 방법이다. 규모의 경제를 얻고 유휴생산시설을 활용하기 위한 전략적 제휴 형태이다.

기술제휴는 어떤 기업이 보유하고 있는 생산기술을 다른 기업에 공여하거나 자신의 기술을 바탕으로 신제품을 개발할 수 있는 권리를 부여하는 것을 말한다. 보통 일정액의 로열티를 지불하고 매출의 일정 액수를 추가적으로 지불한다. 신제품의 개발과 생산에 소요되는 비용을 절감하고 불확실성을 줄이기 위해 행해지는 제휴의 형태이다.

연구개발제휴는 첨단산업분야에서 흔히 볼 수 있는 제휴의 형태로 개발비용이 크거나, 많은 첨단기술이 동시에 필요할 때 이루어진다.

또 단독으로 수행하기 어려운 프로젝트의 자금조달, 판매시설, 생산시설 등을 합리적으로 배분하고 공유하여 원활하게 사업을 수행하기 위한 컨소시엄을 구성하는 것도 전략적 제휴의 한 형태이다.

전략적 제휴는 기업의 독립성을 그대로 유지하면서 빠른 시간에 신규시장에 적응하고 진출할 수 있다는 장점이 있다. 또 유사시 파트너를 변경하기가 다른 투자유형에 비해 상대적으로 용이하고 기술, 브랜드 등 부족한 경영자원을 확보하기가 쉽다는 장점이 있다.

그러나 기술, 노하우 등 핵심역량이 유출될 우려가 있으며 공동의 의사결정이 필요하기 때문에 통제력이 낮을 수밖에 없다는 단점이 있다.

2.4 인수 및 합병

해외에서 생산시설, 판매시설 등을 확보하기 위해서는 국제직접투자를 하여야 한다. 이때 새롭게 생산시설 등을 구축하기 위해 신설투자를 할 수도 있지만 기존의 현지기업을 인수하거나 합병할 수도 있다.

인수(acquisitions)란 다른 기업의 자산이나 주식을 매입하여 경영권을 획득하는 것을 말하며, 합병(mergers)이란 독립적인 2개 이상의 기업이 하나의 기업으로 합해지는 것을 말한다.

신설투자에 비해 기존의 기업을 인수하거나 합병하면 빠른 시간에 현지시장에 진입할 수 있다는 장점이 있다. 또한 피인수된 현지기업이 보유하고 있는 기술, 노동력, 점유하고 있는 시장, 현지문화와 관습에 대한 이해 등을 바로 습득할 수 있다는 장점도 있다. 이와 함께 인수하지 않고 신설투자를 할 경우 잠재적인 경쟁회사가 될 수 있는 기업을 인수함으로써 경쟁자를 제거한다는 점도 장점이 될 수 있다.

그러나 단점도 있다. 첫째, 인수나 합병을 할 때 많은 프리미엄을 지불하여 부담이 될 수 있다. 기업도 상품이므로 적정한 가격을 지불하고 매입하는 것이 중요한데 과도한 가격을 지불하면 차후 경영상 부담이 될 수 있다.

둘째, 문화적인 이질감 때문에 기업경영에 어려움이 있을 수 있다. 과거 1980~1990년대에 일본의 기업들이 미국 기업들을 많이 인수하였는데 상당수의 기업들이 문화적 이질성을 극복하지 못하고 실패한 사례가 있다.

제3절 국제인수 및 합병

국제인수 및 합병은 어떤 국가의 기업이 해외의 현지기업을 인수 및 합병하는 것을 말하는 것으로 인수 및 합병에 의한 국제직접투자가 증가일로에 있기 때문에 많은 관심을 끌고 있는 직접투자 유형이다.

3.1 국제인수 및 합병의 정의

국제인수 및 합병(M&A: Mergers and Acquisition)은 과정과 내용에 있어서 국내 M&A와 크게 다르지 않다. [그림 11-4]는 기업인수(takeovers)를 분류한 것이다.

기업인수는 법적으로 경영권을 교체하기 위한 모든 거래를 의미한다. 우리가 살펴보고자 하는 M&A는 위임장대결, 비공개기업화와 함께 기업인수의 한 형태이나 때로는 기업인수와 같은 뜻으로 사용되기도 한다.

그림 11-4 기업인수의 분류

위임장대결(proxy fight)은 거대한 자금을 들이지 않고 기업을 인수할 수 있는 방법이다.[2] 위임장은 의결권의 대리를 입증하는 증서를 말하는데 주주총회에서 의결권을 확보하기 위해 주주들에게 위임장을 송부하여 자신 또는 특정인에게 의결권을 위임해줄 것을 권유하게 된다. 보통 일정한 절차를 따라야만 의결권의 위임을 권유할 수 있다. 위임장대결은 주식을 직접 매입하지 않고 주주의 위임장을 받아 경영권을 획득할 수 있다는 점에서 자금 부담을 크게 줄일 수 있다는 장점이 있다. 위임장대결은 경영권의 인수뿐만 아니라 소수의 이사를 이사회에 진출시키거나 경영정책을 반대하는 데 이용되기도 한다.

위임장대결은 다음과 같은 상황에서 성공할 확률이 높다. 첫째, 현재의 경영진을 지지하는 주주들이 적은 경우이다. 이와 더불어 현 경영진의 지분율이 낮다면 위임장대결에서 이길 확률이 더욱 높을 것이다.

둘째, 최근 경영성과가 악화되고 있는 경우이다. 이 경우 주주들은 경영진을 교체하여 이익을 높이고 배당을 증가시키려고 할 가능성이 높다. 특히 현재의 경영진보다 훨씬 구체적이고 실현 가능한 경영계획을 제시하는 경우 효과적이다.

비공개기업화(going private)는 소수의 투자자가 해당기업의 모든 주식을 매입하여 상장을 폐지하고 비공개기업이 되는 것을 말한다. 주로 현재의 일부 경영자와 외부의 소수 투자자에 의해 이루어지며 비공개기업으로 만든 다음 경영개선을 통해 높은 이익을 기대하게 된다.

2) 위임장대결, 비공개기업화는 이해영・김병기・김성우, 기업재무의 이해, 도서출판 청람, 인용

3.1.1 합병

합병은 흡수합병과 신설합병으로 나누어진다. 흡수합병(mergers)은 한 개 또는 그 이상의 기업이 다른 기업에 흡수되어 하나의 기업이 되는 것을 말한다. 한국의 ㈜한국이 미국의 ㈜미국에 흡수되어 ㈜미국으로 하나의 회사가 되거나 반대로 ㈜미국이 ㈜한국에 흡수되어 ㈜한국이 되는 경우이다. 이때 흡수되는 기업의 모든 법률적인 권리와 의무가 합병기업에 승계된다. 흡수되는 회사의 주주들은 합병기업의 주식을 지분만큼 지급받게 된다.

신설합병(consolidation)은 2개 이상의 기업이 모두 해체한 후 새로운 하나의 기업으로 합해지는 경우를 말한다. ㈜한국과 ㈜미국이 해체하고 두 기업을 합해 ㈜국제가 되는 경우이다. 이때 해체되는 ㈜한국과 ㈜미국의 법률적 권리와 의무는 원하는 것만 ㈜국제에 귀속되게 된다.

흡수합병과 신설합병은 각각 장・단점이 있다. 흡수합병의 경우 기업명이 계속 지속되기 때문에 인지도 유지, 기술권 및 특허권 유지 등에서 이점이 있으나 합병되는 회사의 모든 법률적 의무를 승계하여야 하기 때문에 합병 당시에는 인지하지 못한 돌발채무 등이 발생하여 큰 부담이 될 가능성이 있다. 반면에 신설합병의 경우에는 합병되는 각 회사들의 의무 가운데 원하는 것만 승계하고 나머지는 각자가 해체되는 과정에서 정리하기 때문에 돌발채무의 걱정은 없다. 그러나 기업명이 새롭게 정해지기 때문에 인지도에서 어려움이 있을 수 있다.

한편 합병되는 기업들의 사업관계에 따라 수평적 합병, 수직적 합병, 다각적 합병으로 구분해볼 수 있다. 수평적 합병(horizontal mergers)은 동일한 사업을 하는 기업들 간의 합병으로 시장에서의 점유율을 높이고 규모의 경제를 얻기 위해 주로 이루어진다. 그러나 일정 점유율 이상을 단일 기업이 갖게 되었을 때의 피해를 줄이기 위해 법률에 의해 제한을 받게 된다.

수직적 합병(vertical mergers)은 원자재의 생산 및 공급, 제품의 생산, 제품의 판매 등 사업관계가 수직적인 관계에 있는 기업들 간의 합병을 말한다. 합병을 통해 수직적인 관계가 지나치게 강화되면 다른 기업의 원자재 확보, 제품생산비용 증대, 판매망 확보 등에 어려움이 발생할 가능성이 있으므로 역시 법률에 의해 제한을 받는다.

다각적 합병(conglomerate mergers)은 사업상 수평적이나 수직적 관계가 없는 기업들 간의 합병을 의미하며 주로 새로운 사업에 진출하고자 할 때나 위험단위당 수익을 증대시키기 위해 사업 포트폴리오를 재구성하려고 할 때 발생한다.

3.1.2 인수

(1) 주식인수

기업을 인수하는 방법에는 주식을 인수하는 방법과 자산을 인수하는 방법이 있다. 먼저 주식인수는 의결권이 있는 주식을 매수하여 주주총회를 통해 경영권을 획득하는 것이다. 경영권을 획득할 정도의 대량의 주식을 확보하기 위한 가장 쉬운 방법은 현재의 경영진으로부터 주식을 매입하는 것이다. 이것은 현재의 경영진과 우호적인 관계에 있을 때 가능하다. 우호적인 거래가 이루어지지 않으면 장외에서 대량의 주식을 매입하기 위해 공개매수(tender offer)를 할 수 있다. 공개매수란 주주들에게 공개적으로 해당회사의 주식을 매입하겠다고 제안하고 이에 응하는 주주들로부터 주식을 매입하는 것이다. 이때 보통 균일한 조건과 가격으로 증권거래소 밖에서 장외거래를 통해 매입이 이루어진다. 경영권을 확보하기 위해서 반드시 주식 전량을 매수할 필요는 없다. 경영권 확보에 필요한 만큼만 주식을 매수하는 것을 부분공개매수라고 하며 전량을 매수하는 것을 전량공개매수라고 한다.

(2) 자산인수

자산인수는 회사가 보유하고 있는 자산을 인수하여 기업의 경영권을 획득하는 것을 말한다. 경영권을 획득하기 위한 자산인수가 되기 위해서는 생산, 판매, 마케팅, 재무관리 등 경영에 반드시 필요한 자산을 모두 인수하여야 한다. 따라서 자산을 인수한 다음 소유권을 일일이 이전하여야 하기 때문에 많은 시간과 비용이 발생할 수 있다.

3.1.3 우호적 인수와 적대적 인수

기업인수는 인수기업의 피인수기업에 대한 접근방법 및 피인수기업 경영진의 태도에 따라 우호적 인수와 적대적 인수로 구분해볼 수 있다.

(1) 우호적 인수

우호적 인수(friendly acquisition)는 인수기업과 피인수기업이 우호적으로 서로 협의하여 인수에 필요한 모든 합의를 이루는 것을 말한다. 우호적 인수는 사전에 피인수기업의 주식을 매집하지 않고 비공개적으로 피인수기업의 경영진에게 인수의사를 타진하는 것이 보통이다. 또한 인수제의가 거절되거나 협상 과정에서 협상이 중단되어도 적대적으로 인수를 계속 추진하지 않겠다는 것을 명확히 하고 인수 과정이 시작되는 것이 일반적이다. 일정기간 동안 적대적 행위를 하지 않겠다는 약정을 정지약정(standstill agreement)이라고 한다. 또 제공된 정보를 유출하거나 이용하여 피인수기업에 해가 되는 행위를 하지 않겠다는 약정을 비밀유지약정(confidential agreement)이라고 한다.

우호적 인수의 가장 큰 장점은 피인수기업의 경영진으로부터 외부에서 알기 어려운 미공개 정보를 제공받을 수 있다는 것이다. 경영진이 파악하고 있는 해당기업의 장점 및 단점, 시급히 해결하여야 할 과제, 미래의 경영계획 및 이를 달성하기 위해 필요한 투자, 자금조달계획 등 기업운영에 반드시 필요한 미공개 정보를 제공받을 수 있다는 것은 매우 중요한 일이다.

(2) 적대적 인수

적대적 인수는 피인수 기업과 우호적인 인수합의에 이르지 못하였음에도 불구하고 공개매수, 주식매집, 위임장대결 등을 통해 인수를 하는 것을 말한다. 적대적 인수를 하기 위해서는 위임장대결에서와 같이 주식을 매집하지 않을 수도 있지만 보통 피인수 기업의 주식을 매집하게 된다. 공개매수를 하든 주식시장에서 주식을 매집하든 인수기업이 피인수기업의 주식을 매집하기 시작하면 경영권을 유지하고자 하는 현재의 경영진도 우호적인 세력을 동원해 주식을 매집하려고 한다. 이 과정에서 주가가 크게 상승할 가능성이 있기 때문에 경영권과 관계없는 일반 주주들 입장에서는 비싼 가격에 주식을 매도할 수 있는 기회를 얻을 수 있다. 또한 이러한 과정에서 높은 가격의 공개매수가 있으면 이에 응할 기회도 얻을 수 있다.

적대적 매수를 시도한 인수기업에 대항하여 과도하게 높은 가격에 현 경영진이 주식을 매입하게 되면 설사 인수시도가 실패로 돌아가더라도 인수기업은 매집한 주식을 처분하여 이득을 얻을 수 있다. 경영실적과 관계없이 지분 싸움으로 일시적으로 오른 주가는 결국 방어에 성공한 현 경영진에게 부담이 된다는 점도 주의하여야 한다.

적대적 인수는 저평가되고 경쟁력이 있는 좋은 기업을 인수할 수 있는 수단이 될 수 있다. 일반적으로 미래의 전망이 밝은 좋은 기업은 우호적으로 매각하지 않으려 하기 때문이다. 그러나 경영진과 종업원의 반발로 경영에 반드시 필요한 미공개 정보를 얻을 수 없으며 지분 매집과정에서 과도하게 비싼 가격을 지불할 수 있다는 단점이 있다.

3.1.4 신규설립과 인수합병

신설투자이든 합작투자이든 간에 신규로 해외에 기업을 설립하는 것에 비해 기존의 기업을 인수하거나 합병을 하면 다음과 같은 장점이 있다.

첫째, 신속하게 해외시장에 진입할 수 있다. 이미 생산시설, 판매망 등을 구축하고 경영활동을 하고 있는 기존기업을 인수하면 이러한 경영요소의 구축과정에 소요되는 시간을 절약할 수 있다.

둘째, 적절한 지역 인재를 한꺼번에 확보할 수 있다. 신규설립을 할 경우 모든 경영관리 분야의 인력을 일일이 충원하여야 하는데 결코 쉬운 작업이 아니다. 그러나 기존기업을 인수하면 이미 확보되어 있는 인력을 그대로 승계받을 수 있다.

셋째, 다각화를 상대적으로 용이하게 추구할 수 있다. 다각화를 추구하는 다국적 기업은 신규로 기업을 설립하는 것보다 인수합병을 선호하는 경향이 있다. 현재 모기업이 보유하고 있는 기술, 경영 노하우 이외의 새로운 업종이나 제품에 대한 기술과 경험이 풍부한 기업을 인수하면 신규로 기업을 설립하는 것에 비해 효과적일 수 있기 때문이다.

넷째, 투자의 위험을 줄일 수 있다. 즉 새로운 사업에 신규로 진출하면 경험적 측면에서 높은 위험을 부담하여야 하지만 기존에 경영성과를 내고 있는 기업을 인수하면 위험을 줄일 수 있다.

그러나 국제인수 및 합병에도 단점이 있다.

첫째, 인수비용이 지나치게 높아질 수 있다. 적대적 인수의 경우에는 말할 것도 없지만 우호적인 인수라 하더라도 해당국에서 사업경험이 없을 경우 경영 노하우 등에 대해 과도한 프리미엄을 요구받게 될 수도 있다.

둘째, 인수대상 기업에 대한 평가에 어려움이 있을 수 있다. 인수기업의 적정가격은 해당 기업이 미래에 벌어들일 것으로 예상되는 현금흐름의 합에 적정한 경영권 프리미엄을 합한 것이다. 적정한 경영권 프리미엄을 산정하는 것도 어려운 작업이다. 그러나 해당기업이 미래에 창출할 것으로 예상되는 현금흐름의 합을 추정하는 것은 매우 어려울 수 있다. 특히 해당국에서 사업경험이 없을 때에는 어려움이 가중될 수 있다.

셋째, 인수 후 통합의 어려움이다. 인수를 하여도 새로운 경영진과 현지 종업원들 간의 문화, 관습, 언어, 경제적·정치적 환경 등의 차이로 인하여 통합에 어려움이 있을 수 있다. 과거 일본의 기업이 미국의 기업을 인수한 후 일본식 경영방식으로 많은 마찰을 빚어 인수가 실패로 끝난 것이 그 예이다. 합병의 경우에는 통합의 어려움이 더욱 가중될 수 있다. 한 개의 기업 안에 여러 개의 문화가 공존하여 마찰을 빚을 수 있기 때문이다. 경영진 간에도 경영의사결정 과정에서 합의를 이루기가 매우 어려울 수도 있다. 국제 인수 및 합병에서 특히 인수 후 통합문제가 매우 중요하게 대두되고 있다.

3.2 합병의 시너지효과

3.2.1 합병 시너지의 개념

합병의 시너지(synergy)란 합병된 기업의 가치와 합병 전 두 기업의 가치의 합의 차이를 말한다. ㈜한국의 기업가치를 V_A, ㈜미국의 기업가치를 V_B, 그리고 합병된 기업의 가치를 V_{A+B}라고 하자. 그러면 두 기업을 합병할 때 얻게 되는 시너지 S는 다음과 같다.

$$S = V_{A+B} - (V_A + V_B) \quad \text{(식 11.1)}$$

㈜한국이 ㈜미국을 흡수합병을 한다고 하자. 이때 ㈜한국 입장에서는 ㈜미국의 적정한 기업가치인 V_B를 지불하려고 할 것이다. 그러나 합병으로 인해 시너지가 발생된다면 ㈜미국도 합병으로 얻게 되는 이익인 시너지의 일부를 요구할 것이다. ㈜한국의 입장에서는 최대 시너지만큼을 프리미엄으로 더 지불하여도 손해가 되지 않으나 합병으로 인한 이익을 누릴 수 없게 된다. 가령 합병으로 인해 시너지가 100억원이 발생한다면 적정가격에 50억원의 프리미엄을 더 지불하여도 나머지 50억원만큼 합병으로 인한 이익을 얻을 수 있으며 어느 정도 수준에서 프리미엄이 결정되는지는 협상의 결과에 달려있다.

따라서 인수협상 과정에서 시너지 범위 안에서 서로 더 많은 이득을 얻고자 노력할 것이며 이 범위에서 인수가격이 합의되지 못하면 인수가 이루어지지 않는다. 즉 인수에 있어서 시너지의 크기를 정확하게 측정하고 어느 수준에서 시너지를 인수기업과 피인수기업이 나눌 것인가를 결정하는 일은 매우 중요하다.

합병된 기업의 가치, 합병 전 ㈜한국과 ㈜미국의 가치는 해당 기업이 미래에 창출할 것으로 예상되는 현금흐름의 합을 적정한 할인율로 할인한 값이다. 따라서 국제인수의 경우 국제자본예산(international capital budgeting)을 수립하기 위해 환율, 현지의 자본비용 그리고 합병 후 시너지를 반영한 현금흐름의 추정이 매우 중요하다.

3.2.2 시너지 발생원인

시너지 발생의 원인은 합병 후 적정 자본조달비용을 감안한 증분현금흐름이 커졌기 때문이다. 증분현금흐름이 커졌다는 의미는 유입되는 현금흐름이 커졌거나, 유출되는 현금흐름이 작아졌거나, 유입되는 현금흐름이 커지고 동시에 유출되는 현금흐름이 작아졌다는 것을 의미한다. 이러한 현금흐름의 변화는 크게 영업적 측면, 재무적 측면, 다각화 측면에서 발생한다.

(1) 영업적 측면

시너지가 발생하는 이유로 가장 먼저 영업적 측면에서 효율성이 증대되어 증분현금흐름이 증가하는 것을 생각할 수 있다. 영업시너지는 주로 규모의 경제(economies of scale)와 범위의 경제(economies of scope)에서 발생한다.

그림 11-5 규모의 경제

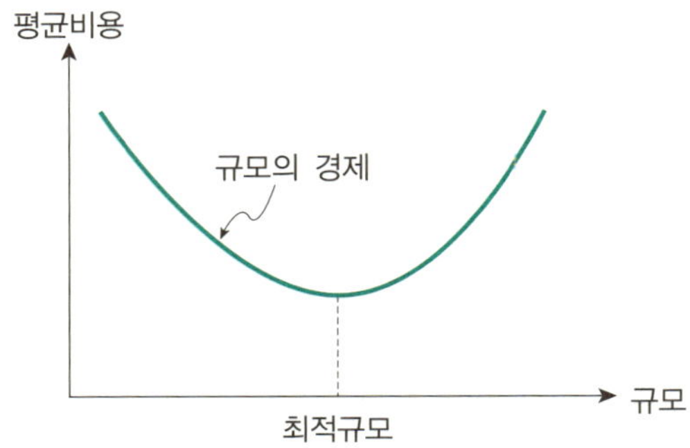

규모의 경제는 생산요소의 투입량을 증가시킬 때 산출량이 투입량이 증가하는 것 이상으로 증가하는 것을 말한다. 즉 합병 전에 두 회사가 투입하던 생산요소에 대한 비용의 합을 합병회사가 지불하면 마케팅적 이득, 전략적 이득, 시장지배력 등의 증가를 통해 이익이 더욱 증대되어 시너지가 발생할 수 있다. 이러한 시너지는 보통 일정규모 이상에서만 발생하며 이러한 시너지를 얻기 위한 효과적인 방법 중의 하나가 국제인수 및 합병이다.

범위의 경제는 여러 가지 제품을 생산할 때 생산시설, 유통망, 광고, 전산 등을 공유하여 제품당 비용이 감소하거나 여러 사업부가 자원을 공유하여 비용이 절감되는 것을 말한다. 즉 합병으로 인해 제품의 범위나 사업영역의 범위가 확대되어 발생하는 비용에 비해 자원을 공유함으로써 발생하는 이익이 더 커질 때 범위의 경제로 인한 시너지가 발생하게 된다.

(2) 재무적 측면

합병으로 인해 자금조달비용이 감소하거나 차입능력이 확대되어 발생하는 이익을 재무시너지라고 한다. 재무시너지는 다음과 같은 형태로 나타난다.

첫째, 합병되는 기업 가운데 한 기업은 자금조달에 많은 비용을 지급하여야 하지만 다른 기업은 수요를 초과하는 현금을 보유하고 있을 때 두 기업이 합병을 하면 자본조달비용을 크게 낮추어 재무적 시너지가 발생할 수 있다.

둘째, 합병을 통해 기업의 차입능력이 증가될 수 있다. 합병으로 인해 재무구조의 개선, 자산규모의 증가, 증분현금흐름의 증가 등으로 차입능력이 향상되면 추가적인 투자가 가능할 뿐만 아니라 자본비용을 낮출 수도 있다. 자본비용은 부채비용과 자기자본비용을 가중평균한 것인데 차입능력이 증가되면 파산위험이 낮아져 부채비용이 낮아지고 결과적으로 자본비용이 낮아지기 때문이다.

셋째, 합병을 통해 기업규모가 증가하면 주식시장과 채권시장을 통해 자본을 조달할 때 단위당 발행비용과 거래비용을 낮출 수 있다. 가령 합병 전 두 기업이 100억원씩 자본을 조달하는 것보다 합병기업이 200억원을 조달하는 것이 비용 측면에서 유리할 수 있다.

넷째, 합병으로 인해 세금이 절감되는 재무시너지가 발생할 수 있다. 먼저 합병으로 인해 차입능력이 증가되어 부채가 그만큼 증가되었다면 추가적인 세금절감효과(tax shield)를 얻을 수 있다. 또 한국의 기업이 미국의 기업과 합병할 때 미국의 회사가 이월결손금을 갖고 있을 경우 그 액수만큼 법인세를 절감할 수도 있다.

(3) 다각화 측면

제품이나 사업의 내용이 다른 기업 간 합병을 다각화 합병이라고 한다. 현재 수행하고 있는 사업영역과 다른 미래의 유망 사업에 진출함으로써 지속적인 성장을 추구하기 위한 다각화 합병을 통해 다음과 같은 측면에서 시너지를 기대할 수 있다.

첫째, 상대적으로 현재의 사업과 상관관계가 낮은 사업에 진출함으로써 전체 사업 포트폴리오의 위험을 감소시킬 수 있다. 앞에서 살펴본 바와 같이 사업 간 상관관계가 낮을수록, 포트폴리오에 포함된 사업이 많을수록 위험이 낮아진다.

둘째, 관련다각화를 통해 범위의 경제를 얻을 수 있다. 관련다각화란 기업의 수익이 소수의 제품시장에서 대부분 발생하고 나머지 수익이 서로 관련된 다양한 사업에서 발생하는 다각화를 말한다. 예를 들어 제품을 생산하기 위한 핵심기술은 유사한데 완전히 다른 제품을 생산하는 기업을 인수하면 하나의 기술로 여러 제품시장에 진출하여 다각화효과를 얻을 수 있다.

셋째, 다각화 합병을 통해 시장지배력을 강화하여 시너지를 얻을 수 있다. 다각화 합병을 통해 기업의 규모가 커지면 생산하는 제품이 다르더라도 제품생산에 필요한 공통의 원자재시장에서 시장지배력을 키울 수 있다. 또 동일한 유통망을 활용할 수 있을 경우 판매채널에 대한 지배력을 향상시킬 수도 있다.

3.3 국제인수 및 합병의 절차

국제인수 및 합병의 절차는 인수합병팀 구성, 전략적 탐색, 실사 및 가치평가, 대금지급 방식의 결정, 협상, 종결 및 통합의 순으로 이루어진다.

3.3.1 인수합병팀의 구성

인수합병을 추진하기 위해서는 우선 사내의 실무자로 구성된 실무추진팀을 구성하여야 한다. 기업 내 각 분야의 전문가들, 특히 재무, 생산, 마케팅전문가 등 경영

그림 11-6 국제인수합병 절차

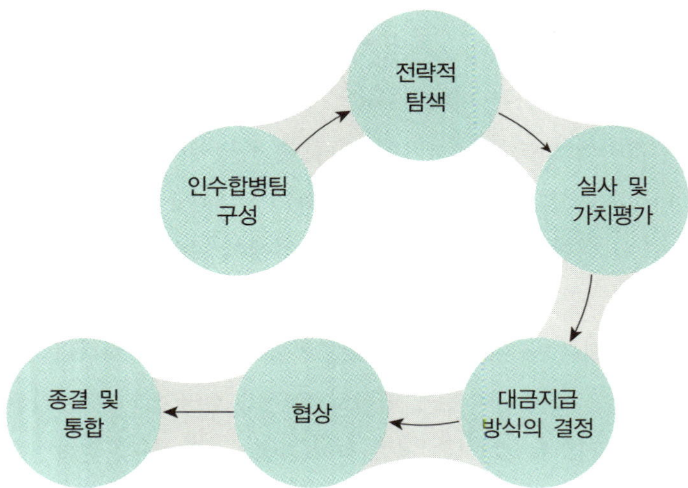

관리 각 분야의 전문가들이 모두 포함되어야 한다. 실무추진팀 이외에 M&A를 효과적으로 수행하기 위해서 보통 외부의 전문가들을 영입하게 되며 재무전문가, 공인회계사, 세무사, 변호사 등 인수합병을 할 때 반드시 필요한 전문지식을 갖춘 전문가들이 포함된다.

인수합병의 각 단계별로 실무팀과 외부 전문가들의 의견을 효과적으로 조율하고 신속한 의사결정이 이루어질 수 있도록 최고경영자의 직속기구로 운영하는 것이 바람직하다.

3.3.2 전략적 탐색

인수팀이 구성되면 본격적으로 인수대상기업을 검토하게 된다. 대상기업의 선정기준 가운데 하나는 기업의 전략적 선택에 부합하는지 여부이다. 즉 해당 기업을 인수할 때 얻을 수 있는 경영자원이 무엇인지 구체적으로 확인하고 제품별 · 지역별 시너지가 어느 측면에서 얼마만큼 발생하는지 여부를 검토하여야 한다. 또 현 경영진이 인수합병에 어느 정도 우호적인지를 파악하여 이에 맞는 적절한 인수전략을 검토하여야 한다.

이 작업은 어느 정도 큰 기준에 의해 인수기업의 경영전략에 맞는 기업군(long list)을 추려내고 점차 세부적인 검토를 통해 몇 개의 기업에서 한두 개의 기업(short list)으로 줄여나가는 방법으로 진행된다.

3.3.3 실사 및 가치평가

(1) 실사

실사(due diligence)는 대상 기업에 대한 재무, 생산, 조직 등 경영전반의 현황과 법적인 문제점들을 계약서에 서명하기 이전에 파악하는 절차를 의미한다. 실사는 대상 기업의 규모와 거래의 구조에 따라 그 기간이나 범위가 달라지며 보통 1개월에서 수개월 이상에 걸쳐 진행된다. 피인수회사는 인수회사가 짧은 시간에 정확한 현황을 파악할 수 있도록 모든 자료 및 사내인력을 제공하는 것이 일반적이다.

(2) 가치평가

가치평가(valuation)는 인수가격을 결정하기 위해 해당기업의 공정한 가치를 평가하는 과정이다. 결국 상품의 거래는 가격에 의해 결정된다고 할 수 있기 때문에 가치평가는 인수합병과정에서 가장 중요한 과정이라고 할 수 있다.

앞에서 몇 번이나 살펴본 바와 같이 기업의 가치는 해당 기업이 미래에 창출할 것으로 기대되는 현금흐름을 적정한 할인율로 할인한 값이다. 따라서 기대되는 순현금흐름과 할인율에 큰 영향을 미치는 주요 변수에 대한 예측이 다를 경우 인수회사와 피인수회사 간의 가치평가가 크게 달라질 수 있으므로 협상과정에서 이러한 변수들에 대한 협의가 필요하다.

3.3.4 대금지급 방식의 결정

다음으로 인수 대금을 현금으로 지급할 것인지 혹은 주식으로 지급할 것인지, 또 자금의 조달은 어떻게 할 것인지를 결정하여야 한다.

현금을 지급하는 인수는 기업인수의 대금을 보유하고 있는 현금과 차입한 현금으로 지급하는 방법으로 거래를 신속하게 종결할 수 있고 절차도 간단하다는 장점이 있으나 막대한 규모의 현금이 소요되기 때문에 인수 후 기업경영에 커다란 부담이 될 수 있다. 차입한 현금의 규모가 클 경우 합병기업의 재무구조가 악화될 우려도 있다.

주식을 지급하는 방법은 피합병기업의 주식을 취득하고 그 대가로 합병기업의 주식을 지급하는 방식이다. 이는 실질적으로 피합병기업과 합병기업의 주식교환에 해당되며 주식의 교환은 합병회사와 피합병회사의 기업가치 비율로 이루어진다.

한편 피합병기업의 주식취득에 대한 대가로 반드시 합병기업의 주식을 지급하여야 하는 것은 아니며 인수회사가 보유하고 있는 주식이나 합병회사의 전환사채, 신주인수권부사채 등으로 지급할 수도 있다.

자금의 조달규모가 인수기업의 능력에 비해 클 경우 차입매수를 생각해볼 수 있다. 차입매수(LBO: leveraged buyout)란 인수대금의 상당부분을 차입으로 조달하는 인수방식으로 피인수기업의 자산을 담보로 하여 자금을 차입하고 인수 후 피인수기업의 사업을 재편하는 등의 방법으로 기업의 가치를 높여 매각하거나, 일부 자산을 매각하고 여기에 영업이익 등을 더하여 차입금을 갚는 인수방식이다. 차입매수는 국내법상 논란의 여지가 있으므로 법적인 검토가 반드시 필요하다.[3)]

3.3.5 협상

인수거래를 종결하기에 앞서 가격, 절차, 제반 법적 문제 등에 관해 협상이 이루어져야 한다. 협상이 잘 이루어지지 않으면 이전 단계의 모든 노력이 수포로 돌아가기 때문에 양측 모두 신중하게 협상에 임하여야 한다.

무엇보다 가격에 대한 협상이 매우 중요하다. 양측이 기업의 가치를 거의 동일하게 산정하였다고 할 때 가격의 협상범위는 합병으로 얻게 되는 시너지 범위 내에서 이루어지게 된다. 피인수기업이 요구하는 경영권 프리미엄이 이 범위 내에 있어야 협상이 이루어질 수 있다. 인수기업의 경우 경영권 프리미엄을 과다하게 지급하게 되어 합병의 시너지를 거의 얻을 수 없거나 시너지를 넘어서는 가격을 지급하면 차후 커다란 부담이 되므로 주의하여야 한다.

3.3.6 종결 및 통합

(1) 종결

기업인수 절차가 시작되면 가장 먼저 인수의향서(LOI: letter of intent)를 교환하여 절차를 진행하게 된다. 인수의향서는 일반적으로 법적인 구속력이 없다. 다만 인수의향서에 특약사항을 기재하고 이를 어길 시 법적인 책임을 진다는 조항이 있을 경우에는 다르다.

인수의향서를 교환한 후 절차를 거치면서 양해각서(MOU: memorandum of understanding)를 체결하여 본격적인 절차가 진행되게 된다. 협상을 거치고 거래의 합의가 이루어지면 주주총회 결의, 정부의 인가, 근로자와의 협의 등 각종 선행조건

3) LBO의 차입금 조달 시 피인수회사의 자산을 담보로 과다한 부채를 조달하여 대상기업의 재무구조 악화 및 도산위험을 증가시키고, 대상회사를 인수한 후 그 회사 자산을 분할 매각하여 차입금을 상환하거나 단기간에 차익을 노리는 행태로 비난의 대상이 되거나 형법상 배임죄에 해당하는 경우가 빈번하다(최경규, 차입매수에 있어서 배임죄와 합리적인 경영판단, 기업지배구조리뷰, 2016 인용).

을 이행하게 되고 최종적으로 거래가 종결되게 된다.

종결과정에서 각종 법적인 문서를 교환하게 되며 피인수기업은 소유권에 관련된 증서를 인수기업에 지급하고 인수기업은 현금 등 지급에 관련된 증서를 피인수기업에 지급하게 된다.

(2) 통합

인수합병이 실패로 끝나는 경우도 의외로 많다. 그 이유로는 사전적 이유와 사후적 이유로 분리해볼 수 있다. 사전적 이유는 인수대상기업의 선정, 가치의 평가, 협상, 계약체결 등에서 본래 의도하고자 하였던 경영전략적 방향과 달라지거나 적정한 선택을 하지 못하여 원하는 효과를 얻지 못하는 경우이다. 그러나 이것보다 실패의 원인으로 더 많이 지적되고 있는 것이 통합이라는 사후적 이유이다.

통합의 형태는 절차적 통합, 실질적 통합, 경영 및 사회문화적 통합으로 나누어 볼 수 있다. 절차적 통합(procedural integration)이란 회계 및 경영시스템을 통합하는 것을 말하며 실질적 통합(physical integration)은 생산할 제품의 수와 종류, R&D 계획, 생산기술 등의 통합을 의미한다. 경영 및 사회문화적 통합(managerial and sociocultural integration)은 경영진의 구성을 비롯한 조직구조의 변화, 새로운 조직문화의 개발, 원활한 의사소통을 통한 종업원의 성취의욕 고취 등을 말하는 것으로 세 가지 통합의 형태 가운데 가장 어려운 것으로 이해되고 있다.

경영 및 사회문화적 통합은 다시 피인수기업 문화의 강도, 인수기업 문화의 매력도를 기준으로 4가지 유형으로 나누어 볼 수 있다.

피인수기업 문화의 강도란 자신의 문화에 가치를 부여하고 그것을 보호할 만한 것으로 생각하는 정도를 의미하며 인수기업 문화의 매력도는 피인수기업이 인수기업의 문화를 매력적인 것으로 인정하는 정도를 의미한다.

먼저 분리형(separation)은 피인수기업 문화의 강도가 강하고 인수기업 문화의 매력도가 낮은 경우로 두 조직 간의 문화적 차이가 너무 커서 통합을 위해서는 많은 시간과 노력이 필요하며 장기적인 통합계획이 요구되는 상황이다.

둘째, 통합형(integration)은 피인수기업 문화의 강도가 강하고 인수기업 문화의 매력도도 강한 상황으로 두 기업문화 간의 조화된 균형을 추구하는 것이 통합을 이루는 관건이라고 하겠다.

셋째, 흡수형(assimilation)은 피인수기업 입장에서 볼 때 자신의 문화보다는 인수기업의 문화에 매력을 느끼는 상황으로 인수기업의 문화에 피인수기업의 문화를 흡수시키는 전략을 취하는 것이 전략적으로 유리하다고 할 수 있다.

마지막으로 탈문화형(de-culture)은 피인수기업 자신의 문화도, 인수기업의 문화에도 매력을 느끼지 못하는 상황으로 구성원들의 문화적 혼란이 심한 상황이다. 구성원들이 매력을 느끼는 새로운 문화의 방향을 제시하지 못할 경우 탈문화로 나갈 소지가 있다.

부록 | 우리나라 해외직접투자 현황

재정기획부 보도자료, 2019.3.8

1. 전체 투자현황(투자(송금)기준)

(단위: 억 달러, 전년 대비 %)

연도	금액	증감률	연도	금액	증감률
2001	54.2	0.2	2011	295.0	15.7
2002	41.1	△24.2	2012	295.9	0.3
2003	49.1	19.5	2013	309.3	4.5
2004	69.1	40.7	2014	285.5	△7.7
2005	74.2	7.4	2015	303.6	6.3
2006	119.9	61.6	2016	395.9	30.4
2007	231.3	92.9	2017	446.0	12.6
2008	242.8	5.0	2018	497.8	11.6
2009	208.6	△14.1			
2010	254.9	22.2			

2. 상위 5개 업종 현황(투자(송금)기준)

(단위: 억 달러, 전년 대비 %)

	2013년	2014년	2015년	2016년	2017년	2018년
합계	309.3	285.5	303.6	395.9	446.0	**497.8**
	4.5	△7.7	6.3	30.4	12.6	11.6
제조업	95.5	76.5	80.1	82.2	85.0	**163.7**
	6.8	△20.0	4.8	2.6	3.3	92.7
금융 및 보험업	37.1	42.9	69.9	93.5	134.1	**162.3**
	△30.2	15.7	62.9	33.8	43.4	21.0
부동산업	42.9	35.5	43.2	61.8	37.7	**50.8**
	247.6	△17.2	21.7	43.2	△39.1	34.8
도매 및 소매업	22.4	16.6	22.9	58.3	96.6	**24.3**
	14.5	△26.0	38.3	154.6	65.7	△74.9
광업	74.9	60.5	35.2	29.4	14.0	**21.3**
	△5.7	△19.3	△41.8	△16.5	△52.2	51.4
기타	36.5	53.7	52.3	70.7	78.6	**75.5**
	△13.0	47.1	△2.5	35.2	11.2	△4.0

3. 지역별 현황(투자(송금)기준)

(단위: 억 달러, 전년 대비 %)

	2013년	2014년	2015년	2016년	2017년	2018년
합계	309.3	285.5	303.6	395.9	446.0	497.8
	4.5	△7.7	6.3	30.4	12.6	11.6
아시아	114.0	92.3	107.3	111.3	133.1	169.7
	△3.0	△19.1	16.3	3.7	19.7	27.5
유럽	54.7	42.8	35.0	45.3	71.6	116.8
	28.9	△21.6	△18.4	29.6	58.2	63.1
북미	65.0	70.9	76.2	149.2	155.2	113.3
	△3.3	9.2	7.4	95.8	4.0	△27.0
중남미	35.3	44.0	55.5	61.7	67.8	81.3
	△4.1	24.8	26.0	11.2	10.0	19.9
중동	4.0	11.8	15.6	10.9	6.5	8.4
	8.5	194.0	32.7	△30.2	△40.0	28.7
대양주	34.1	20.5	12.5	15.9	9.3	6.6
	38.9	△39.8	△38.9	27.1	△41.5	△28.8
아프리카	2.3	3.2	1.5	1.7	2.3	1.6
	△39.5	41.0	△52.7	12.3	38.2	△33.1

4. 상위 5개국 국가별 현황(투자(송금)기준)

(단위: 억 달러, 전년 대비 %)

	2013년	2014년	2015년	2016년	2017년	2018년
합계	309.3	285.5	303.6	395.9	446.0	497.8
	4.5	△7.7	6.3	30.4	12.6	11.6
미국	58.6	59.6	70.5	136.1	151.5	108.1
	△1.3	1.6	18.4	93.1	11.3	△28.7
케이만군도	15.8	22.8	31.4	44.6	50.3	61.9
	32.7	44.8	37.7	41.8	12.8	23.2
중국	52.1	32.1	29.9	34.3	32.0	47.7
	24.3	△38.2	△7.1	14.9	△6.8	48.9
홍콩	8.8	6.3	19.3	15.9	33.6	34.8
	△46.0	△28.5	206.3	△17.6	111.1	3.8
베트남	11.5	16.6	16.1	23.7	19.7	31.6
	17.3	44.1	△2.9	47.2	△16.9	60.3
기타	162.5	148.1	136.3	141.3	158.9	213.6
	3.8	△8.9	△7.9	3.6	12.5	34.4

요약

- 국제직접투자란 기업운영에 대한 경영권과 관련된 자본이동으로써 투자자가 해외기업의 경영에 직접 참여하여 이윤을 획득하기 위해 생산요소를 해외로 이전하는 것을 말한다.
- 국제직접투자의 목적은 크게 경영전략적 동기와 경제적 동기로 나누어 볼 수 있으며 각각 몇 가지 유형으로 분류하여 볼 수 있다.
- 국제직접투자의 유형으로 신설투자, 합작투자, 인수 및 합병 등을 들 수 있다. 또한 지분투자가 수반된 전략적 제휴도 직접투자의 유형이라고 할 수 있다.
- 신설투자란 판매조직, 생산시설 등 새로운 시설을 외국에 구축하여 외국에서의 경영활동을 독자적으로 수행하기 위한 목적의 투자를 말한다. 합작투자란 공동으로 기업을 운영하기 위해서 2개 이상의 기업이 자본은 물론이고 기술, 경영 노하우, 원료, 설비 등을 결합하는 형태의 투자를 말한다. 기업을 인수하는 방법에는 주식을 매수하는 방법과 자산을 인수하는 방법이 있다. 합병은 흡수합병과 신설합병으로 나누어진다. 전략적 제휴란 2개 이상의 기업이 전략적으로 제휴를 하여 상호 협력하는 것을 말한다. 이는 기업 간 협력일 수도 있고 사업부문 간 협력일 수도 있다.
- 인수 및 합병으로 인한 시너지 발생의 원인은 합병 후 적정 자본조달비용을 감안한 증분현금흐름이 커졌기 때문이다. 이러한 현금흐름의 변화는 크게 영업적 측면, 재무적 측면, 다각화 측면에서 발생한다.
- 국제 M&A의 절차는 인수합병팀 구성, 전략적 탐색, 실사 및 가치평가, 대금지급 방식의 결정, 협상, 종결 및 통합의 순으로 이루어진다.
- 인수합병이 실패로 끝나는 경우도 의외로 많다. 실패의 원인으로 많이 지적되고 있는 것이 통합이라는 사후적 이유이다.
- 통합의 형태는 절차적 통합, 실질적 통합, 경영 및 사회문화적 통합으로 나누어 볼 수 있다. 경영 및 사회문화적 통합은 경영진의 구성을 비롯한 조직구조의 변화, 새로운 조직문화의 개발, 원활한 의사소통을 통한 종업원의 성취의욕 고취 등을 말하는 것으로 세 가지 통합의 형태 가운데 가장 어려운 것으로 이해되고 있다.

생각해보기

1. 국제직접투자는 어떤 경영전략적 목적에서 이루어지는가?

2. 거시경제적 측면에서 국제직접투자의 장·단점은 무엇인가?

3. 신설투자, 합작투자, 지분투자가 수반된 전략적 제휴, 인수 및 합병 등의 직접투자 유형들의 가장 큰 차이점은 무엇인가? 또 가장 큰 공통점은 무엇인가?

3. 신설합병과 흡수합병의 상대적 장·단점은 무엇인가?

4. 신설투자나 합작투자를 통해 외국에 신규투자를 하는 것과 기존의 현지기업을 인수하거나 합병하는 것의 상대적 장·단점은 무엇인가?

5. 조직구조의 변화, 조직문화의 개발, 종업원의 성취의욕 고취 등을 말하는 경영 및 사회문화적 통합을 피인수기업 문화의 강도와 인수기업 문화의 매력도를 기준으로 설명해보자.

참고문헌

강호상, 글로벌재무관리, 법문사, 2012.

김건우, "국내 금융시장의 글로벌 동조화 금융위기 이후 확대," LG Business Insight, 2012. 5.23.

김경자, 재무회계, 박영사, 2019.

김규한 · 진태홍, 국제재무관리, 다산출판사, 2004.

김성우, 선물거래와 옵션거래, 삼영사, 2005.

김성우 · 이해영, 기본 증권투자, 지필미디어, 2012.

김신, 국제경영학, 박영사, 2012.

김한수, 국제금융론, 키메이커, 2016.

기획재정부, www.moef.go.kr

민상기 · 정창영, 글보벌 재무전략, 명경사, 1998.

박병일, 글로벌경영사례, 시대가치, 2019.

박순풍 · 박동원 · 곽대환, 글로벌시대의 국제재무전략, 경문사, 1994.

박영규, 국제재무, 탑북스, 2019.

삼일회계법인 중소벤처기업 M&A 지원센터, M&A 에센스, 중소기업청, 2017.1.

삼성선물, https://www.ssfutures.com

신범철, "환노출 위험의 추정과 기업별 및 산업별 특성 분석," 생산성논집 26권 2호, 2012.

이성준 · 김중화, "문화적 차이가 국제인수합병에 미치는 영향에 대한 이론적 고찰," 통합학술발표논문집, 한국경영학회, 2009.

이승호, "최근 원화환율 수준에 대한 평가와 시사점," 자본시장연구원, 2018.5.

이종철 · 차철호, 글로벌 금융론, 법문사, 2010.

이해영 · 김병기 · 김성우, 기업재무의 이해, 도서출판 청람, 2015.

자본시장연구원, "글로벌 금융허브 주도권을 둘러싼 다툼: 런던증권거래소에 대한 인수제안을 중심으로," 자본시장포커스, 2019-22호, 2019.10.

이택호 · 강정원, 조직과 인간관계론, 북넷, 2013.

최경규, "차입매수(LBO)에 있어서 배임죄와 합리적인 경영판단," 기업지배구조리뷰, 한국기업지배연구원, 2016.6.

최생림 · 정태영 · 김동순, 법문사, 국제재무관리론, 1995.

최영한, 스왑, 한국금융연수원, 2017.4.

한국거래소, www.krx.co.kr

한국은행, 2019년도 BIS 주관 전 세계 외환 및 장외파생상품시장 조사 결과, 2019.9.27.

한국은행, 한국의 외환제도와 외환시장, 2017.1.7.

한국은행, http://www.bok.or.kr

Adler, Michael and Bernard Dumas, "Exposure to Currency Risk: Definition and Measurement," *Financial Management,* Summer 1984.

Aliber, "International Banking: a Survey", *Journal of Money, Credit and Banking*, November 1984.

Ashkenas, R. N, "Making the deal real: how GE capital integrates acquisitions," *Harvard Business Review* 76 (1) 1998.

Baillie, Richard and Patrick McMahon, The Foreign Exchange Market: Theory and Econometrics Evidence, Cambridge University Press, 1989.

Bank of International Settlements, Various Annual Reports.

Bargas, Sylvia E. and Rosaria Troia, "Direct Investment Position for 1998: Country and Industry Detail," *Survey of Current Business*, July 1999.

Beamish, Paul W. and John C Banks, "Equity Joint Ventures and the Theory of Multinational Enterprise," *Journal of International Business Studies*, Summer 1987.

Black, "International Capital Market Equilibrium with Investment Barriers," *Journal of Financial Economics*, 1974.

Black and Scholes, "The Pricing of Options and Corporate Liabilities," *Journal of Political Economy*, May/June 1973.

Bodie · Kane · Marcus, *Essentials of Investments* 10 edition, McGraw Hill, 2016.

Buckley and Casson, *The Future of the Multinational Enterprise*, Macmillan, 1976.

Casson, "The Firm and the Market: Studies on Multinational Enterprise and the Scope of the Firm," MIT Press, 1987.

Chicago Mercantile Exchange, www.cmegroup.com

Cohen R.B. et al., "The Multinational Corporation: A Radical Approach," Cambridge University Press, 1979.

Cox and Rubinstein, *Options Markets*, Prentice-Hall, 1985.

Daniels Radebaugh Sullivan, *International Business*, Pearson, 2007.

Donald R. Lessard, *International Financial Management: Theory and Application*, Wiley, 1985.

Flood, Eugene Jr and Donald R. Lessard, "On the Measurement of Operating Exposure to Exchange Rates: A Conceptual Approach," *Financial Management*, Spring 1986.

Frank K. Reilly and Keith C. Brown, *Analysis of Investments & Management Portfolio*, South Western, 2009.

Grauer, Robert R. and Nils H. Hakansson, "Gains from International Diversification: 1968~1985 Returns on Portfolios of Stocks and Bonds," *Journal of Finance*, July 1987.

John H. Dunning, "The Eclectic Paradigm of International Production: a Restatement and Some Possible Extensions," *Journal of international business studies*, Vol. 18, 1988.

John H. Dunning, "International Production and the Multinational Enterprise," *Journal of International Business Studies*, 1984.

Hong Kong Stock Exchange, www.hkex.com.hk

Hopper, Gregory P., "Is the Foreign Exchange Market Inefficient?", *Federal Reserve Bank of Philadelphia Business Review*, May/June, 1994.

Hull, *Introduction to Futures and Options Markets*, Prentice-Hall, 1998.

Hymer, S. H., "The International Operations of National Firms: A Study of Direct Foreign Investment". The MIT Press, 1976.

IMF, *Annual report on exchange arrangements and exchange restrictions*, 2018.

IMF, www.imf.org

Japan Exchange Group, www.jpx.co.jp

KOCW, http://contents2.kocw.or.kr/KOCW/document/2017/chungbuk/jeongjinseo

KOCW, http://elearning.kocw.net/contents4/document/lec/2013/Gachon/Lee%20Gilnam

KOCW, http://contents.kocw.or.kr/document/lec/Hufs/ParkByungIl

Laurent L. Jacque, *International Corporate Finance*, Wiley, 2014.

London Stock Exchange, www.londonstockexchange.com

Micheal, Melvin, *International Money and Finance*, Pearson Education Korea, 2012.

Mishkim, Frederic S. "Are Real Interest Rates Equal Across Countries? An Empirical Investigation of International Parity Conditions," *Journal of Finance*, December 1984.

Natalia T. Tamirisa, "Exchange and Capital Controls as Barriers to Trade," IMF, 1999.

Park Y. S., "Currency Swaps as a Long-term International Financing Technique," *Journal of International Business Studies*, Winter, 1986.

Pringle, John J. "Managing Foreign Exchange Exposure," *Continental Bank Journal of Applied Corporate Finance*, Winter, 1990.

Raymond Vernon, "The Product Cycle Hypothesis in a New International Environment," *Oxford Bulletin Economics and Statistics*, 1979.

Reid Coval, *International Financial Management*, Prentice-Hall, 2002.

Robert W. Kolb, *Understanding Futures Markets*, Scott, Foresman and Company, 1985.

Rogoff, Kenneth, "The Purchasing Power Parity Puzzle," *Journal of Economic Literature*, 1996.

Ross · Westerfield · Jaffe, *Corporate Finance*, McGraw-Hill, 2002.

Sam Y. Cross, "All about thr Foreign Exchange Market in the United States," Federal Reserve Bank of New York, 2002.

Scott, *International Finance*, Sweet Maxwell, 2007.

Shanghai Stock Exchange, www.sse.com.cn

Shapiro, *Multinational Financial Management*, 10edition, Wiley, 2013.

The New York Stock Exchange, www.nyse.com

UNCTAD statistics, 2019.

Zvi bodie, Alex Kane and Alan J. Marcus, *Investment*, 2012.

찾아보기

| 저자약력 |

김성우

성균관대학교 경제학과 학사
Boston University 경영학 석사, 경영학 박사
University of Michigan Visiting Scholar
공인회계사 시험위원
금융감독위원회 보험사구조조정위원회 위원
경기대학교 경상대학장, 교무처장
현, 경기대학교 경영학과 교수

[저서]
기업재무의 이해(3인 공저), 2015.
증권투자(2인 공저), 2012.
선물거래와 옵션거래, 1999 외 다수

국제재무관리

2020년 8월 20일 1판 1쇄 인쇄
2020년 8월 25일 1판 1쇄 발행

저　　자 | 김성우
발 행 인 | 이수영
발 행 처 | 도서출판 청람
　　　　서울시 마포구 독막로 288(대흥동, 세양상가 109호)
전　　화 | 02)3272-2601~2
팩　　스 | 02)3272-2603
이 메 일 | crbooks@daum.net
홈페이지 | http://www.crbooks.co.kr
등　　록 | 2000년 8월 26일 제6-0509호

ISBN 978-89-5972-764-3　93320　　　　[정가 25,000원]

이 저서는 2015학년도 경기대학교 연구년 수혜로 연구되었음